理财学院 趋势交易技术系列

邱立波 ◎著

趋势技术分析

TECHNICAL ANALYSIS OF STOCK TRENDS

中国宇航出版社
·北京·

内 容 简 介

本书是“趋势交易技术”系列图书之一。主要讲解趋势分析技术，趋势理论的来源、特点、基本内容和原则，趋势理论的哲学和人性基础，趋势交易的类型和异同，趋势线、支撑线、压力线和通道的技术分析应用，具有很强的实战实用性。

图书在版编目(CIP)数据

趋势技术分析/邱立波著. --北京：中国宇航出版社，2013.8(2024.11 重印)

(趋势技术交易系列丛书)

ISBN 978-7-5159-0449-8

Ⅰ.①趋…　Ⅱ.①邱…　Ⅲ.①股票市场－市场分析　Ⅳ.①F830.91

中国版本图书馆 CIP 数据核字(2013)第 159621 号

策划编辑 田方卿　**装帧设计** 文道思
责任编辑 卢　珊　**责任校对** 刘　唯

出版发行 **中国宇航出版社**
社　址 北京市阜成路 8 号　**邮　编** 100830
(010)68768548
网　址 www.caphbook.com
经　销 新华书店
发行部 (010)68371900　(010)88530478(传真)
(010)68768541　(010)68767294(传真)
零售店 读者服务部　北京宇航文苑
(010)68371105　(010)62529336
承　印 三河市君旺印务有限公司

版　次 2013 年 8 月第 1 版
2024 年 11 月第 15 次印刷
规　格 787×1092
开　本 1/16
印　张 19.75
字　数 356 千字
书　号 ISBN 978-7-5159-0449-8
定　价 36.00 元

前　言

《趋势技术分析》是趋势技术交易系列丛书的第三册，内容主要分为两大部分。

第一大部分是趋势，着重讲解趋势理论的来源、特点、基本内容和原则，以及趋势理论的哲学和人性基础、趋势交易的类型和异同。这一部分内容可以称之为基础中的基础，纲领中的纲领，是包括K线技术分析、均线技术分析、趋势技术分析、量价技术分析等各种分析理论在内的所有趋势技术分析理论的源泉和根本。

第二大部分是趋势线，着重讲解趋势线、支撑线、压力线和通道的技术分析应用。这一部分内容是第一部分内容的综合反映，有着很强的实战实用性。

本书有如下特点：

（1）理论性强，溯本求源，层层深入，像寻幽访古，未知的东西太多。

（2）原则性强，是其他技术分析理论的纲领和基础。

（3）比较抽象，无论是趋势理论，还是趋势线的技术应用，都有很强的概括性。化繁为简后，结果变得简单明了，但原因和过程就略显晦涩。

基于以上特点，本书力求做到通俗易懂，并尽量为抽象的理论配上具象的图表，以利交易者阅读和理解。尽管如此，书中所涉及到的理论上、哲学上的部分内容，相对于一些初学者来说，仍然存在一定的难度。好在这并非不可解决的难题，本书以及本系列丛书的趋势基础理论知识和趋势技术分析应用，均可独立成章，交易者可以跳过理论层面上的东西，直接阅读技术分析应用的内容，不会影响趋势技术分析的完整性。等到交易者有了一定的交易技能和交易经验，回过头来再重新咀嚼那些关于“为什么”、“是什么”和“做什么”的论述，就会有一种豁然开朗的感觉。

尽管很多经验丰富的交易高手，也许说不出什么高深的道理，但理论并不因此而失去其存在的重要意义。没有一代又一代先辈大师的概括和总结，也许至今，我们都还会像婴儿一样，在摸索中学习，在学习中摸索。更何况，读懂并洞察股市的本源，对于交易者建立和完善自己所独有的交易系统大有裨益。深思才可以举一反三。

目　录

第一章　道氏理论和技术分析

第一节　道氏理论

一、道氏理论概述

道氏理论是所有市场技术分析和研究的鼻祖，却因为其存在滞后性而被很多技术分析人士忽视，甚至还有很多人认为，道氏理论不具备对交易的实战指导作用。这是一个很奇怪的现象，因为几乎大多数交易者都相信，真正有效的交易理论和方法应该是“大道至简”的，却对道氏理论——这个真正纯粹而又简单的技术分析理论，予以忽略和忽视，似乎道氏理论存在的价值，仅仅是鼻祖而已。

道氏是不是第一个在交易中运用市场趋势变化判断和预测未来走势的交易者，无从考证。但如果说是道氏首次将趋势技术分析理论化并上升到哲学高度，估计持有异议的人不会太多。尽管道氏理论的哲学思想只是片言只语，但自道氏之后，技术分析理论体系日趋完备，现行仍享有盛誉且广为流行的K线理论、均线理论、波浪理论、指标技术分析理论以及机械式交易理论等，其基础无不来源于道氏理论。

道氏理论基础和核心内容主要有以下三点：（1）市场的平均指数包容和消化一切因素和信息，除了上帝的行为；（2）平均价格指数由三种趋势构成；（3）确认（确定）趋势。

“市场的平均指数包容和消化一切因素和信息，除了上帝的行为”，这句话用现行的技术分析理论表述就是：市场的价格或指数包容和消化一切因素和信息。

这一内容最重要的意义在于确立了一切技术分析理论，包括趋势技术分析理论在内，应当只以且仅仅只以价格或指数的变化，作为一切研究、分析、判断和交易的核心，乃至于全部。

其中的关键点和内在逻辑如下：价格或指数是交易趋势的载体，交易趋势是市场行为（即市场内所有交易行为）的最终结果，市场行为是市场内所有交易者在综合研判所有因素和信息后，实际所付诸的行动。因此，一切因素和信息的影响，均体现在价格或指数的变化上。研究价格或指数的变化，就是研究市场内所有因素和信息对趋势当下以及未来的影响。

这也是道氏理论与现行很多技术交易分析理论相比，内容更加贴近市场，结论更加可靠和稳定的原因。道氏理论体系始于市场行为，终于市场行为，整个过程完完全全基于市场行为本身的状态，从未有半点偏离，真正做到了老子所谓的“道法自然”。“自然”，也即自己（自身）本来的样子。

市场内外所有影响市场的因素，最终决定了市场行为并通过市场行为体现，价格或指数是市场行为物化之后的数据结果，是交易趋势的物质载体。有了价格或指数，精神层面的人性行为，抽象的交易趋势规律，就变得可以看得见，摸得着。在国内，几乎所有的交易软件和分析软件，都使用K线图记录价格或指数，K线图是价格或指数数据的图表化。K线图上K线集合的演化方式，就是交易趋势的演化方式。因此，研究K线的变化，并运用于交易当中，就是针对市场内所有因素和信息的研究和运用。一个严格的、真正的趋势技术交易者，一个严格的、真正的道氏理论践行者，完全可以两耳不闻窗外事，一心只看K线图。

至于股票本身所代表的真实价值，以及股票价格与股票价值的偏离度大小，都无需考虑。因为真实价值的高低只能决定股价的高低，不能决定趋势运行的方向。股票真实价值的变化，虽然对趋势运行方向有着重大甚至是决定性的影响，但判断股票真实价值的变化，存在四个方面的难题：（1）真实、完整信息的获取；（2）经营环境、经营管理人员的不确定性；（3）财务、经营、经济的专业性技能；（4）与股价变化的不同步性。

图1-1是高淳陶瓷（600562）2010年12月30日至2012年1月12日期间的走势。在这个期间，该股的收益由2010年的每股0.18元上升为2011年的每股0.20元。在2011年全年

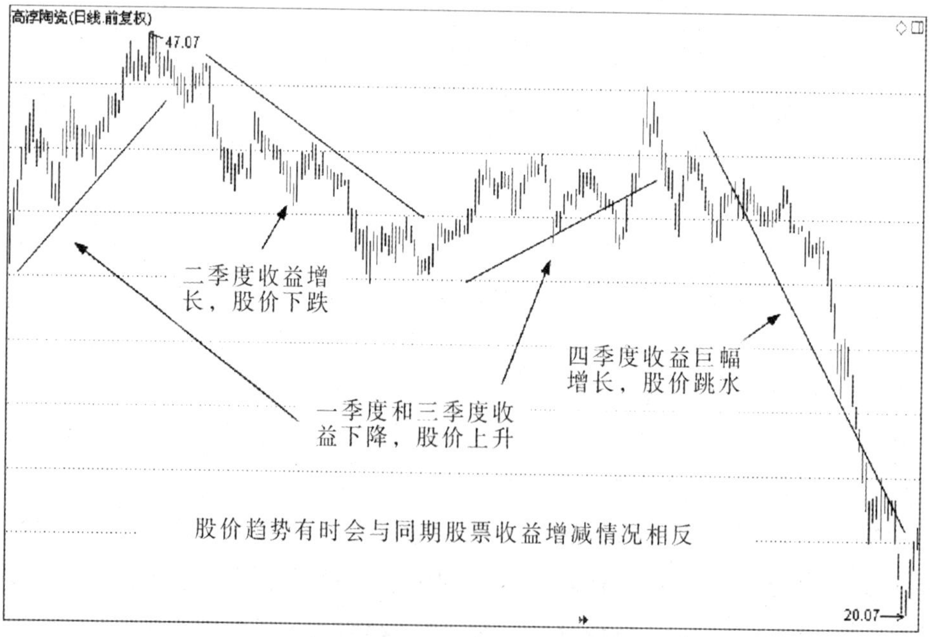

图1-1

当中，收益分别为：一季度0.01元；中期0.06元；前三季度0.07元；年度0.20元。对应各季度当期收益，分别为：一季度0.01元；二季度0.05元；三季度0.01元；四季度0.13元。除了第三季度外，整体上是递增的，但该股走势却与同期股票收益走势增减情况相逆，整体震荡下跌。

分段观察，走势与业绩相逆的情况更加明显。2011年一季度收益0.01元，与上一年度收益0.18元相比，显然大幅缩水，但该股2011年一季度股价却由34元左右一路上涨，在3月1日最高涨至47.07元；二季度的收益是一季度的5倍，但股价却萎靡不振，震荡走低。三季度的利润再度缩水，股价却昂然向上；四季度的收益增幅大爆发，较三季度环比猛增13倍。但令人惊奇的是，同期股价却上演了高台跳水，最低于2012年1月9日见底20.07元，较一季度的最高价腰斩过半。

需要特别提醒的是：以上例子只表明股票真实价值的变化，真实价值往往与股票价格的走势不同步，有可能提前，有可能滞后，也有可能相反，但不表明股票真实价值的变化与股价走势之间不存在因果关系，不具备一定的客观规律。巴菲特等一大批价值交易者的成功，充分证明了基本面分析理论的客观性和可行性，并且股票收益与股价走势的简单对比，也不能代表基本面分析方法。

这里举这个例子，主要是为了强调，纯正的趋势技术交易者原本就不应该考虑和关注股票真实价值，也就是基本面情况的变化。如果予以关注和考虑，在出现基本面变化与股价走势不一致的情形下，反而会影响到交易者做出正确判断，甚至放弃或否认根据K线走势所得出的结论。

“平均价格指数由三种趋势构成”，这句话的含义是，股票的价格或指数走势同时包含三种趋势，彼此的方向可能相反。分别是：（1）长期趋势，这就是大家所熟知的牛市和熊市，一般持续几个月至几年不等；（2）中期趋势，是大级别的反弹或调整，一般持续几个星期至几个月不等；（3）短期趋势，是那些很短暂的价格波动，一般持续一至数天。

图1–2是上证指数（999999）2011年3月底至2012年2月下旬的日线图。为了更好地看清趋势，我们分别为各周期的部分趋势画上趋势线，这样就可以从图上更加清晰直观地观察到指数运行当中同时存在的三种趋势。

趋势线的内容将在本书趋势部分讲解。

“平均价格指数由三种趋势构成”表明，判断趋势和股票交易，一定要先确定时间周期，否则得出的结论和实际的交易结果有可能截然不同。

图1–3是蒙草抗旱（300355）2012年9月27日上市至2013年3月15日期间的日线图。如果只看最近的走势，很显然是下降趋势。交易者因此而做空对不对呢？至少不是一个熟练的技术交易者所应当做的，因为没有像道氏一样，区分趋势的时间周期。

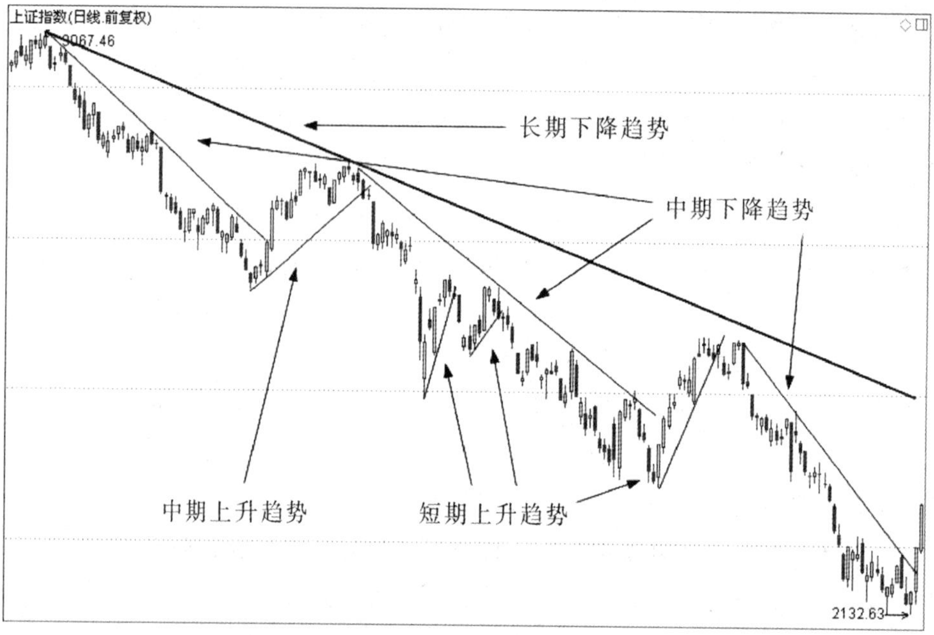

图1-2

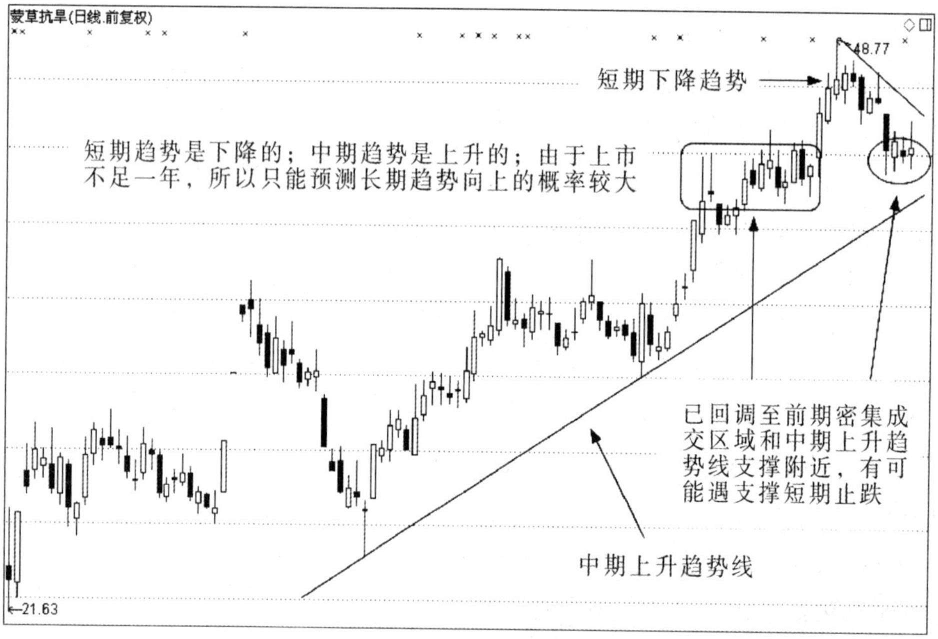

图1-3

将目光放长远了看，交易者可以观察到，该股基本上每一次回撤的低点都高于前低，而每一次上涨的高点也高于前高，由于上市时间不足一年，因此只可以确认该股正运行在中期上升趋势当中。

画上趋势线后，该股处在中期上升趋势当中这一事实就更加清晰直观。

观察最新短期趋势的走向，可以发现，股价已经运行到前期密集成交区的支撑位置，离中期上升趋势线的支撑很近，表明该股在此区域附近获得支撑止跌的概率很大，因此，无论是短线交易还是中线交易，在此处均不宜继续看空。

由于中期上升趋势目前运行良好，因此可以预测该股长期趋势向上的概率较大。

“确认（确定）趋势”是指，如果价格或指数每一次上升的高点都比前一次的高点高，每一次下跌的低点都比前一次的低点高，并且运行的时间超过一年，就是牛市。反之，如果价格或指数每一次上升的高点都比前一次的高点低，每一次下跌的低点都比前一次的低点低，并且运行的时间超过一年，就是熊市。

牛市又称多头市场，熊市又称空头市场。

确认趋势，是道氏理论从时间和空间上对如何判断趋势运行方向所做的一个界定。由于道氏认为短期趋势可能受到人为操作，中期趋势也可能受到这方面有限的影响，但长期趋势不会受到人为的操作，因此，只有长期趋势才是决定交易者交易成功与否的最重要因素。确认趋势在道氏理论中指且仅指如何确认长期趋势的运行方向。

图1-4是四维图新（002405）2010年12月至2013年3月期间的周线图。交易者可以观察到，股价每一次下跌的低点都比前一次的低点低，而每一次反弹的高点也都低于前高，就像退潮的海浪，一浪低过一浪。

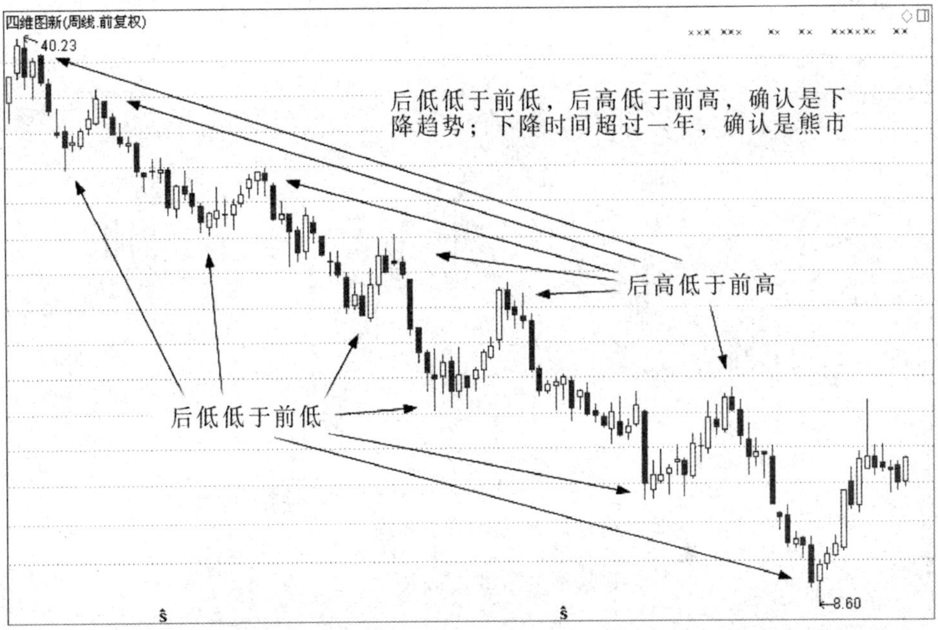

图1-4

查尔斯·亨利·道——道氏理论的创始者，生前没有将自己的理论命名为道氏理论，威廉姆·彼得·汉密尔顿在其所著的《股市晴雨表》中，首次将其命名为道氏理论。

道氏自称，其理论不是用于预测股市的工具，也不是交易指南，而是一种反映市场总体趋势的晴雨表。但事实上，道氏理论作为反映市场总体趋势的晴雨表。完全可以用于预测股市，指导交易者，并且，道氏理论不仅仅是一种技术分析手段，他的精髓更在于理论所蕴含的宝贵哲学思想，即市场的基本运动（长期趋势）是一种客观规律，不会被人为操纵。尽管道氏对这一哲学思想的描述远不够细致，也难称体系，但是无疑，这一原理不仅是道氏理论的基础，也是技术分析的基础，甚至可以称得上是所有交易分析理论和方法的基石。

当然，现在更为准确的表述是：趋势，是一切自然现象和社会现象，包括物质世界和精神世界在内，按照一定周期和一定波幅规律性运动演化的基本方式，包括运动方向和沿运动方向上的能量。市场也同样以趋势的方式演变，即趋势具有惯性。

图1-5是大江股份（600695）的月线图。由于是月线图，所以图上标注的趋势线都是中长期趋势线。观察图表，交易者可以很容易地发现，股价的确是以趋势的方式演变，并且这种演变是有规律可循的。趋势线就是揭示股价趋势运动规律的有效方法之一。

道氏理论的经典著作，除了上文提到的《股市晴雨表》，还有罗伯特·雷亚所著的《道氏理论》。约翰·迈吉和罗伯特·D·爱德华合著的《股市趋势技术分析》一书，虽然被认为是有关趋势和形态识别分析的权威著作，但同样对道氏理论的发展有重大的贡献。

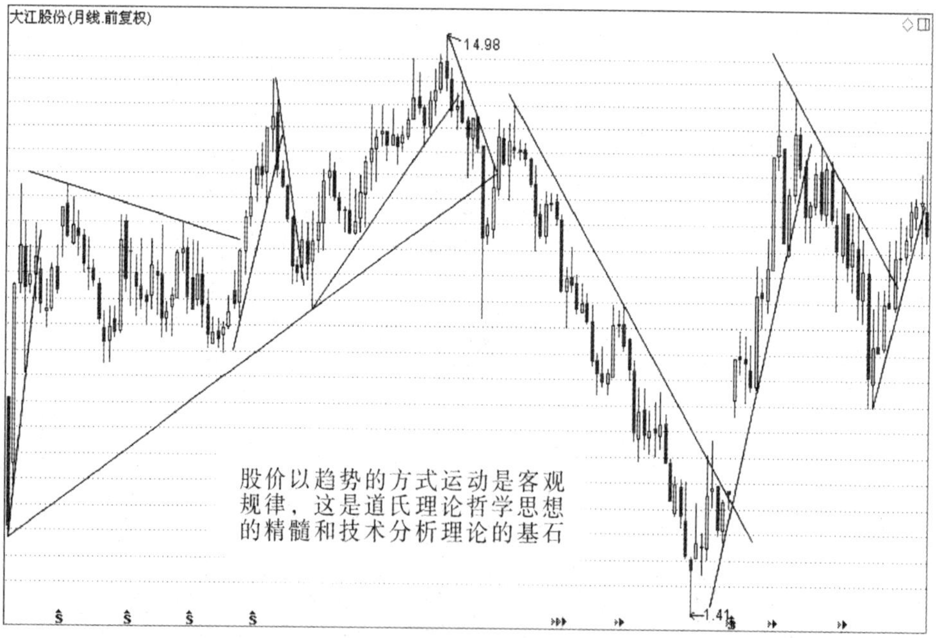

图1-5

二、道氏理论的主要内容

1．人为操纵（作）

指数或股票价格短期趋势（每天、每星期的波动）可能受到人为操纵，中期趋势（次级折返运动、次级反应运动）也可能受到这方面有限的影响，但长期趋势（主要趋势、主要运动）不会受到人为的操纵。

本书观点：道氏所谓的趋势操纵，大概是指操纵交易趋势运行规律。而交易趋势运行规律的主要特征是周期性涨跌循环，因此，操纵交易趋势规律主要是指人为改变交易趋势运行的原本方向，比如，将上升趋势变为下降或横向整理，或者投入巨量资金，将下降趋势变为上升趋势。如果单就这个意义来说，趋势运行是一种规律，规律是事物运动时固有的属性，人们只能掌握、顺应和利用规律，而不可能创造和控制规律，因此交易趋势不可能被操纵。

但道氏理论同时认为，只有短期趋势可以受到人为操纵，中期趋势也可能受到这方面有限的影响，只有长期趋势不会受到人为操纵。似乎道氏理论所谓的操纵，也兼指改变或决定趋势运行的方式和波幅。的确，基于普通的常识来看，趋势运行的周期越长，趋势载体的空间越广阔，自然规律的力量就越大，人为的影响相对来说也就越渺小 。例如，相对于宇宙中天体运行的轨迹，人类的活动和影响完全可以忽略不计。

常识在很多时候反映的只是事物的表象，而非真相。如果要从交易趋势运行的方式和波幅角度方面看，那么，无论是短期趋势、中期趋势还是长期趋势，都存在着明显的人为操纵的痕迹。因为交易趋势是交易者主观认识、人性变化作用于股票趋势等客观事物上的结果，必然是一个主观规律和客观规律互动的过程。在这个过程中，交易者的认识和心性改变，必然导致交易趋势（价格或指数）改变；而股票趋势、上市公司运行趋势等客观趋势改变，也必然导致交易者的认识和心性随之改变。

因此，对于趋势操纵，完整的表述应为：交易趋势（即股价或指数）是所有与交易有关的趋势（例如上市公司趋势、国民经济运行趋势等），相互作用、相互影响的最终结果。但主要是在股票、市场趋势作用下，交易者资金和心性博弈的结果。

换言之，交易趋势的方向主要取决于股票、市场趋势方向。因为趋势涨跌的方向受制于客观规律，所以交易趋势无论周期长短，都不会受到人为操纵。实际上，交易趋势周期本身也不分长短，是同时存在的。道氏理论认为，平均价格指数走势同时包含三种趋势（长期、中期和短期趋势），彼此的方向可能相反。因此，长期、中期和短期，主要是为了更方便分析和判断趋势而人为划分的。交易趋势的所有变化，都是按照规律自然发生的。

交易趋势的形态、幅度、变化和涨跌方式，主要取决于交易者心性、资金趋势顺逆股票、市场趋势的状况，以及交易者之间心性、资金趋势相互作用、此消彼长博弈的过程，所以在趋势运行的过程中，处处可见资金运作的痕迹。

图1-6是ST金泰（600385）的日线图。该股连续收出43个涨停板（最后一个从涨停到跌停），创下沪深股市之最。如果说这都不算人为操纵，那市场上可就真的不存在主力控盘、资金控市这回事了。

其实，顺势而为也好，人为操纵也好，目的都是一个——盈利，只是方法不同而已。该股主力利用资金优势，将大部分流通盘收入囊中，然后在集合竞价时巨量买单封住涨停板，一方面令想要跟进的公众交易者无法买进，另一方面也不断强化市场上的惜售心理。由于该股是特别处理，每日涨跌幅限制在5%之内，无量封停也就比普通的股票容易得多。股价就这样在公众交易者的懊悔和注目下一路攀升。

杀跌起初也是无量跌停，但玩过山车并非是主力童心未泯，所以下跌没有多久就开始放量打开跌停板。许多交易者被此前如虹的涨势冲昏了头脑，一直懊恼无从入手，现在总算老天开眼，于是奋不顾身抢进去。也有一部分抢反弹的资金入场。

此时主力才暴露出真实意图：你肯接，主力的筹码才可转手。因为是杀跌式出货，所以股价反弹几乎难得一见。

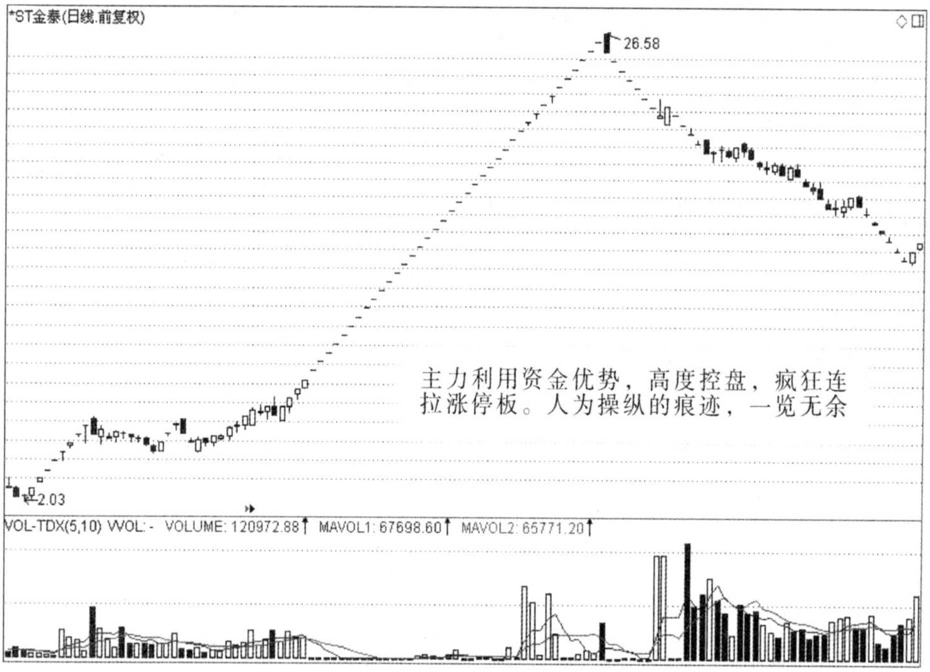

图1-6

如果说ST金泰，主力操纵的还仅是中期趋势，大致符合道氏所谓中期趋势可能受到人为操纵有限的影响，那么下面的这个例子，很显然，长庄运作的周期是以年来计数的。

图1-7是ST合金（000633）1997年10月至2005年4月底的月线图。暴跌之前，在长达近7年的时间里，股价一直处在上升趋势当中。上涨期间换手率很低，表明绝大多数

流通盘控制在主力或庄家手中。如果是冷门股，很显然，无量就意味着无动力，股价只会随波逐流，逐浪下跌，至多保持横盘，绝不会牛气冲天。

该股上涨后期，主力控盘的痕迹更加明显。因为是月线，所以每一根K线代表一个月的价格波动范围。从图表上观察，交易者可以发现，股价每月的波幅很小，收出的K线差不多全是小十字星和小阴线、小阳线。整体上也几乎呈一条略向上倾斜的直线，没有任何震荡，充分显示出主力控盘的实力和娴熟的手法。

当然，主力如此费尽心机和精力维系股价，也许是为了出货。因为主力控筹过多，造成对手盘过少，只要主力卖盘压得稍微多一点点，股价就会支撑不住，向下跌落，所以主力才小心翼翼地一边卖，一边买，让股价缓慢上涨，吸引些许公众交易者进场。依靠时间的流逝，沙漏一般，一点一点地将筹码兑成现金。

无论是不是主力出货，有一点是肯定的，没有人为操纵，股价绝对不会走出如此形态。长达数年的资金运作，表明即便是长期趋势，其涨跌幅度和方式也往往取决于操纵者的实力和意图。

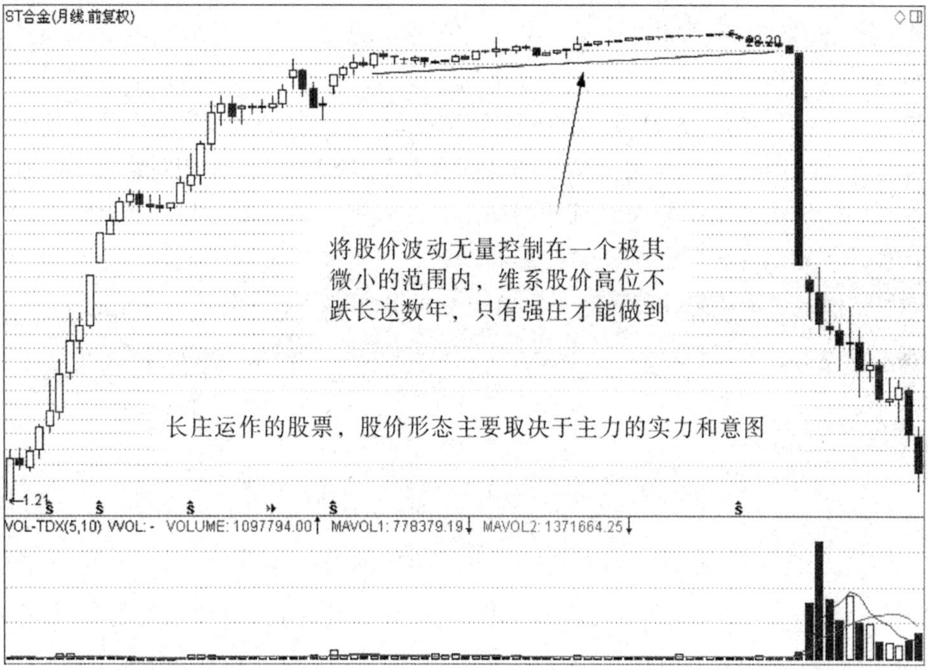

图1-7

总之，趋势是一切自然现象和社会现象，包括物质世界和精神世界，按照一定周期和一定波幅呈规律性运动的基本方式，包括运动方向和沿运动方向上的能量。具体到交易趋势而言，是股价或指数按照一定周期和一定波幅呈规律性运动的基本方式，也同样包括运动方向和沿运动方向上的能量。其中，股票、市场趋势决定了交易趋势的运动方向，交易者心性趋势和资金趋势决定了交易趋势的运动动力，以及涨跌幅度和方式。

有一句谚语说得好：可以欺骗一个人一世，也可以欺骗所有人于一时，但绝不可能欺骗所有人于一世。股市趋势与此类似，主力可以操纵一只股票走势的始终，也可以操纵大盘趋势的一时，但绝不可能操纵所有股票走势的始终。

从另一面说，现实中无处不充斥谎言和欺骗，股市中也无时不贯穿着主力操纵。

趋势、趋势操纵的方式、痕迹以及如何发现和应对，将在趋势部分及本系列丛书的交易量、交易系统等内容中讲解。

2．市场的平均指数包容和消化一切因素和信息

指数是每一位参与者所有希望、失望和知识的综合性市场行为。平均指数在其每日的波动过程中，包容消化了各种已知的、可预见的事情，以及各种可能影响供给和需求关系的情况。即使是天灾人祸，也会被指数快速评估。

本书观点：前文已述，现在可以表述为“市场的价格或指数包容和消化一切因素和信息”。绝大多数技术分析理论和技术分析专业人士，尽管完全信奉这一观点，但却依然将此结论作为道氏理论和技术分析理论得以存在的假设条件之一。实际上，股价或指数，的的确确包容和消化了一切因素和信息。更为详细的论述，将在后面的内容中讲解。

图1–8是云南白药（000538）自1999年4月至2013年4月的月线图。从图表上观察，该股运行在一个时间跨度长达十余年的长期上升趋势当中。与之相对应的，该股的每股收益在不断送配转增、派发红利的情况下，一直保持稳定的增长。当然，交易者也可以认为，正是因为该股业绩一直持续高增长，股价才能处在长期上升趋势当中。但无论如何，说股价走势包容和反映了股票收益变化情况，那一定是不会错的。

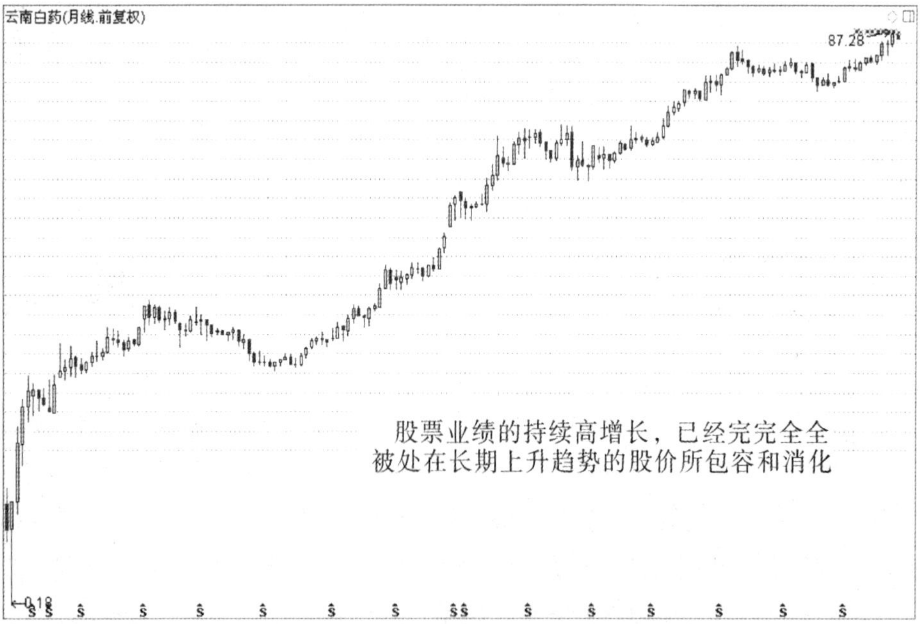

图1–8

1999年至2012年间，该股历年的每股收益分别为：0.18元，0.26元，0.40元，0.50元，0.61元，0.71元，0.80元，0.56元，0.68元，0.96元，0.87元，1.33元，1.74元，2.28元。而同期总股本也由11212万股增加至69427万股。

需要特别提醒的是：股票业绩的变化情况，只是股价或指数包容和消化的所有因素和信息当中的一部分，并且股票业绩的变化，几乎不与股价或指数的走势完全同步。

3. 道氏理论并非总是正确

道氏理论不是战胜市场的不败系统。道氏理论只是一种客观化的分析理论。

图1-9和图1-10分别是深证成指（399001）1996年1月至1997年5月和2005年11月至2007年10月的日线走势图。如果单从指数运行的轨迹、幅度、时间和形态上观察，这两段走势几乎没有什么相同之处。但如果掌握了道氏理论，结论必然有所不同。

图1-9

图1-10

在下面的内容中即将谈到，道氏理论定义的牛市，是指市场运行的时间超过一年，且股价或指数每一次上升的高点都比前一次的高点高，每一次下跌的低点都比前一次的低点高。

图1-11和图1-12分别是深证成指图1-9和图1-10同一时间段的日线走势图。从图上可以观察到，每一次较大规模回撤的低点，都比前一个回撤的低点高；每一次上涨的高点，也都比上一次的高点高。趋势持续的时间也都超过一年，表明二者都是牛市。

交易者可以在第一次后高高于前高、后低高于前低时进场买入股票，一直持有至后高低于前高、后低低于前低时卖出。

从以上图形可以观察到，道氏理论不能准确预测牛市和中期调整趋势的起止，存在很大的滞后性，但当一轮牛市形成后，道氏理论却一定能帮助交易者发现和确认牛市，并指导交易者何时买入，何时卖出。

本书观点：所有正确的技术分析理论，和所有正确的基本分析理论（价值分析理论）都是如此。

很多交易者入市，都希望学会一种一招毙命式的绝招，或者找到一种机械的、固定的交易模式，在任何行情下都可以轻松确定买入点和卖出点，这样交易就会变得极其简单和明了。机械交易就这样应运而生。但理想很美好，现实很残酷，备受推崇的机械交易虽盛行一时，也终难无敌，因为一劳永逸的事情从来就没有过。

无论是技术分析系统，还是基本分析系统，都在努力寻找更加准确、更为及时的买卖时机。但无论是技术分析系统，还是基本分析系统，几乎都无法做到利用数据和程序将买卖点机械化固定，然后适应于未来所有的交易。

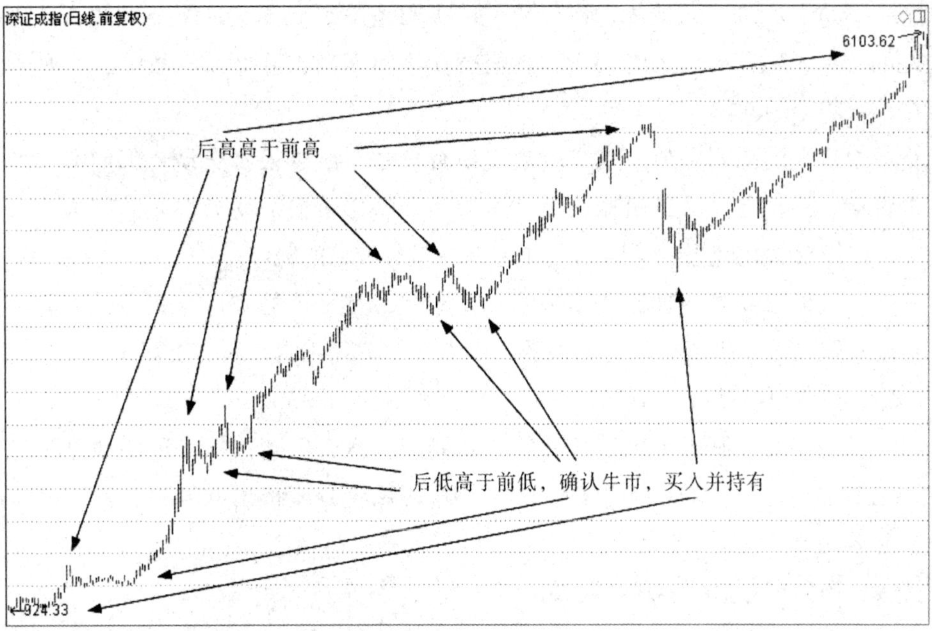

图1-11

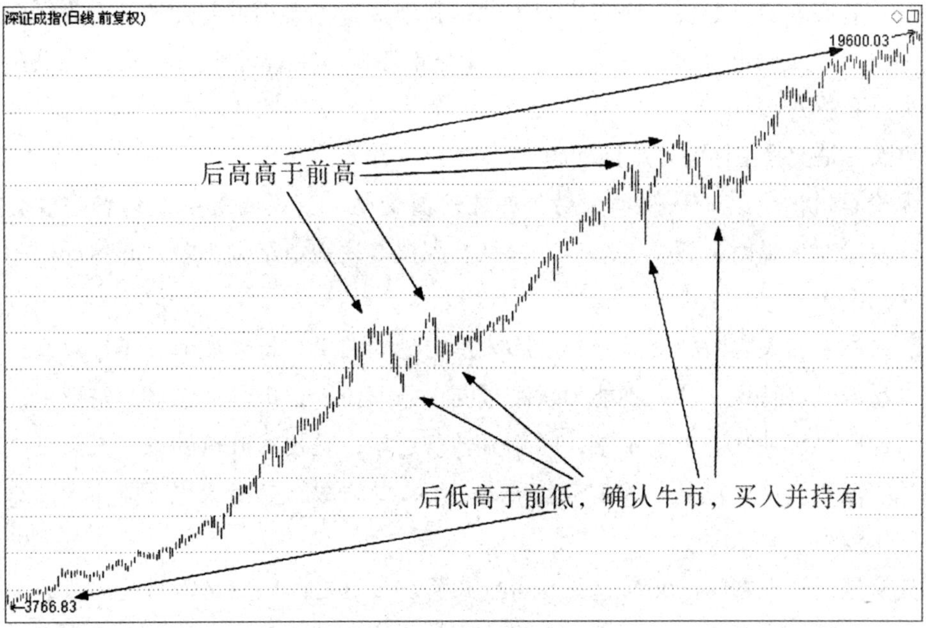

图1-12

这其中有一个非常重要的原因，就是股票交易是人和人之间的交易，从来就不是机器和机器之间的交易。

人和人之间的交易，与机器和机器之间的交易，最大的不同在于，机器没有人类的感情、弱点和欲望，机器也不会考虑盈亏得失和资金的博弈，更不会存在人性（包括欲望、情绪、心理、感情等）可以承受的极限范围。机器交易所要做的，就是按照设定好的程序，在需要买入时买入，在需要卖出时卖出，除非系统故障，否则永远都不存在执行与否的问题。

交易中最大的障碍和敌人其实就是交易者自己，所以很多交易者都信奉那种完全以数据说话，一招制敌式的机械交易（也包括一些以价值交易为核心的基本分析人士在内），以期最大化地去除人性弱点和主观判断对交易的羁绊。

诚然，机械交易是一种非常客观的交易方式，是最好的交易方式之一。但机械交易依然没有解决近于机械化确定下来的买卖点如何适用于未来所有交易的问题。

首先，技术分析系统本身就存在一个是否客观的问题。

如果系统本身受制于系统创建者的主观局限，没有做到数据、程序和分析过程中每一处细节都与已发生的结果相符，那么，根据系统分析得出的结论，就已经背离机械交易的客观性了。

其次，是分析对象的客观性问题。

即使技术分析系统本身完全客观了，但交易趋势（股价或指数）本身却不是一个完全客观的产物。交易趋势是在股票、市场趋势作用下，交易者资金和心性博弈的结果。交易者心性自不必说，必属主观无疑，就连资金也无不带着强烈的人为倾向。用一个完全客观的分析工具，去分析一个带有非常强烈主观色彩的对象，结果存在偏差，那是必然的。

再次，是交易主体的客观性问题。

无论是机械交易还是技术交易，亦或价值交易，其最终都由交易者完成交易行为。交易者在交易时，贪婪、恐惧、偏见、固执等主观情绪和判断，必然如影随形，执行时几乎无人可以做到如机器人一般客观无情。

交易是人和人之间的交易，交易趋势是交易的结果。趋势如河，年年岁岁，长流不息。赫拉克利特说，“人不能两次踏进同一条河流”，极其形象而又辩证地说明了物以自性区别于他物。自性不常，时刻流转的道理，是技术分析的第三大假设“历史会重演，但不会简单重复”的哲学基础之一。以此之故，交易者也不能两次面对同一样的交易趋势。

交易是人和人之间的交易，交易者也如河。今日之河依然是昨日之河，但今日之河已与昨日之河有所不同。同理，今日之交易者依然是昨日之交易者，但今日之交易者已与昨日之交易者有所不同。

唐朝诗人刘希夷在《代悲白头翁》中写道，“年年岁岁花相似，岁岁年年人不同”，正是对交易趋势和交易者的真实写照。在时间的长河中，汩汩流淌、绵延不绝的交易趋势，仅仅是今日似于昨日；参与的交易者，虽然有着相近的人性和行为，但毕竟如流水的兵一样，换了一茬又一茬。机械交易模式将很多操作模式、程序和交易手段都数据化、固定化，不再考虑交易趋势和交易者的细节变化，导致机械交易模式和很多类似于机械交易的客观技术分析系统，在某一个市场、某一段时间、某一类交易者当中可以取得非常辉煌的成就，但在另外的市场、另一段时间、另一类交易者当中就风光不再，甚至亏损累累。

一招毙命，操作简易，凶狠凌厉，的确令人心驰神往。但当它不起作用时，因为缺乏后续的适应性，却往往伤到自身。一招毙命还是那个一招毙命，只是由杀他变成了自杀。

技术分析系统的缺点是，只能大致说明河流之所以是河流，以及四季荣枯的规律，无法精确到河流的流量、河岸的宽窄、河水的深浅，交易者难免每一次入场都有摸着石头过河的感觉。但也正是由于这个缺点，反倒决定了今日之河虽然已与昨日之河不同，今日之交易者虽然已与昨日之交易者不同，但昨日之交易者可以摸着石头过河，今日之交易者仍然可以摸着石头过河，适应性非常广阔。

技术分析模糊性的缺点，也令所有使用技术分析的交易者，在将其应用于实战操盘过程中倍感困惑，因为无法做到及时对买卖点和趋势进行确定无疑的精准定性和定量，虚假信号、矛盾信号处处可见，甚至还会因为技术分析系统的参数和周期不同，出现截然相反的分析结论。

世上没有可以打开所有魔咒的万能钥匙，唯一的应对之策是小马过河，这包含两方面的意思：（1）实践。只有反复验证，才能对趋势之河有更深更细致的了解；（2）正确匹配，也就是选择最适于自身的技术分析系统。

任何企图一劳永逸的想法和做法，都是枉费心机，都将在市场面前一败涂地。

在这里，有必要特别强调和提醒一下“机械交易”的概念。机械交易比较常见的有两种，一种如机器人一般严格执行交易系统的行为，称为机械交易；另一种是指把一套成熟的交易方法或系统，通过数学方法进行量化，应用于交易时，由交易系统自行发出买卖信号，或者编成程序，交易时由计算机发出指令，指导交易者完成交易，或者计算机自行发出指令，并按照交易者设定的程序自行完成指令。

很显然，第一种机械交易是交易者交易成功所必须具备的条件之一，但并非严格意义上的机械交易，只是着重强调，在建立交易系统之后，只有最大限度地消除人性弱点和负面情绪等主观因素的影响，才能够最大可能地执行交易系统发出的买卖信号。

第二种机械交易才是本书论及的机械交易。

本书并没有否认机械交易的意思。

本书观点：所有的技术分析理论和所有的基本分析理论（价值分析理论），包括机械交易在内，都各自有着难以逾越的局限，永远不存在一种可以战胜市场的不败系统，和一招制敌的绝世秘诀。所谓的稳定盈利系统，仅仅是可以做到在亏损时将损失最大限度地降至最低，在盈利时让利润尽可能地扩大。

4．平均价格指数由三种趋势构成

平均价格指数走势同时包含三种趋势，彼此的方向可能相反，分别是：（1）长期趋势，又名基本趋势、主要趋势、主要运动，这是大家熟知的牛市和熊市，一般持续几个月至几年不等；（2）中期趋势，又名调整趋势、次级趋势、次级折返趋势、次级反应运动、次级折返运动，是大级别的反弹或调整，一般持续几个星期至几个月不等；（3）短期趋势，又名小型趋势、小趋势、短期波动、日间波动，是那些很短暂的价格波动，一般持续一至数天，但通常少于6天，很少超过3个星期。

道氏理论同时认为，长期趋势才是三种趋势中交易者所应关注的唯一趋势。

本书观点：任何国家的市场中，指数和股票价格都必然同时存在这三种趋势。趋势是价格或指数运动的基本方式，但趋势运行的时空量度（即时间周期和空间幅度）是不同的。

对于短期趋势和中期趋势，仅仅依据道氏理论很难做出准确的判断和确认，变数较长期趋势更为复杂，因此，道氏理论不主张交易者关注短期趋势和中期趋势。但是科技进步和技术分析理论体系的完备，已经令交易者可以在一定程度上把握短期趋势和中期趋势的运动规律。K线形态、技术图形、均线系统和趋势线等技术分析理论，都包含了丰富的中短期趋势运动规律的内容。

图1-13是ST盛润A（000030）的日线图。两次收出倾盆大雨的K线形态，股价都展开了一段短期下跌行情。倾盆大雨K线形态就是对短期趋势运动规律的总结。

第二次的倾盆大雨，同时也是穿头破脚K线形态。上涨过程中出现阴穿阳穿头破脚，也是见顶K线形态。

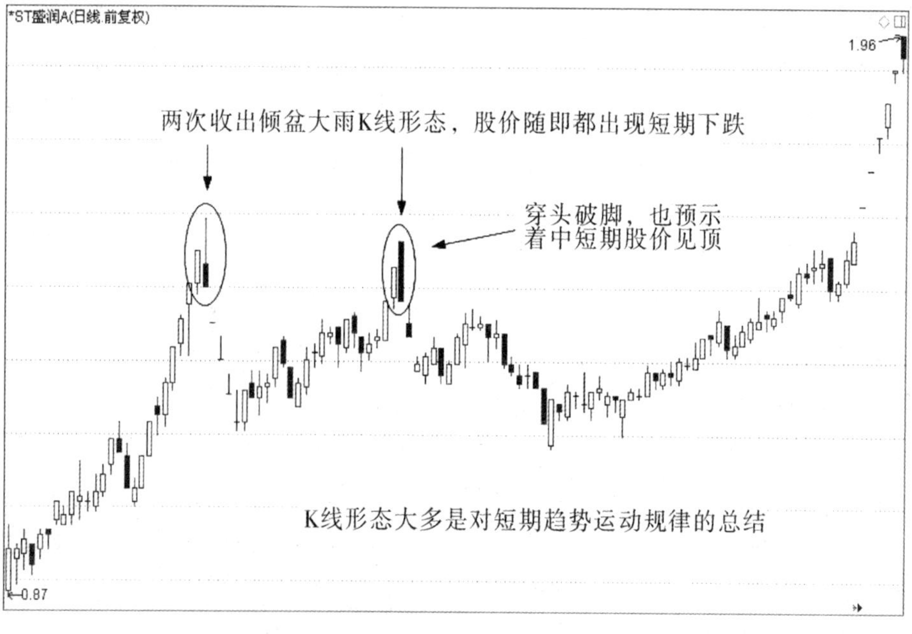

图1-13

如今，股票以及期货等金融证券交易，已经成为人们经济和生活的一部分，科技的发展，又极大地促进了交易换手率呈几何倍级增长，令股价或指数波动的幅度和频率都比以前大为增加。关注中短期趋势的变化并及时调整交易方式，必然成为交易当中不可或缺的重要组成部分。

本书以及本系列丛书的所有内容，都是围绕什么是趋势，以及如何判断趋势、跟随趋势进行交易展开的。

5．两个平均价格指数必须相互确认

铁路和工业股票指数运动必须相互确认，这样得出的市场结论才比较可靠。

本书观点：当时有且仅有这两个由道氏所编制的指数。现在世界各国的股票市场，无论从市场规模上，还是证券数量上，都已今非昔比，不可同日而语，但在联系比较紧密的两个市场或指数上，依然存在相互确认的现象。

单就国内而言，上证指数和深证指数，以及沪深300指数等各指数之间的走势突破，也存在相互确认的现象。

图1–14是深证成指（399001）2011年9月1日至2012年5月23日期间的日线图。指数持续下滑，但在2012年上半年止跌反弹，走出一段一浪高于一浪的行情，完全符合道氏理论关于上升趋势的定义，一轮牛市呼之欲出。60日均线由下行转为上行，持续支撑指数上扬，也在验证牛市的到来和延续。

2012年5月，指数短暂跌破60日均线，但很快重新站上60日均线继续上行，是60日均线葛南维买入点。在牛市中出现买入点，交易者可以大胆买入，持有做多。

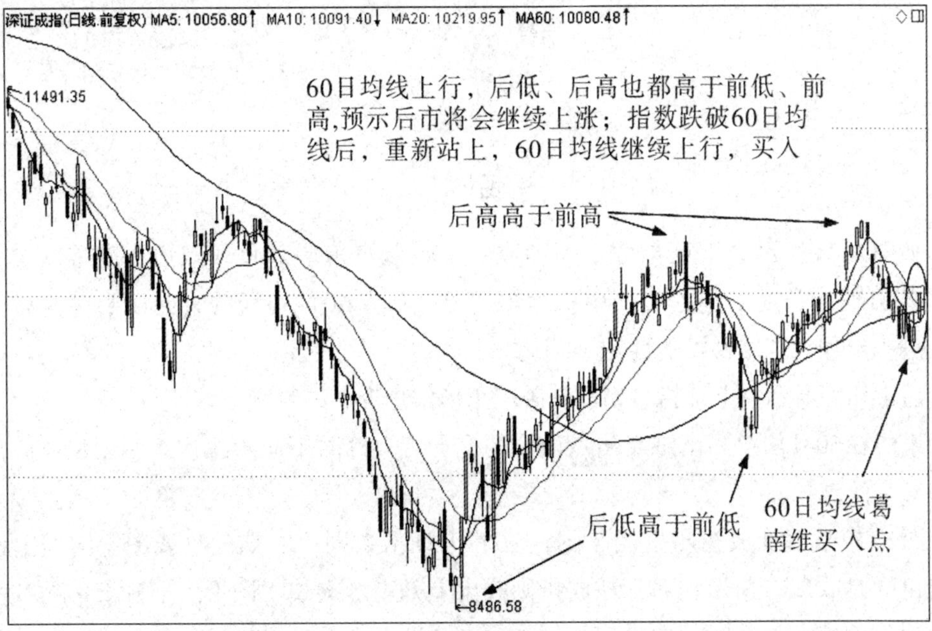

图1–14

但深证成指的买入信号没有得到上证指数走势的确认。图1–15是上证指数（999999）与上图（图1–14）深证成指同一时期的日线图。在深证成指走出一浪高于一浪的牛市特征行情时，上证指数却走出后低高于前低，但后高未高于前高，一浪小于一浪的整理行情，这不符合道氏理论关于牛市的定义。

60日均线虽然一度由下行转为上行，但在2012年5月，指数跌破60日均线后，60日均线再度下行，指数也未能重新站上60日均线，是60日均线葛南维卖出点。

在非牛市行情当中，所有的卖出点都是交易者必须清仓的离场点。

在同一时期，一个市场确立了牛市，另一个市场却仍旧在整理；一个市场提示买入，另一个市场却在提示卖出。很显然，深证成指的牛市行情以及买入信号，都没有得到上证指数的确认，其可靠性将被打上一个大大的问号。

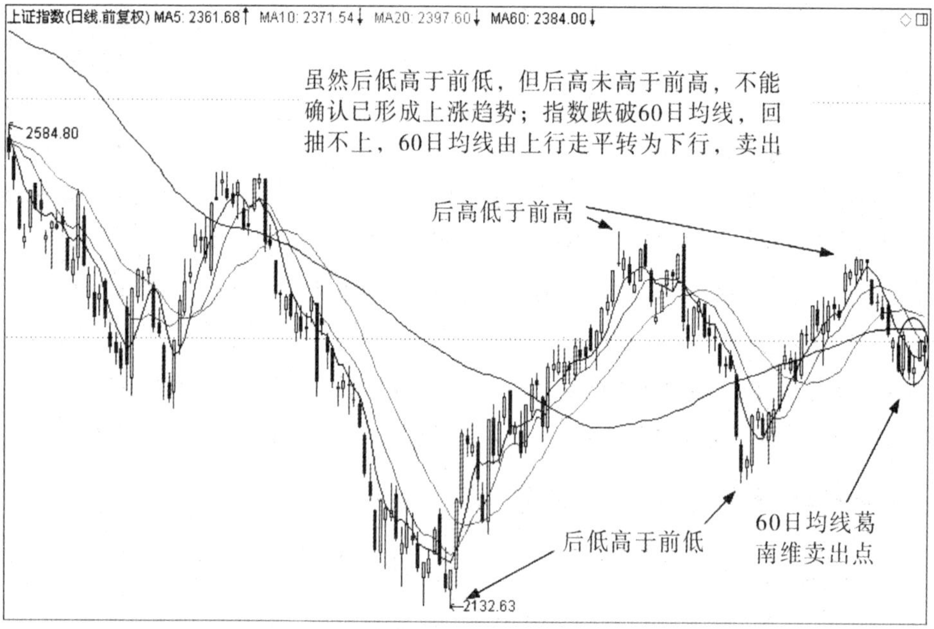

图1–15

如图1–16所示，上证指数正在形成一个收敛三角形。收敛三角形是整理技术形态，若出现在长期下降趋势当中，大多向下突破。60日均线的方向以及葛南维卖出点，进一步加大了这种可能性。

后市如图所示，上证指数果然跌破三角形整理形态，继续下跌。

未能在60日均线葛南维卖出点清仓的交易者，此时不应再犹豫，否则将体会割肉或者套牢的滋味。

图1–17是深证成指与上图（图1–16）上证指数同一时期的日线图。同期上证指数走出的是收敛三角形，而深证成指则收出上升楔形的技术图形。上升楔形的技术含义，预示后市大多看跌。在上证指数跌破三角形后，深证成指果然也随之跌破上升楔

形整理形态。

前期未能慎重考虑，在60日均线葛南维买入点买入的交易者，此时应断臂卖出，虽然出现损失，好在损失额度不大。即便从操作层面上看，也不存在什么太大问题，但若心存幻想，死守不放，就有可能一步步滑向深渊。

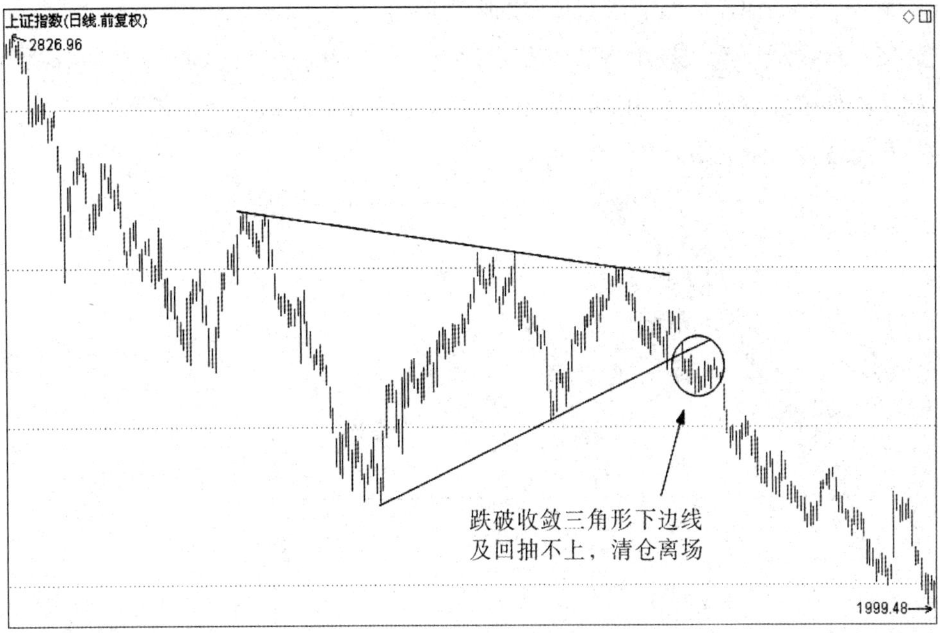

图1-16

图1-17

二者还形成了中期趋势的双顶技术图形。

图1–18是上证指数2011年12月20日至2012年9月24日期间的日线图，是图1–16当中三角形整理期间的一段走势。

指数在跌破三角形之后继续下跌，然后跌破双顶的颈线。跌破双顶颈线之后，指数有一个向上的回抽，但回抽遇双顶颈线阻力回落。

跌破双顶颈线以及回抽不上，都是卖出点。前期跌破三角形未及时抽身离场的，此时如仍心怀侥幸，那么无论是因为不懂技术，没有意识到危险，还是明知而不为，都说明不太适合从事交易。

图1–18

图1–19是深证成指2011年12月20日至2012年9月24日期间的日线图，是图1–17当中楔形整理期间的一段走势。

和上证指数差不多，深证成指在跌破上升楔形之后，接着跌破双顶颈线。跌破之后，也同样有一个回抽，回抽未能重新站上颈线。

与同期上证指数中期双顶不同的是，深证成指的双顶右顶略高于左顶，是不标准和不常见的双顶。但技术图形的技术含义不变，跌破颈线及回抽不上，都是卖出点。只不过右顶高于左顶的双顶技术图形，失败的概率略大于标准的双顶技术图形。

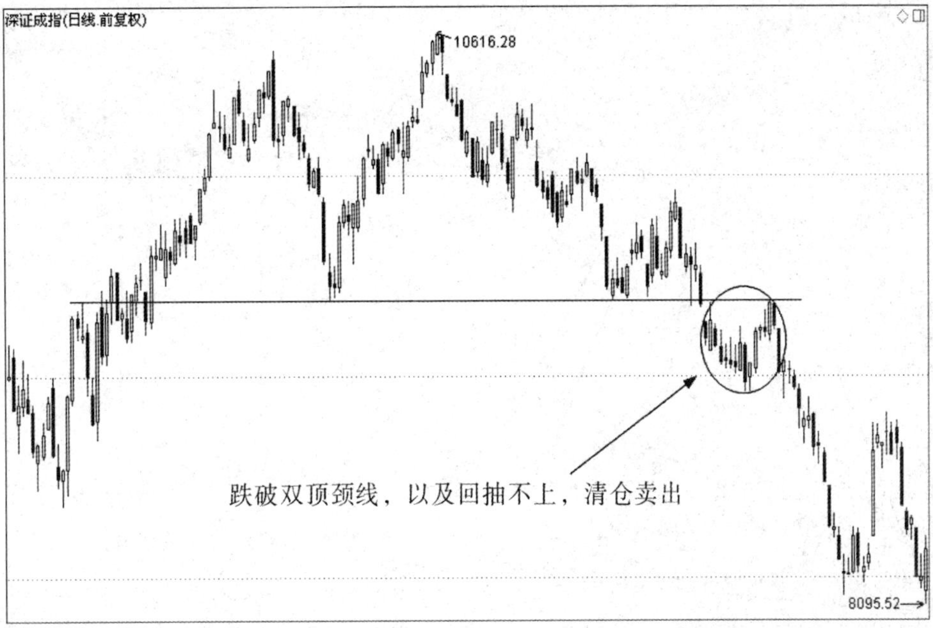

图1-19

各指数之间相互确认的原则，很少为趋势技术交易者重视，但的确是一种增加趋势判断正确率的好方法。

6. 确认（确定）趋势

如果指数每一次上升的高点都比前一次的高点高，每一次下跌的低点都比前一次的低点高，并且运行的时间超过一年，就是牛市。

图1-20是上证指数（999999）2005年6月至2007年10月的周线图。这是非常著名的一轮大牛市，上证指数从998.23点一直涨到6124.84点，期间出现过5次比较大的回调（中期趋势），但是每一次回调的低点都比上一次的低点高，并且回调后高点都高于上一次的高点，是一个比较完美的道氏理论定义下的牛市。

如果指数每一次上升的高点都比前一次的高点低，每一次下跌的低点都比前一次的低点低，并且运行的时间超过一年，就是熊市。

图1-21是上证指数（999999）2007年4月至2008年10月底期间的日线图。从图中可以观察到，指数每一次下跌的低点都低于前低，每一次反弹的高点也低于前高。

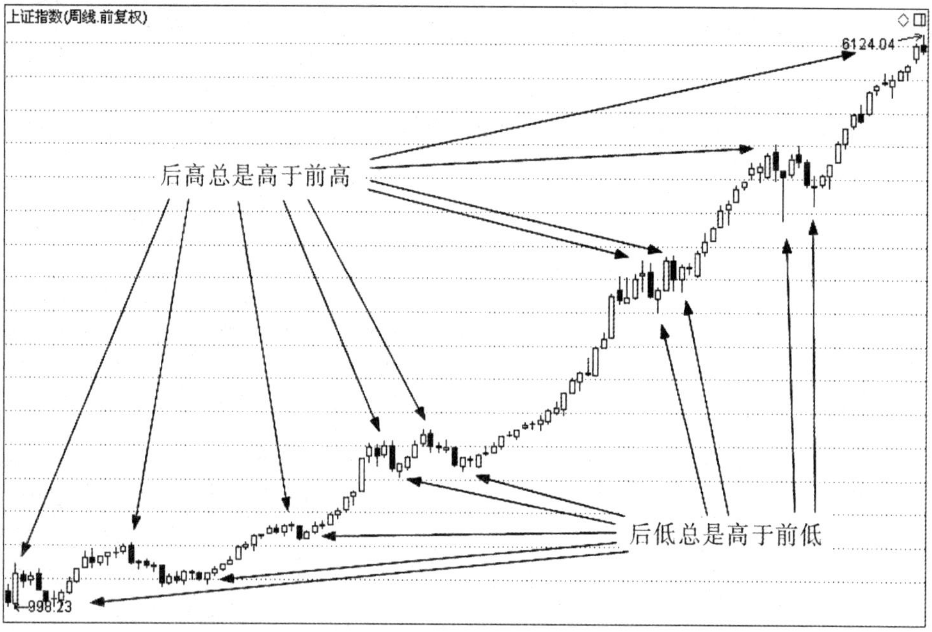

图1-20

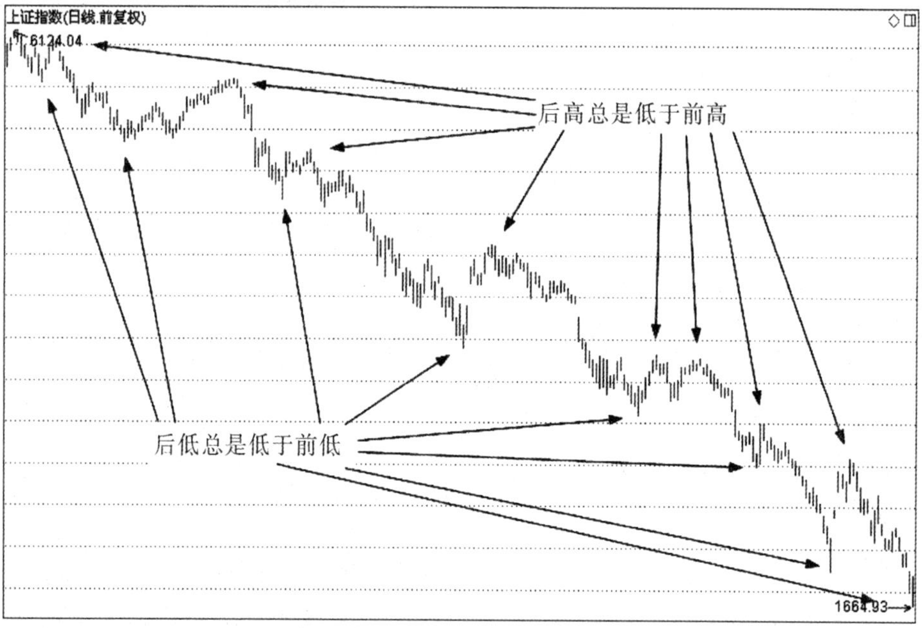

图1-21

需要特别提醒的是：上面两张图仅仅是为了简单说明牛市和熊市的定义和特征。实际上，仅仅根据道氏理论，在熊市转牛市以及牛市转熊市时，判断长期趋势是否真的已经逆转，并不是一件很容易的事情。存在的问题以及问题如何解决，在本系列丛书的相关内容中都有详解。

本书观点：这是一切趋势技术分析理论确认和判断趋势方向的基石。

前文已述，在道氏理论中，确认趋势，指且仅指如何确定长期趋势运行的方向。调整时间周期后，该定义也适用于中期趋势和短期趋势，不过由于道氏理论滞后性的特点，中期趋势对于实战操盘的意义不大，对于短期趋势几乎毫无意义。

对中短期趋势的把握，更多地需要借助于K线形态、技术图形、均线系统、趋势线以及技术指标等方法和理论。

确认趋势也适用于所有个股，应用于个股的原则和方法与应用于指数的方法和原则相同。

图1-22是长航凤凰（000520）的日线图。连续涨停板之后，股价调整，逐浪下跌过程中，形成下降楔形形态。然后放量收出一根涨停K线，突破下降楔形，预示中期调整趋势结束，后市看涨，买入。

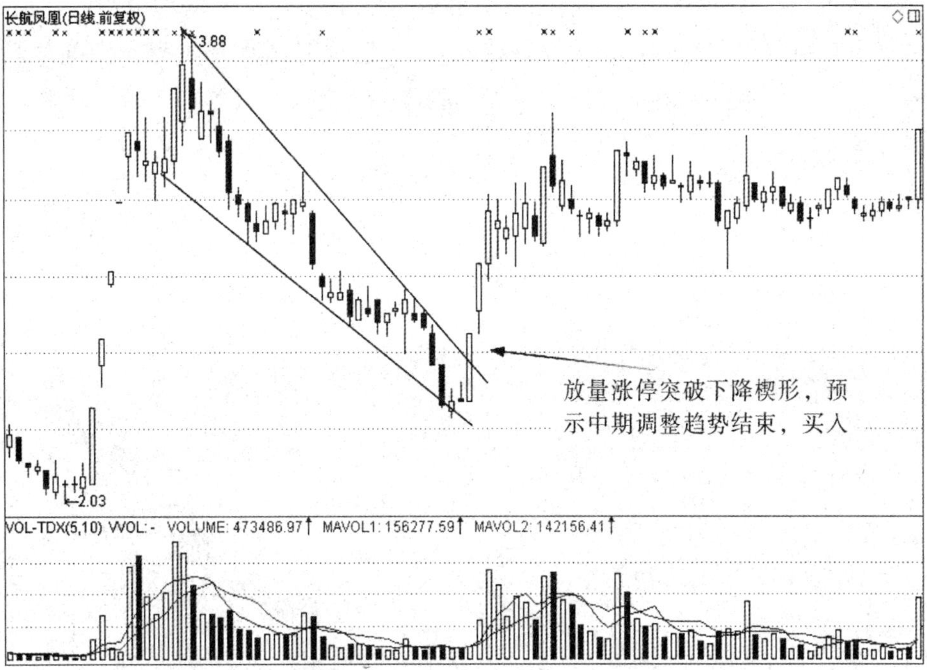

图1-22

本系列丛书讲解的所有趋势技术分析理论和方法，其判断和预测趋势转折和延续的基础依据，无不来源于此。

7. 线态窄幅区间盘整形态

又名直线运动形态，是一种一般持续两到三周，有时时间更长一些的横向盘整运动。盘整期间，指数上下变动的区间大约在5%的范围之内，偶尔会超出该范围。

道氏理论认为，线态窄幅区间盘整形态大多出现在长期趋势的休息和盘整阶段，用以代替折返的中期趋势，偶尔出现在重要的顶部和底部。该形态的出现，意味着收集或派发（即吸筹或出货），因此具有非同一般的技术意义。另外，线态窄幅区间盘整形态，需要两个平均价格指数的确认。

本书观点：该形态和股票整理技术图形当中非常狭长的矩形或三角形很相似，市场技术含义也一样，向上突破时看涨，向下突破时看跌。

当时，尚未归纳和总结出技术图形的运行规律和技术含义，所以在道氏理论当中，有且仅有此一种接近于技术图形的整理形态论述。

图1-23是四川长虹（600839）的日线图。该股见底后，在上涨过程中先收出一个狭长的收敛三角形形态，接着又收出一个小型的上升楔形形态。收敛三角形后市是涨是跌，取决于突破的方向。上升楔形大多出现在下降趋势当中，大多向下突破，因此技术含义大多看跌。本例当中出现在上涨趋势当中，并向上突破，是上升楔形的例外情形。

对于整理技术图形而言，所谓的看涨看跌，仅表明技术图形后市运行方向的概率，因此，等待股价或指数自行选择突破方向，比按照技术图形本身的技术含义进行预测性操作，是更佳的一种交易方式。本例股价向上突破上升楔形，后市看涨，交易者可继续买入。

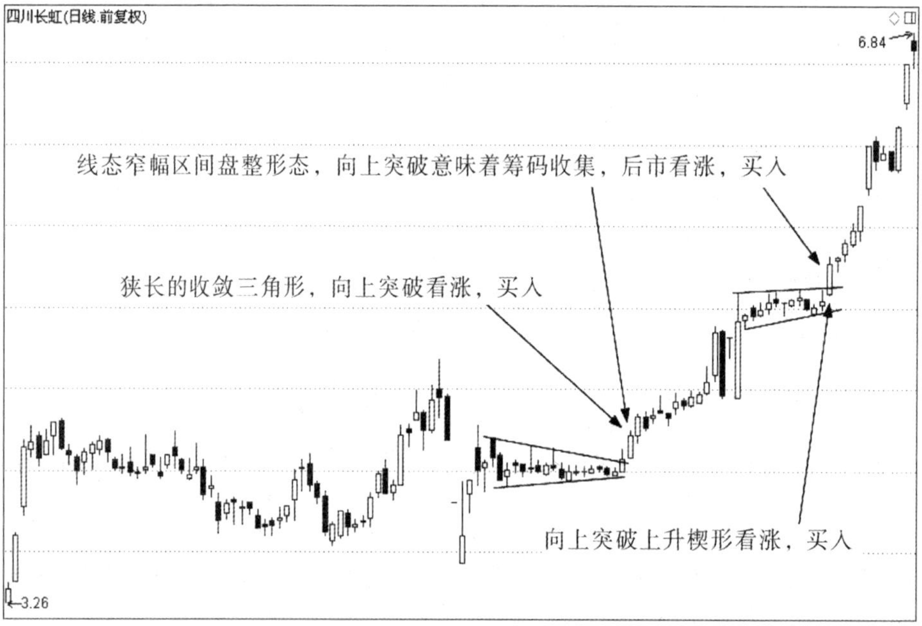

图1-23

上述两个技术图形形态，就是道氏理论当中所论述的线态窄幅区间盘整形态。线态窄幅区间盘整形态的技术含义取决于突破方向。本例都选择了向上突破，说明整理区间内的换手，是主力正在吸筹和清洗获利盘，后市看涨，买入。

8．交易量和趋势的关系

交易量沿着长期趋势的方向，倾向于更加活跃，即牛市当中，价涨量增，价跌量减；熊市当中，价跌量增，价涨量减。

由于道氏理论认为市场的平均指数包容和消化一切因素和信息，所以，结论性信号只能由价格或指数的变化产生，成交量仅仅是在关键位置或市场行情存在疑问时提供辅助参考，以确认或否认价格信号的有效性。

本书观点：与道氏理论的观点基本一致，成交量只是价格或指数的辅助。但与其略有不同，认为交易量跟随趋势，牛市增加，熊市减少。无论牛市阶段还是熊市阶段，都同样遵循价涨量增，价跌量减的原则。当交易量和趋势背离之时，是一种预示转势的信号。

图1–24是深证成指（399001）2005年11月至2008年11月期间的周线图。交易者可以从图上观察到，成交量在牛市时整体增加，在熊市时整体递减。

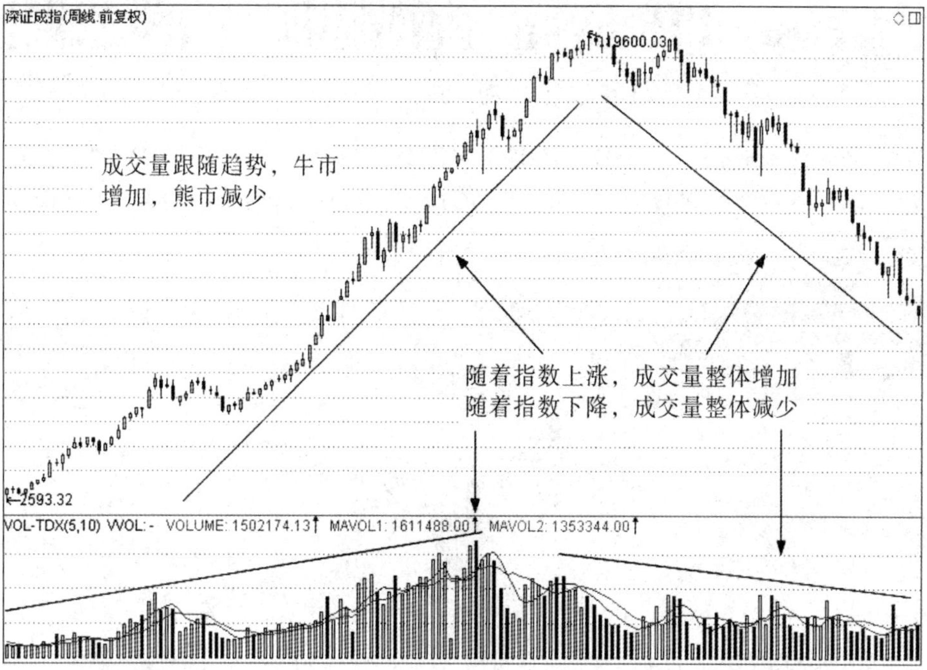

图1–24

图1–25是深证成指（399001）2005年11月至2007年10月期间的周线图。这是一轮激动人心的大牛市。在牛市中，每一次上涨，成交量都同步放大，每一次调整，成交量都随之减少。遵循价涨量增，价跌量减的原则。

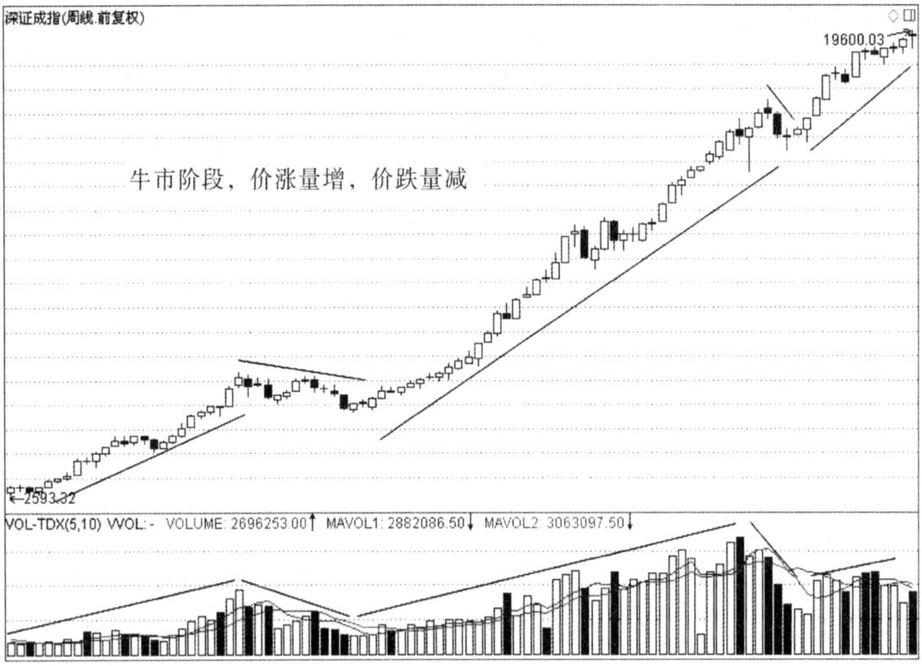

图1-25

图1-26是深证成指（399001）2007年10月至2008年11月期间的周线图。在这一段大熊市当中，清空了不少交易者的账户，但成交量依然遵循价涨量增，价跌量减的原则，每一次反弹，成交量都会较前期下跌时有明显的增加。

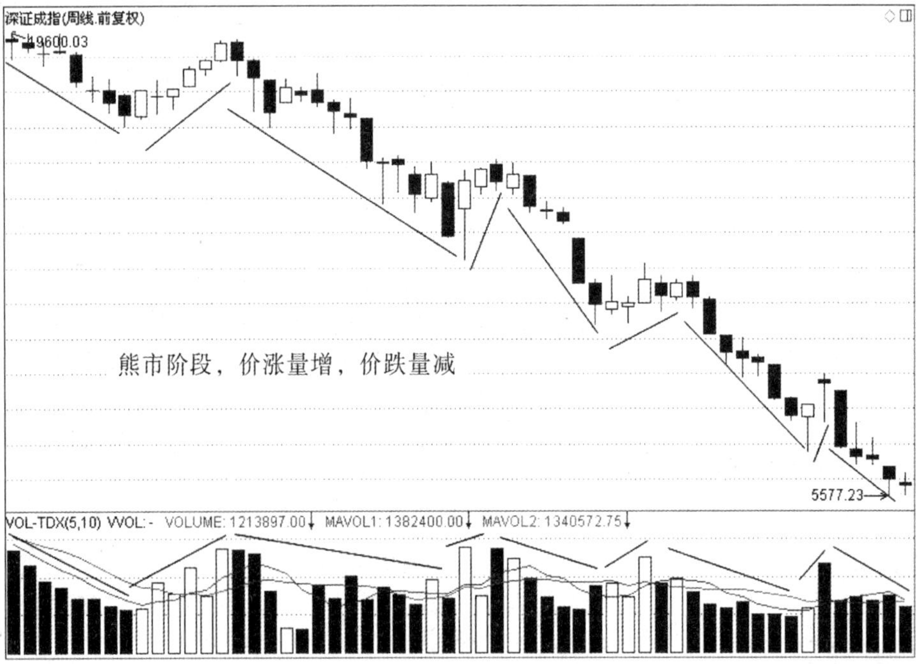

图1-26

图1-27是深证成指（399001）2007年3月至2008年4月期间的周线图。交易者可以看到，在深证成指见顶之前，出现了指数一直持续上涨，但交易量却整体上持续递减的量价背离情形，说明交易者买入的热情不足，很多资金正在离场观望，或者多方已经将资金悉数投入，买盘难以为继。无论是哪一种原因，都是一种危险信号，交易者应当提起十二分的精神，密切关注指数的变化，随时做好离场准备。

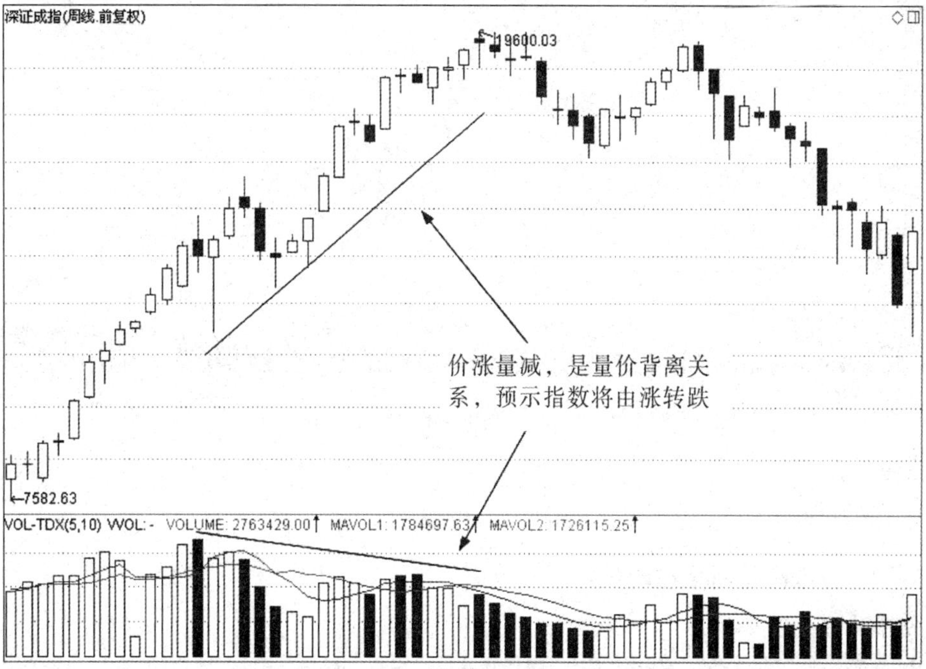

图1-27

价跌量增也是量价背离关系，预示着指数即将转跌为涨。

图1-28是上证指数（999999）2004年4月至2006年5月期间的周线图。从图中观察，虽然在下跌过程中成交量的增加不是很明显，但依然可以看到整体上略有增加，表明在下跌过程中，已经有资金悄然进场，预示指数将由跌转涨。

总之，价涨量增、价跌量减大多出现在趋势运行的常态当中，是量价配合关系；价涨量减、价跌量增大多出现在趋势运行的转折之处，是量价背离关系。

对于个股而言，也遵循着量价配合关系和量价背离关系的技术含义。但个股交易量和趋势之间的关系更为复杂多变，不能简单地仅仅依据价量关系来确定趋势的转折和延续。

交易量和趋势之间的关系，将在本系列丛书的趋势、交易量、交易系统等有关内容中进行讲解。

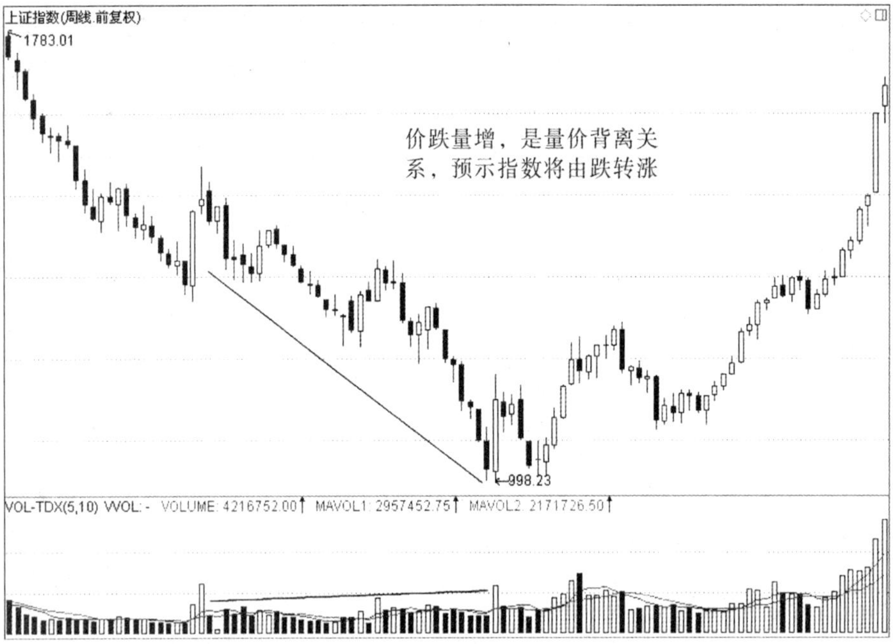

图1-28

9．双顶和双底

双顶和双底在价格运动的预测当中价值不大。

本书观点：这一观点值得商榷。

图1-29是上证指数（999999）2005年4月至9月的日线走势图。998.23点之后，股价回落至1004.08点，与998.23点形成双底，后市不仅启动了一轮中期上升趋势，也是2005年至2007年之间那波波澜壮阔大牛市的开端。

图1-29

图1-30是上证指数（999999）2007年8月至2008年1月之间的日线图。股价见高6124.04之后回落，然后再次冲高6005.13点，与前高6124.04形成一个相差不足119点（价差不到2%，仍在双顶价差3%的范围之内）的双顶，此后就是2008年那一轮让人锥心刺骨的大熊市。

这一次的双顶，不仅构筑了中期趋势的顶部，而且也形成了长期趋势的顶部。上证指数后期的走势，充分验证了双顶技术图形的有效性，以及双顶技术图形的价值所在。

很多时候，双顶和双底的走势不能完全符合道氏关于熊市和牛市的定义。例如，双顶的右顶偶尔高于左顶，或双底的右底偶尔低于左底。双顶和双底也经常出现在牛市或熊市的中途，从而形成中期趋势的顶部和底部。但是无论如何，作为重要转势技术图形的双顶和双底，对于趋势交易者而言，都具有非常重要的操盘意义。

双顶和双底技术图形，已在本系列丛书的《K线技术分析》当中讲解。

图1-30

10．个股

大盘股一般会和指数同步上涨和下跌，但是任何一只个股都有可能和市场指数的表现不同步。

本书观点：的确如此。易经和道家学说认为，世上几乎没有纯阳和纯阴的事物，因此阳中有少阴，阴中有少阳。牛市中的调整，熊市中的反弹，以及牛市中的熊股，熊市中的牛股，都是少阴和少阳。

无论是牛市中的下跌，还是熊市中的上涨，永远都是市场密不可分的一部分。齐涨共跌，永远都是偶然的、暂时的现象。

图1-31是上证指数（999999）2012年4月10日至2012年11月2日期间的日线图。虽然时有反弹，但总体趋势向下。

图1-32是丽珠集团（000513）与上图（图1-31）上证指数同一期间的日线图。与同期上证指数的走势相反，丽珠集团一直运行在上升趋势当中。

以下两点是约翰·迈吉和罗伯特·D·爱德华所著《股市趋势技术分析》当中所谈到的，关于道氏理论相互确认原则中的两点，这两点是其他书籍没有单独强调的。

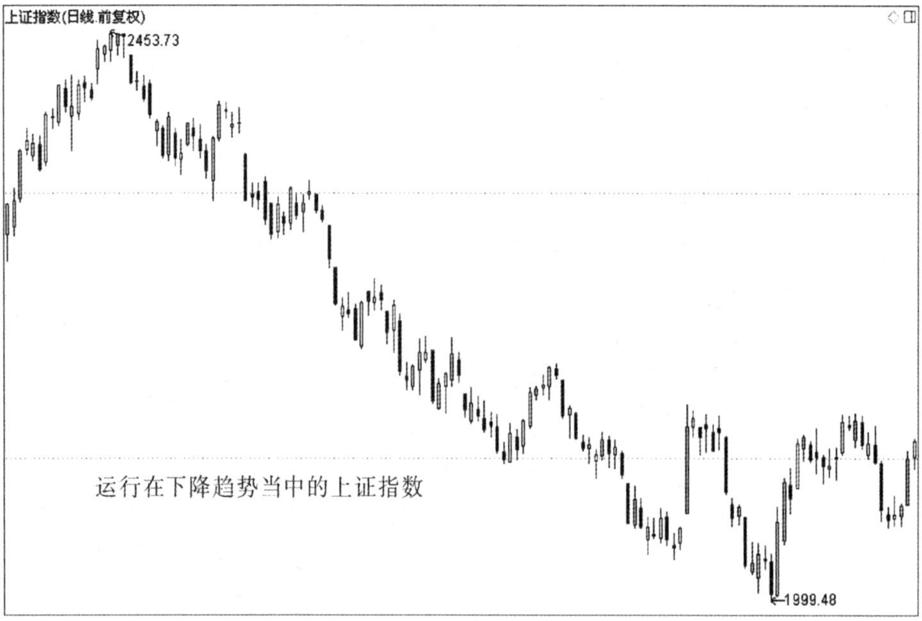

图1-31

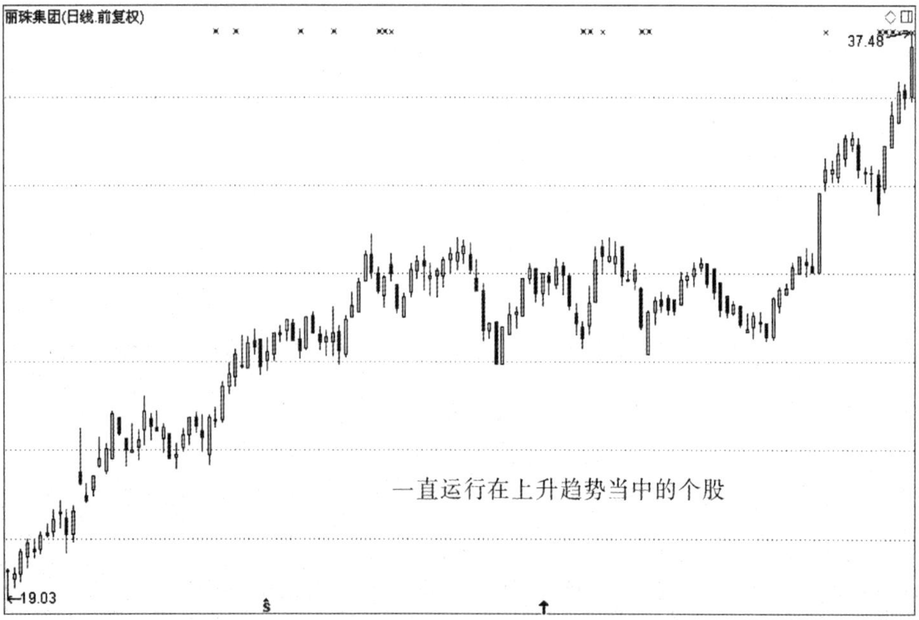

图1-32

1. 仅使用收盘价

道氏理论并不注重任何一个交易日收市前出现的最高峰和最低点，而只考虑收盘价。突破或者跌破的有效性，都是以收盘价为准。

本书观点：判断突破以及跌破的有效性，的确必须以收盘价为准。对于其他各方面，如技术图形和趋势线的画线，以及历史天价、历史低价等，则无论是以收盘价，还是以最高价、最低价为准，都可以。二者各有利弊，取舍取决于交易者的喜好和习惯。

图1–33是四川长虹（600839）的日线图。图中上升楔形的画线就是最高价、最低价的连线。股价突破上升楔形后，预示后市看涨，交易者可以进场买入。

后市的走势验证了突破上升楔形技术含义的有效性。

需要特别提醒的是：本图技术图形的连线虽然是以最高价和最低价为准，但对于上升楔形技术图形突破的有效性，仍然要以收盘价超出边线3%以上作为界限。

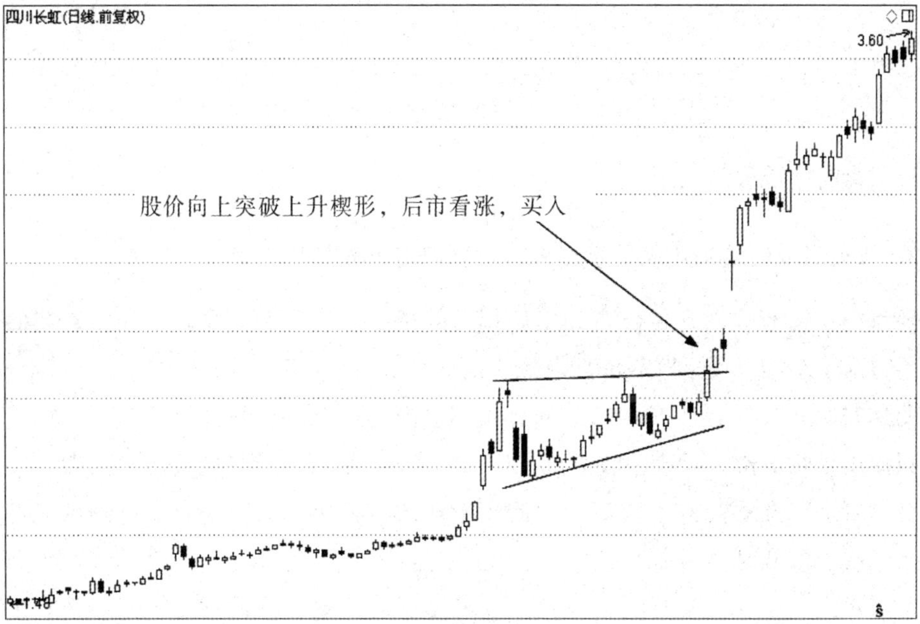

图1-33

图1–34是四川长虹（600839）与上图（图1–33）同一期间的日线图，所不同的是，本图的坐标只显示收盘价。交易者可以观察到，上图中的上升楔形，在本图当中形成的是上升三角形，并且突破时间也比上图早一天。这主要是因为收盘价低于最高价，从而令技术图形边线位置降低的缘故。

虽然技术图形有所改变，进场时间或早或晚，但看涨的技术含义和进场的标准、原则、操作方法没有什么不同。

仅使用收盘价和使用最高、最低价还有一点不同的是，使用最高、最低价画线，

可以在盘中观察最高价、最低价连线处的压力和支撑情况，而使用收盘价，则需要等

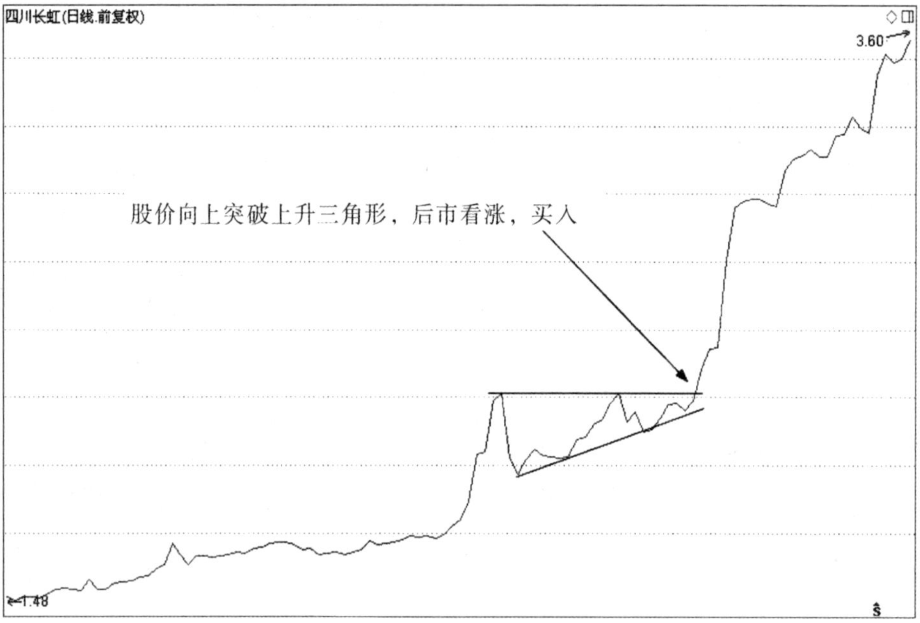

图1-34

到临近收盘时才能最终确定。

2. 只有当反转信号明确显示出来，才意味着一轮趋势结束

要点是：持有你的仓位，直到出现相反的指令。相反的指令是：当指数或股价的高点不再高于前高，而下跌后的低点低于前低时。

图1-35是平安银行（000001）的日线图。因为道氏理论只注重收盘价，所以坐标图上只使用了收盘价。只使用收盘价，比K线图更容易观察趋势的运行和回撤。

交易者可以在后高高于前高，后低高于前低时进场买入，一直持有到后高低于前高，后低低于前低时卖出离场。

本书观点：这一点无疑是所有技术分析交易者从事交易的核心。趋势是技术分析的基础，跟随趋势就是技术交易的基础。因此，无论技术分析理论如何繁花似锦，但若溯本求源，其根基都扎在趋势的土壤之上。

不过，由于当时的技术分析理论没有现在这么完备，所以道氏理论确认趋势反转的依据，只能是道氏理论中对趋势的定义。现在交易者可以使用更多的技术分析手段，对趋势反转进行综合预判。

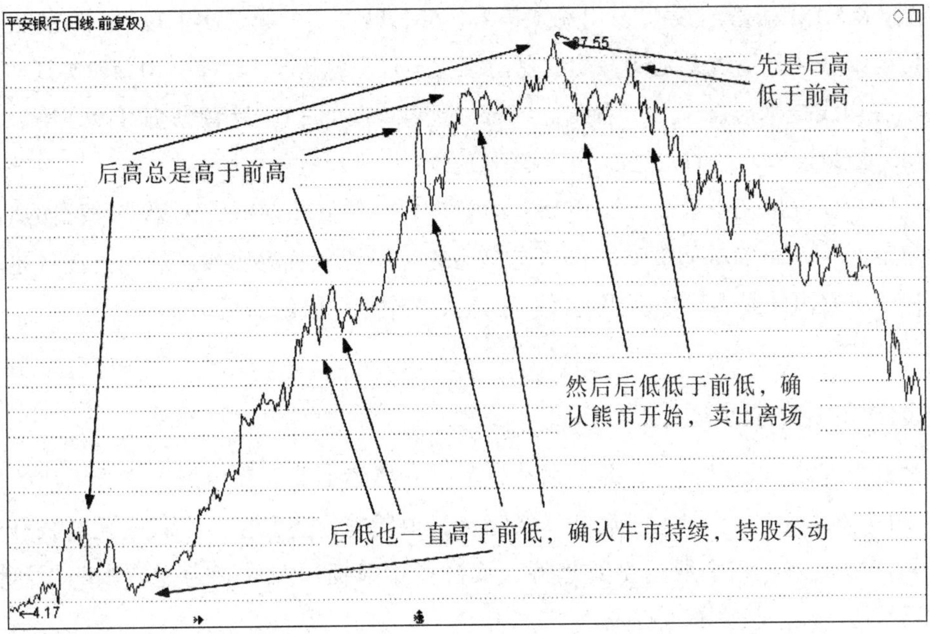

图1-35

图1-36是深证成指（399001）2007年8月至2008年3月之间的日线走势。从图上可以看出，指数第一次见顶19600点之后，第二次再度上攻，但却无力再创新高，走出双顶的技术形态，双顶是预示见顶的转势技术图形。

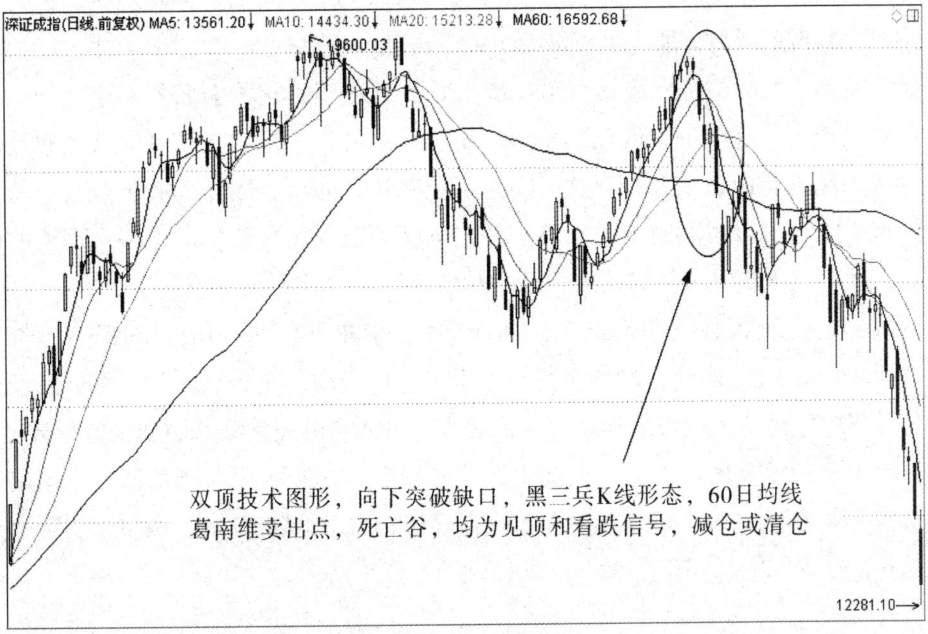

图1-36

指数转涨为跌时，向下跳空跌破5日均线开盘，收出向下突破缺口，是卖出信号。

K线组合形态也收出黑三兵，发出见顶信号。60日线在指数第二次上攻时，一直下行，随后再度跌破60日均线，是60日均线葛南维卖出点。跌破后，5日、10日和20日均线收出死亡谷均线技术形态，后市看跌。综合以上几个方面，交易者完全可以在第二个高点之后，指数连收阴线时，逐步减仓或清仓。

此时，仅仅出现了后高低于前高，尚未出现后低低于前低，如果严格按照道氏理论确定的原则，离确认熊市到来再清仓离场的时候还早着呢。很显然，上述各趋势技术分析方法发出的卖出信号，要远远早于道氏理论所发出的信号。

三、道氏理论的适用范围

对道氏理论的争议，自其诞生以来，就一直持续不断。其中被人广为诟病的有两点：（1）不确定性；（2）滞后性。实际上，道氏理论还存在一个很明显的缺点或缺陷：只能确定市场和个股的主要趋势，无法指示或提示交易者究竟应该购买何种股票。只是这一缺点较少有人提及。

不确定性是指股价或指数在一个长期趋势当中（比如牛市）运行了很长一段之后开始折返，折返之后再度沿着原来的趋势方向向上运行，但是没有创新高。这时究竟是牛市的中期调整，还是一轮熊市的开始？没有人知道。道氏理论解决不了市场在此处、此刻是牛还是熊的问题。

道氏理论并非不能确认牛市还是熊市的问题，只是时间上要再晚一些，空间上要再高一些（如再创新高，那么牛市继续）或者再低一些。

晚要晚到什么时候呢？高或者低，要到什么程度呢？接着上面的那个问题，比如说，市场又重新折返向下，低点低于第一次折返的低点，这时交易者应该引起足够警觉，要考虑是不是熊市来临。但这时还是不能确认是熊市，因为仍有可能是一轮较大的中期调整趋势。一直要到市场继续下跌，下跌到低点比这轮牛市上一次调整的低点还低时，才可以确认熊市从第一次折返的时候开始。

图1-37是上证指数（999999）2007年5月至2008年4月期间的日线图。股价见顶6124.04点之后，逐级回落，虽然也是每一个高点低于前一个高点，每一个低点低于前低，但是仍不能确认大熊市来临，因为依然很有可能是一波大型的中期调整趋势。

一直要到股价跌破本次下跌之前牛市当中最后的那一次中期调整低点，也就是著名的5.30暴跌的低点3404.15点之后，才真正确认自6124.04点以来的调整，实际上是一轮大熊市。

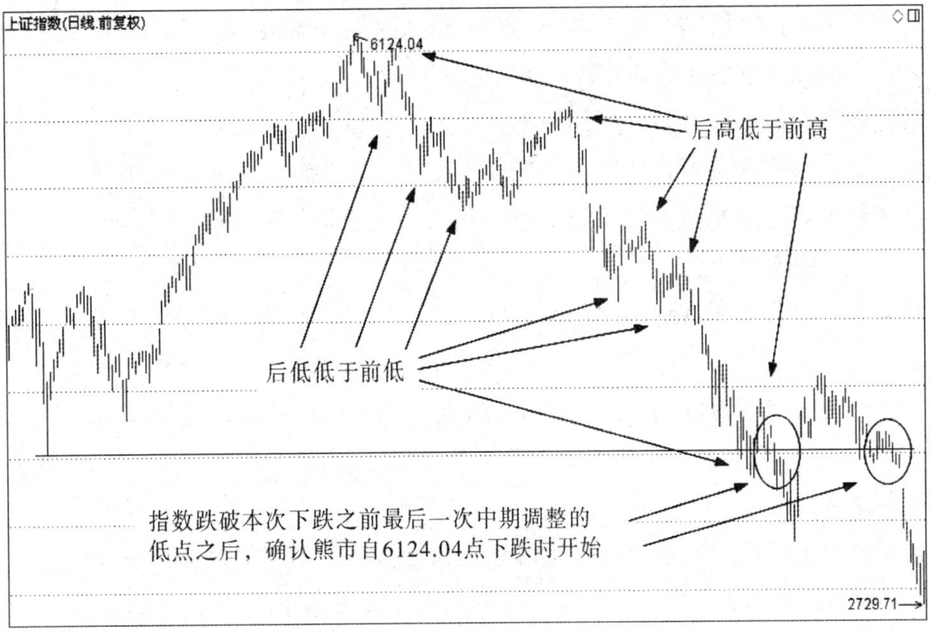

图1-37

对牛市的确认也是如此。

图1-38是上证指数（999999）2004年11月至2006年5月期间的日线图。股价自见底998.23点之后，走出了一浪高过一浪的上升行情，每个低点都高于前低，每个高点也高于前高。但却同样不能完全确定究竟是一轮新牛市行情的展开，还是熊市当中一次较大的反弹。

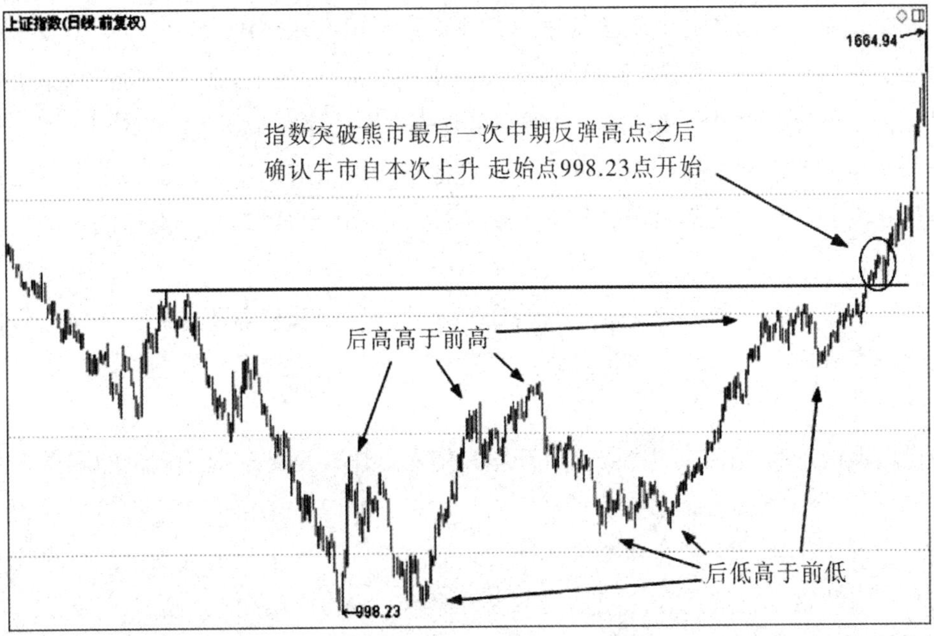

图1-38

一直要到股价突破前面熊市当中本次上涨之前最后那轮中期反弹的高点1328.53之后，才正式宣告牛市确立，其转折点从998.23开始。

对于牛市和熊市的确认，时间周期也是一个很重要的因素。即使幅度上没有满足超越熊市最后一次中期反弹的高点，或没有低于牛市最后一次中期调整的低点，但只要时间跨度上接近或超过一年，仍旧可以确认为是一轮牛市或熊市。当然，下跌幅度或上涨幅度一般不应低于20%。

从上面牛市和熊市的确认过程中可以看出，如果严格按照道氏理论提出的方法，在牛市确认时进场，在熊市被确认时离场，那么，2005年至2007年的那一波掀起全民投资股票热潮的大牛市，绝对涨幅5025.81点，而道氏理论交易者仅仅可以从中获取2080.62点，约占牛市涨幅的41.4%，不到一半。

这就是所谓的道氏理论第二个缺陷——滞后性。

通常情况下，严格按照道氏理论的原则指导交易，将会错过牛市阶段的前三分之一和后三分之一。有时，如果牛市运行的时间不是足够长，或者空间不是足够大的话，也许交易者可以把握的利润还不足一轮牛市的三分之一。

不过，事情总有两面性，滞后性就意味着稳定性。股市交易“一赚二平七赔”，是众所周知的事实。即使是最严格的道氏理论交易者，在确认是牛市的时候进场，在确认是熊市的时候离场，虽然仅仅获取了不到牛市涨幅三分之一的利润，也已经超越绝大多数交易者，成为那十分之一的佼佼者了。

总的来说，以道氏理论作为交易的指导原则，不失为一个极为可靠和稳定的操作系统，盈利是其必然的结果。

现在，交易者已经有了更多的选择，技术分析理论在道氏理论的基础上发展得更加完备，更加细致。交易者可以兼采众长，建立起自己的交易系统。道氏理论更多地只是作为指导交易的原则和方向，就像高悬于夜空中的那颗熠熠生辉的北斗星。

那些指责道氏理论存在缺陷的人，也许他本人也相信，这个世上根本不存在什么万能的钥匙和包治百病的良药，却的的确确以万能钥匙的思维方式对道氏理论提出了苛刻要求。

指责和排斥某一种理论，并不会给任何人的交易带来利润和好处，相反，却丧失了很多学习和进步的机会。对道氏理论是这样，对所有的技术分析理论和交易手段也是这样。

道氏理论本身大多是一些原则、概念和定义，比较粗犷。道氏理论的眼界广阔，忽略细流和波浪，而是探寻潮流乃至洋流的规律。所以，用道氏理论指导细致的中短线交易，效果不好（滞后性和不确定性的必然结果）。这不是道氏理论存在缺陷，而是交易者违背常识，选择和使用工具不当的原因。好比是给绣花姑娘一把锥子，花绣不好，却要埋怨锥子毫无用处一样。

道氏理论本身基本上没有什么缺陷，对于趋势确认的可靠性，远远超出其他任何理论和方法。滞后性和可靠性（稳定性）是必然如影随形的双胞胎，就像趋势被确认后，随时都可能发生反转一样，想要一劳永逸，永远也不可能。事物发展的规律就是这样，有阴就有阳，有矛就有盾，有取就有舍。交易者所要做的，无非是选择而已——正确选择工具和正确使用工具。

孙子兵法上说：故不尽知用兵之害者，则不能尽知用兵之利也。这句话的大意是：没有完全深入了解用兵之害的人，就不能完全懂得和运用用兵的利益。这应该成为交易者选择和使用技术交易工具所应遵循的原则。

对道氏理论也应如此，只有对道氏理论的局限性有了充分的了解，才可以在使用道氏理论的过程中，尽情发挥其所长。和其他所有的技术分析理论、基本分析理论一样，道氏理论有其自身的应用范围，滞后性是其所短，可靠性（稳定性）是其所长。滞后性表明道氏理论只能适用于大牛市，可靠性（稳定性）表明只有那些追求较低风险，获取稳定利润的交易者，才愿意依照道氏理论的指导从事交易。

滞后性和可靠性（稳定性）也决定了只有那些执行有力，有足够耐心的交易者，才能够做到持续盈利。

利用道氏理论确认牛市和熊市，虽然存在很大的滞后性，但是如前文所述，道氏理论是茫茫夜空中的北斗星，是每一位驾驶趋势之船航行于股海的交易者不致迷航的保障。这是道氏理论实战中最大的作用。只是绝大多数交易者宁可在夜航的黑暗中摸索，也不愿抬头看看高悬于天幕的北斗星，虽然这样做很容易。

在本系列丛书的很多内容中，都会涉及到道氏理论对其他趋势技术分析理论指导和确认作用的内容。

第二节　技术分析

一、技术分析概述和分类

人们通常把买入后持有较长时间的行为称为投资，反之称为投机。也有的把价值交易行为称为投资，而把技术交易行为称为投机。这两种说法相互之间存在着不可调和的争议，为了避免陷入投资还是投机的争论，本系列丛书一律用交易代替投资和投机这两个概念。

在股市中获利，无非是低买高卖。这个道理非常简单，但是绝大多数交易者在操盘过程中都做反了，只有极少数成功的技术交易者和价值交易（投资）者可以做到。股市运行的变化，无非是指数或价格的涨跌循环。什么时候上涨，什么时候下跌，只有技术分析可以告诉我们。

技术是劳动工具和劳动技能的制作方式与使用方法体系，是人们在改造自然、改造社会，以及改造自我的过程中所使用的一切手段、方法和工具的总和。技术存在的方式，可以是物质形态、智能形态、社会形态等三种有形或无形形态当中的一种或多种结合。

在股票交易中，技术是研究市场行为本身规律的工具和方法。技术分析是指以市场行为为研究对象，找出其内在规律，用以判断市场趋势，并根据市场趋势变化进行股票交易决策的方法。

广义的技术分析包括了基本分析和技术分析。毫无疑问，基本分析也是一种工具和方法，狭义的技术仅指技术分析。市场流行的各种分析方法，或归于基本分析，或归于技术分析，或杂糅了基本分析和技术分析。

一般认为，技术分析是一种具有悠久历史的传统交易方法。现在通行的看法，以及技术分析通行的含义，主要是指自道氏理论之后，体系完备而又庞大的现代技术分析。因此，创立美国道琼斯指数的查尔斯·亨利·道，就被尊为现代技术分析的鼻祖，道氏理论就成为一切技术分析的基石和原则。自道氏之后，技术分析逐渐成为交易市场上应用最广泛的分析理论和获利工具。

趋势是一切自然现象和社会现象，包括物质世界和精神世界在内，按照一定周期和一定波幅规律性运动演化的基本方式，包括运动方向和沿运动方向上的能量。

在股票交易当中，广义上的趋势包括交易趋势、交易者心性趋势、交易者行为趋势、上市公司趋势、股票趋势和股票市场趋势等，甚至还可以包括上市公司行业趋势、国民经济运行趋势、国家政策趋势、宏观和微观经济调控趋势等。狭义的趋势仅指交易趋势，是某一特定周期内，股价或指数规律性运行演化的方式，也同样包括运动方向和沿运动方向上的动力。

本系列丛书中，除了特别注明以外，所谈及的趋势仅指交易趋势，即特定时间周期内，股价或指数运行的方向和轨迹。所谈及的技术，仅指技术分析或趋势技术分析。

股市趋势技术分析，是指利用各种技术手段，对市场走势和股票价格趋势进行分析，并跟随趋势从事交易的方法。

技术是交易者从事交易的能力和工具。交易就是买卖。在股市中，买方又称为多方、多头，卖方又称为空方、空头。

根据对技术掌握的熟练程度，交易者大致分为三类：生手、普通交易者和专业交易者。

生手就是对各种分析方法不懂或者所知甚少，仅凭感觉或道听途说参与交易，时有盈利，但亏损是常态。生手与入市时间长短、资金量多少无关。

普通交易者对股市有一定了解，掌握一种或多种技术分析方法，期望能够长期在股市中盈利，但是时赚时亏。对于为什么亏损，为什么盈利不甚了了。

专业交易者已经可以基本把握股市的运行规律，有自己独立的交易规则和交易系统，并且能够在交易过程中严格执行，所以可以长期稳定地获取利润。

根据资金量的大小、专业人员的有无以及信息资源的多寡，交易者大致分为两类：公众交易者和机构（主力）交易者。

公众交易者就是俗称的散户，包括很多中大户在内；机构（主力）交易者大多是指俗称的庄家，主要包括基金、私募、投资公司等。

很显然，生手和普通交易者大多数是公众交易者。但是专业交易者却很难和机构（主力）交易者之间划等号，机构交易者的从业人员大多是专业交易者，但很多专业交易者仍旧是公众交易者。

主力，一般意义上主要是指拥有资金、专业技能和信息资源优势的交易者，如机构、基金、私募等。

本系列丛书中，主力主要是从方便论述看多或看空交易者力量对比的方面而言的。主力是一个集合体，可以是一个机构或基金，也可以是若干人或机构，甚至可以是数量极其众多的公众交易者。只要力量大到足以影响到股价或指数的走势，就可以将其称为主力。

买入股票，推动股价或指数上涨的就是多方主力，大量卖出股票从而令股价或指数下跌的就是空方主力。

多方主力和空方主力可以是两股力量的群体或个人，也可以是不同时间周期内的同一群体或个人。

庄家的内涵小于主力，仅为主力的一部分。庄家主要是指大量买进或持有某一只或若干只股票的流通盘，可以对其所买进或持有股票的价格走势产生重大影响的交易者，如机构、基金、私募等。

K线图是股价或指数的图表化记录，是交易趋势的物质载体。

移动平均线是某一特定时间周期内，股价或指数平均值的图表化记录。

复权就是对股价和成交量进行权息修复，按照股票的实际涨跌绘制股价走势图，并把成交量调整为相同的股本口径，保持股价走势的连续性。

前复权就是保持现有价位不变，将以前的价格缩减，将除权前的K线向下平滑移动，保持图形和股价走势的连续性。

普通坐标是指所有当日涨跌金额相等的股票价格，K线长度是一样的坐标系。

对数坐标是指所有当日涨跌幅相等的股票价格，K线长度是一样的坐标系。

本系列丛书中，所有行情插图，除了特别注明以外，都是前复权、对数坐标、简单移动平均线的日K线图。

技术分析理论，目前常用的有K线理论、波浪理论、道氏理论、江恩理论、切线

（趋势线）理论、量价关系理论、移动平均线理论、主力行为分析理论、交易心理分析理论和各种技术指标分析理论等。

K线理论包括K线形态和技术图形。技术图形理论又称形态理论。已在本系列丛书第一册《K线技术分析》当中予以详细讲解。

道氏理论是现代技术理论的鼻祖，其主要内容已在本书概述。

移动平均线理论主要包括葛南维移动平均线买卖八大法则、移动平均线组合和移动平均线技术形态等。已在本系列丛书《均线技术分析》当中予以详细讲解。

切线理论的主要内容包括通道、支撑线、压力线、趋势线、扇形线、速度线、甘氏线、百分比线、黄金分割线等。本书将主要讲解切线理论中通道、支撑线、压力线和趋势线的内容。

波浪理论认为，股价或指数的运动是按照一定周期和波幅的方式进行的，就像波浪一样。由于其体系博大精深，交易者直接阅读拉尔夫·纳尔逊·艾略特的原著更好，所以关于波浪理论的内容，只在个别部分中简略介绍，本系列丛书没有进行详细讲解。

江恩理论是交易大师威廉·江恩通过对数学、几何学、宗教、天文学的综合运用，建立的独特分析方法和测市理论，包括江恩时间法则、江恩价格法则和江恩线等。江恩理论由于带有极其强烈的个人特征，是一种个性化很强的交易理论，已经进入了专业化和细致化的领域，所以本系列丛书几乎没有谈及。

技术指标理论主要包括相对强弱指标、随机指标、趋向指标、平滑异同平均线、能量潮、心理线、乖离率等几十种著名的技术指标，并且不断有新的技术指标出现。

本系列丛书没有讲解技术指标，原因如下：（1）K线能够直观地展现趋势，再辅以均线、趋势线以及成交量，完全可以轻松自如地进行趋势交易；（2）K线是交易价格的记录，连续的K线形成趋势，没有交易就没有记录交易价格的K线，没有K线就难以看清趋势；均线是市场内持仓者的平均成本，均线的方向就是场内资金的方向，就是趋势的方向；趋势线虽然并不客观存在，但它反映的是市场客观走势的路径，是价格走势的抽象化概括；成交量是实际转手股票的数量，单位时间内转手数量的多寡，反映了市场各方交易者的分歧和博弈。这些都是市场本身或本身的组成部分，是趋势的载体和最直接体现趋势的因素。所有的技术指标，都是市场本身的衍生物。老子说：道法自然。自然，意思是“自己本身的样子”，所以我们只探讨市场本身的样子；（3）趋势交易既不是长线交易，但也不是短线交易，而大多数技术指标短线交易使用效果最好。

二、技术分析兼具科学和艺术特性

技术分析是一种实践性很强的科学知识体系。科学的发展已经证明，趋势是一切事物，包括物质世界和精神世界在内，运动和变化的基本方式。技术分析研究和判断所依据的市场行为，以及由此衍生的所有技术分析理论，包括K线理论、切线理论、指标理论、移动平均线理论等，无不是建立在真实客观的数据基础之上，其推导过程、建立模型、形成系统化的体系，都是按照数学规律，通过数学公式完成的。

但技术分析不仅仅是一种实践性很强的科学知识体系。一个数学家给出一个公式或者定律，任何一个掌握了公式和定律的人，都可以根据公式和定律得出唯一正确的答案。相反，每一个掌握了平仄和韵脚的人，严格按照平仄和韵脚要求写出的句子，却并非都是诗词。这就是科学和艺术的重要区别之一。

经验、灵感和悟性这些人类的主观感受，在艺术中起到了远比规律更加重要的作用。技术交易者在交易时，就像诗人遵循并运用格律一样运用技术分析。技术分析作为一种工具和方法，对每一个交易者来说，并没有什么本质的不同。不同的是每一个使用者，都拥有不同的经验、灵感和悟性，在交易过程中，当交易者面对巨大的诱惑和恐惧时，会做出不同甚至截然相反的判断和操作。

图1–39是ST东盛（600771）的周线图。在股价已经上涨十余倍的情况下，股价回落，再度冲高。这次上攻，量能明显不济，表明买盘难以为继。虽不能完全据此清仓离场，但娴熟的技术交易者一定不会继续追高。

大量的成交表明，依然有很多交易者在此处追进。如果追进者当中有技术分析交易者，那就不能不说，这是抵不住诱惑和贪婪，因而失去理智。

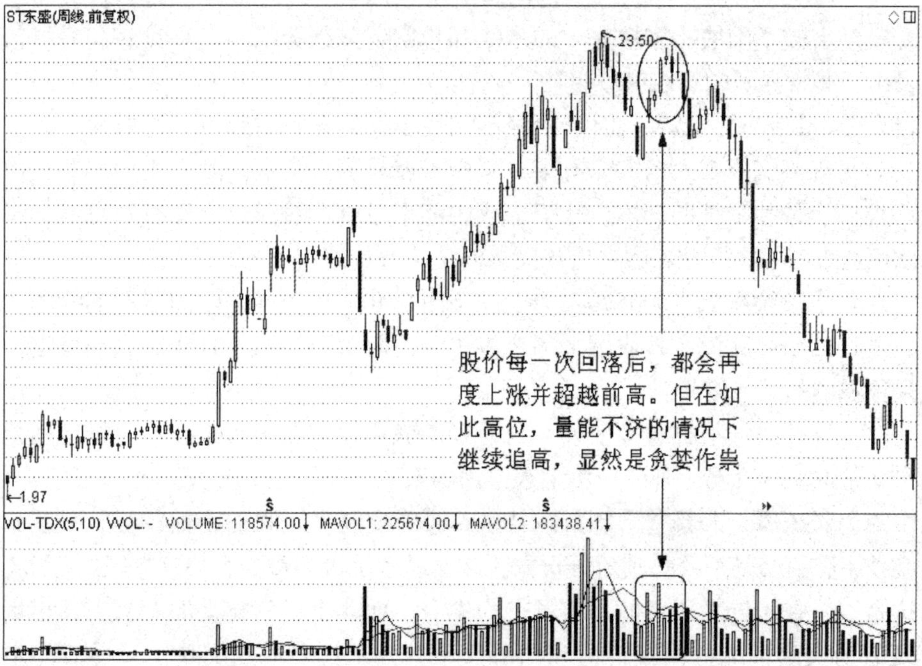

图1–39

图1-40是长航凤凰（000520）的日线图。股价跌势绵绵无绝期，已经将场内交易者的意志和希望摧残殆尽。

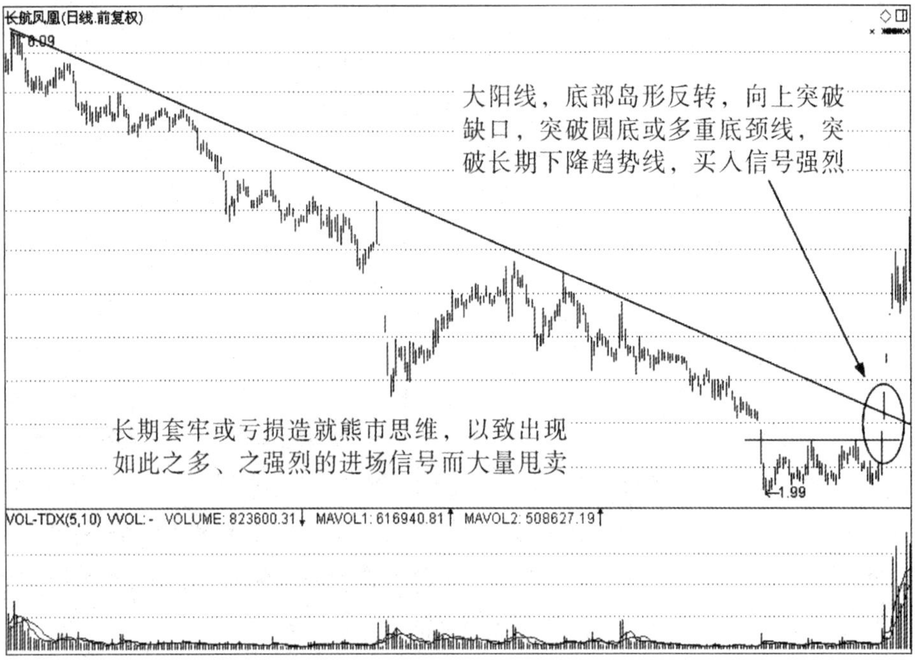

图1-40

在底部横盘整理一段时间后，突然连收大阳线，收出底部岛形反转，向上突破缺口，并一举突破了圆底（多重底）的颈线和长期下降趋势线，多种见底和看涨信号共振，发出了非常强烈的买入信号。

很多套牢长久的交易者此时反而耐不住性子，争先恐后地亏本大甩卖。底部放量阳线，表明有买盘资金入场。但有多少买盘，就有多少卖盘。卖盘当中那些割肉的交易者，很显然是基于长期套牢或亏损造成的熊市思维，对股价上涨感到恐惧，害怕再度深跌而错失时机，因此才会在应该买入时迫不及待地卖出。

图1-41是长航凤凰（000520）与上图（图1-40）大致同一时间段的周线图。在周线上，进场的信号就没有日线图上那么多了，但因为周线图比日线图更加稳定，所以依然是很强烈的买入信号。

功夫在诗外。从某种意义上说，交易者的成功并不在于对于技术分析运用得多么熟练，而是取决于交易之外的很多主观方面因素。

主观色彩浓厚，兼具艺术和科学特性，带有交易者很强的个性特征，是技术分析方法和技术分析交易系统与其他分析方法和交易系统最为重要和关键的区别。

这是因为技术分析研究的是市场行为本身，而非市场中交易的商品。而市场行为除了反映所交易商品的内在价值和供求关系之外，更多地则反映了交易者的主观看法，以及交易时交易者的人性、心理和情绪变化。

交易对象的内在价值和供求关系，理论上都存在着精确定性和定量的可能。但交

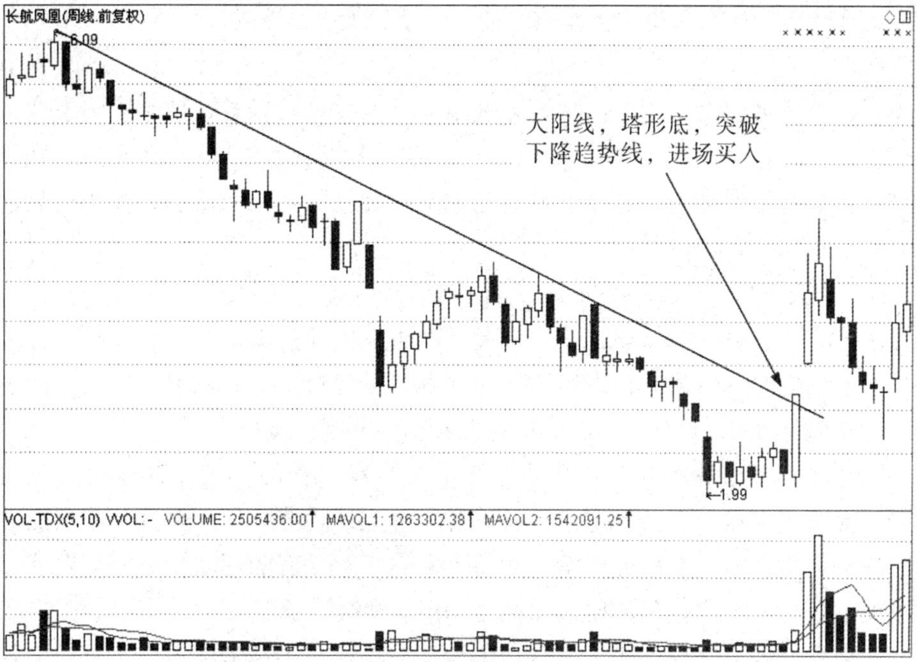

图1-41

易者的人性特点、主观认知以及贪婪、恐惧等心理、情绪变化，基本上无法精确定性和定量。因此，技术分析只有原则和执行，而没有定理和定律。

图1-42是大江股份（600695）的月线图。按照收敛三角形形态的技术含义，向上突破看涨，交易者可以在突破后进场买入。

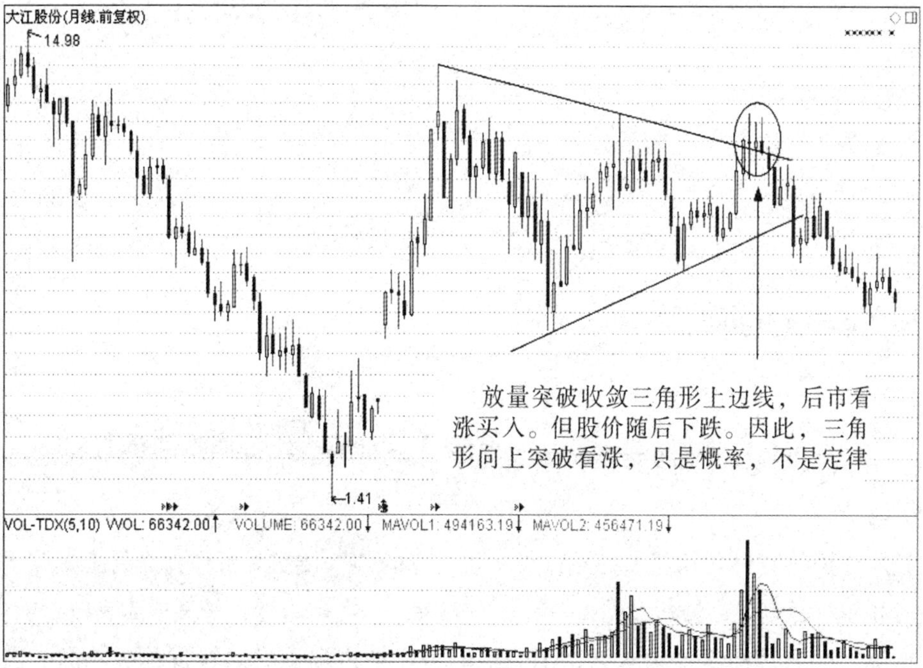

图1-42

但该股很快就跌回三角形形态内，表明突破失败，交易者应在跌破三角形上边线时止损离场。

这个例子表明，收敛三角形向上突破预示后市看涨，只是一种大概率事件，而不是一种定律或定理。

图1–43是大江股份（600695）与上图（图1–42）同一时间段的月线图，只不过只显示了收盘价。

在收盘价日线图上，观察到的结果和上图（图1–42）一致。

技术分析是一种科学，决定了交易者可以通过各种技术手段，对交易趋势进行预测；技术分析更像一门艺术，决定了一切预测结果都只是一种概率。虽然统计数据起到了极其重要的作用，但交易者个人的经验和悟性同样必不可少。

交易趋势（即市场行为、价格或指数）是客观存在的事实，其运动同样遵循规律，因此价格或指数的变动一定不是随机的。但交易趋势的运动轨迹一定不能够为交易者所完全预测，因为人们的买卖行为不仅取决于交易者的理性预期和客观认知，而且还取决于交易者的情感和欲望，尤其是恐惧、贪婪、偏见、过度自信、以自我为中心的感知和成见等。交易习惯、交易心理和交易心性，不仅是技术分析研究中至关重要的课题，也是基本分析研究和交易当中密不可分的重要部分。

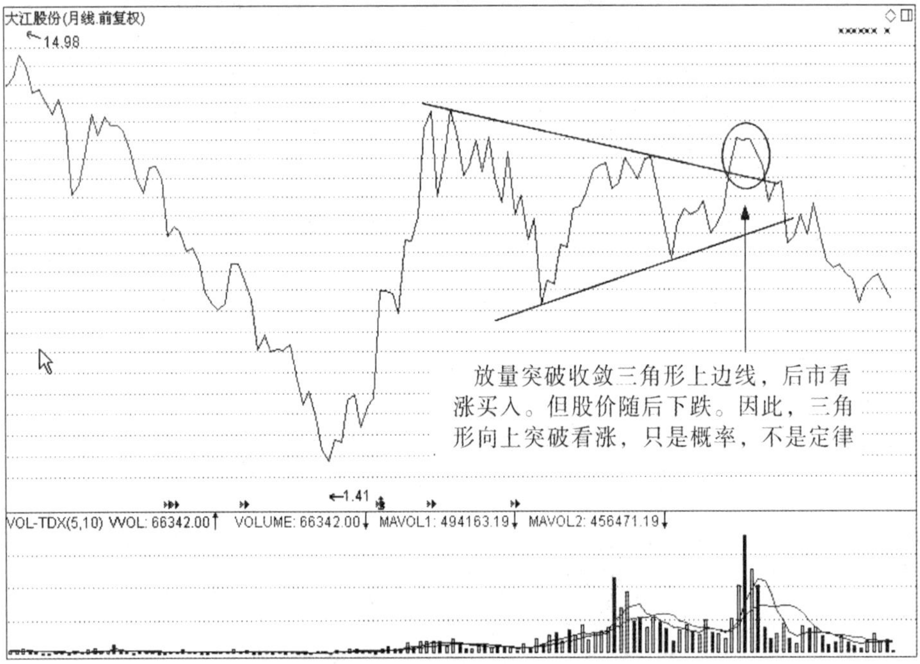

图1–43

技术分析兼具科学和艺术特性，与之相对应的，以技术分析作为交易工具和手段的交易者和参与者也就分为两大类：一类是预测者，一类是跟随者（又称为反应者）。

预测者的名声通常比较响亮，因为他们可以在市场重大的转折关头，提前发出预言并经常得到验证。但他们当中的绝大多数基本上不从事实盘交易，或者实盘交易的成绩并不是很好。

跟随者使用技术分析的技巧，对特定的市场行为做出相应的决策和反应，以跟随趋势获取利润。跟随者大多默默无闻，因为无论交易成绩的好坏，外人很难知晓，除非交易者刻意高调。绝大多数的成功跟随者，都认为过多的声音和预测会对交易本身以及交易趋势产生干扰。

技术分析相对于公众交易者而言，与其他的分析理论和交易手段相比，有着一个很大的优势：因为市场行为（价格或指数）包容和消化了一切因素和信息，所以技术分析可以让那些无力获取全面而又准确信息资料的公众交易者，从此有了一双明察秋毫的眼睛。一切的信息和影响，全都反映在价格的运动当中了。

科技的进步和计算机功能日益强大，极大地促进了技术分析的发展。不仅是专业人士可以通过网络大量萃取信息和数据，研究和创立新的技术分析方法，就连普通的交易者和技术分析师，也可以利用计算机进行概率统计和验证，从而进一步优化自身的交易系统和策略。在计算机完全取代交易者成为交易市场上的交易主体之前，技术分析和交易趋势将一直兼具科学和艺术特性。

三、市场行为包括技术分析行为和基本分析行为本身在内

尊为现代技术分析鼻祖的，是创立美国道琼斯指数的查尔斯·亨利·道。因为自道氏之后，技术分析理论才自成体系，并逐渐成为交易市场上应用最广泛的分析理论和获利工具。

现行的技术分析理论和技术分析人士认为，一切技术分析理论基础都建立在三大假设之上，即（1）市场行为（股价或指数）包容和消化一切信息；（2）市场以趋势的方式演变，趋势具有惯性；（3）历史会重演。

市场行为包容消化一切，是指经济事件、国家政策以及交易者的贪婪、恐惧、希望、猜测等所有作用于市场的因素，全部都会反映到市场价格的变化当中。市场行为是无数交易者资金、知识、智力、心态博弈后的综合市场行为，既包括那些富有远见卓识的专业人士，合法或非法提前获知内幕消息的灵通人士，也包括那些对股市所知不多，对自己不甚了解的交易新手。市场行为还可以包容消化各种可预见和不可预见到的所有事件，比如天灾人祸。在大家讨论猜测事件之时，市场行为就已经作出了反应，甚至那些毫无征兆和突发性的天灾人祸，一旦发生后，市场也会马上作出评估，并迅速包容消化所有的后果和可能性。

在市场分析和交易体系中，虽然有很多人将道氏理论以及以道氏理论为基础的分析体系统称为技术分析，将单纯或主要以技术分析作为理论指导和交易手段的交易称

为投机交易，而将以基本分析理论为基础的分析体系统称为价值分析，将单纯或主要以价值分析作为理论指导和交易手段的交易称为价值投资（交易），但是不可否认的是，无论是对于趋势技术交易者而言，还是对于价值投资（交易）者而言，乃至所有市场的参与者而言，股票价格或指数所包容和消化的一切因素和信息，很显然也包括基本面信息、基本分析理论、价值交易和价值交易者在内。如果认可股票价值变化和价值交易对股价或指数走势有重大影响，那么股价或指数的趋势也必然反映股票真实价值的变化，以及价值交易者的看法和行为。

交易者、交易行为和交易结果（即价格或指数），是一个开放的互动自循环系统。说它开放，是因为交易者理论上可以接纳或者接收无穷的信息；说它是自循环系统，是因为所有的信息都只能在交易者至交易行为，交易行为至交易结果，交易结果至交易者的这个循环过程中流转，未参与流转的信息，对交易而言是无效的；说它是互动，是因为在自循环过程中，交易者的交易行为决定了交易结果，反过来，交易结果又是影响交易者交易行为的最大因素。即便是基本分析理论，其进场、离场的决定性依据，也无不是参照股票内在价值与交易结果（即价格或指数）之间的偏离度做出的。

对于交易结果（即价格或指数）自身而言，也是一个开放的互动自循环系统，所有的因素和信息最终促成一个确定的交易结果——价格或指数。确定的价格或指数，这时又成了影响下一个交易结果所有因素和信息当中极其重要的组成部分。同时，已经确定下来的价格或指数，往往是影响交易者对信息看法的最大因素。有时，对同样性质信息的看法，市场的反应截然相反，而促成这种改变的最根本原因，就是现行价格或指数的走势。所谓的牛市当中，利多，股价涨；利空，股价也涨。而在熊市当中，利多，股价跌；利空，股价也跌。因此，当下一个交易结果确定之时，也必然包容和消化了上一个交易结果。而交易结果（即价格或指数）是市场内所有交易参与者共同促成的，是所有交易行为的物质化体现，这其中必然包含价值交易者在内，也必然包容和消化所有基本分析理论，以及所有基本面的变化。

图1–44是深证成指（399001）2007年3月至2007年10月期间的日线图。图中圆圈内标注的就是5.30暴跌行情。暴跌的原因是财政部在5月30日凌晨，将股票交易印花税从0.1%调高到0.3%，这是一个对股市有着长期而又重大影响的利空。但指数也只仅仅进行了一次时间不长的中期调整，然后继续完成牛市历程。

总之，无论是技术交易者，还是价值投资（交易）者，其实质都是交易。没有交易，也就无所谓技术和价值的区别。但既是交易，于市场而言，依然不存在技术和价值的区别。因为在这个市场当中，只有交易主体（交易者）、交易工具（包括交易方法和手段）、交易行为、交易对象（股票或其他证券）和交易结果（股价或指数）。

交易的过程就是交易主体（交易者）使用不同的交易工具，通过交易行为，针对特定的交易对象进行交易（买卖）的过程。这个过程既无从记载，也无法予以定性和定量分析。只有交易结果（股价或指数）被完整、真实地记录下来，同时又成为交易主体考量下一步交易的重要依据和因素。

图1-44

在整个交易过程中，相对于市场、市场行为或者交易结果而言，所有的交易主体都是一样的，没有什么区别，仅仅因为所使用的交易工具不同，才把交易主体区分为技术交易者和价值交易者。技术交易者和价值交易者分别从不同角度出发，使用不同的交易工具，共同促成交易结果。因此，不论是现在还是未来，不论是技术分析还是基本分析，都将和过去一样，完完全全地被市场行为（股价或指数）包容和消化。

也就是说，不管在什么情况下，交易主体、交易行为、交易工具和交易对象都会被交易结果完全包容和消化。因为没有交易，也就无所谓交易行为。没有交易行为，也就无所谓交易者和交易市场，而市场行为是所有交易行为的最终结果。市场行为就是交易结果，以股价或指数作为载体。

在这里，本书丝毫没有贬低或否认基本分析理论的意思，只是陈述客观存在的事实，并且基本分析理论的伟大与否，与其是否被市场行为包容和消化无关，就像人类不过是哺乳动物当中灵长目的一员，但却是地球上无可争议的霸主。

每一位交易者和参与者，包括空仓等待者，本身既是观察者、分析者和决策者，同时又是市场的组成部分。如雨水滴入江河，白雪融成溪流，它们既是河流的组成分子，又改变着河流本身，既影响着流域的气候和环境，又因流域气候和环境的不同而被改变。

四、技术分析理论基础的三大假设都是客观存在的事实

三大假设作为理论基础，几乎是现行技术分析理论一致的观点，但这听起来似乎有点像天方夜谭。流传如此之久远，应用如此广泛，体系如此完备的分析理论，居然是空中楼阁！这的确让人匪夷所思。

本书观点：技术分析理论基础依然是建立在上述三个方面，但这三个方面绝非假设，而是客观存在的事实。

我们可以从股票市场设立后第一笔交易开始分析。

第一笔成交，假设成交了30手（1手=100股）。就这30手而言，买卖是平衡的，价格也是无法准确预测的。当然，因为股票价格与企业的资产和经营情况相关，而企业的资产和经营状况可以大致量化，所以运用基本分析方法，结合供求关系进行分析，可以确定一个大致的股价区间。但是从市场的角度来说，成交价格就是市场认同的价值。股票上市交易之后，买方愿意接受此价格，是因为买方认为该股票的价值高于此价格，以后还会上涨。卖方的心理正好相反。博弈和妥协的结果就是股票成交价格。

股票价格取决于买方和卖方的主观认识和价值判断，而不是基于客观真实的材料和科学评判，也不是企业自身真实价值的客观体现。所以总的来说，股票价格是不可预测的。这也是很多人坚持认为股市是赌场，股票价格运行是随机的重要原因之一。

进一步分析买卖双方的心理、动机和行为，可以发现，买方在参与购买时，受到了很多因素的影响。隔壁王大妈的一句话，证券图书上的零星知识，好奇心，碰运气，证券咨询专家、金融学教授的理论和价值判断，媒体股评，企业基本面信息，内幕消息，甚至别有用心的一些谣言，等等，诸多偶然的、必然的，相关的、无关的各种因素，共同促成了买方入场买进的行为。

卖方的情况同买方基本一致。

影响买方或卖方的原因和因素，也许有无数种，但当买卖双方各自同意对方的报价和数量并付诸实施时，就确定了市场当中某一时刻的价格。反过来也一样，当市场中某一时刻的价格确定之后，也就意味着这一价格包含了买卖双方，甚至包含了影响买卖双方的所有参与方的所有信息。交易价格是所有交易参与者甄别和判断所有信息之后确立的最终价值，是交易者受到所有这些非精确因素相互影响的最终行为结果。

第二笔交易的情形和第一笔基本一致。

每一笔单独的交易，其价格、时间、交易量都是确定无疑的，所以不存在向上或向下的趋势。但依附于交易之上的资金，则有着明确的方向。买方认为未来价格会高于现在，卖方则相反。经过一段时期以后，随着交易量的堆积，市场最终选择朝着有利于买卖其中一方的方向运行，股价走势随后呈现出明显的趋势。

影响买方或卖方的各种原因和因素，时时刻刻也在发生着变化。原因和因素发生了变化，价格也必然随之变化。价格发生变化了，也必然会影响到交易参与各方的观

点和情绪，验证或否认了很多参与方的想法，从而进一步推动价格继续变化，强化价格趋势。这也是趋势具有惯性的动力之一。

也就是说，从单笔交易来看，每一笔成交都具有确定性。从群体行为上看，大量的成交表现为趋势性。

趋势的发展是一种概率事件。之所以是一种概率性事件，原因在于：（1）引起价格变化的原因和因素，大多都是非精确的，无章可循的。比如经济信息、国家政策、行业变化等，甚至很多原因和因素与交易价格之间根本就没有直接和必然的联系，不存在真实的、科学的逻辑。但当交易者信奉并据此行动时，二者之间就有了现实版的因果关系，不论这之间的因果关系有多么荒谬。（2）市场上的参与者不计其数，进行交易的理由不可胜计，并且交易者和交易理由也在时刻变化。（3）交易参与者获取和关注影响价格因素的途径不同，对因素影响价格的观点各异，存在着非常明显的信息不对称。这些现实的差异，绝无可能进行精准量化，得出确定无疑的结论。（4）传言和真实信息并存，信息的披露和影响也常常错位和滞后。（5）同一信息和事件，不同交易者的反应和行为各异。

总之，交易趋势轨迹概率性发展，是价格综合地反映了一切信息和因素的必然结果之一。因为价格不仅反映了股票信息和所有影响股票价格的外部因素，还囊括了所有对信息的解释以及由此获得的对市场的预期，无论它们是否直接关联，也不管这些解释是否合理，交易者对信息的解释和理解，以及因此而付诸行动的交易行为，都容易受“非理性亢奋”的影响。头脑一发热，就冲动性下单买进或卖出，做出异于平常的极端行为。事后，参与者，甚至连未能及时参与的交易者，都在因为懊恼而承受一定程度的郁闷。

图1–45是中航重机（600765）的日线图。2012年底至2013年初，受中日钓鱼岛事件影响，该股作为军工航天板块的龙头，连续上涨。但钓鱼岛事件与该股基本面的变化，并没有任何实质性的因果联系，更何况钓鱼岛事件本身就存在诸多不确定因素。该股股价短期内大幅飙升，不能不说是市场过度解释和非理性亢奋的结果。

即便将暴涨解释为主力操纵，那也表明主力充分利用了公众交易者的非理性亢奋行为。

各种因素和信息影响价格，价格的连续变化形成趋势。因此，影响趋势的根本成因，依然还在于价格所包容和消化的所有因素和信息。但在这一切影响趋势的所有因素和信息当中，都不如价格对趋势的影响来得直接和直观。

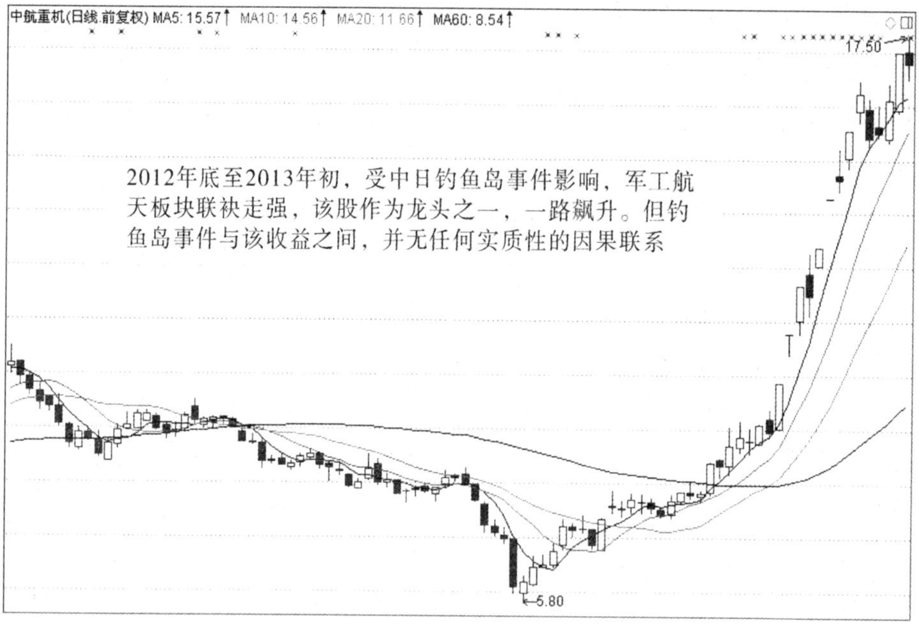

图1-45

影响价格的经济信息、公司状况及其他要素常常模棱两可，不够及时，错位、虚假传播的情形也时有发生。供求关系是影响价格的另一个重要因素，但市场上，作为供方和求方的空方和多方不计其数，进行交易的理由也数以万计，没有人可以一一厘清并加以统计和分析。只有价格数据，上述各种信息和因素共同作用的唯一结果记载精确，有史可鉴，可以信手拈来，随意使用。

在技术分析中，没有什么能比价格这一变量更为重要的了。对于技术分析交易者而言，价格就是决定盈利或损失的关键。公司的盈利情况或者国家的政策，甚至于国民经济的运行状况，与交易市场的关联程度，都不会比价格与市场的利益关系更为直接和紧密。正是由于价格的变动呈现趋势化，技术分析人士和技术分析交易者才有了用武之地。

可以这样说，在趋势技术分析体系当中，只有价格才是最为重要和最具决定性的因素。趋势技术分析师和趋势技术分析交易者完全可以仅仅关注价格及其变化，不必对引起价格变化的原因倾注心血。

虽然技术分析不能准确预测未来股价或指数会按照什么方式运行到什么位置，但是通过长期的观察和总结，可以大致判断股价或指数未来涨跌的概率。

市场建立初期，市场容量很小，参与的人数和资金也屈指可数，所以初期市场运行趋势的人为因素很大，表现出非常强烈的个性和波动性。

图1-46是上证指数（999999）自1990年12月19日开始发布并开盘交易至1993年6月4日期间的周线图。市场初期，参与人数很少，交易量很少，指数就像一只被主力控盘的个股，涨跌被少数资金控制，易于暴涨暴跌，但整体走势依旧呈现出显而易见的趋势。

在牛市后期，市场开始狂热，人气大增。但高潮过后就是冷淡，那些被赚钱效应引到市场上，企图分一杯羹的交易者，大多不仅没有吃到菜，反而把饭碗也弄丢了。

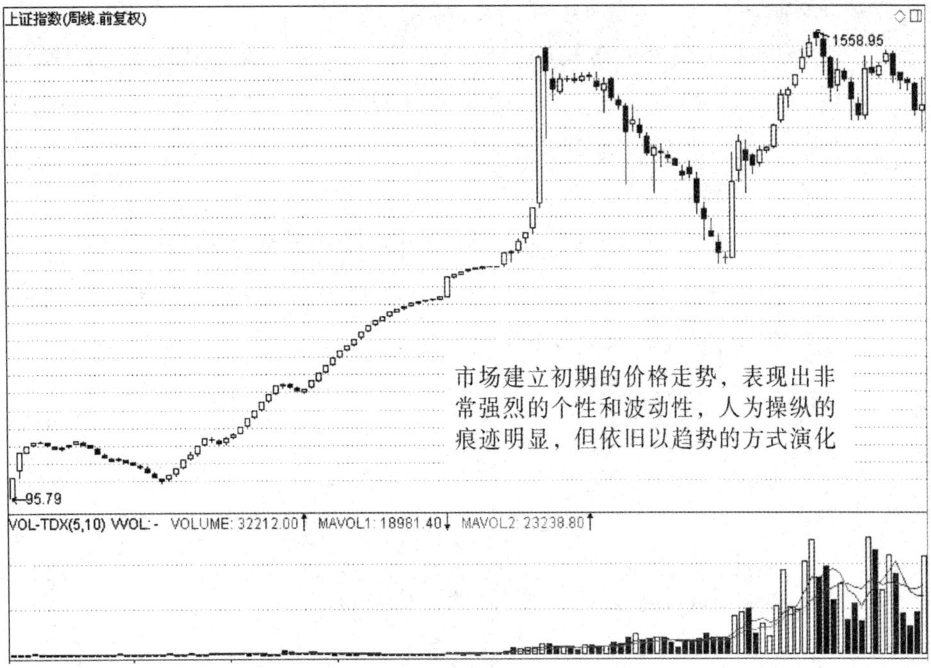

图1-46

随着时间的推移，市场波动越来越显示出以趋势的方式进行演化。此时，交易趋势（股价或指数）已经成为市场内影响交易者心理、情绪和欲望的最大因素。即使那些自称为价值投资的交易者也不例外。另一方面，交易者人性中的贪婪，也成为影响市场趋势的最大因素，因为市场是一个特殊的场所，股价升跌和资金盈亏都是即时、巨大而快速的，股价的运行时刻撩拨着交易者的贪婪欲望，挑战交易者的意志和理智。在市场中，交易者不需要考虑各种社会人际关系，不需要面对领导和同事，也不需要考虑交易行为对社会的影响。每一位交易者都卸下了平时的层层伪装，以其本来面目示人。肆无忌惮的结果，导致贪婪欲望被无限制地放大。其他如疯狂、恐惧、期望、猜测、忐忑、后悔、失望、惊喜等各种心理和情绪，都是贪婪的人性在不同市场趋势中的表现方式。得势的贪婪就是疯狂，因为贪婪看到了飞奔的利润；逆势的贪婪就是恐惧，因为资金已经或者正在遭受巨大的损失。

交易者的贪婪与市场趋势之间的相互影响并不是同步的。在市场单边趋势开始和结束阶段，影响是相逆的，在市场趋势单向运行过程中，则是相互强化的。

换言之，在市场趋势反转阶段，市场趋势扭转交易者的情绪和行为目的，并且在扭转过程中自身被弱化。表现在结果上，就是牛市初期，上涨的力度很小，而熊市初期，下跌的幅度很小。

在市场趋势单向运行的延续阶段（即牛市和熊市），市场趋势强化交易者的行为目的，并且因为这种强化作用使市场趋势得到进一步加强，表现在结果上，就是市场趋势具有强大的惯性。

比如，市场由熊市转为牛市初期，成交量日益稀少，市场呈现出一片死寂的景象。每一次的上涨和反弹，马上就会引来很多绝望的抛盘。在机构和媒体一致看空和专家的谆谆告诫下，只有很少的交易者敢于入场。此时，只有那些真正富有远见的技术交易者和价值交易（投资）者，才真的明白新的一轮牛市开始了。

图1–47是深证成指（399001）2004年9月至2007年3月底的周线图。指数于2005年5月见底，然后展开一轮牛市。在牛市初期，市场的涨升幅度很小，总是上涨的时间短，下跌的时间长。交投有所增加，但依然清淡。

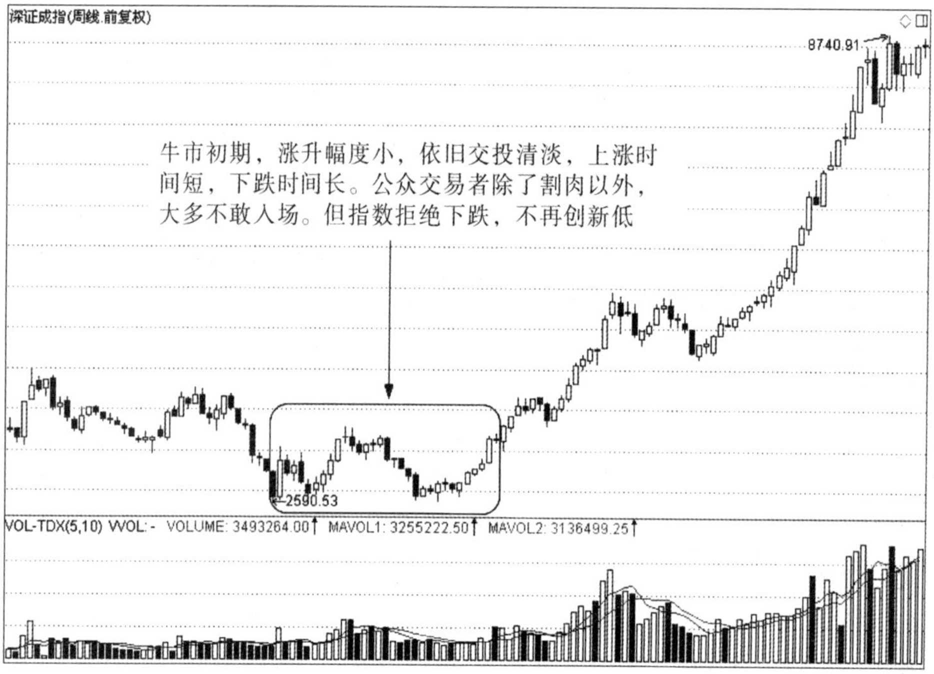

图1–47

更为重要的是，虽然大众一致看空，除了割肉以外，资金几乎不敢入场，但指数已经拒绝下跌，不再续创新低。这是资金暗中吸纳的结果。

随后，指数将继续上涨，超越此前反弹的高点。虽然绝大多数交易者依旧心怀恐惧，不敢进场，甚至逢高不断减仓、清仓，但市场趋势终将扭转交易者的观点、情绪和行为目的，直至令其疯狂。

到了牛市的后期，市场内人气鼎沸，场外的资金疯狂涌入，指数和股价就像一只巨大的风筝，扶摇直上。牛市走到这时，似乎没有最高，只有更高，人人争相买入，除了买这只股票还是那只股票之外，交易者不会有其他的考虑和选择。不仅新手如此，即使那些专业的投资机构，甚至专业的价值投资人士，也被牛市行情扭曲了心态，忙不迭地修正个股的盈利预期和目标价格。

像2007年出现的大牛市，上证指数最高达到6124点，深圳成指最高达到19600点，当时有多少研究机构对股票做出了增持或者买入的评级。不论这些机构评级是有意还是无意，其评级逻辑不过如下：和同期大盘涨幅相比，该股涨幅不大；和同类股票比较，该股上涨滞后；虽然涨幅相等，但该股有潜在重大题材，理应享有一定的溢价……这些理由无非是相对价值比较，参考坐标也都是已有的涨幅。在这种情况下，空方的声音早已被多方狂欢的浪潮淹没，而空头要么被消灭，要么在踏空的痛苦折磨下转为多头。和牛市初期一样，此时仍然只有少量交易者能够意识到股价潜藏着巨大风险。

图1-48是上证指数（999999）2006年8月至2008年4月期间的周线图。指数在2007年10月见顶之前，依然保持了3个月的上升势头，但成交量与前期相比，已有明显的缩减。这表明在市场狂热的势头下，已经有人意识到风险，不愿继续追进。另有一部分交易者则将资金悉数投入，后续买盘难以为继，导致个股走势分化。很多个股虽然跟随大盘上涨，但已不再创新高了。风险就像潜藏山林的老虎，随时准备出击。

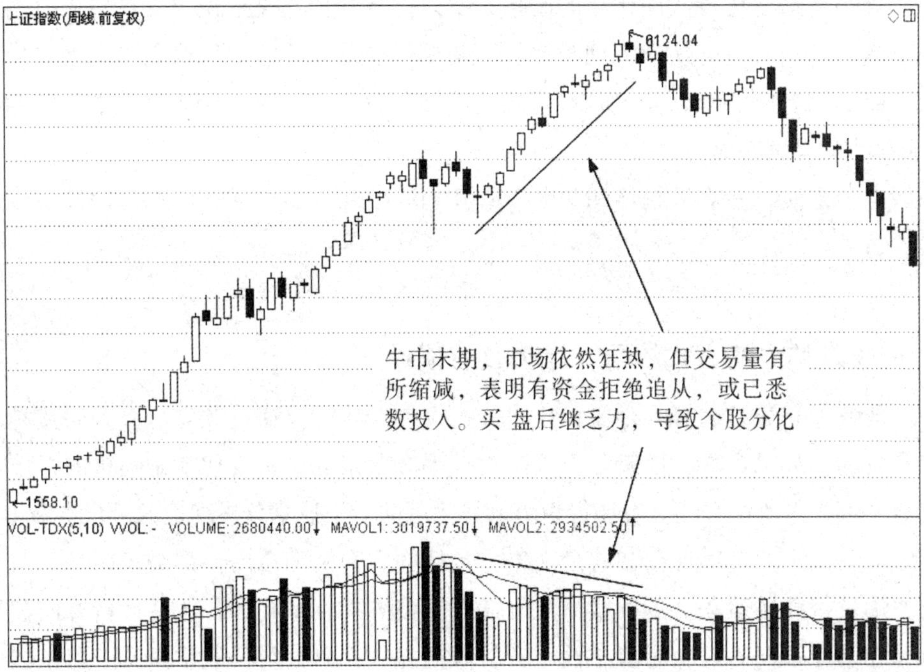

图1-48

随后指数回调，虽然幅度不深，但止跌回升后，也不再创新高。此时，很多个股已经开始深幅回调或下跌，老虎终于出山了。不论交易者的希望、疯狂和贪婪的欲望有多么强烈，甚至不惜一切，将家中积蓄悉数投入，都不可能阻止股票和市场趋势的持续下跌。

直至交易者彻底绝望，只剩下恐惧、懊恼和痛苦的时候，熊市才好像在不知不觉中已经离去。

牛熊市就这样周而复始。

通过以上分析还可以看出，市场内外的所有信息，包括政策、消息、题材、欺诈和操纵，以及散户、庄家和机构等所有交易者的心性、心理和情绪变化，不管是新手、普通交易者还是专业交易者，也不管是通过技术分析还是通过基本分析得出买入卖出的结论，最终这些内容都会反映在每一笔的交易价格中，从而证实技术分析有效的第一大假设是客观存在的真实，而不仅仅是一种假设。

连续的价格呈现趋势性变化，不仅是自有价格记录以来客观存在的事实，也是价格包容和消化一切信息和因素的必然结果之一。

广义上的趋势，是一切自然现象和社会现象，包括物质世界和精神世界在内，按照一定周期和一定波幅规律性运动演化的基本方式，包括运动方向和沿运动方向上的能量。因此，交易者精神层面的心性，也必然以趋势的方式演化。

从以上的分析可以看出，价格趋势（即交易趋势）是各种因素和信息与交易者心性、心理和情绪变化等共同作用的结果。所以，从某种意义上说，交易趋势就是人性贪欲从激昂到消沉，又从消沉到激昂，不断循环往复的轨迹。价格则忠实地记录了这一切，K线是价格的图表化。所以，也可以说K线是交易者人性当中贪欲之魔独舞的脚印，读K线就是读心。

历史会重演，是交易趋势和交易者心性趋势按照一定周期和波幅规律性演化过程的必然结果。

五、市场以趋势的方式演化，趋势具有惯性

正是因为有交易趋势的存在，技术分析交易者才可以通过顺应趋势方向交易，达到获利目的。如果市场不以趋势方式演化，那么股票的价格变化就是随机的，技术分析就会无用武之地。因此，市场行为呈趋势化运动，是技术分析理论的最根本前提。

事实上，一切自然现象和社会现象，包括物质和精神在内，都是按照一定周期和一定波幅呈规律性运动。这种规律性运动的基本方式就是趋势，包括运行方向和沿运行方向的动力。交易、交易者心性、交易者行为、上市公司、股票以及股票市场也不例外，其运动发展的变化方式，也同样是以趋势的方式演化。

与交易密切相关的趋势有：股票趋势、上市公司趋势、市场趋势、交易趋势、交易者心性趋势、交易者行为趋势和交易者资金趋势等。

股票趋势是指股票事物本身，价格周期性涨跌循环、运动发展变化的轨迹。

上市公司趋势是指上市公司设立后，公司经营业绩和内在价值周期性循环往复、

运动发展变化的轨迹。

市场趋势是指整个股票市场中，所有股票趋势相互作用后，最终的一种周期性循环往复、运动发展变化的轨迹。

交易者心性趋势，是指交易者处在交易市场内，面对股票和市场涨跌，在人性层面上引发的周期性循环往复、运动发展变化的轨迹。在这里，既可以包括交易者心理、交易者情绪、交易者思维、交易者世界观和人生观趋势，也可以不包括，而将上述单列。

交易者行为趋势，是指交易者主观上的心性趋势作用于客观上的股票趋势、市场趋势后，最终做出的买卖行为周期性循环往复、运动发展变化的轨迹（虽然交易者心性决定和影响交易者行为，但交易者心性趋势和交易者行为趋势并不趋同，在同样的心性影响下，交易者的行为不一定相同。这种不同，既体现在不同交易者之间，也体现在同一交易者不同的交易时间段。同样地，相同的交易行为也可能是在不同的交易心性下影响和指导的）。

交易者资金趋势是指交易者在股票市场的资金转进转出，买进卖出，涨涨跌跌，周期性循环往复、运动发展变化的轨迹。交易者资金趋势有两种：一种是指单个交易者的资金趋势，另一种是指整个市场的资金趋势。

对于交易者资金趋势，有些交易者可能不太好理解，资金本身不存在方向，如何也有趋势运动？实际上，一件事物，只要有相对的两面存在，就必然有趋势运动。比如，交易者个人的资金，根据不同的相对性质，就可以绘出不同的资金趋势。根据交易者看涨（买进）看跌（卖出）时参与的资金量大小，以资金额为纵坐标，以时间为横坐标，连续标注其上，即可绘制出一幅看涨看跌资金趋势图；根据交易者资金账户不同时间的资产总值，绘制到坐标图上，就是一幅账户资金总额趋势图。上述两种资金趋势图，如果按照K线的方式绘图，绘成后，其走势和股票的K线图绝无二致。凡是可以运用到股票趋势上的技术分析方法，基本上全部可以用于分析资金趋势。

如果再扩大些，与交易趋势密切相关的趋势，还可以包括行业趋势、国民经济运行趋势、国家政策趋势、宏观和微观经济调控趋势，甚至世界经济运行趋势等。

交易趋势就是市场行为趋势，是上述所有主观、客观各方面因素综合影响、作用下的股价或指数周期性涨跌循环、运动发展变化的轨迹。

以上各趋势，只有交易趋势是最终展现在交易者面前的趋势。它以价格或指数作为唯一载体并记录其轨迹，绘制到K线图上之后，交易者就有了一个可以对交易趋势进行直观观察，抽象概括，从而对其定性和定量化的技术分析工具平台。交易趋势也是唯一一个可以定性、定量化的趋势。

其他各个趋势都是虚无飘渺的，至少目前尚未有任何可知、可见的有效载体，对其轨迹进行客观、真实、连续的记录。但这些都不重要，重要的是，作为体现并记录交易趋势的股价或指数，就是上述其他各所有趋势相互作用的最终结果。交易趋势包容和消化了其他所有趋势的信息，趋势技术交易者完全可以根据结果（即股价或指数）倒推成因，并预测未来。

所以，对于趋势技术交易者而言，最为重要的当然是股价或指数。

图1-49是上证指数（999999）1999年2月至2001年6月期间的周线图。在这一期间，上证指数运行在上升趋势当中。

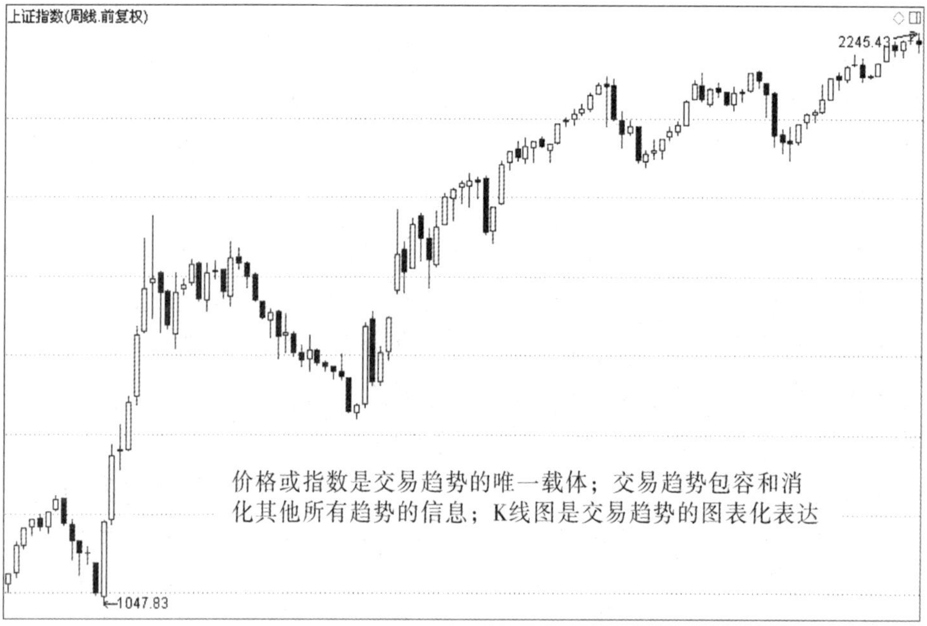

图1-49

交易者可以很容易观察到这个结果的原因在于：指数作为交易趋势的载体，真实记录了交易趋势的轨迹。K线图是指数的图表化表达方式，令交易趋势更加直观形象。交易者只需要观察和研究K线图，无须关注其他，甚至连引起交易趋势的成因都不必挂怀，因为交易趋势（股价或指数）包容和消化了其他所有趋势的信息。

其中，对交易趋势影响最大、最直接也最本质的两大类趋势是：交易者心性、资金趋势和股票、市场趋势。

因此，交易趋势（即股价或指数）的定义也可以表述为：各所有与交易有关的趋势相互作用、相互影响的最终结果，但主要是在股票、市场趋势作用下，交易者资金和心性博弈的结果。换言之，交易趋势的方向主要取决于股票、市场趋势方向，但其形态、幅度、变化和涨跌方式，主要取决于交易者心性、资金趋势顺逆股票、市场趋势的状况，以及交易者之间心性和资金趋势相互作用、此消彼长的博弈过程。

当交易者心性、资金趋势与股票、市场趋势方向一致时，股票、市场趋势强化交易者心性、资金趋势，并在强化过程中自身得到强化，推动交易趋势继续沿原来的方向运行。这就是交易趋势的延续，同时也是趋势具有惯性的动力来源。

当交易者心性、资金趋势与股票、市场趋势方向相反时，股票、市场趋势扭转交易者心性、资金趋势，并在扭转过程中自身被弱化，但交易者心性、资金趋势终将顺从股票、市场趋势方向，这就是交易趋势的反转。

本书以及本系列丛书中，除了特别注明以外，所谈及的趋势仅指交易趋势，即特定时间周期内股价或指数运行的轨迹，包括运动方向和沿运动方向上的动力。

其中，股票、市场趋势决定了交易趋势的运动方向，交易者心性趋势和资金趋势决定了交易趋势的动力强弱和运行方式。

这也就好解释为什么强庄控盘的股票，不仅股价走势异于平常，涨跌的幅度更是常常令人咋舌。

股价或指数包容一切信息，其中也必然包括主力机构有意或无意的，向资金和心性博弈的另一方所传达出的信息。没有任何一位交易者可以把他的交易行为从K线图上抹去。

图1–50是海虹控股（000503）1999年11月至2000年3月期间的日线图。从图中可以看出，股价在调整的时候，采用的是水平横向整理的方式，几乎是在一个极其狭窄的价格区间横向位移。每天的价格波动很小，收出的不是小阴线、小阳线，就是小十字星和十字线。股价拉升时，则是沿着60度角几乎成一条直线不作任何停顿地上涨，后期更是连续收出开盘即封涨停板的K线。

以上表明该股已被主力高度控盘。因此，每日的价格波动，乃至股价调整和上涨的方式、区间，都主要取决于主力的意图和资金实力。

从另一个角度说，股价的走势，必将主力的操盘手法和控盘实力展露无遗。

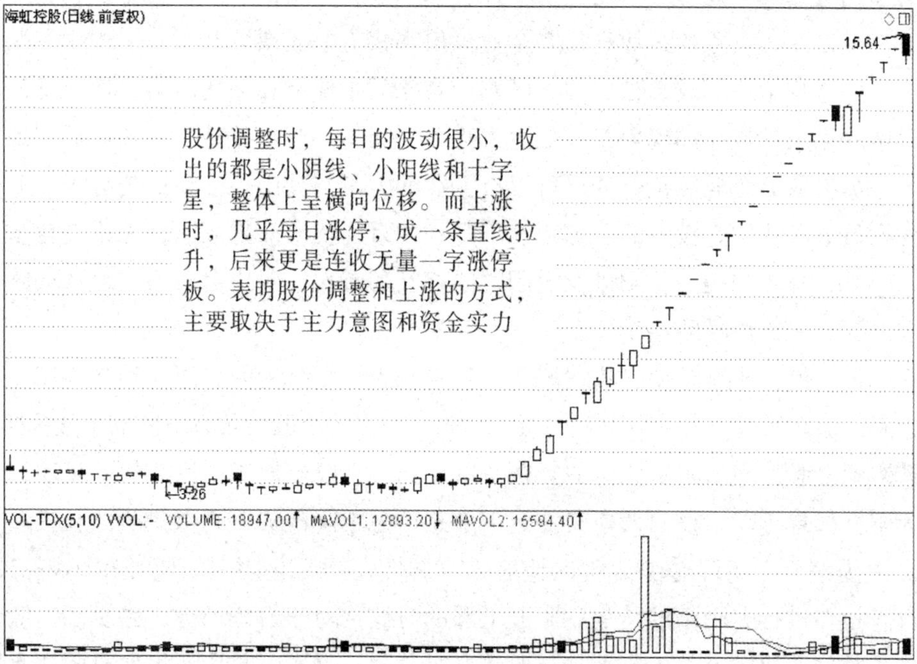

图1–50

六、趋势的哲学理论基础：易经和道德经

《易经》之“易”字，有三种含义：一是日月为易，象阴阳也，即阴阳的现象就是易。也就是说，万事万物的现象，表面上看千变万化，繁复无比，实际上非常简单，就两种：非阴即阳，是此非彼；二是变易，即阴阳不断变化转换的意思；三是生生不息，第一个“生”是生发之意，第二个“生”是阴阳变易的过程，即阴阳的现象和阴阳转化是一个永不间断的、周期性循环往复的过程。合在一起，就是事物自身是按照是我、非我、是我不断生灭、成住、循环、往复的，事物繁衍发展也是按照是我、非我、是我不断生灭、成住、循环、往复的。

“易”也有另外三种含义的说法：一是简易，即万事万物的现象和组成归结为两类：阴阳，这样就容易明白，容易做到；二是变易，意思是阴阳转化无时无刻不在进行；三是不易，意思是阴阳的存在和阴阳交替循环变化是永恒不变的现象和规律。

在股票市场，交易者看多或看空，买进或卖出，股价或指数的上涨或下跌，都是阴阳的表现形式。买进、卖出、上涨、下跌的持续，就是阴阳交替循环变化的过程，这个过程，就是技术分析理论所称的趋势。股价或指数以趋势的方式演化，并周期性地重演，是永恒不变的现象和规律。

《道德经》里说：道生一，一生二，二生三，三生万物。万物负阴而抱阳，中气以为和。其意义和《易经》差不多。最后一句似乎更进一步，意思是：万物不仅自身有属性，或阴或阳，而且自身兼有阴阳。事物内在上下翻涌的气，也就是事物内在的变化，是和事物内外的阴阳相应的。

具体到股市，“道生一”，企业的设立和经营，必须符合市场规律才能发展壮大；“一生二”，具象的企业和代表企业价值和权力的股票分开了；“二生三”，股票在交易的过程中，形成了独立的、区别于具象的企业和表象的股票，但又受制于企业和股票的第三种规律和现象；“三生万物”，交易一产生就独立，独立后，原本只能很少人员参与的企业经营，变得可以有无数的人参与其中。交易的走势千变万化，参与的人员五花八门，投资的心态飘忽不定；“万物负阴而抱阳”，无论变化多么令人眼花缭乱，都无非是阴、阳以及阴阳之间相互的转化，对应着股市，或涨或跌、看多看空、有赔有赚并相互转换而已。

具体到大盘，非涨即跌，涨跌循环。其中涨为阳，跌为阴；上涨趋势为阳，下跌趋势为阴；上涨的板块为阳，下跌的板块为阴；上涨的个股为阳，下跌的个股为阴。

具体到个股，阴阳的变化更加复杂一些。如某只股票属于上涨趋势的板块，则该板块为阳。如果不幸，该只股票正在走下坡路，是下降趋势，则该只股票在板块中属少阴。因为该股走下降趋势，所以该股自身属性是阴，是阴股。阴股也不是只跌不涨，自身也在进行着阴阳的转化。阴股上涨的时候，对于自身而言，是少阳。股票自身每日涨跌的变化，无时无刻不是与股票自身是阴还是阳，与所属板块是阴还是阳，

大盘走势是阴还是阳相应的。

只要一件事物存在相对的两面，就必然存在阴阳交替转化的过程。古人以阴阳来概括一切事物的两面性以及两面性的不断转化过程，不得不让人佩服其高度的智慧。

图1–51是凝聚易经和道家学说精华于一体的太极图，又称为阴阳鱼。太极图是一个圆，圆就是太一。太一不是很好解释，勉强来说，就是一生出万，万归于一。太一既是一切事物的起源和根本，也是一切事物运动和变化的结果。同时也表明，一切事物运动和变化的方式是不断循环往复、自我重复的。

图1–51

对应着交易市场，则说明市场行为（股价或指数）包容和消化了一切因素和信息。一切因素和信息的影响，最终形成了市场行为（股价或指数）。市场行为按照本有的规律运动（即道氏理论所谓：长期趋势不会被操纵），是以趋势的方式演化，并且这种演化周而复始，生生不息，因此历史总是不断重演。从阴到阳，或从阳到阴是一个循环，就是艾略特所谓的一个完整的多头市场或空头市场的大循环浪。

太极图分为黑白两个部分，像两条对向游动的小鱼。这两条鱼表明，一切事物都有属性，非阴即阳。阴阳并非永恒不变，而是时刻在向对方转换。一切事物自身也兼有阴和阳的属性，自身内部的阴阳也在不停地向对方转换。阴和阳之间的界限是一条曲线，表明虽然阴是阴，阳是阳，但阴阳之间的区别并不是那么黑白分明，反而是模糊的、相融的。这个意象也表明，在阴阳转换的时候，不会有一个明显的界限，可供人们判断究竟是阴还是阳。

对应着交易市场，则说明一切市场和股票的属性或运动方式不是上涨就是下跌。上涨的将会下跌，下跌的将会上涨。所有市场指数和股票价格自身也是如此。在上涨转为下跌，或下跌转为上涨时，也就是牛市转熊市、熊市转牛市之际，交易者几乎不可能精准判断指数或个股的性质，因为牛熊的转换是渐进的、模糊的，只有事后才可以确定。

黑色的小鱼有一只白色的眼睛，白色的小鱼有一只黑色的眼睛，分别是少阳和少阴。表明无论是对立的两类事物，还是自身对立的两个方面，都不会存在纯阴或纯阳的现象。

对应着交易市场，就是既不存在只涨不跌或只跌不涨的市场和股票，也不存在只涨不跌或只跌不涨的时间周期。即道氏理论所谓的平均价格指数走势同时包含三种趋势，彼此的方向可能相反。少阴和少阳与阴阳大小的对比，表明在一个多头市场循环浪的推动浪阶段，每一次下跌的力度和幅度，都要比每一次上涨小得多。也就是道氏理论所谓牛市当中，后高高于前高，后低高于前低。空头市场循环浪和熊市情形与之相反。

阴阳不仅可以表征事物的现象，也可以表征事物的内在本质和发展的因果关系。

例如，有人认为，股价或指数的涨跌，是由供求双方的相互作用决定的。当需求增强时，市场价格上涨；当需求减弱时，价格下跌。其中的供求为因，涨跌为果，求为阳，供为阴。当因是阴时，果就为阴；当因是阳时，果就为阳。

进一步探求，发现决定供求的一大重要因素，是交易者对市场的预期。在这里，市场的预期为原因，而供求关系变成结果。再进一步，又发现交易者对市场的预期通常会受到信息（包括正确和错误的信息）、情绪（包括贪婪、恐惧和希望等）以及认知局限等因素的影响。市场的预期又成为结果，而影响预期的信息、情绪又成了原因。凡此种种，与此相类。

七、历史会重演

前文已述，趋势是一切自然现象和社会现象，包括物质和精神在内，按照一定周期和一定波幅呈规律性运动的基本方式，包括运行方向和沿运行方向的动力。

一定周期和一定波幅规律性运动，就表明趋势是周期性循环往复的。周期性循环往复，只能是历史不断重演。

具体到交易趋势也是如此。交易趋势主要是股票、市场趋势与交易者资金、心性趋势相互作用、相互影响的结果。

其中，交易者资金趋势的主要趋势运动方向，决定于交易者心性趋势。交易者资金趋势和交易者心性趋势并不相同，在同样的心性趋势影响下，交易者的资金趋势方向不一定相同。这种不同，既体现在不同交易者之间，也体现在同一交易者不同的交易时间段。同样地，同向的交易资金趋势也可能是在不同的交易心性下影响和指导的。

交易者的心性变化，是人类精神世界中的现象，看不见也摸不着，转化为交易行为

（买进或卖出）时，才由精神世界进入到物质世界。连接交易者精神世界和物质世界的媒介，就是交易资金。因此，交易者资金趋势，可以近似地认为是交易者心性趋势的物化趋势，是交易者心性变化的资金性体现，其运动方向大致和交易者行为趋势一致。

股票、市场趋势与交易者资金、心性趋势相互影响和相互作用的简单过程如下：股票、市场趋势总是周期性循环往复的，因此，交易的环境总是相近，即历史总是重演。而人性，古今中外也是相近的，所以其心性变化也是相近的，也是周期性循环往复的。那么，相近的人性变化作用于相近的外部环境（市场趋势），就会产生相近的行为。相近的行为就是交易行为，所有交易行为的集合就是市场行为，市场行为的结果就是股价或指数，股价或指数的方向就是交易趋势的方向。交易趋势周期性循环往复，表现在图表上，就是历史不断重演。

相近的交易行为不是指所有的交易者都会在相近的交易环境（市场趋势）下产生相近的行为。如果是那样的话，股市就会出现要卖都卖，要买都买的情形。无论是理论上还是实践中，这几乎都是不可能发生的事情。相近的交易行为是指相同或相近习性的交易者，总是采用相同或相近的交易行为。也就是说，虽然人性相近，但是习性不同。习性不同，行为就不同。所以，同样的行情，但交易行为却完全不同：买进的每次总在买进，卖出的每次总在卖出。历史每次都在重演，重演时人性总是如此表现。三字经说：性相近，习相远。一语道破天机，堪称股市真经。

有的交易者认为，是公司内在价值的变化（即上市公司趋势），决定交易趋势的变化。实则不然，上市公司趋势，高成长公司和不成长甚至负成长公司的股价都遵循周期性循环往复的趋势变化，只不过高成长公司的股价越循环越高，而负成长公司的股价越循环越低。但这也只是大循环的一部分，相当于艾略特波浪理论中的推动浪。如果走完整个循环浪，成长股最终也会走越循环股价越低的周期，而负成长股将会反其道而行之。

也就是说，当高成长公司成长放缓，甚至转而负成长时，股价就会越循环越低；与之相反，负成长公司的股价就会越循环越高。但不论是高成长还是负成长，依然遵循历史会重演的规则。

历史将重演，但不会简单地重复。赫拉克利特说："人不能两次踏进同一条河流"，这是历史会重演的哲学基础之一。交易者可以从历史的数据找寻有章可循的套路，但绝不可机械照搬。现代计算机广泛应用于交易市场，交易者可以借助计算机，利用历史数据，对已形成的交易模式进行验证。验证结果可以大致反映交易模式的盈亏状况。应用于未来交易时，做一些微调常常是不可避免的。

历史会重演，不仅发生在不同的时间周期，也发生在不同的空间地域上。有人也将这种现象称之为"分形"。

时间周期上的分形表现在，在各个不同周期的分时图上，重演相同或相近的技术形态。出现分形结果的原因大致如下：交易者的禀性不同，有人迟钝，有人灵敏；有人急躁，有人沉稳。操作的周期也不尽相同。但在同一类交易者当中，对贪婪和恐惧的程度是相近的。例如：5分钟交易周期的交易者，耐心和耐受力都要比周线交易周期的交易者弱很多，不可能按照周线的买卖信号持仓或空仓。但在5分钟交易周期的群体里，对5分钟线发出的买卖信号，在人性层面上的贪婪和恐惧程度是相近的，导致由此指导下的市场行为相近。日线、周线等各级别交易周期等与之相类。

同样基于人性相近这一原理，分形现象不断在不同的市场上重现。无论是发达国家，还是发展中国家；无论是资本主义国家，还是社会主义国家；无论是政策市场，还是自由市场，在K线图上的技术形态依然大致相同。

每一类交易群体，按照各自擅长和习惯的交易周期，在各自的市场上交易，会有各自的形态产生。这些形态可能互相影响，也有可能毫不相关，但是这些形态的外形和特征大体相同。形态技术分析是通用的，不受时间和空间因素的限制。

图1-52是华策影视（300133）的15分钟K线图。图上收出下降楔形，股价向上突破楔形并在楔形上边线回试成功，是看涨信号，买入。

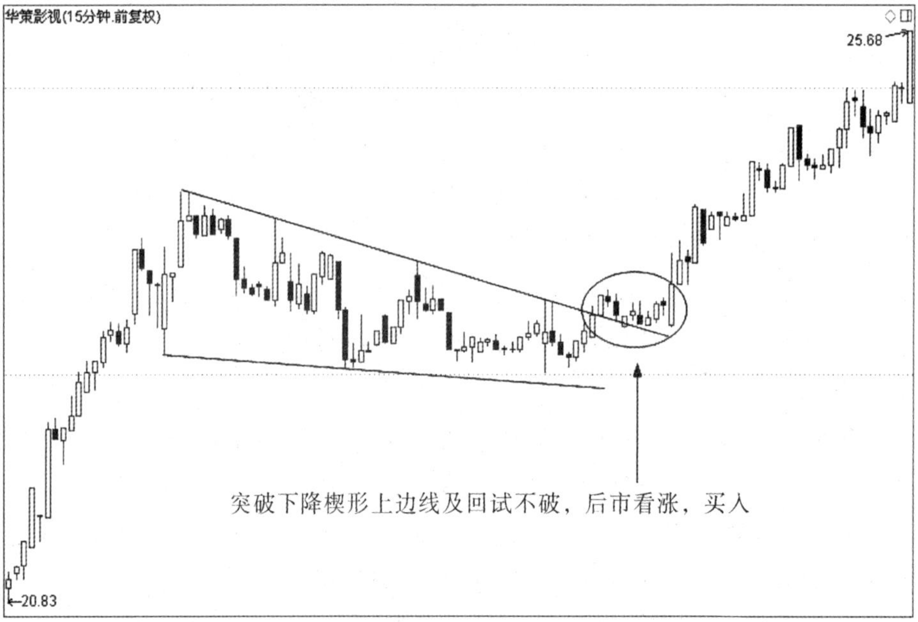

图1-52

图1-53是华策影视（300133）的日K线图。图上也同样收出下降楔形，向上突破并成功回试。技术含义和交易原则也相同，后市看涨，买入。

观察上述两图，交易者可以发现，虽然发生在不同的时段，但形态的发展、特征和形状都非常接近，技术含义和后期走势也没有什么不同。这是不同时间周期的“分形”形态。

道氏理论、技术图形等趋势技术分析理论，都是引自于国外并在国内得到广泛应用的，这说明“分形”形态也存在于不同地域的交易市场当中。

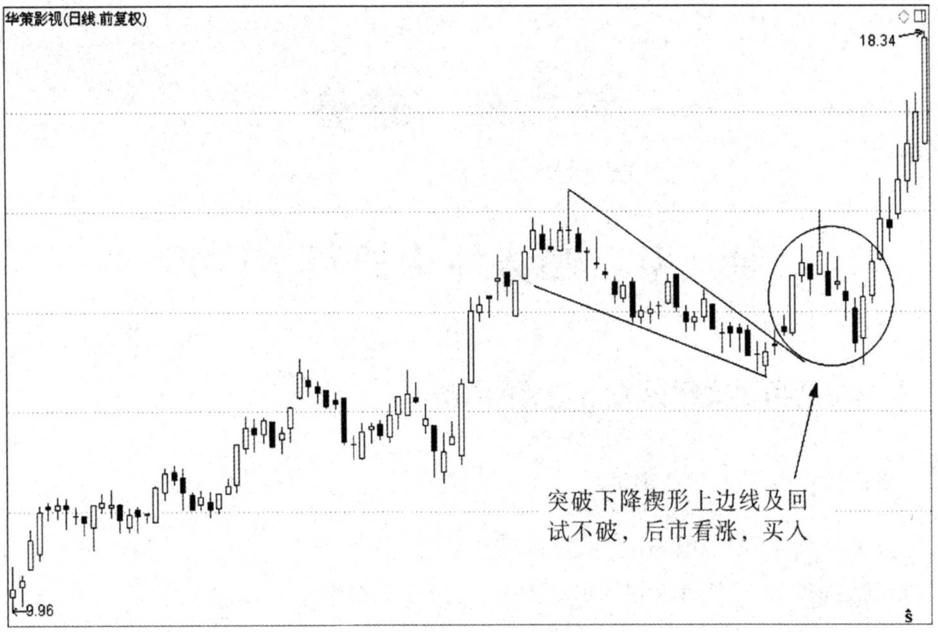

图1-53

历史会重演，说明交易者甚至于人类，都是“江山易改，本性难移”。这些难易的本性，不会因为交易者脾气、性格、爱好、国别、民族乃至于文化等各方面的不同而有本质上的不同。

第二章　趋势

第一节　趋势理论的基本内容

一、道氏理论和波浪理论关于趋势的概述

1. 道氏理论关于趋势的概述

道氏理论最先定义和阐述了市场的三种趋势。

道氏理论认为：平均价格指数走势同时包含三种趋势，彼此的方向可能相反。分别是：（1）长期趋势，又称基本趋势、主要趋势、主要运动，是大家所熟知的牛市和熊市，一般持续几个月至几年不等；（2）中期趋势，又称调整趋势、次级趋势、次级折返趋势、次级反应运动、次级折返运动，是大级别的反弹或调整，一般持续几个星期至几个月不等；（3）短期趋势，又称小型趋势、小趋势、短期波动、日间波动，是那些很短暂的价格波动，一般持续一至数天，但通常少于6天，很少超过3个星期。

按照道氏理论的定义，很显然，主要是强调趋势的不同时间周期。如果从方向上区分，则仅仅存在上升趋势和下降趋势两种。

对于如何判断或确认趋势的方向，道氏理论只定义了长期趋势，即大家所熟知的牛市和熊市。对于中期趋势和短期趋势，道氏没有直接论述，而是通过与长期趋势的比对进行阐述。道氏认为:中期趋势是长期趋势的重要回撤，而短期趋势只是中期趋势的组成部分。

现在也有人将趋势分为上升趋势、下降趋势和无趋势。其中无趋势又称为横向趋势、横盘整理趋势，大多是中期趋势或短期趋势。

但本书观点更倾向于道氏理论的观点和定义，原因如下：（1）无趋势如出现在上涨或下跌的途中，实则是对上涨或下跌的修正；如出现在顶部或底部，实则是趋势的转折点。因此，实质上，无趋势绝大部分仍旧是长期趋势的重要回撤或转折，是修正长期趋势的中期趋势；少数是出现在极其重要时空节点处的短期趋势。（2）上升趋势、下降趋势和无趋势均可以是长期趋势、中期趋势和短期趋势，只强调了趋势的方向。不注重趋势的周期，就很容易主次不分，犯逆势操作的错误。实战操盘当中，对

于当下短期或中期趋势方向，交易者一眼就可以看出，但却常常忽略当下的上升或下降究竟处于何种长期趋势之下。

在实际走势当中，真正意义上的无趋势极为罕见，只有道氏理论当中线态窄幅区间盘整形态最接近无趋势运动。其他技术图形当中的矩形、狭长的三角形等，与之近似。

线态窄幅区间盘整形态，又名直线运动形态，是一种一般持续两到三周，有时时间更长一些的横向盘整运动。盘整期间，指数上下变动的区间大约在5%范围之内，偶尔会超出该范围。

道氏理论认为，线态窄幅区间盘整形态大多出现在长期趋势的休息和盘整阶段，用以代替折返的中期趋势，偶尔出现在重要的顶部和底部。该形态的出现，意味着收集或派发（即吸筹或出货），因此具有非同一般的技术意义。

图2-1是上港集团（600018）的日线图。该股由于主力高度控盘，因此股价调整时走出无趋势形态，但实质上是线态窄幅区间盘整形态，是长期上升趋势当中的中期调整趋势。

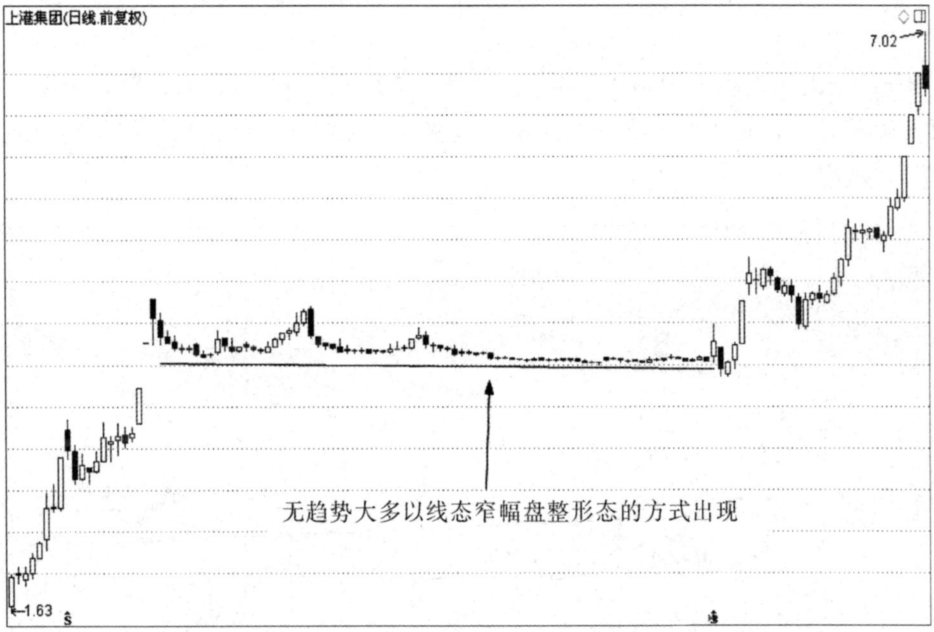

图2-1

图2-2是上港集团（600018）与上图（图2-1）同一时间段的日线图。交易者可以观察到，无趋势其实是上升旗形或下降楔形形态中的一段。

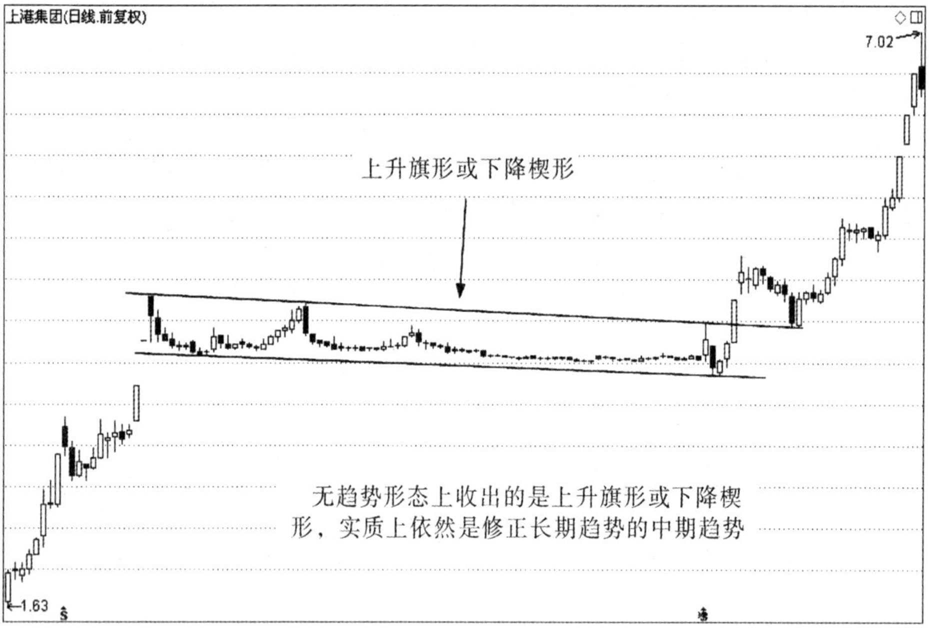

图2-2

图2-3是上港集团（600018）与上图（图2-2）同一时间段的日线图。上图中的技术图形画线也可以如本图，画线方式虽然改变，但无趋势是修正长期趋势的中期趋势的实质没有变。

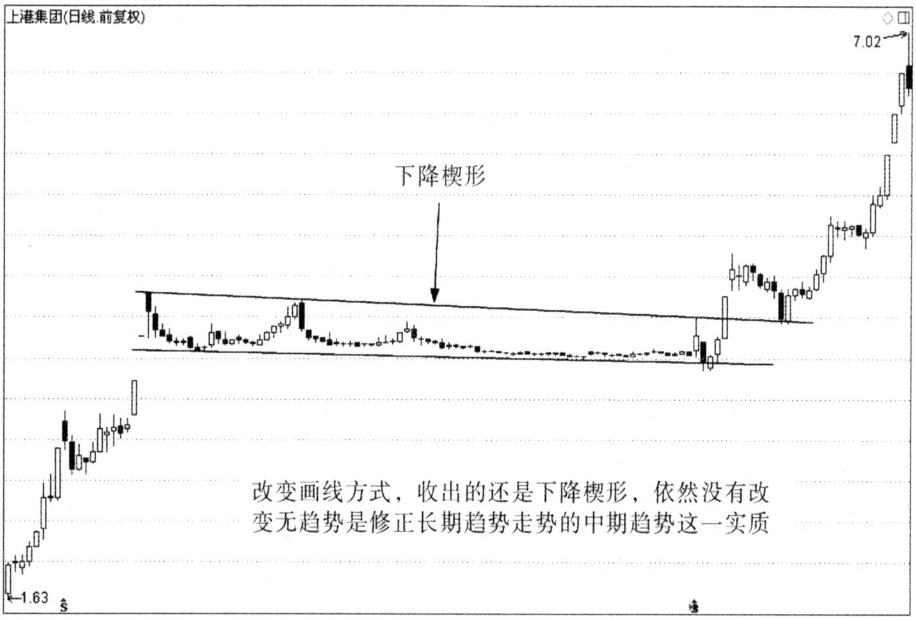

图2-3

由此可以看出，将无趋势从上升趋势和下降趋势中单列，不仅毫无意义，反而会让趋势交易者在跟随趋势、顺势而为时迷失方向。

（1）长期趋势。道氏理论认为，长期趋势是大规模的、中级以上的上下运动，通常但非必然持续 1 年至几年不等。股价或指数每一次上升的高点都高于前一次的高点，每一次回落的低点也比上一次回落的低点高，这一长期趋势就是上升趋势，称为牛市。

图2-4是上证指数（999999）2005年6月至2007年10月的周线图。这是非常著名的一轮大牛市，从998.23点一直涨到6124.84点，期间出现过5次比较大的回调（中期趋势），但是每一次回调的低点都比上一次的低点高，而回调后高点都高于上一次的高点，是一个比较完美的道氏理论定义下的牛市。

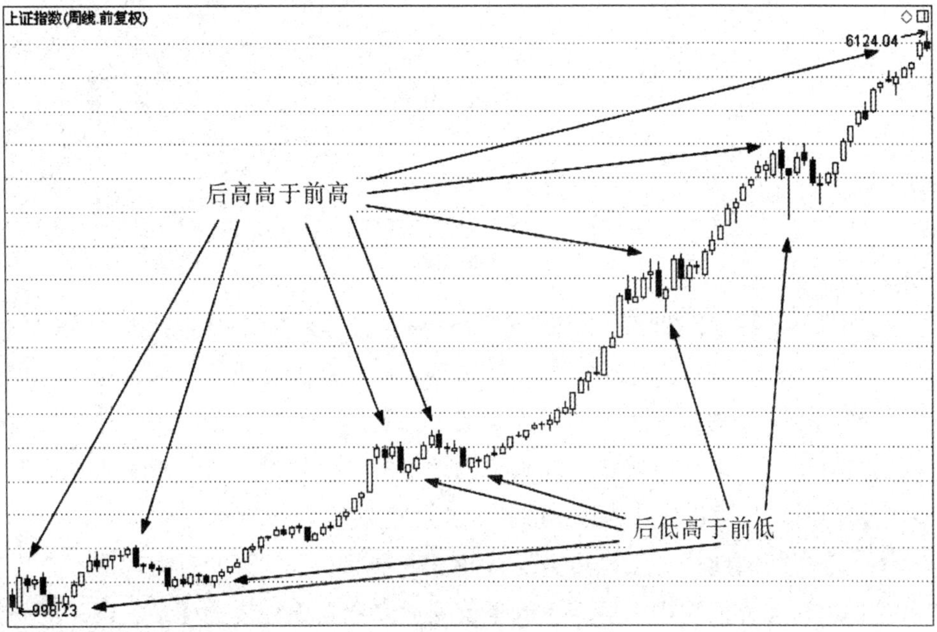

图2-4

相反，股价或指数每一次下跌低点都低于上一次的低点，每一次反弹的高点也比上一次的高点低，这一长期趋势就是下降趋势，称为熊市。

图2-5是上证指数（999999）2007年10至2008年10月的周K线走势。图中每一次反弹的高点都低于上一次反弹的高点，下跌的低点也低于上一次下跌的低点。可以说是道氏理论关于熊市定义的经典图形。

严格意义上讲，长期趋势才是三种趋势中道氏理论交易者和长线趋势交易者所应关注的唯一趋势。真正的道氏理论交易者和长线趋势交易者，他们的目标和唯一所需要做的事情只有一件：尽可能在一个确定的牛市中买入股票，一直持有到牛市确定结束，熊市确定来临。在持股期间，市场内所有的中期趋势和短期波动全部都予以忽略。

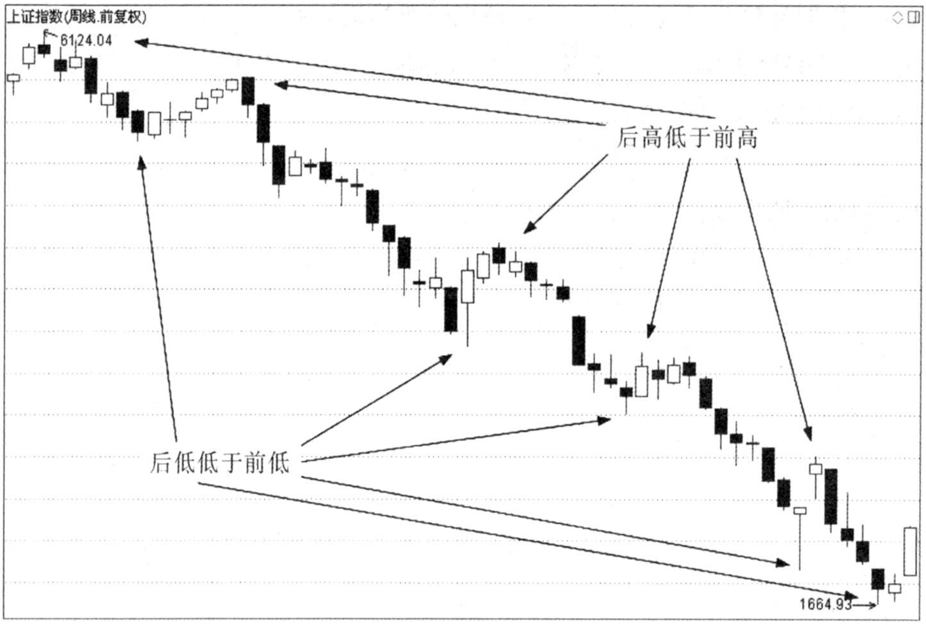

图2-5

（2）中期趋势。中期趋势是股价或指数沿着长期趋势方向演进中产生的重要回撤。中期趋势可以是在一个牛市中发生的中等规模的调整（或下跌或回调），也可以是在一个熊市中发生的中等规模的反弹（或上涨）。一般情况下，中期趋势持续时间从三周到数月不等，但不会再长。如果中期调整的时间超过一年，就不再是中期趋势了，而应当是一个与原长期趋势相逆的新的长期趋势。

一年这个时间周期，对于趋势交易者而言是一个非常重要的时间周期，它决定了一个沿着长期趋势方面演进中所产生的重要回撤究竟是原趋势的继续，还是新趋势的开始。当然，一年也只是一个约数，不是很严格的界限。有时，如果涨跌的幅度比较大，只要超过八个月的时间，就可视为长期趋势。在实战当中，大多数情况下，长期趋势和中期趋势的区分也并非那么模糊不清。

道氏理论认为，一般情况下，中期趋势回撤的幅度大约是长期趋势推进幅度的1/3到2/3，最大的可能是1/3，或者是2/3。例如，在一个牛市中，工业指数稳步上涨了30点，其间只是伴随着一些短暂的或很小的停顿，然后在一轮新的中等规模上涨之前，有可能出现一个10点或者20的下跌，这个下跌就是中期趋势。

道氏理论也认为，中期趋势回撤的幅度，1/3或2/3并不是牢不可破的。这个幅度仅仅是一种最大的可能性，因为大多数中期趋势的回撤就落在这两个位置区域。当然例外的情况也不鲜见，有一些仅仅回撤到前面长期趋势推进幅度的50%，偶尔会有少于1/3的情况出现。（回撤幅度1/3、2/3、50%等，都是数学规律在股市和交易者心性当中发生作用的结果。交易者的心性和心理，表面上看似乎不可捉摸，无法定量，但是当大量交易心性和心理作用下的交易行为叠加时，就会发现所有的结果都遵循着自然规律，完全可以在掌握了规律的前提下，进行大致的定性和定量。当然，这也应该很容易理解，因为人类是自然之子）。

图2-6是上证指数（999999）2007年上半年的日线图。图中上方出现的那次比较迅猛的下跌，就是著名的5.30暴跌事件。那次暴跌，导致很多股票连续5个跌停甚至更多。不在市场内的人也许无法想象，在一个持续上涨的势头下，突然遭遇如此剧烈的暴跌，对交易者精神上所造成的打击和震撼。但如果将眼光放远了看，情形其实远比交易者当时的内心感受要好得多。

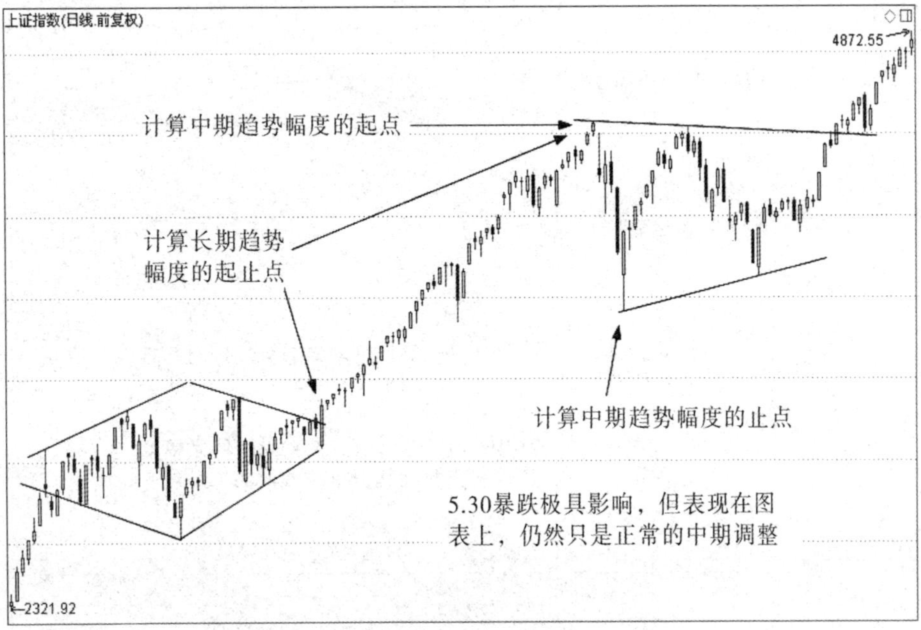

图2-6

从5月30日开始，连续5天的暴跌，气势很凶猛，从最高点4335.96点至最低点3404.15点之间，差不多有930多点。这5天的下跌是那一轮中期调整的第一波调整。虽然当时看起来很可怕，但是最大跌幅是931.81点，占长期趋势推进幅度1483.1点的63%，恰好处在一个牛市调整最大幅度占上涨幅度2/3以下的范围之内，与2/3幅度的误差仅为3%。

长期趋势推进幅度的计算，是从上一个中期调整趋势结束，也就是指数突破菱形形态时的2852.86点作为起点，到本次中期趋势调整（5.30暴跌）开始的最高点4335.96点作为止点。

以上是按照最高价和最低价之间的幅度计算的，而道氏理论计算幅度都是按照收盘价计算的。

图2-7是上证指数（999999）与上图（图2-6）同一期间的收盘价日线图。按照收

盘价计算，5.30第一轮暴跌幅度为664.52点（4334.92点减去3670.40点）；第二轮最大暴跌幅度为719.05点（4334.92点减去3615.87点），分别占上一个沿长期趋势方向上价格推进净距离1320点（4334.44点减去3014.44点）的50%和54%，完全处在道氏理论所定义的中期调整幅度的区间范围内，而且惊人的巧合，就是道氏理论对回撤幅度进行定量的三个数字其中之一的50%。

在收盘价日线图的坐标上，5.30之前的一轮中期调整，依然形成的是菱形形态，只是形状略有不同。但5.30暴跌的中期调整，就由上图的收敛三角形变为本图的下降楔形。

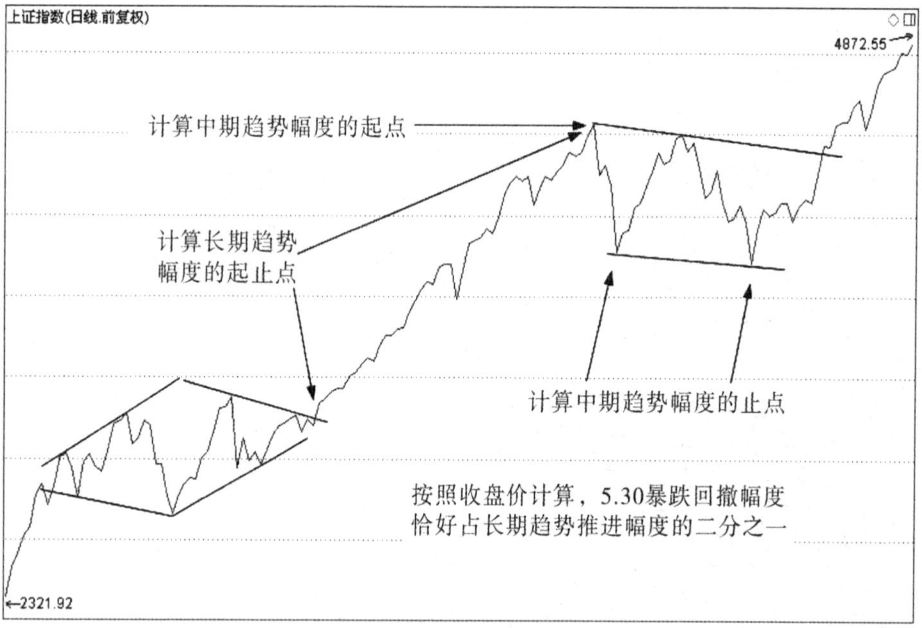

图2-7

道氏理论确立了两个标准用以识别中期趋势：①与长期趋势方向相反；②持续时间至少三个星期，回撤幅度至少是上一个沿长期趋势方向上价格推进净距离（从上一个中期趋势的末端到本次开始，略去短期趋势波动部分）的1/3。

尽管这样，中期趋势还是经常令人捉摸不透。识别、确定其何时开始以及未来发展的趋向和时间等，对仅仅使用道氏理论的交易者来说，仍然是一件非常困难的事情。

幸运的是，我们生活在一个各种技术分析理论远超道氏的时代。趋势线、技术图形、移动平均线和波浪理论等各种趋势分析理论，可以帮助交易者比道氏理论更早发现预示趋势变化的信号。

（3）短期趋势。短期趋势是一般小于6天，很少超过三周的短暂价格波动。道氏理论认为，短期趋势本身对于交易而言没有多大的意义，只是构成中期趋势的组成部分。一般情况下，大多数中期趋势的价格运动，由一连串（三个或更多的）明显的小波浪组成。从这些每日的波动中作出的一些推论经常是不确切的。

道氏理论认为，短期趋势是上述三种趋势中唯一可被人为操纵的趋势。

图2-8是同方股份（600100）的日线图。股价处在一个长期下降趋势当中，期间不断有中期反弹趋势，其中的一次反弹由五个短期趋势组成。

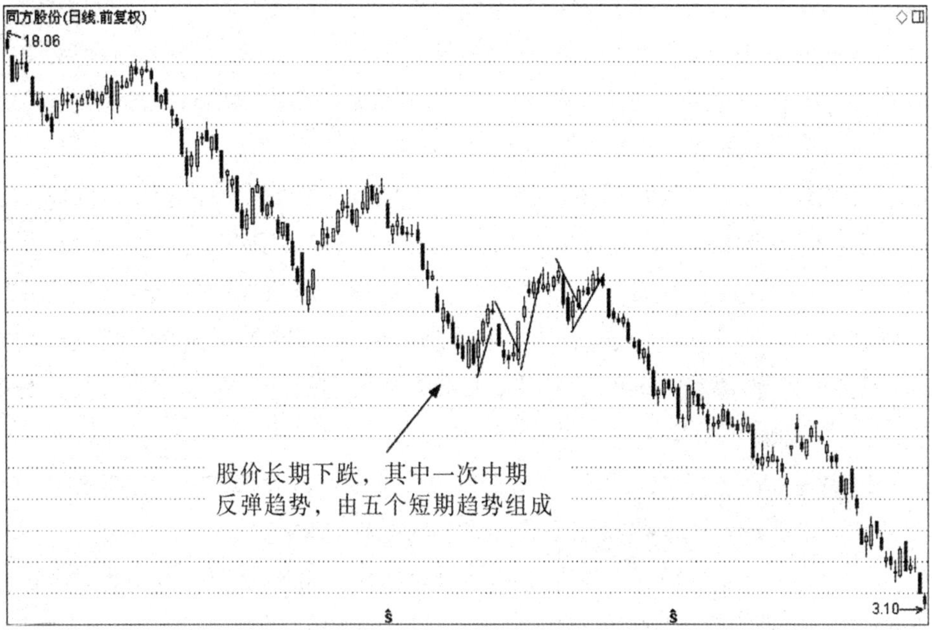

图2-8

特别说明：由于道氏理论只专注于长期趋势，因此对于短期趋势的论述，存在一些偏颇之处，甚至于和道氏理论自身观点相矛盾。

本书观点：短期趋势、中期趋势和长期趋势同时并存，都是股价或指数规律性运动的表现形式；中期趋势不是短期趋势的简单叠加，长期趋势不是中期趋势的简单叠加；短期趋势的运动同样有规律可循，只不过变数更大。

上述三种趋势的运动就像大海。长期趋势是浪潮：牛市是涨潮，潮流将水面一步步地推向海岸，直到到达一个最后水位高点并开始反转。接下来的则是落潮或退潮，可以比做熊市。但是，无论是涨潮还是退潮，波浪都一直在涌动，不断冲击海岸并撤退。在涨潮过程中，每一个连续的波浪都比前一个波浪到达海岸更高的位置，而在回撤时，也不会比上一个波浪回撤的更低。

在退潮过程中，每一个连续的波浪上涨时，均比其前浪达到的位置低一点，回撤时也比其前浪离开海岸更远一点，中期趋势就在这些波浪当中。区分它们是长期趋势的一部分还是中期趋势，主要取决于其运动的方向，即与海潮涌动的方向是相同还是相反。

与此同时，海面上一直有无数的小波浪、涟漪和风掠过时的波纹，它们有的与波浪的趋势相同，有的相反，有的则横向穿行，这些就像市场中每日都在进行着的那些无关紧要的小趋势。

本书观点：与道氏理论相近的是，也认为长期趋势是三种趋势当中最为重要的趋势。但中期趋势和短期趋势也不能一概予以忽视和忽略。中期趋势和短期趋势依然有规律可循，只不过要在顺应长期趋势方向的大前提下，决定中期趋势和短期趋势的操作策略。即短期趋势服从中期趋势，中期趋势服从长期趋势，这是趋势运行的常态。在常态中持股或空仓。短期趋势扭转中期趋势，中期趋势扭转长期趋势，这是趋势运行的异态，只出现在趋势的转折之处，即底部和顶部。在异态中选择进场或离场。这是趋势交易者运用各种技术分析工具和方法时所应遵循的基本原则。

如果交易者交易的品种包括融资融券、外汇债券、股指和商品期货等，那么上述原则的表述也应当变为：常态中做多或卖空；异态中选择做多点或卖空点。

一般情况下，出现见底信号的技术形态后，可以不必马上进场；但出现见顶的形态后，则应马上作出减仓或清仓动作，即进场谨慎，离场果断；进场标准的设定必须要满足充分条件，而离场标准的设定只以必要条件为前提。这是运用趋势技术分析理论指导操作的一般原则。

K线和K线组合形态，以及短期移动平均线，大多是对股价或指数短期趋势运动规律的总结，技术图形和中期移动平均线大多是对中期趋势运动规律的总结。将其运用于趋势交易的原则当中，就是在一轮熊市或非牛市里，如果没有其他趋势技术分析方法发出的信号予以佐证，所有中短期趋势发出的见底信号，都不能或不一定进场，所有中短期趋势发出的见顶信号，都必须予以清仓；与之相反，牛市当中，如果没有其他趋势技术分析方法发出的信号予以佐证，所有中短期趋势发出的见顶信号，都不一定要减仓或清仓，而所有中短期趋势发出的见底信号，都可以进场买入。这是对一般原则的重要补充原则。

这样，交易者就可以在顺应长期趋势的过程中，利用中短期趋势发出的买卖信号增减仓位，以提升盈利或减少风险。

图2–9是中原高速（600020）的日线图。股价一直运行在上升趋势当中，交易者可以持股不动，但也可以进行适当的仓位增减。例如，股价在高位加速上涨时，收出射击之星和黄昏之星的见顶K线形态，交易者可以适量减仓。随后股价急跌，但在遇到上升趋势线时止跌，并收出好友反攻的见底K线形态，交易者可以将前期减掉的仓位补上。

加仓之处也是60日均线葛南维买入点。

市场当中的主要运动趋势方向，很显然远远要比中短期趋势方向稳定得多，因此持股与否，一定要顺应长期趋势。仓位的变动根据中短期趋势灵活调整，这是现代技术交易的主流。也有交易者是以中期趋势作为操作的准则，仓位的变化就会更加频繁。但万变不离其宗，确定中期趋势与长期趋势之间的关系，以及二者所处的时空位置，依然是成功交易必不可少的前提条件。

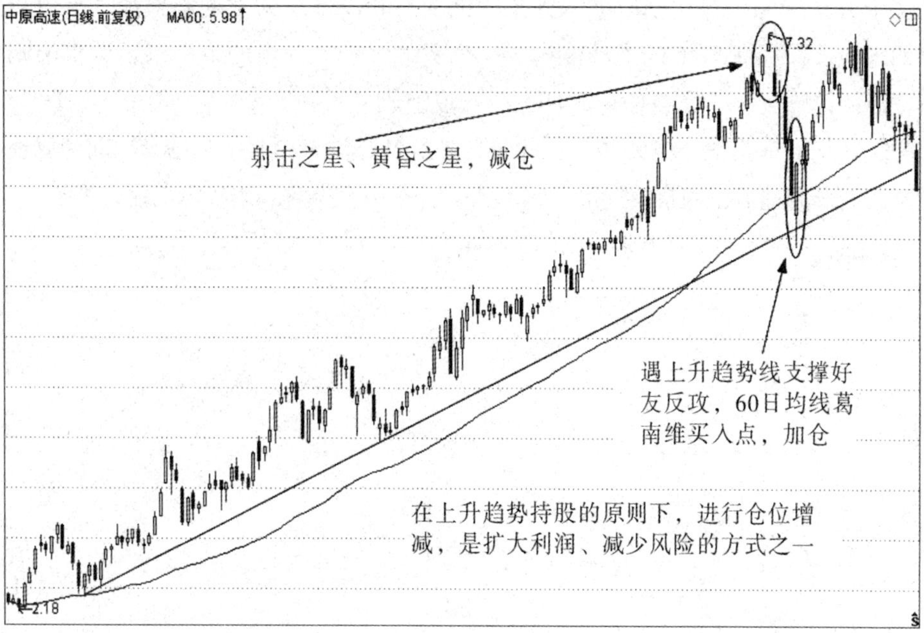

图2-9

2. 波浪理论关于趋势的概述

美国证券分析家拉尔夫·纳尔逊·艾略特利用道琼斯工业指数平均作为研究工具，创立了波浪理论。

波浪理论主要由三部分内容组成：股价或指数运行的形态、浪与浪之间的比例和波浪运行的时间周期。其重要性按以上排行顺序依次递减。

艾略特波段理论反映了交易趋势和交易者心性在博弈状态下的变化规律。因此，交易越活跃，准确性就越高；流通盘越大，准确性就越高；市场规模越大，准确性就越高。总的来说，波浪理论用于指数的准确性高于个股。艾略特本人也认为应当将波浪理论用于大盘。

波浪理论认为市场走势周期性地不断重复同一种模式，每一循环周期都是由五个推动浪和三个调整浪组成。股价顺着主要（基本）趋势运行时，按照五浪的顺序波动，逆主要（基本）趋势运行时，则按照三浪的顺序波动。最长的超大循环浪循环一次可以超过200年，而很短的次微浪则有可能只在几小时之内就完成一个循环周期。

艾略特理论认为，不管是多头市场还是空头市场，每一个完整的循环浪都是由八个波浪组成。

多头市场的一个循环浪中，前五浪是上涨阶段，称为推动浪。后三浪则是下跌阶段，称为调整浪。在推动浪中，奇数序号第一、三、五浪是上升的，偶数序号第二、四浪是下跌的。调整浪中，奇数序号第一、三浪是下跌的，偶数序号第二浪则是上涨的。一个完整的循环浪包括以上涨为主的推动浪和以下跌为主的调整浪。从更长的时间周期来看，一个循环浪的推动浪构成一个更大级别循环浪的第一浪，调整浪则构成大循环浪的第二个浪。完整的大循环也由八浪组成。

图2-10是上证指数（999999）1990年12月21日开市至1994年8月5日期间的周线图。图表上，推动浪五浪，调整浪三浪，浪形清晰，是一个完整的多头市场循环浪。

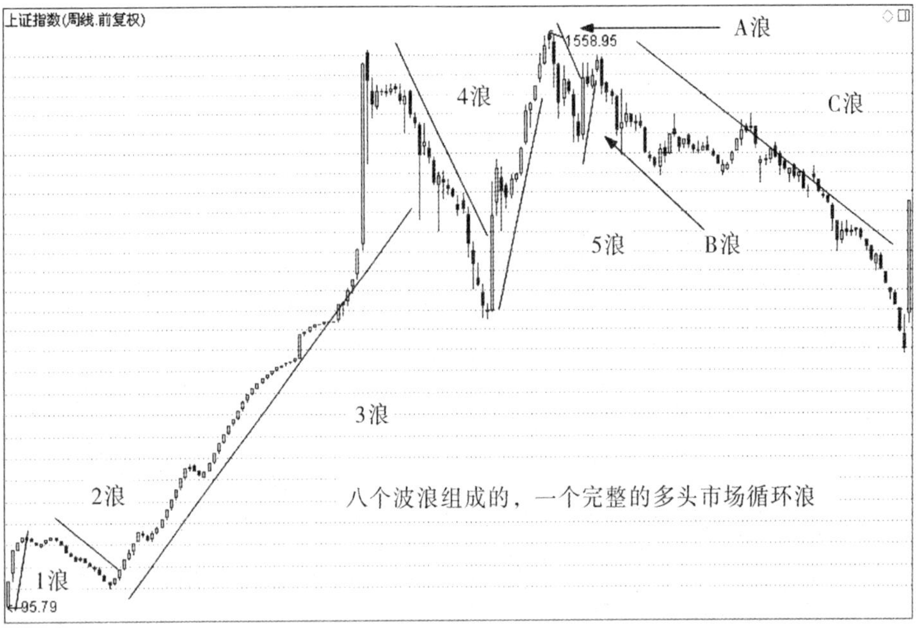

图2-10

空头市场的情形则和多头市场相反。推动浪的五浪是下跌阶段，调整浪的三浪则是上涨阶段。在推动浪中，奇数序号第一、三、五浪是下跌的，偶数序号第二、四浪是上涨的。调整浪中，奇数序号第一、三浪是上涨的，偶数序号第二浪则是下跌的。一个完整的循环浪包括以下跌为主的推动浪和以上涨为主的调整浪。从更长的时间周期来看，一个循环的推动浪构成一个更大级别循环浪的第一浪，调整浪则构成大循环浪的第二浪。完整的大循环浪也由八浪组成。

图2-11是上港集团（600018）的周线图。和上图（图2-9）一样，也是推动浪五浪，调整浪三浪，浪形清晰、形态完整的循环浪。但趋势方向相反，是空头市场的循环浪，其中的第5浪走出一个失败浪。

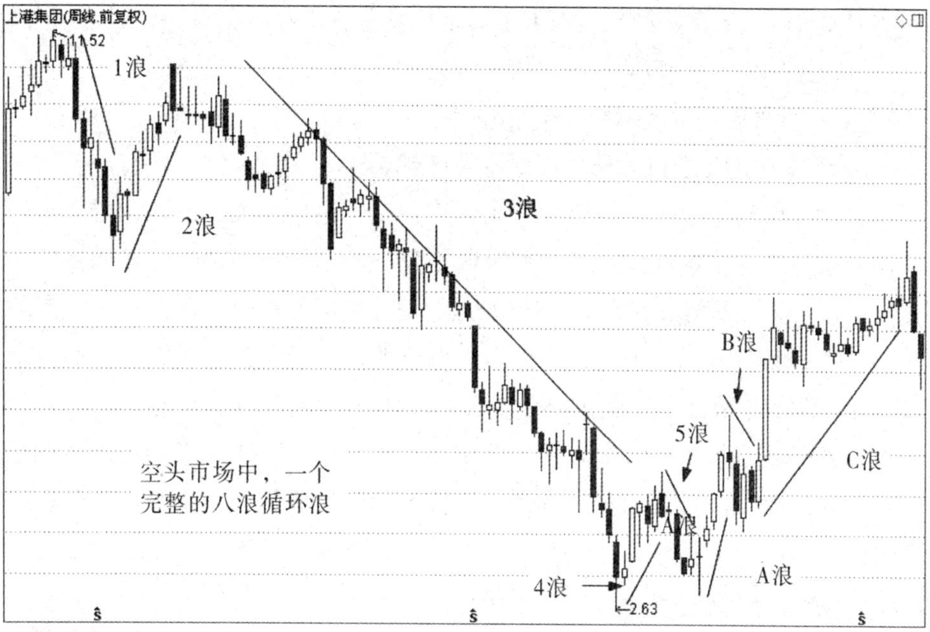

图2-11

波浪理论的主要内容如下：

（1）股价或指数的上升和下跌是交替进行、循环往复的，其运动形式就是波浪。

（2）一个完整的循环浪包括八浪，前五浪是推动浪，后三浪是调整浪。推动浪和调整浪是价格波动的两个最基本形态。推动浪一般用数字1、2、3、4、5标明，调整浪一般用A、B、C标明。

（3）一个循环浪可以是更长级别循环浪的组成部分，也可以细分为更低级别的小循环浪。

（4）推动浪中的第三浪不能是最短的一个波浪。

（5）推动浪的三个奇数浪中的任何一个浪成为延伸浪后，其余两个浪的运行时间和幅度就会趋于一致。

（6）黄金分割率理论、费波拉契神奇数列是波浪理论的数据基础，既体现在时间周期上，也体现在空间幅度上。例如，调整浪的幅度经常是推动浪的0.382、0.5及0.618。

（7）第4浪不会进入第1浪的价格区域。

（8）时间周期的长短不会改变波浪的形态。波浪可以延伸，也可以缩短，但其基本形态不变。

普遍的观点认为：艾略特波浪理论中的大部分内容与道氏理论是相互吻合的，但在定量方面，波浪理论要强于道氏理论，内容也比道氏理论丰富得多。在很多情况下，二者之间具有一种互补作用。但有一点无可否认，波浪理论脱胎于道氏理论。

例如，波浪理论定义下的推动浪五浪形态成立有三个永恒原则，分别是：

（1）第二浪永远不会运动得超过第一浪的起点。

（2）第三浪永远不是最短的一个波浪。

（3）第四浪永远不会进入第一浪的价格区域。

其中的第一个和第三个永恒原则，完全契合于道氏理论关于趋势的定义。因为如果第二浪超过了第一浪的起点，那么就表明不是一个新的推动浪，而是原来的循环波浪还在继续。换做道氏理论的说法，即表明不是一个新的趋势，而是原来的趋势还在延续。如果第四浪进入第一浪的价格区域，则表明不是推动浪的第四浪，而是新的循环波浪，即原来的趋势已经结束，现在形成了与原来趋势相反的新趋势。

图2-12是华夏银行（600015）的周线图。在周线图上，第二浪调整的低点股价高于第一浪的起点股价。这是因为如果低于第一浪的起点股价，就不符合道氏理论关于牛市的定义了。

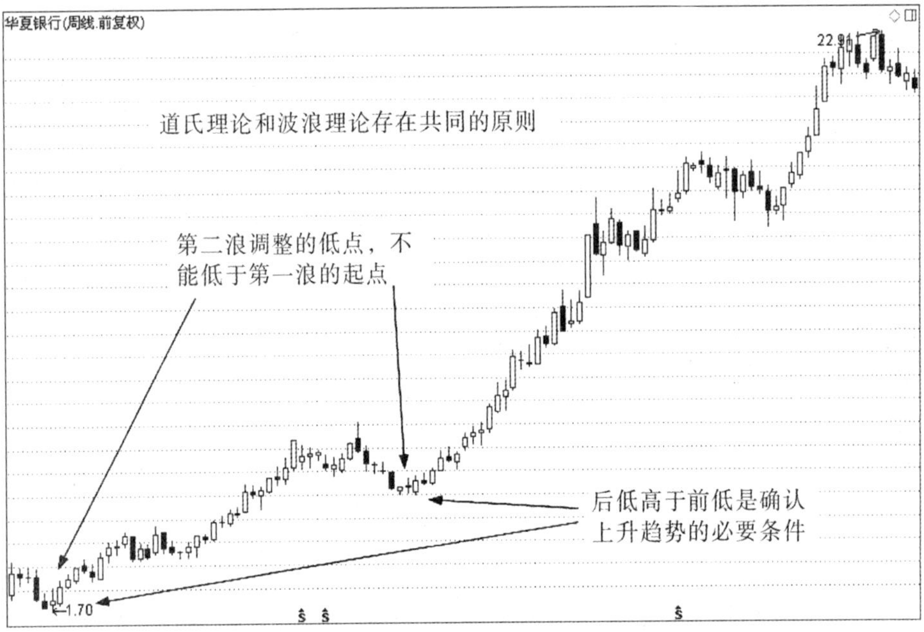

图2-12

道氏理论虽然只定义了牛市和熊市，但该定义同样也适用于中期趋势和短期趋势。更准确的命名方式，可以将牛市和熊市改为上升趋势和下降趋势。波浪理论的循环波浪级别，从几小时至几百年不等，但在每一个级别的循环浪当中，推动浪的走势很显然基本上都与道氏理论关于上升趋势和下降趋势的定义相符。

道氏理论把股价的波动与自然中的潮汐现象联系起来，波浪理论则为交易者提供了辨别潮汐的有效工具。在涨潮和退潮之间，波浪理论可以比道氏理论更早更明晰地对转折信号作出预警。

不管怎么说，道氏理论和波浪理论都是趋势交易者从事趋势交易的利器。每一位立志使用技术分析方法作为交易工具和手段的交易者，只要肯以学习和研讨的心态认真阅读上述两大理论的内容，就一定能够对交易有所裨益。

二、长期趋势（基本趋势）

道氏理论将长期趋势分为牛市和熊市两种。基本趋势上涨的是牛市，又称为多头市场；反之是熊市，又称为空头市场。

1. 牛市

牛市通常但并非必然分为三个阶段。

第一阶段是建仓和恢复阶段。

在这一阶段，有远见的趋势交易者（例如专业的左侧交易者）和有远见的价值交易（投资）者开始入场，收集股票。

尽管市场依然萧条，但这些先知先觉者们知道形势即将扭转，所以大量买入那些勇气和运气都不够好的交易者所抛出的股票，并逐渐抬高股价以刺激抛售。但此时经济状况和财务报表仍然很糟糕，也许是处在最萧条的时期。

当然，也存在这样的情形，国家经济和企业财务都没有问题，但股市却一直萎靡不振，交易者的希望、信心连同资金账户，总是一而再再而三地受到摧残和磨灭，被迫陷于绝望。媒体上常见的市场人士对于远景大多持悲观的看法。实际上不论主力机构还是公众交易者，都是亏损累累。短线交易也不能幸免，很多短线交易者暂时停止买卖。有些没有耐性的交易者，在失望之余纷纷认赔，抛出手中的股票，完全离开市场。公众交易者被股市表面现象所迷惑，对早春枯草中所微露的嫩芽毫无所见。市场交投清淡，偶有少许反弹，但已在不知不觉中拒绝下跌。

图2-13是深证成指（399001）2004年9月至2006年7月期间的周线图。图上方形框内的走势，是持续时间长达两年，涨幅高达五倍的大牛市的起点。但若略去后来的行情不看，无论是谁置身于当时的市场，恐怕都难以预料如此微弱和清淡的交易，竟是一轮波澜壮阔大牛市的前奏。

第二阶段是一轮比较稳定的上涨，成交量随着股价的持续升高不断增加，公司业务的景气度也水涨船高，盈利状况开始受到广泛关注。在这一阶段，技巧娴熟的趋势交易者和富有耐心的价值交易者往往会获得最大的收益。

第二阶段是牛市的主升浪，最容易为交易者辨认和把握，也是吸引社会大众进入交易市场的重要阶段。

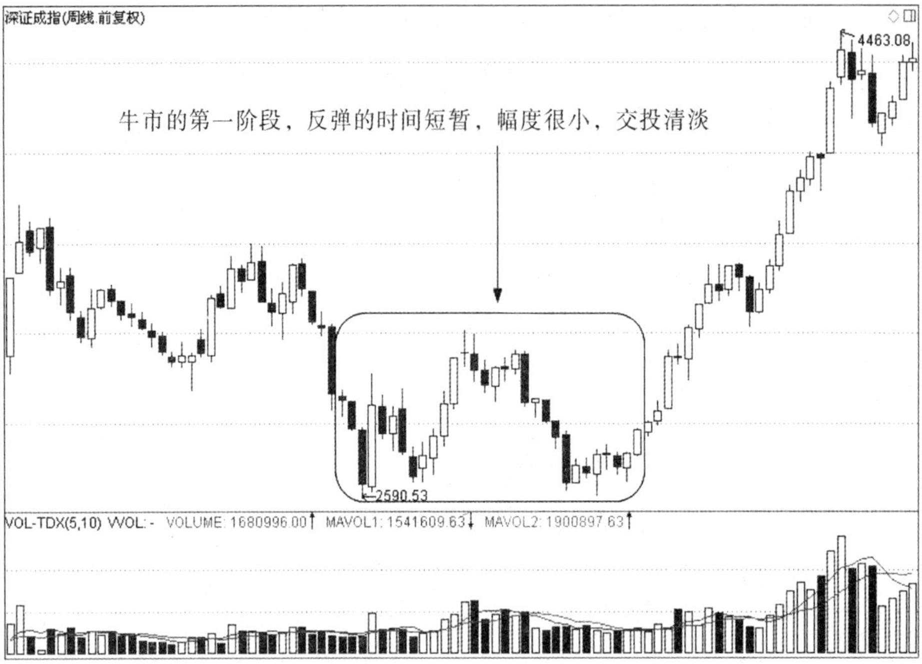

图2-13

图2-14是深证成指（399001）2005年11月至2007年7月期间的周线图。这一期间是牛市的主升浪，成交量、价格和人气都稳步推升，呈现出大涨小回，量价配合的特征。

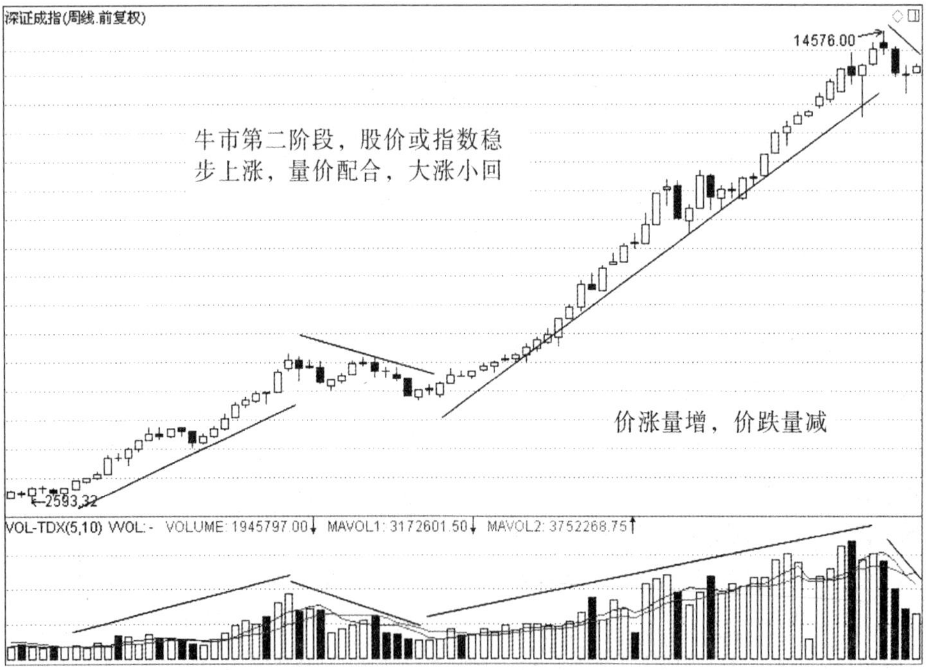

图2-14

最后，随着社会大众蜂拥而入，市场高峰出现，第三阶段来临。流传在市场中的所有信息都是那么令人欢欣鼓舞，股价或指数不断刷新记录，创富神话一个接一个上演。新股也扎堆上市。此时，很多交易新手追逐热点，买卖果断，盈利能力超越老手，于是忘乎所以，开始指点江山，并妄下断言："看！行情又涨了，我的预测应验了吧，得赶紧再买一只股票。"但有一个事实被大众忽略了，行情已经持续了两年甚至更长，到了该卖掉账户所有股票的时候了。

在这一阶段的最后时期，个股的成交量有时会突然惊人地增长，但大多显露出难以为继的情形。垃圾股开始一飞冲天，而大盘蓝筹和优质股票此时拒绝追从。狂热的情绪充斥市场内外，股票成了街头巷尾茶余饭后的谈资。几乎每个交易者都成了交易的专家和盈利的能人。在狂热的情绪和疯狂的行情面前，亏损成了一件羞于启齿的事情。亏损者也认为，亏损不过是运气不好导致的短暂现象，必将在随后的交易当中弥补回来。

在这一阶段，连续上涨的牛股依然随处可见。但大盘指数和绝大多数股票已经不再像以前那样迭创新高，多空分歧加大。

图2-15是深证成指（399001）2007年2月至2008年4月期间的周线图。这是牛市的第三阶段。第三阶段，股价或指数继续延续此前的上涨趋势，但交易量有所下降，显示买盘呈现疲态。这一阶段，资金选择重点突破的方式，导致个股走势分化。第三阶段后期，股价或指数经常上涨乏力，不再创新高。

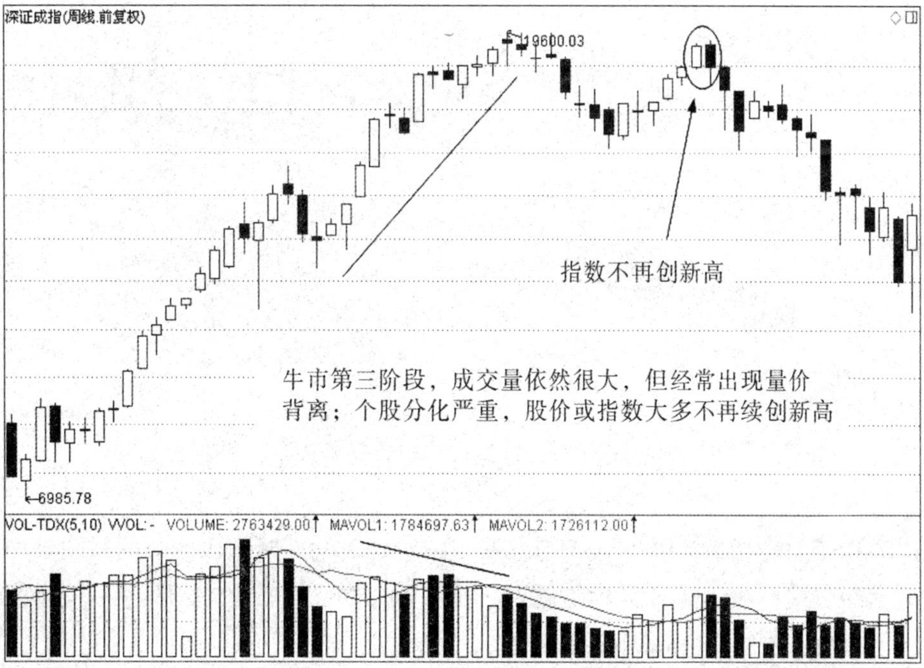

图2-15

2. 熊市

熊市通常但非必然分为三个阶段。

第一阶段是出货或减仓阶段。实际上早在牛市第三阶段后期，那些具备专业素养和强大执行力的左侧趋势交易者和价值交易者，就已洞察先机，预先在上涨趋势中分批抛出股票。然后上升势头逐渐减弱，股票套牢后不再那么容易解套。但交易量仍然居高不下，公众交易者依旧活跃非凡。

这一阶段的走势经常和牛市第三阶段重合，除非是事后，交易者几乎不可能区分和判断二者的界限和不同。即便是在事后，时间和位置上的起止点也经常备受争议，众说纷纭。只有到了熊市第二阶段，基本上可以断定股价或指数不可能在短时间内再创新高了，那时大家才有可能达成比较一致的意见。最高价就是牛熊分界线，这是区分牛熊市最为简单的一个办法。但市场依然存在一些分歧。

图2-16是上证指数（999999）2005年6月至2008年10月份的周线图。如果以图示的方式划分各波浪，则6124.04点是牛熊分界线。其中的3浪和C浪分别是主升浪和主跌浪，各自又走了一个5浪上涨和5浪下跌的波浪形态。

图2-16

图2-17是上证指数（999999）与上图（图2-16）同一时间段的的周线图。如按照如图所示的方式数浪，则6124.04点就不再是牛熊分界线。其中5浪走了一个失败浪，C浪作为主跌浪，依然走出5浪下跌的形态。

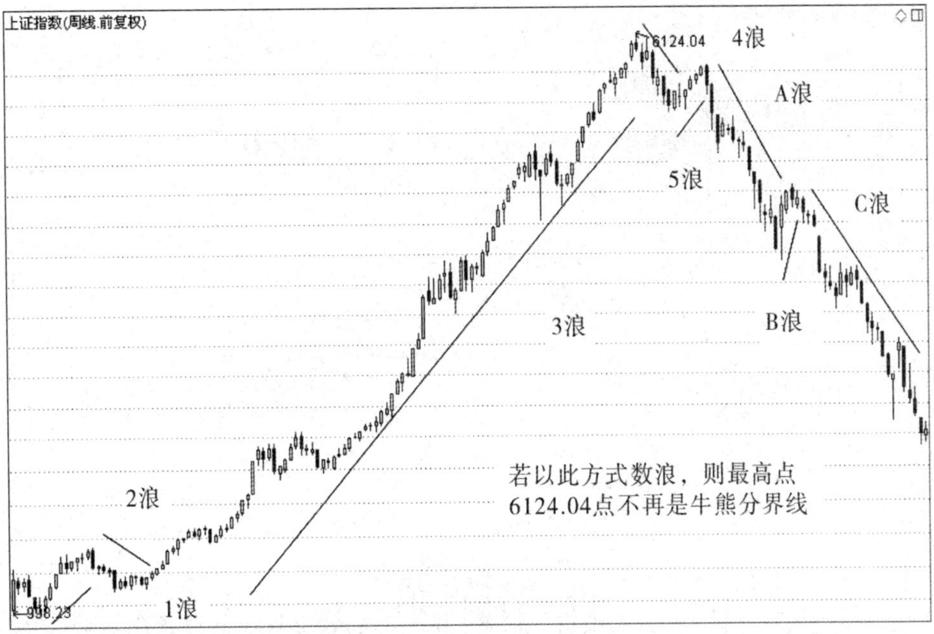

图2-17

当然，还有其他的数浪方式，就不在此一一列举。波浪理论浪的起止，的确是非常让人头疼的事情，尤其在行情正在发展的时候。

空头市场开始时，股价或指数经常会以较前期上涨为低的成交量试探或冲击前高，接近但没有超越前一个高点，随后急跌。无论是道氏理论还是波浪理论，此时都会发出预警信号，提示交易者趋势有可能转向。但无论是道氏理论还是波浪理论，此时都无法分清行情究竟是处于牛市末期，还是熊市初期。

图2-18是乐山电力（600644）的周线图。在最后一次向上发起攻击时，股价和成交量都已较前期的高点为低，表明买盘力度不足，多方入场犹豫。

根据道氏理论，此时后高低于前高，预示股价将有可能转势，但后低尚未低于前低，所以还不能确认熊市来临。

对于波浪理论，似乎更难确定究竟是多头市场推动浪中的回调，还是多头市场调整浪的开始。但股价不再创新高，预示着推动浪的行程有可能已经走到尽头。

第二阶段是恐慌阶段。因为盈利越来越难，套牢和亏损也正逐渐成为常态，导致多方买进的意愿越来越小，空方也就越来越坐卧不安。

随后，股价或指数下跌，诱发恐慌盘泄洪般涌出，有些个股的成交量甚至达到历史天量。跌势后期陡然加速，直线坠落，就像空中扔下的炸弹。当尘埃落定后，股价或指数可能会出现一个相当长的中期反弹趋势。反弹大多会以急速上涨的方式完成，然后小幅盘整，成交量萎缩，最后仍将下滑至新的低点。

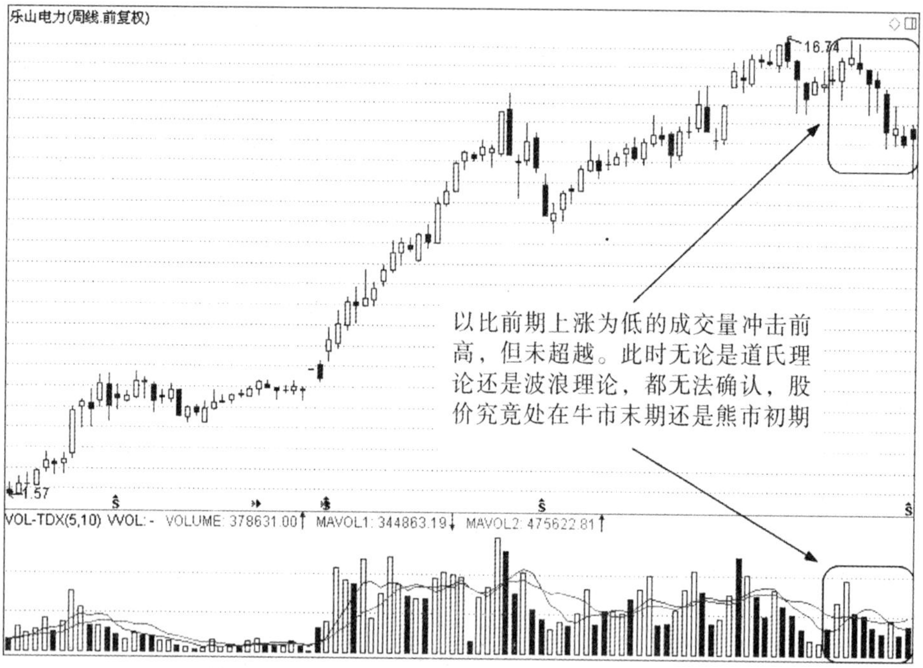

图2-18

图2-19是德豪润达（002005）的日线图。经过第一阶段一步三回头的下跌，股价下跌加速。反弹时收出收敛三角形，在三角形内成交量急剧放大。整理期间，成交放大，意味着筹码的收集或派发。判断是收集还是派发，一般从两个方面分析，一是看突破方向，这是非常重要的一环；二是看所处长期趋势方向，长期趋势向上，则收集的概率大一些，长期趋势向下，则派发的概率大一些。

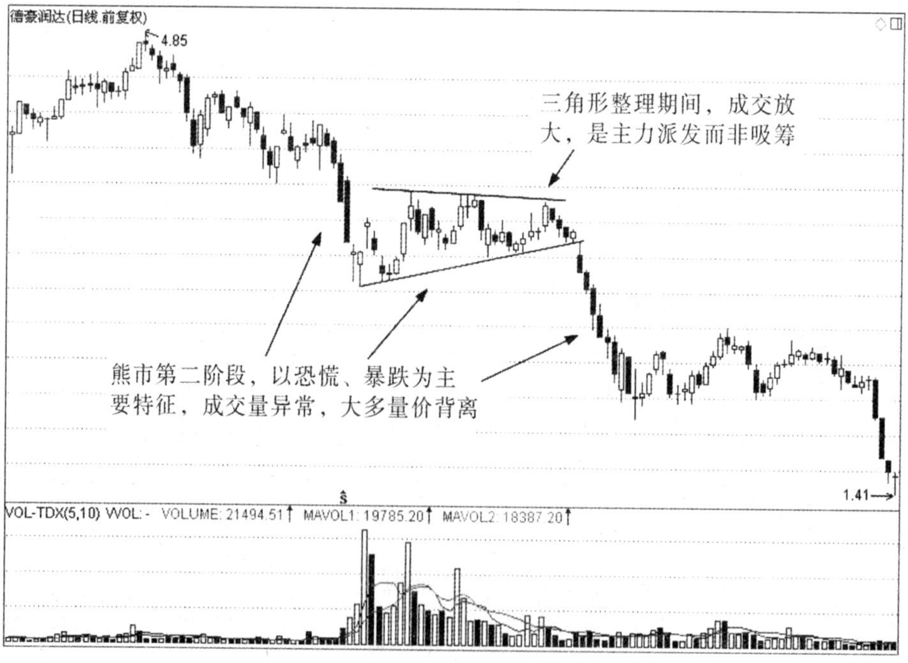

图2-19

跌破收敛三角形后，股价开始暴跌。股价暴跌和市场恐慌，是第二阶段走势的主要特征。

第三阶段在比较激烈的中期反弹行情结束之后来临。有一些在大恐慌阶段坚持过来的交易者，此时反倒因为信心不足而抛出股票，另有一部分交易者则因为目前价位远比前几个月低而买入。

市场上充斥着负面的传言。不过，即使是利多的消息，也不能扭转颓势。股价的跌速减缓，但下跌却一直持续不断，没有休止的时候。越来越多的交易者因为各种原因和需要，不得不为了套现而被迫抛出股票。垃圾股率先跌完了牛市的上涨幅度，优质的股票跌得少一些。当所有利空消息被一一证实的时候，公众交易者们都预计行情还会继续下跌，但熊市却就此戛然而止，甚至常常在所有的利空消息被证实之前就已经结束了。

种种征兆都显示，市场已经达到均衡的状态，投机活动不活跃，卖出行为也无力压低股价，但买盘的力道显然不足以推升价格上涨或反弹，股价或指数常常收出窄幅盘整的走势。

同样地，熊市第三阶段和牛市第一阶段也极难区分。在最悲观的市场氛围中，股价或指数都不再下破新低时，激进的交易者就已经开始试探性地买入股票了。

图2-20是浦发银行（600000）的日线图。下跌末期，股价下跌不再像第二阶段那样疾风暴雨。显著的特征是，上涨、下跌以及每日波动的幅度都比较温和，很难见到大起大落。成交量极为稀少，表明多方大多都在观望，空方似乎也麻木了，该割肉的已经割了，没有割的也只好听天由命。

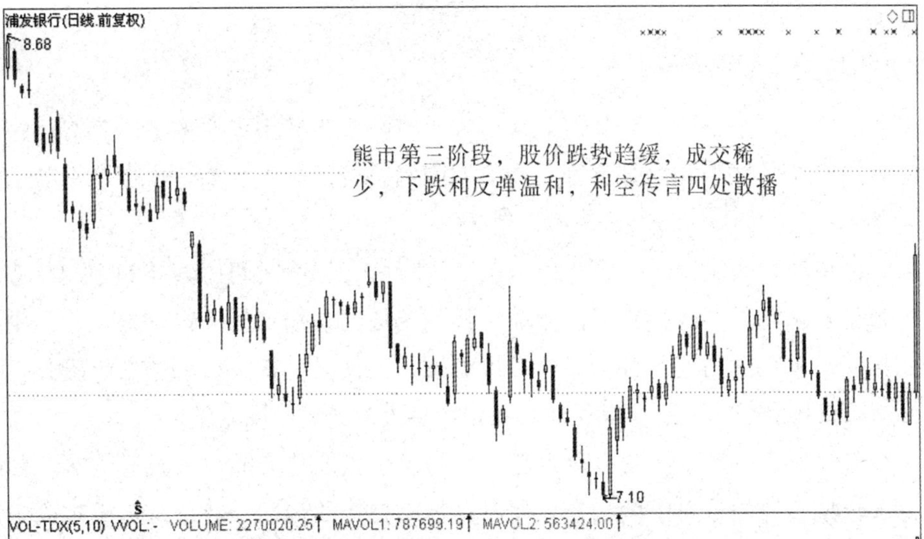

图2-20

股市和股票就这样被人忽略和遗忘，死水一般沉寂。几个月过去了，只有极少数有心人会发现，虽然成交量依然稀少，甚至更加萎缩，但股价却已不再创出新低。黎明前的黑暗终于过去了，曙光就在前头。

本书观点：以上关于牛市和熊市三个阶段的描述，实际走势中并不必然如此，而且阶段与阶段之间也不会有明显的界限，因为历史从来不会简单地重复。但是将牛市和熊市进行上述划分，依然并非只有理论上的意义。如果交易者可以时刻牢记基本趋势的典型特征，对各个阶段的征兆了如指掌，就不至于被市场当中出现的假象迷惑。

长期趋势持续时间长达数月甚至数年之久，是最为重要也最容易被趋势交易者辨认、归类和了解的趋势。中期趋势和短期趋势既与长期趋势同时并存，又是长期趋势运行过程中的组成部分，只有清楚了它们在长期趋势中的位置，正确判断长期趋势的方向，才可以在股市交易当中稳定获利。

趋势具备自我复制的特性，其涨跌交替、循环往复的运行方式，将会一直持续下去，因为物质运动的客观规律不会改变。在精神方面，除了思想和意识方面的进化，几千年以来人性几乎没有什么太大的变化。如果要说有的话，那就是因为科技的进步，导致人类征服自然的能力不断强大，从而失去了对自然、对信仰的敬畏，变得更加肆无忌惮。

虽然更加尖端的高科技技术和知识被越来越多地引入交易，但股价或指数的走势和古老的交易并没有什么不同，因为影响和驱动市场价格趋势的人性和心理因素依旧相近。面对市场带来的风险和诱惑，人们的恐惧和贪婪依旧。

三、中期趋势（调整趋势）

中期趋势是多头市场中重要的下跌走势，或空头市场中重要的上涨走势，持续的时间通常在三个星期至几个月不等。趋势期间内折返的幅度为前一次中期趋势结束之后长期趋势幅度的33%至66%。

中期趋势经常被误读，一方面折返幅度比较大、持续时间比较长的中期趋势，常常被认为是长期趋势的改变；另一方面，长期趋势的初期走势又经常被认为是中期趋势。例如多头市场的初期走势，显然很可能被认为仅仅是空头市场的中级反弹。反之亦然，熊市市场的初期下跌，也往往会被看作多头市场的中期调整。

中期趋势也是一种重要的股价走势，它是逆于长期趋势的重大折返走势。判断何者是逆于长期趋势的重要中期趋势，何者是长期趋势的初期趋势，是道氏理论中最微秒的一环。如果仅仅依据道氏理论，交易者有时的确很难甚至无法判断。

根据道氏理论的观点，大多数中期趋势的折返幅度，约为前一个长期趋势波段（介于两个中期趋势之间的长期趋势)的1/3至2/3之间，持续的时间大约在三个星期至三个月之间。对于历史上所有（指道氏所处时代之前的历史。但即便至今，也不会有实质性的改变）的中期趋势来说，其中超过60%的折返幅度约为前一个长期趋势波段的30%至70%之间，其中约65%的折返期间介于三个星期至三个月之间，98%的折返期间介于两个星期至八个月之间。

股价或指数的变动速度，是另一项有明显区别意义的特点。相对于长期趋势而言，中期趋势有暴涨暴跌的倾向，尤其对于一些长庄运作的个股，以及大牛股、大熊股，更是这样。

图2-21是重庆啤酒（600132）的日线图。原本运行在一个长期上升趋势当中，后来受到利空传言影响，股价从高位突然跳水，连续出现近十个无量跌停。跌势后半段，虽然市场不再持续跌停，但下跌速度依然很快。

随着收出一根十字星K线，股价迅速止跌，出现V形反转，之后股价涨幅超过一倍。

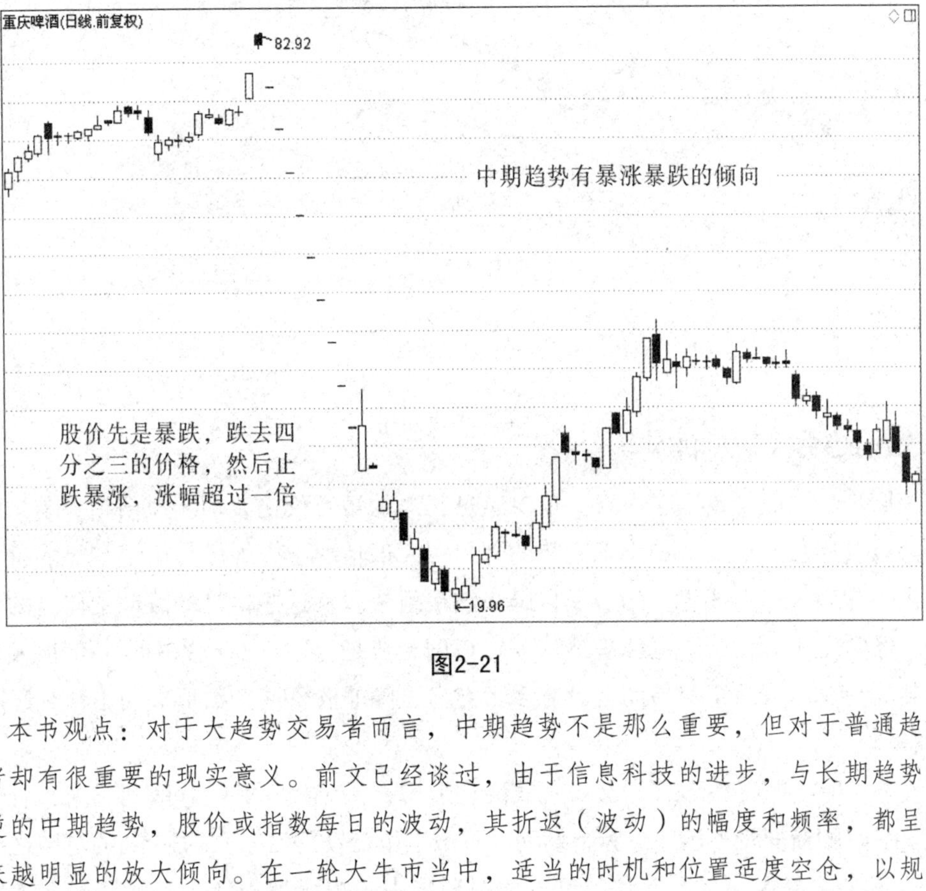

图2-21

本书观点：对于大趋势交易者而言，中期趋势不是那么重要，但对于普通趋势交易者却有很重要的现实意义。前文已经谈过，由于信息科技的进步，与长期趋势方向相逆的中期趋势，股价或指数每日的波动，其折返（波动）的幅度和频率，都呈现出越来越明显的放大倾向。在一轮大牛市当中，适当的时机和位置适度空仓，以规避波幅和频率日趋放大的中期调整趋势，与一味坚持买入，持有至长期趋势逆转的做法相比，的确是一种更为明智的策略和选择。

技术分析理论体系的日益完备，也为交易者把握中期趋势规律提供了更多选择。

图2-22金瑞矿业（600714）的日线图。股价上涨过程中开始整理。交易者可以根据三角形技术图形和均线粘合形态的技术含义，判断中期趋势结束的时机，并作出相

应的买卖行为。可以根据60均线的位置和方向，预测三角形和均线粘合形态突破后市大致的突破方向，以便做到心中有谱。若三角形和均线粘合形态向下突破，很有可能是熊市开始，不再是牛市的中期调整。

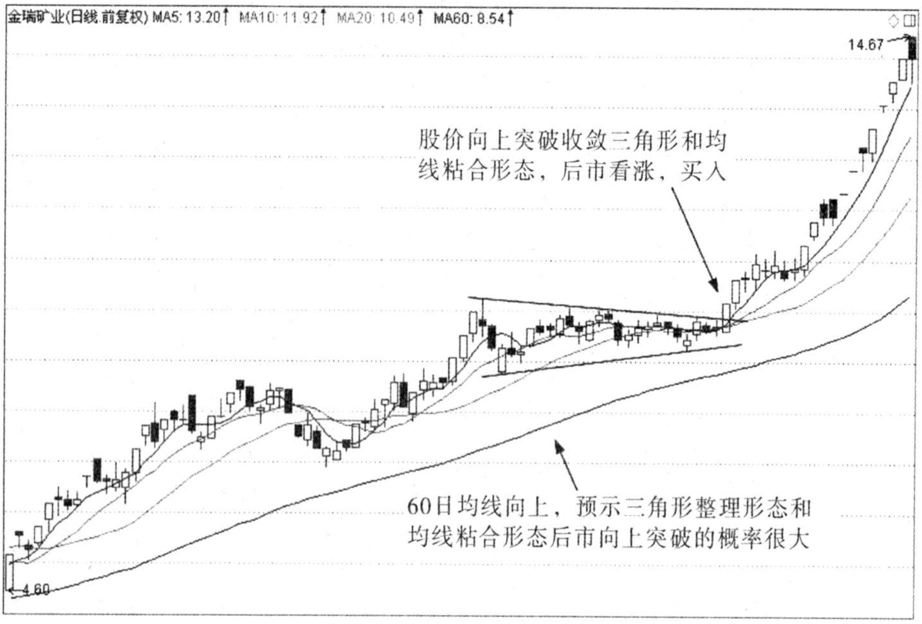

图2-22

四、短期趋势（短期波动）

短期趋势一般是指小于6天，很少超过三周的短暂价格波动。短期趋势是构成中期趋势以及连接长期趋势和中期趋势的部分。一般情况下，大多数中期趋势的价格运动，由一连串（三个或更多的）明显的小波浪组成。从这些每日的波动中作出的一些推论，经常是不确切的。道氏理论认为，短期趋势是上述三种趋势中唯一可被人为操纵的趋势，其本身对于交易而言没有多大意义，除非股价或指数形成线态窄幅区间盘整形态。

线态窄幅区间盘整形态，又名直线运动形态，是一种一般持续两到三周，有时时间更长一些的横向盘整运动。盘整期间，指数上下变动的区间大约在5%的范围之内，偶尔会超出该范围。该形态和股票技术图形当中的矩形很相似。市场技术含义也一样：向上突破时看涨，向下突破时看跌。

本书观点：道氏时代对股价或指数进行精确绘图，还是一件十分困难和艰巨的事情，所以，道氏理论并没有进一步对变化多端的短期趋势做进一步的研究。实际上，短期趋势的走势虽然飘忽不定，极难对其作出判断和预测，但并不表示其走势规律无迹可寻。

本系列丛书第一册中讲解的K线知识和内容，其中绝大部分的K线形态就是短期趋势运行规律的归纳和总结。

图2-23是大江股份（600695）的日线图。股价虽然一步三回头，但整体上走出了下降趋势。每一次短期反弹趋势的终结，都收出了见顶的K线形态。K线形态可以帮助交易者判断和把握短期趋势的起止。

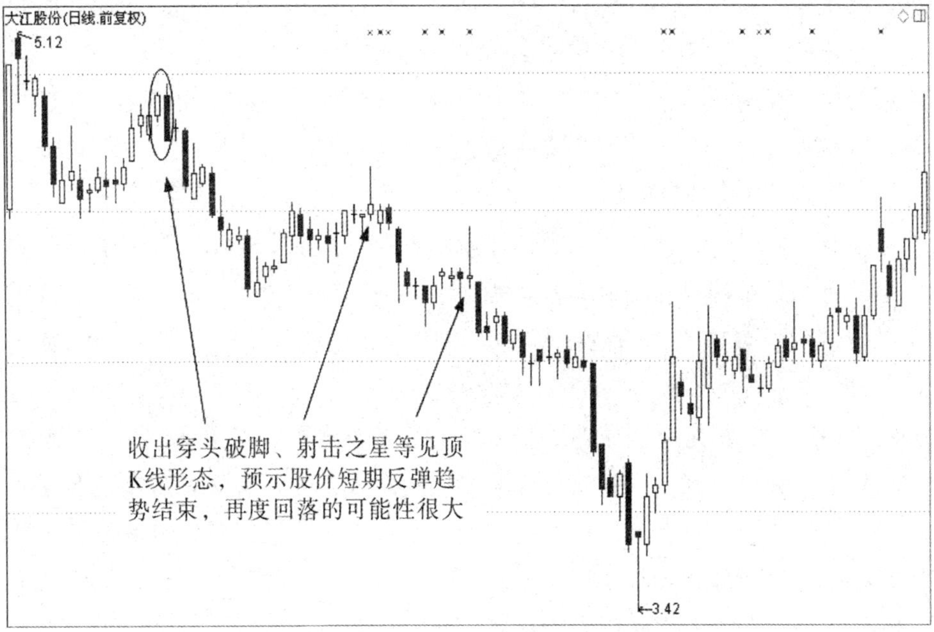

图2-23

当然，短期趋势依然是三种趋势里最难预测和把握的一种，只有短线交易者和超短线交易者，才会时时刻刻关注和研究它。只在很少的情况下，趋势交易者才会关心短期趋势：通常用于选择和寻找适当的买进或卖出时机，对仓位进行增减变动以追求最大获利，或尽可能规避风险。

将股价或指数走势归类为三种趋势，不仅是一种研究的需要，更是指导交易的原则和利器。

如果趋势交易者掌握了三种趋势，在致力于长期趋势的同时，可以运用仓位管理方法，充分利用与长期趋势逆向的中期趋势，以及更为复杂多变的短期趋势带来的上下震荡，从中获取更大的利润。

五、趋势操纵

道氏理论认为短期趋势是唯一可以人为操纵的趋势，长期趋势绝不可能被人为操纵。同时又认为短期趋势是构成中期趋势以及连接长期趋势和中期趋势的部分。

有人对此怀有极大的疑问：如果短期趋势可以人为操纵，那么若干个短期趋势组成一个中期趋势，若干个中期趋势组成一个长期趋势，以此类推，操纵若干个短期趋势，就形成一个实质上被操纵的中期趋势；若干个被操纵的中期趋势，形成一个实质上被操纵的长期趋势。如此一来，岂不是中长期趋势一样也可以被人为操纵？道氏理论的观点似乎有点自相矛盾。

谈趋势操纵，必须先谈趋势。趋势是什么？广义上的趋势是指世界上的一切自然现象和社会现象，包括物质和精神，都是按照一定周期和一定波幅呈规律性运动的基本方式。也就是说，趋势是一切事物运动的基本方式。

趋势的特点是阴阳转化，循环往复，是波浪式的迂回运动，而不是一条直线式的单向运动。例如，每一个人差不多都在重复着日出而作、日入而息，冬天取暖、夏日乘凉的行为趋势，几乎日日如此，年年相近。

人总是要去世的。尽管人死之后，从表面上看，似乎生命是一种由生到死的单向运动。但是个人的小趋势，是人类大趋势当中的一部分。个体生命终结了，但同时又以繁衍的方式继续着人类的行为趋势。所以生命无论就其个体还是人类作为一个整体，也仍然是阴阳转化、循环往复的趋势运动。

但趋势的运动不是简单同质的重复，而是不断似此非此的往复。例如，人的每一次日出而作日落而息，其内容和轨迹都不尽相同。人类的下一代总是在诸多方面与上代类同，但永远不同。自然界的动物也是如此，龙生龙，凤生凤，老鼠生来会打洞，但从来就不会有两只完全相同的动物出现。

事物以趋势的方式演化和历史会重演，是包括交易在内的一切事物运动所共有的现象和规律。

前文已述，交易趋势主要是在股票和市场趋势作用下，交易者心性和资金博弈的结果，其实质是交易者心性、资金变化和股票、市场发展变化相互作用的固有规律。人类只能顺应和利用自然规律，而不能创造和操纵自然规律。从这个意义上说，交易趋势不会被操纵。

但同时，股票、市场趋势变化与交易者心性、资金趋势变化之间，又存在着正向或反向的互动和影响。

当交易者心性、资金趋势与股票、市场趋势方向一致时，股票、市场趋势强化交易者心性、资金趋势，并在强化过程中自身得到强化，推动交易趋势继续沿原来的方向运行，这就是交易趋势的延续。同时，也是趋势具有惯性的动力来源。

当交易者心性、资金趋势与股票、市场趋势方向相反时，股票、市场趋势扭转交易者心性、资金趋势，并在扭转过程中自身被弱化，但交易者心性、资金趋势终将顺从股票、市场趋势方向，这就是交易趋势的反转。

以上强化和弱化的结果，全都如实反映在股价或指数当中，形成交易趋势。股票和市场趋势既然可以被人性、资金趋势强化和弱化，那么强化和弱化的结果——交易趋势，其运行方式和涨跌幅度，则必然取决于资金趋势和交易者心性趋势顺逆股票、市场趋势的状况。

不同交易者之间，也在不断地进行资金和心性的博弈。博弈的结果，理论上可以是势均力敌，但现实的情形往往是博弈的一方拥有了压倒性的优势。很显然，拥有优势的一方，一定比另一方有更强的操控价格能力，和更强的精神主导能力。交易趋势涨跌幅度和运行方式极大程度上取决于优势资金的行为，也就成为顺理成章的事情了。

所以，交易趋势的运行方式和涨跌幅度，基本上取决于交易者心性、资金趋势顺逆股票、市场趋势的状况，以及资金和心性博弈的结果。这种人为的操纵一直贯穿于整个市场始终。

交易趋势的发展变化，受制于资金和心性等人为因素的影响，也是股价或指数包容和消化所有因素和信息的必然结果。如果主力可以将资金操控的痕迹从K线图上抹去，股价或指数包容和消化的因素和信息当中就会缺少主力行为，那么，包容和消化所有因素和信息的“所有”，又从何谈起？

事实上，股价或指数是市场行为的载体和物质化结果，市场行为又是所有交易行为的集合和结果。主力主动的、有目的的、有组织的控盘行为，和公众交易者被动的、盲目的、散兵游勇式的买卖行为，都是交易行为，都是组成市场行为的一部分。从这个意义上说，没有人为操纵，就没有交易趋势。

图2-24是S前锋（600733）的日线图。观察走势图，交易者可以发现，该股走势明显异于常股。在底部区域，小阳线稳步推升，调整时都是以线态窄幅区间盘整形态方式进行。这样既可以将那些没有耐心，每天都在追涨杀跌的短线客清理出去，减轻日后拉升的压力，又可以在尽量降低吸货成本的前提下提升吸货速度，还能够做到不引人注目，可谓一举三得。

进入拉升阶段，几乎每天开盘都死死封在涨停板上。这也是一举三得的事情，一是涨出足够的出货空间；二是可以减轻拉升压力，因为跟风的公众交易者几乎买不进去，已持仓的交易者则会产生强烈的惜售心理；三是培养人气，以利公众交易者高位接盘。每天都这么涨，很容易就成为那一阶段的明星股和黑马股。

该股上涨中途有一段放量调整的量价背离走势，表面上看是高位出货，实际上是主力刻意做出来的反技术含义形态，一来清洗获利盘，二则强化强者恒强的惯性思维，淡化和削弱公众交易者的恐高心理。但不管怎么说，这些都是主力控盘和操纵的结果。

股价走势包容和消化了一切信息和因素，包括主力行为的痕迹。反过来也一样，主力资金的运作手法，也必然会影响到股价运行的方式和波幅。K线图则将上述互动一一真实映现。

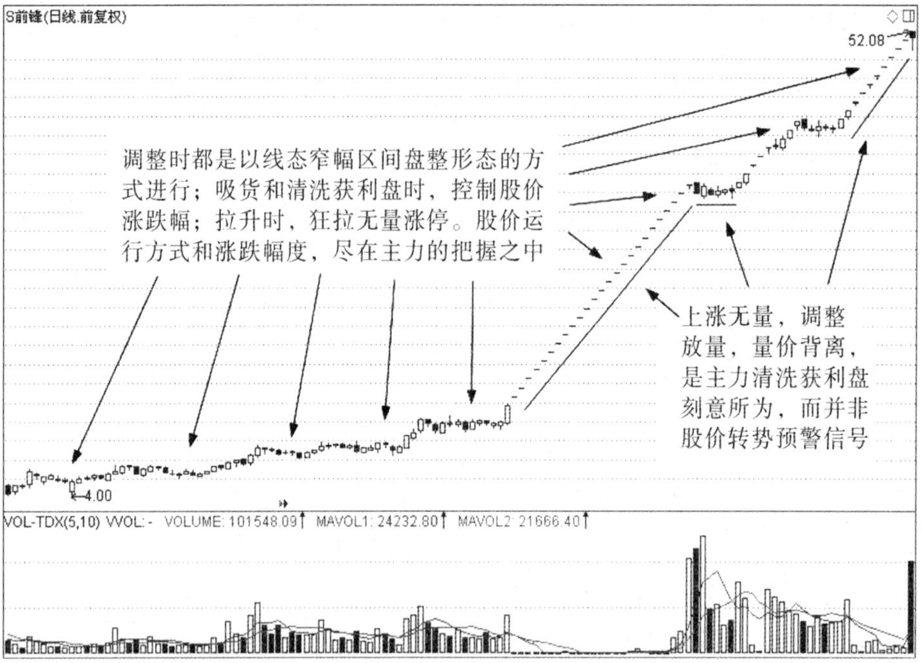

图2-24

图2-25是SST前锋（600733）与上图（图2-24）同一时间段的的日线图。观察均线的排列方式，可以发现，该股的均线技术形态都比较简单和易于把握。吸货阶段，主要是均线粘合形态和均线被动修复，这是主力既想抬高市场持股成本，又不想股价大起大落所致。在拉升阶段，主要是均线多头排列和均线被动修复，而且还都是上述形态的经典图形。如果说散乱的心态和行为造就散乱的走势，那么有目的、有组织的心态和行为，就会人为造就有序的走势。

相比较而言，均线形态比K线形态更难操纵，因为时间周期越长，付出的资金成本也就越大。如果K线走势可以被操纵得平滑有序，形态完美，那么作为K线平均的均线，必然会更加有序和完美。

上述两个结论，一个是可以被操纵，一个则不可以。这是怎么回事呢？根本的区别在于，操纵的内涵不同。

本书观点：操纵大致有两种情况，一种是指操纵交易趋势运行方式和波幅；另一种是指操纵交易趋势运行规律。交易趋势运行规律的主要特征是周期性涨跌循环，因此，操纵交易趋势规律主要是指人为改变交易趋势运行方向，比如，原本应该上涨的趋势，通过操纵令其下跌或横盘。

道氏理论没有详细阐明何为人为操纵。前文已述，道氏理论所谓的趋势操纵，大概是兼指操纵交易趋势运行方向、方式和波幅。

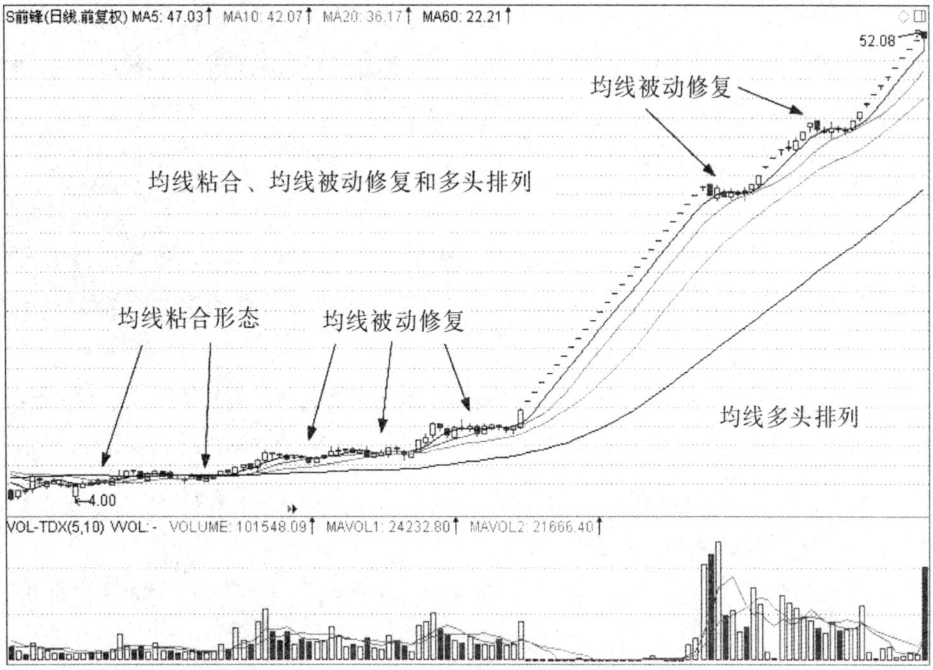

图2-25

道氏理论没有阐述操纵趋势运行方向和操纵趋势运行方式之间的区别，也没有论述长期趋势为何不可被操纵，短期趋势又如何被操纵的。所以从表面上看，道氏理论自相矛盾，或引人误解，也就在情理之中了。

下面进一步讲解交易趋势方向为什么不能被操纵。

1．如何判断趋势原本应该运行的方向

交易趋势包容和消化了其他所有趋势的因素和信息，但除了交易趋势之外，其他所有的趋势都没有一个客观直接连续的载体体现，无法对其进行定性和定量分析。无法定性和定量的事物，也就无所谓操纵不操纵了。因为操纵意味着一切尽在掌控之中，不知其然，更不知其所以然，如何操纵？

对于交易趋势，至今也没有办法确知未来的结果。根据技术分析得出的所有结论，都是一种概率性事件。当交易趋势运行的方向和技术分析的结论相反时，究竟是小概率的事件发生了？还是人为操纵的结果？恐怕难以真正分清楚，也不会有人能够真正做得到。

所有的交易行为，都是组成趋势载体的一部分。顺势者昌，逆势者亡。但无论昌者还是亡者，依然是趋势载体的一部分。也就是说，操纵者的操纵行为也是趋势载体的组成部分。操纵行为变化，交易趋势就跟着变化。交易趋势变化，所有交易者的心性和行为（包括操纵者本身在内）也随之变化。这些变化全都是互动和博弈的，没有人可以完全掌控和准确把握。

没有确定的结果，就不会有确定的操纵。如果不能确定结果一定会涨，就不可能进行确定的反向操纵，因为也许趋势原本就是要跌的，只是很多人，甚至包括操纵者本身，都判断错了而已。

2．性相近、习相远

周期性涨跌的股票和市场趋势，造就了相近的外部交易环境。古今中外，相近的人性造就相近的交易行为。但是相近的交易行为，不是指所有的交易者都会产生相近的行为。

相近的交易行为是指相同习性的交易者，总是采用相近的交易行为，也就是说，虽然人性相近，但是习性不同，习性不同，行为就不同。所以面对同样的行情，交易行为有可能完全不同：有人贪婪抢进，有人恐慌抛出。这种深入骨髓的东西，不会因为资金量和信息资源的优势而有所改变。

改变不了自己，就无法操纵股市。因为江山易改，本性难移。面对相近的行情时，操纵者依然只能作出和以前相近的行为，而不是与之相反或相对。

即便操纵者改变了自己的心性和本性，如前面所述，也依然无法改变股票和市场趋势的运行规律，完全掌控和准确把握交易趋势的变化。因此，操纵者所能改变的，仅仅是交易趋势的运行方式和涨跌幅度。

3．中期趋势不是若干个短期趋势的简单叠加，长期趋势不是若干个中期趋势的简单叠加

虽然长周期的趋势包括短周期的趋势，但是很显然，不是若干个短期趋势简单的叠加，就可以形成中期趋势。其中短期趋势有跌有涨，是一个复杂多变的，不一定是如何走向的过程。所以操纵若干个短期趋势，不一定形成中期趋势，或者不一定形成操纵者想要的中期趋势。

中期趋势形成长期趋势的情形同理。

事实上，道氏理论也认为，平均价格指数走势同时包含三种趋势，彼此的方向可能相反。既然短期、中期和长期趋势同时存在，说明其各自并不依托对方而独立存在。时间周期仅仅是交易趋势的流程，不是分段叠加。

就像海面上的小波浪，无时无刻不在。但涌向岸边的海浪，并不是若干个小波浪叠加组成，方向也时而同向，时而逆向，时而横向，时而侧向。引起海浪和小波浪差异的原因也不尽相同，小波浪主要是微风和海中各种障碍物如岛屿等的阻碍和激荡，而海浪主要是海潮或者进一步说是月球引力引起的，其次是由风暴、火山、地震等意外因素。

海潮也不是由若干个海浪的简单叠加。涨潮时，海潮不断向岸边涌，顺势的海浪为之推波助澜。但由于地球本身的重力，逆势的海浪同时也不断推动海水向大海后

退，于是海潮就以一浪涨，一浪退，但却一浪高过一浪的方式渐次向岸边推进。体现在股市上就是牛市。

退潮时与之相反。月球持续吸引海潮向岸边推进，海潮在引力下形成向上的惯性。但总有某一刻，在地球重力作用下，海水在海岸坡度上的阻力越来越大，终于超过月球引力，从而牵引海潮向下，重新奔向大海，这就是退潮。退潮时，月球的引力并不消失，所以海浪仍然在月球引力作用下向海岸冲击，仍然是一浪涨，一浪退，但却是一浪低过一浪。体现在股市上就是熊市。

如果以海潮作为参照物而不是以海岸作为参照物，那么海浪的样本数量越多，则海浪相对于海潮的相对位置就越接近不变。其情形大约和以下情形类似：一列反复行进在甲处和乙处的火车，车厢里有一个两头用皮筋拴住的小球，小球在皮筋弹力作用下来回运动，但是相对于火车车厢的位置基本不变。

站在车厢外的人们看到小球每一次运动，都离甲地更近一些，每一次回撤，都比上一次回撤离甲地的距离更短，就可以知道火车是在向甲地行驶，反之则是在向乙地行驶。但从甲地到乙地，是火车行驶的结果，而不是小球来回运动相叠加的结果。

所以长中短趋势都是规律作用下，交易者心性和资金博弈的结果，不是一级一级简单叠加的结果。

4．心性和交易行为的变化不可预知，博弈的结果不可预知

从博弈的角度谈，交易趋势（股价或指数）是在股票、市场趋势作用下，机构（主力）交易者和机构（主力）交易者、机构（主力）交易者和公众交易者、公众交易者和公众交易者之间心性、资金博弈的结果，结果是事后才有的，事前并不存在一个可预知的、必然会发生的交易趋势。所以，博弈之前和博弈过程当中，机构（主力）交易者也不可能先找到那个事前可预知的、必然会发生的趋势，然后故意与之反做。不存在必然如此的趋势，就不存在必然相反的趋势。趋势是博弈过程中边博弈，边形成，边变化，边博弈的相近性重复。

从股市本身而言，上涨或者下跌，是参与各方心性、心理规律性变化，资金博弈，经济发展，政策变化，国际时局等极其复杂因素综合作用的结果，不是某一个或若干个机构（主力）交易者可以左右和主导的。甚至于操纵者操纵行为本身所带来的结果，也只在一定程度上受其影响，但从不会完全操控在操纵者的主观意志之中。

5．操纵者的目的和操纵的相对性

从利益角度而言，所有市场参与各交易方的目的都是盈利，机构（主力）交易者操纵也只为此。但盈亏总是相对的，一直操纵，就等于操纵者的行为要与其他交易各方的行为相反，这样，操纵者才可以将其他各方的亏损化作己方的利润。如果情形果

真如此，岂不是大家都卖，操纵者在买；大家都买，操纵者在卖。与整个市场作对，无异于螳臂挡车，碎为齑粉岂非必然？

将应该下跌的股票操纵令其持续上涨，恐怕没有人能够做到。即使做到了，也是自取灭亡。因为只有操纵者一直在买，其他交易者都在观望或者卖出，到最后只会剩下操纵者自弹自唱。

反之亦然。

博弈和操纵都是以另一方存在为前提的，消灭掉博弈和操纵的对手，自我一方也就不再存在。操纵主体不存在，操纵行为也随之消失。皮之不存，毛将焉附？

6. 自然规律的约束

从自然的角度看，交易者的心理和行为受人性、智力等各方面因素的规律制约，股市涨跌也受其自身规律制约；股价如是，上市公司如是，行业如是，政策如是，国家发展如是，经济运行如是……所有与交易相关的因素，都受其本身固有的规律支配，而不是由某一两个人的主观意志支配。

同时，交易行为本身不创造新的价值，所以机构（主力）交易者不可能制造更多的公众交易者，以及更多的公众交易资金，以供自己绞杀。公众交易者和公众交易者资金的增加，也不是机构（主力）交易者操纵或者引导趋势的结果。

相反，是趋势牛熊不断转换，导致了公众交易者和机构（主力）交易者及其资金量的增减。趋势，也只有趋势，才是一切繁荣和衰败的主因。

就像广袤无垠的非洲大草原，有大象、斑马、羚羊、角马、长颈鹿等无数的公众交易者，和狮子、猎豹、鬣狗等大大小小的机构（主力）交易者。每当雨季来临，公众交易者们一个个吃得膘肥体壮，种群数量成几倍几十倍的增长。机构（主力）交易者也不失时机，大开杀戒，繁衍生息。然后旱季来临，草枯河干，大地龟裂，饥渴而死的公众交易者不计其数。主力机构也是骨瘦如柴，形容枯槁。捕不到食物，找不到水源，或自行毙命，或为它人所食。能够坚持到下一个雨季的，屈指可数。

顺势尚且如此，若反其道而行，一直逆势操纵，就像在雨季不交配，不捕猎，反而要在旱季拼命生崽、狩猎一样，被自然界灭绝几乎必成定局。

顺势者事半功倍，逆势者事倍功半，所以“顺势者昌，逆势者亡”才成了必然的结果。

7. 操纵的逻辑

从逻辑上看，操纵也很难行得通。如果主力可以操纵一切趋势，理论上就可以在吸纳时将股指或股价一直打压到无限接近于零；拉升时，股价可以一直上涨，上涨的时间和空间都可以是无限的。

但这是超乎想象的。股票的内在价值以及趋势运行的客观规律，必然会将涨跌的幅度限制在一定范围之内，不可逾越。所以上述逻辑是有问题的。

因此，交易趋势（股价或指数）本身是不可能被操纵的，但是交易趋势的运行方式和涨跌幅度，一直都受到人为的操纵和影响。

对于趋势操纵问题，艾略特也有过论述。

在繁若星辰的市场评论中，尽管有许多金融行业的评论记者经常试图用当时即期性的新闻来评判和解释市场的动向，但在实际上并没有什么实质性的关联。大多数情况下，市场里总是充满了太多的利多和利空消息。这些消息抑或新闻大多是为了给市场最近的走势作一番合理性的解释，或者被解读为市场走势的原因。然而，新闻不过是对一种早已被股价和指数反映过的力量的一种迟缓认知，充其量只能对未知趋势作出看似合理的结论。对于各个新闻于市场的实用性而言，总是偶然或必然在其发生之前，就已为交易老手（指专业交易者）预作炒作或投机的题材。从来就不会有任何单独一个或一连串的新闻，可以被主力机构用来构成任何的某一种趋势。何况，同样的新闻内容，处在市场和趋势的不同阶段，所造成的影响也不同。（这种不同的影响，并不受某一方交易者甚至是新闻制造者的主观控制。）

不管是在多头市场还是空头市场，市场均依一定的步伐向前迈进，市场对于新闻的反映，在市场的即时阶段亦会表现出适当的程度。有些时候，会出现一些意想不到的事态发生，如地震、风暴等各种自然灾害。只是这类自然事件，无论程度大小，在市场作出一定反映后，很快就会消失其影响力，这些事件从根本上并不能改变既有的市场趋势。

将新闻看作股市的原动力是很不合理的。造成股市运动的内在动力不是新闻或消息本身，而是市场所处的运动阶段，通俗一点就是波浪的等级。同样地，新闻或消息对股市的繁荣或萧条时期的影响，其层面亦各自不同。当市场行进的方向和一般预期的方向不同时，靠新闻或消息来操作股票买卖的人，无异是靠运气来测试他的成功。

交易者常常会发现这种情况，在某一段时期中，当市场走向被新闻影响时，后市的发展却会与新闻消息背道而驰。一些利多与利空的出现，市场走势并不会如一般人所认为的那样。例如，在多头行情刚刚起步的第一波，各种消息或者媒体新闻，均会一如既往地以一种悲观谨慎的笔调出现。此时市场却已露出多头走势的征兆。因此，市场趋向会按其既成的步调发展。这就是典型的所谓“利空消息出尽，大势反转”；而接着产生的第三浪与第五浪的疯狂扬升，只是利多的持续出现而渐渐在市场中得到充分的释放而已，这种利多消息仅可看作在原有的趋势中锦上添花。

当市场走向第五浪的多头末升段时，由于利多消息出尽，此刻已经能感觉到趋势有反转的味道。尽管市场上还在散布各种乐观的看法，恋多情绪不散，但是市场终会结束第五浪的走势，转而掉头向下。

股市活动能提前反映社会经济的变迁，市场的固有表现基本上是来制造新闻和消息的，并不是由新闻来创造股市荣辱。

买卖股票，实际上是门通过持股与分配而达到追求利润的投资理财学问。一般来说，在买卖股票时，选择时机介入市场，要比选择个股来得更为重要。在考虑何种股票具有潜力时，通常显得比较容易，惟有在什么时间下买单，则常常困扰人。无论是投资者或投机者，如果想成为赢家，就必须洞察市场的主要趋势，且顺势而为，选择股性和市场方向一致的股票，而非逆势操作。完全依据基本面来买卖股票，并不是一项完全正确的抉择。

在市场中，个人的行动一切以大众心理为出发点，对于个股的表现，看看某类股票的表现，波浪理论亦可反映出这种特点。在较大程度的波动现象中，个股之间的差异显得不太重要。总体而言，波浪理论显现出的是投资大众总和的现象，而非诠释个别投资者的心理。虽然在某一个时期，个别上市公司会逆势向前发展，但是总体经济的行进与发展可以由波浪理论的原理来证实，而个别经济体有着它自己的体质，所以我们可以了解个别股，如同个人所表现出的是总体的一部分。

一滴水有自己的颜色和成分，但当它汇入大海，成为海洋的一部分时，也会跟随海洋的潮流前进。因此，就交易所的个别股票而言，就宛如海洋中的水滴，跟随趋势发展。

根据观察，在多头市场中，75%以上的个股会呈现多头趋势，而在空头市场中，则有90%以上的个股会随势而下。

关于波浪理论的适用性，应避免用来分析个股，除非大势极为明朗，易于控制个股时。

在证券市场中，机构投资者（包括法人机构、基金管理者）以及一些投资咨询顾问和市场分析者，对于股价未来趋势的预测，常常喜欢借助于一些诸如利率、汇率、通胀率等经济指标。然而，如果简单地以经济指标而忽略市场的主要趋势来作投资决策和行动依据时，则注定会血本无归。应该说，根据以往的市场表现，市场本身即是经济趋向的先锋观察，尽管在某一个时期，一些经济方面的因素在某个方面会影响到股价的波动，然而这层关系并不是永恒不变的。有时候，市场跌势会发生在经济萧条回落前，有的时候则相反，市场跌势会滞后于经济的回落。另一种情况是，通货膨胀或者经济紧缩的发生，在某段时期会造成一轮多头行情，而在某段时间却会影响市场，造成一波空头行情。

股价走势波动，纵然会受到一些额外支出、信用扩张、赤字与通货紧缩等的影响，但波浪原理依然会反映在整个股价波动上，影响投资者理财的因素，还会涉及到银行、商人或政府在处理财务上的决策。由此而言，在所有的活动中，主动因素是互相牵连的，而波浪理论亦正好显现出大众的一般心理。

六、趋势是技术交易和价值交易（投资）得以存在的基础

技术交易和价值交易，很显然是两种完全不同的交易方式。在市场中，关于这两种交易方式优劣的争议由来已久，而且从未间断过。

这里不敢奢望平息争议，也无意于标新立异，特立独行，仅仅是为大家提供一种或许还有那么一点可供借鉴的观点而已。

价值交易者进出场，依据的主要是基本分析理论和方法。基本分析又称基本面分析，通过对决定股票内在价值和影响股票价格的宏观经济形势、行业状况、公司经营状况等进行分析，评估股票的投资价值和合理价值，与股票市场现行的价格或指数进行比较，从而决定交易的方向。

基本分析的前提是：证券价格是由其内在价值决定的，价格受政治、经济、心理等诸多因素的影响而频繁变动，很难与价值完全一致，但总是围绕价值上下波动。理性的交易者应根据价格与价值的关系，以及偏离的幅度，决定交易策略和行为。

基本面分析的基本任务，或者说核心内容，只有两条：（1）评估股票的价值，其作用在于为判断市场上股票价格的高低确立一个参照标准；（2）对影响股票价值和价格的各项因素进行分析，目的是通过对与股票价值和价格存在逻辑联系的各种因素的分析，探索决定股票价值、价格及其变动的内在原因，并在此基础上对股票价值和价格未来的走势进行预测和判断。

换个通俗的说法，即基本分析致力于寻找：（1）价格远远低于公司内在价值的股票；（2）股票所对应的公司发展前景广阔，具有持续盈利和高速成长的潜力。

所以，也有人称价值交易者购买的不是股票，而是公司。

但在谈论技术交易和价值交易，以及技术分析和基本分析的区别时，人们常常忽略一个事实，即世界上一切事物，无论是自然现象还是社会现象，物质现象还是精神现象，都是按照一定周期和一定波幅呈规律性运动的。趋势就是这种波浪式迂回运动的基本方式。

不仅仅是股价或指数（即交易趋势和市场行为）的运动是按照趋势的方式进行演化，股票本身，以及公司、行业、经济、经济政策等所有基本面因素，也都是按照趋势的方式进行演化。

价值交易者寻找的高成长、可持续盈利的潜力股也不例外，仍旧是按照趋势的方式演化。只不过演化运行过程中，股价是一浪高过一浪，和艾略特波浪理论当中多头市场循环浪推动浪的运行方式完全相同。与之相反，那些低成长甚至负成长的股票，股价和其内在价值就运行在空头市场的循环浪当中，股价是一浪低过一浪。

但是多头市场总会结束，空头市场总会来临。高成长股、负成长股也和市场一样，不断进行着阴阳转化。持续的高成长总有停滞的时候，于是高成长股向负成长股转化。同样地，负成长股差到极点，只要不被摘牌，就会转向高成长股，从而走多头

市场的循环浪。

技术交易者通过分析市场，寻找合适的进场位置。价值交易者通过分析公司股价和内在价值之比，寻找合适的进场位置。价值交易者进场的位置，一定是价格处在股票趋势运动低谷的股票，因为只有这时股票的价格才有可能远远低于公司内在的价值。当然，如果公司价值也处在趋势运动的低谷，那就更好了，这样股价会更低一些。最完美的事情是：买入时，股价、公司、行业、经济、经济政策等所有基本面因素，都处在趋势运动的低谷，并且处在低谷的拐点之处；卖出时，上述所有基本面因素都处在趋势运动高峰之处的拐点位置。

这种完美的事情如果发生，一定是在多种趋势共振的转折点上。

非常令人欣慰的是，上述看似遥不可及，只会存在于理论当中的完美事情，不仅现实中经常发生，而且交易者，无论是技术交易者还是价值交易者，都无需对所有相关趋势一一精研。

最容易实现完美的场合和时机，就在股票交易市场当中的熊市末端和牛市末端。也就是说，在交易趋势（即股价或指数）的低谷和高峰之处。

对于技术交易者而言，交易趋势包容和消化一切信息。所以，熊市末端是所有技术分析因素和所有基本面分析因素负面信息的综合反映；牛市末端是上述所有因素正面信息的综合反映。

换句话说，熊市末端，所有和技术分析有关的因素，如股票、市场、交易行为、交易者心性等，都处在趋势运动的低谷。所有和基本面分析有关的因素，如公司、行业、经济、经济政策等，也都处在趋势运动的低谷。熊市末端是所有技术分析各因素和基本面分析各因素在低谷发生的共振。

牛市末端与熊市末端相反。

图2-26是深证成指（399001）2005年3月至2005年8月的日线图。图中走势处于2001年至2005年大熊市的末端，也是2005年至2007年大牛市的开端。趋势技术分析交易者无需关注基本面各因素的变化，也无需关注其他所有交易者的心性变化、资金增减等，只需要专注于股价或指数——交易趋势这一个方面即可。因为交易趋势不仅包容和消化了其他所有趋势的因素和信息，也包容和消化了所有基本分析的因素和信息。

对于价值交易者而言，无论市场对股票价值的认可度如何，股票对应的公司永远存在一个理论上可被真实量化的客观价值。市场价格与公司价值的比值越小，就越具有安全边际和买入价值；市场价格与公司价值的比值越大，则说明持有的风险越大，卖出的紧迫性越强。

如果没有交易趋势由熊转牛、由牛转熊的循环变化，就不会有市场价格与公司价值比值由小到大、由大到小的循环变化。因此，趋势的的确确是技术交易和价值交易得以存在的基础。

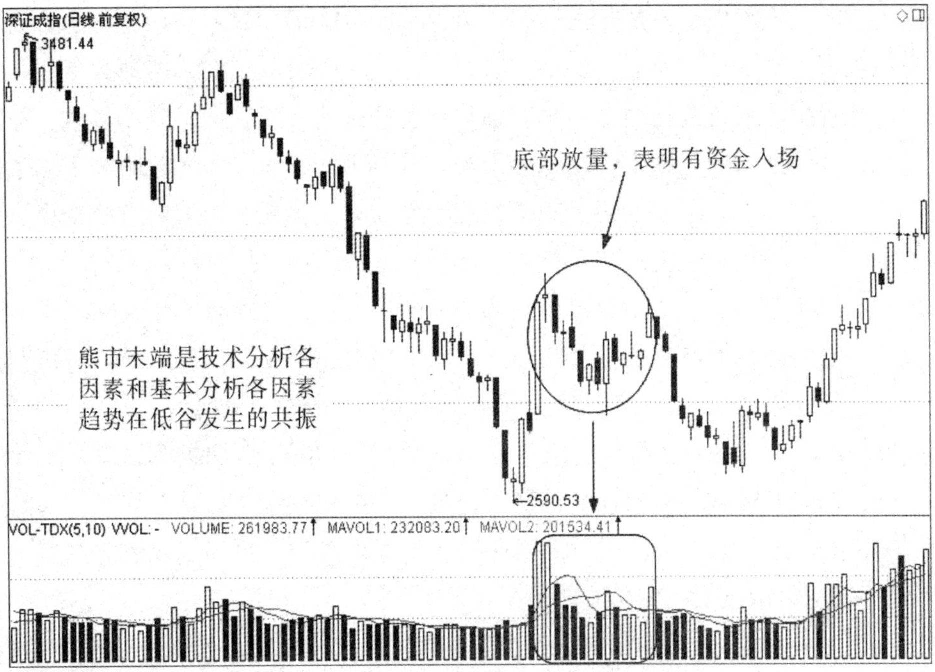

图2-26

七、技术交易和价值交易相互独立又相互依存

价值交易和价值交易者与技术交易和技术交易者，都是市场行为的一部分。二者相互独立，又相互依存，分别以对方存在作为自身存在的基础。

以大盘指数为例，二者在市场交易中的联系和相互影响过程如下。

（1）市场大幅下跌，持续时间很久，个股下跌惨烈，市场泥沙俱下。这时价值交易者发现了泥沙中隐隐发光的金子，开始进场逐步买入。技术交易者中的左侧交易者预计牛市即将来临，也开始逢低介入。买盘逐渐恢复，阳气在漆黑浓重的阴气当中产生。大盘虽然依旧黯淡低迷，但逐渐止跌。

此时，大多数交易者和各种媒介的声音都持悲观看法。机构、基金和公众交易者，以亏损和套牢为常态。成交量处于低谷。

（2）人气恢复，价值交易者和左侧交易者继续买入，买盘增加。

此阶段成交量开始缓慢递增，人气有所恢复。新入场的交易者已有盈利，高位套牢者因为深套已久，也抱着死猪不怕开水烫的心态，不肯抛售，市场浮筹因此减少。只有极度看空，或者一直品尝做空甜头的空方，还在套现卖出。另有一些追涨杀跌的短线客买进抛出，忙得不亦乐乎。

（3）大盘上涨的高点已经超越熊市中反弹的高点，调整时也不再继续创新低，市场回暖，右侧交易者发现局势发生逆转，开始入场买入。

这一阶段，不少黑马股票奔腾飙升，吸引了无数眼球。一些长期套牢的交易者，终于可以长舒一口气了，于是在好不容易有了一点葱姜价的获利，多数人就选择落袋为安，离场观望。股价或指数也似乎特别肯定抛售行为的正确性，开始走软，空头传言再度四起。但此时的下跌走势却与熊市期间有所不同，跌着跌着就跌不下去了。这一时期，专业交易者和很多机构大户都在默默无闻地大量建仓仓，只有公众交易者大多两手空空。

（4）买盘更多，人气日趋活跃，大盘上升趋势明显，右侧交易者加仓。

大盘由阴转阳，牛市已是尽人皆知。市场人气极旺，利多消息、股票价格和市场成交量都在节节攀升。不论是新手还是老手，只要买入股票就能赚钱。

空方的信心动摇，阵营分化，很多人由空翻多，加剧了股票抢购风潮，促使股价暴涨。赚钱效应开始从市场向社会扩散，一批又一批的投资者，甚至那些从来都不知道股票为何物的外行人，也潮水般地涌向交易所开设账户。报刊、媒体的报道，常常加剧这种疯狂。

新股发行频率增加，上市公司大量增资扩股。股票和板块，风车一样轮番领涨。

（5）迭创新高。价值交易者感觉泡沫太多，已无任何价值可言，于是卖出股票。左侧交易者感到场内压力太重，市场气氛狂热，顶部已近在眼前，也开始卖出股票。于是卖盘增加，阴气在烈日似火的阳气中产生。

大盘继续，再次上涨但已经显出疲态。价值交易者和左侧交易者继续卖出。

这一阶段，人气和成交量依然沸腾，新股继续大量发行，但个股开始分化，很多个股调整后，再次上涨，但不会再创新高了。量价关系异常、暴涨暴跌的股票逐渐增多，交易盈利变得比上一阶段困难，但乐观气氛充斥市场。

（6）大盘终于回头，右侧交易者感觉大事不妙，于是开始卖出，卖盘继续增加。

指数初跌，即便是交易老手，也都在狐疑不定，无法确切判断指数的牛熊性质，但也绝不会继续买入。交易生手也是首鼠两端。不同的是，大多数交易生手是在满仓被套的情况下，期待调整过后另一段涨升行情到来。

（7）大盘反弹强劲。右侧交易者继续逢高卖出余仓，大盘在反弹后下跌。

由于前期很多股价深跌，在高位卖出的交易者和企图摊低持股成本的交易者，相继进场买入，令价格和指数止跌反弹。

很多交易者心存侥幸，期待牛市继续。股票套牢者盼望股价上涨解套，也同样不肯出手。但毕竟大势已去，机会稍纵即逝，并且一去不回。

（8）跌势漫漫，遥遥无期，似乎永无尽头。价值交易者、左侧交易者和右侧交易者都在空仓等待。

在主跌行情中，大部分股价深幅下跌，即使有利多的消息，也不会止跌，但市场上流传的大多是利空。在下跌初期发誓不解套就坚决不卖的交易者，其意志已近于崩溃，持股信心严重动摇。祸不单行，股价总是戏剧性地在这些死多翻空的时候，下跌突然加速，甚至连卖几个跌停都没有成交，真正成交时发现股价已坠至低谷。很多交易者因为各种原因，从此永远退出了交易市场。

（9）下跌持续，交投清淡，如死水一般不起波澜，交易也逐渐从人们的生活和谈资中退出。这时，价值交易者和左侧交易者仿佛冬眠初醒的动物，开始了一段新的觅食活动。

此时，市场内的套牢者已经麻木，参与者大多亏损，人们缺乏交易的热情，因此成交稀少，涨跌幅度和频率趋于温和。

历史一再重演，一再重复以上过程。逆势和错误的亏损交易也重复以上过程，只是买卖的方向与以上大致相反。所有的趋势和交易都是如此周而复始。阶段和阶段之间，没有明显的可区分的界限，但依然存在着很大的不同，令交易者很容易就可辨清。

图2-27是上证指数（999999）2005年4月至2009年2月期间的周线图。图上的数字，对应着上述9个阶段或步骤。

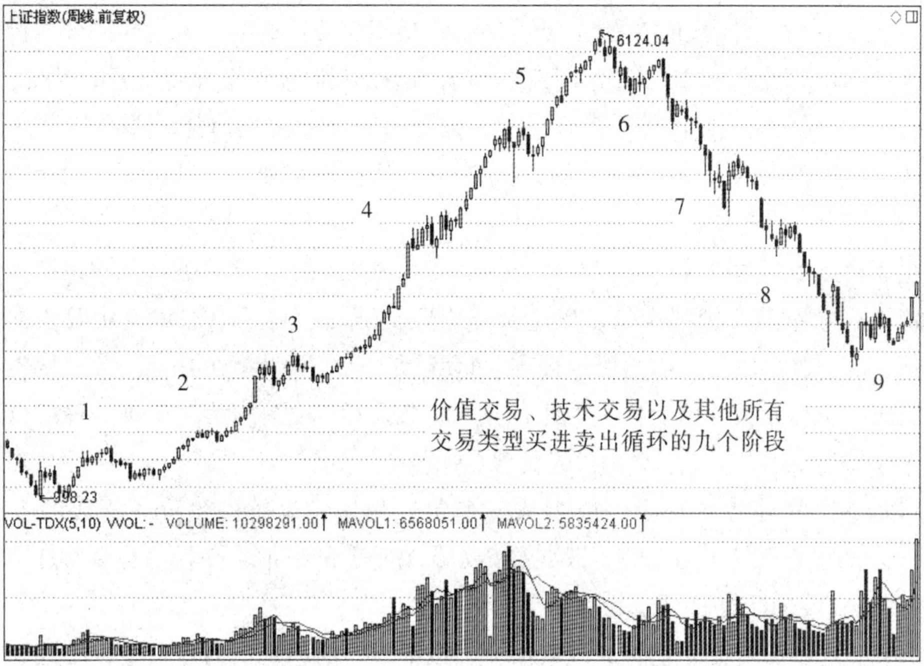

图2-27

从以上过程可以看出，价值交易和左侧交易是主动的右侧交易，右侧交易是被动的价值交易和左侧交易。从交易的层面上看，都是在趋势运动的低谷进场，在趋势运动的高峰离场。只不过价值交易是通过与公司内在价值比对来寻找价格（即趋势）低谷，技术交易通过对交易行为本身进行分析来寻找价格（即趋势）低谷。如果没有趋势的存在，二者都将失去获利的基础，因此技术交易和价值交易没什么不同，都是以趋势作为存在和获利的基础。在此基础上，二者相互独立又相互依存。

八、技术交易和价值交易看待趋势的视角不同

趋势是由连续的价格或指数组成。每一笔价格的成交，就是一笔交易。交易表面上看无非是买卖，但就其实质而言，是人们的心性趋势作用于股票趋势的外在表现。

心性趋势如何作用于股票趋势，前面已有论述，更多内容将在本系列丛书《交易习惯和交易心性》中专题论述。

以下着重从价值交易和技术交易切入趋势的不同视角，与大家探讨。

首先，价值交易和技术交易，交易的都是股票。

股票，是一种有价证券，它所对应的价值应该是企业的净资产。价值的变化跟随企业净资产的变化。

前文已述，趋势是一切事物按照一定周期和一定波幅规律性运动演化的基本方式。公司价值和公司净资产的变化也是按趋势的方式周期性波动。但上述的价值和价值变化，在某一个固定的时间点上是可知的，是不变的。将某一段时间的公司价值变化量化，并以股票的形式作为载体，进入交易市场交易时，情形就有了新的不同。

股票本身作为一项事物，其运动方式也是以趋势的方式演化，并且股票一旦发行，成为一种独立的事物，其运行的规律和方式也一定是独立于其所对应的公司和公司价值，不会亦步亦趋。

股票趋势演化的过程，却需要另外的载体来体现。什么意思呢？也就是说，当股票对应的公司价值发生了变化，股票价格也应当随之变化，但这种变化股票本身无法实现，因为股票发行时面值已经确定，1元就是1元，10元就是10元。只有发生交易时，股票的价格才会开始变化。因此，股票趋势是通过交易行为来实现，最终以价格或指数作为载体，以交易趋势的方式展现。

因此，交易趋势就是股价或指数的走向。交易趋势通过股价或指数的走势来体现。股票趋势不是交易趋势，股票趋势是交易趋势的根本，交易趋势主要是交易者心性、资金趋势作用于股票、市场趋势的结果。

前文已述，影响交易趋势的因素很多，但最重要的就是交易者资金、心性趋势和市场、股票趋势。

公司价值趋势和净资产趋势，对交易趋势（股价或指数）演化的影响甚微，只是对股票价格的高低有着重大的影响。也就是说，价格周期性上下的波动以及波动的方式，主要取决于交易者心性、资金趋势的周期性波动；股票价格的高与低，主要取决于公司的价值以及未来的成长性。

在股市上，无论是心性趋势，还是公司价值，都不是一个可以对其完全定量的东西，也没有一个有效载体，能够对其进行持续不断地客观真实记录。

对技术交易者而言，股票价格就是市场上所认可的公司价值。价格走向是市场包容和消化一切技术上的、价值上的所有信息之后最终的结果。所以，技术交易者致力于研究和探索价格走势的规律，通过把握价格的波动获取利润。

技术交易者的入手点在于，根本无需考虑公司价值是否正在高速成长，只要股票价格走势一浪高过一浪，就说明公司的业绩正在高速成长或未来即将高速成长。

对价值交易者而言，公司股票的价格并不表示公司真实内在的价值，基本上超过99%以上的时间里，公司价值都被市场的交易者所误读：不是低估就是高估。所以，价值交易者致力于挖掘价格远低于价值的股票，通过市场对价值扭曲的矫枉过正获取利润。

不是所有价格远低于价值的股票，价值交易者都会买进。如前所述，负成长公司股票的价格，和高成长公司一样，也会出现远低于其内在价值的时候。但和高成长公司不同的是，负成长公司股票价格回归价值时，由于公司价值趋势也是越走越低，导致股票价格回归之时，也是一浪低过一浪。这对于长期持有股票的价值交易者来说，很显然不是一个明智的选择。

价值交易者的入手点在于，根本无需考虑和研究市场趋势是上涨还是下跌，只要根据财务等基本面分析，确定公司业绩未来将会持续增长，目前的股票价格远远低于公司价值，就说明股票未来的价格一浪高过一浪只是迟早的事情。

因此，不论是技术交易者还是价值交易者，如果市场没有沿着某一方向周期性波动的趋势，都将无法通过交易股票获取利润。

九、市场行为（趋势、股价或指数）的对与错

“市场行为总是对的”和“市场行为总是错的”，这两种截然相反的观点一直并存于市场当中。彻底解决和辨明两者孰是孰非非常重要，因为它涉及到不同类型的交易者参与交易时，所应遵循的最为根本的原则和方向。

本书观点：两种说法其实都没有错，关键在于交易者究竟是金庸先生小说《笑傲江湖》中华山派弟子的气宗还是剑宗。

如果从根本上探究，就会发现，这两种观点的是非争议，原本就是一个伪命题。事实真相是：市场行为本无对错，交易行为必有顺逆。

单就观点本身的对错进行探讨，毫无意义。必须在其前面加上一个定语，限定范围，否则永远也辨别不清。

1. 市场行为总是错的

市场行为总是错的，巴菲特和索罗斯就是这么认为的。

巴菲特是价值交易的代表，一直致力于发掘价值严重低估且未来将会持续成长的股票。比如，1973年美国股市走熊，多头溃泻千里，华盛顿邮报的股价跌去了50%以上。巴菲特认为时机来临，2月，他以27美元的价格买入18600股华盛顿邮报。5月，股价跌到23美元，他继续买入4万股。9月，又以20.75美元的价位再次买入181000股，成为华盛顿邮报公司公众股的最大股东。但是熊途漫漫，到1974年末，巴菲特的投资总额已由1062万美元缩水为800万美元。甚至到1976年，华盛顿邮报的股价都未高于巴菲特买入的平均价格。

促使巴菲特买入并坚定持有的信心何在？巴菲特认为，投资成功的关键，是在一家好公司的市场价格相对于其内在商业价值大打折扣时买入其股票。根据巴菲特的估算，他当时是以不到华盛顿邮报每股商业价值1/4的价格，买入了所持有的股份，因此具有很高的安全边际。同时，巴菲特也以其独到的眼光，发掘出华盛顿邮报未来高成长的潜在亮点，因此具有很大的成长空间。安全边际和成长空间兼具，巴菲特自然高枕无忧。

很多人都知道，巴菲特从不关注股市的趋势，在他的办公室里，没有用于观察市场和交易股票的电脑。但他总能够买在较低点，卖在较高点，为什么呢？因为只有大势低迷的时候，才会出现价值严重低估的股票，或者说，才会有大概率出现价值严重低估的股票。当市场疯狂的时候，几乎所有的股票全都吹成了肥皂泡。巴菲特凭借自己独有的专业技能，一套完备的价值评估系统，对照市场价格和评估价值，自然很容易发现股价何时低估，何时高估，何时低估到可以买进，何时高估到可以卖出。

如前所述，如果没有交易趋势的存在，即使是巴菲特，也无法寻找并买入价值严重低估的股票。因为没有交易趋势的存在，也就不会出现价格与价值的严重背离。

价格与价值的严重背离表现在两个方面：价格远远低于价值和价格远远高于价值。前者是市场大量抛售所致，后者是市场疯狂买入所致。所以巴菲特说，在别人恐惧时我贪婪，在别人贪婪时我恐惧。

很显然，于巴菲特而言，在股票价格已经远远低于其内在商业价值时，市场仍在大量恐慌抛售，在股票价格已经远远高于其内在商业价值时，市场仍在大量疯狂买入，这无疑是一种极其错误的行为。

和巴菲特不同，索罗斯认为市场甚至国家的经济和金融都一直处在不断的扭曲之中。这种扭曲在一定的范围之内具有沿着扭曲方向持续下去的惯性，但不会无限制持续。超过一定限度，就会反向运动。

和巴菲特做法比较相近的是，索罗斯进出场的时机也选在市场扭曲过度之时。像水一样，只有在市场接近冰点或者沸点时，才是索罗斯大举入仓之际。

和巴菲特做法不同的是，索罗斯似乎从来没有真正关注过市场自身内在的价值。但索罗斯通过观察某一个国家或某一经济区域政治、经济和金融（包括证券市场在内）的运行态势，找出其相互之间的内在联系，找出发展变化过程中存在的缺陷，以及过热或过冷的迹象和特征，然后在证券市场上适量做多或放空，以测试自己的判断和市场接近沸点或冰点的相符程度，从而决定是否会进一步采取行动。

索罗斯进场的客观基础是：市场被各种参与者错误的观点和行为推向了极端，这种极端很显然是前述错误的原因所造成的错误结果，并且这种结果终将在市场的作用下向正确或正常的状态回归，然后趋向另一个极端。

对索罗斯而言，市场行为总是错的，不是朝这个极端发展，就是朝那个极端发展。但极端不会无限，达到一定程度，就会反向回归，朝另一个极端发展。最大最好的机会，就在极端转向的临界点上。

导致市场不断发生极端错误以及矫枉过正、反向回归的动力，依然是市场行为本身。体现在趋势上，实则就是牛去熊来，熊走牛归。依然是大家每天都耳熟能详的涨跌循环。

巴菲特是价值投资大师，索罗斯不好定义，姑且称之为经济大师或者金融大师吧。他们都不是技术交易者，进出场依据的是他们对公司价值或经济运行规律的认知，而不是市场行为本身。他们只是把市场价格和他们的专业判断系统进行对比，偏离得越远，则说明市场行为错误得越严重，参与的机会和收益就越大。

2. 市场行为总是对的

市场行为总是对的，利弗莫尔就是这么认为的。道氏虽然没有类似的说法，但道氏理论认为，趋势不可被操纵，其意也正是如此。

趋势交易者以趋势也就是市场行为本身作为研究对象，其用于指导自己交易的原则、结论和依据，完全来源于交易者对于市场行为的判断和预测。这种判断和预测是交易者对市场未来趋势的主观认定，是否正确取决于日后市场走势的客观验证。趋势交易者的利润，也源于市场走势与自己的分析判断相吻合。对于所有趋势交易者而言，市场行为永远是对的，交易行为永远不要和市场行为作对。

个股价格以及价格走势也是这样，不取决于某一个具体的交易者个人对股票的看法。那怕是业内唯一的专家，对股票的价值和行业经济状况了如指掌，也无法准确认定股票的价格及其走向，更不可能完全操控和左右股价及其未来的走势。

股价及其走向，直接的原因取决于市场行为的认可程度，根本的原因是由股票、市场趋势决定的，而不是某一位或某一群体交易者的一厢情愿。

即使是主力机构控盘的股票，定价权和走势形态也必然受对手盘的制约。如果不考虑对手盘的看法和感受，无论是吸货还是出货，控盘主力都将付出高昂的代价，甚至是控盘失败。

无论是主力机构，还是公众交易者，都是市场行为主体的一部分。主力机构和公众交易者除了相互制约之外，还同时受制于市场行为。

虽然所有的交易行为都是市场行为的一部分，但永远都是市场行为决定交易行为正确与否，而不是正确的交易行为决定市场行为的走向。正如民主决策制度一样，是少数服从多数的游戏。

这一观点表面上看似乎与股市两平一赚七赔的现实不符，实则不然。两平一赚七赔，是参与交易盈亏的最终结果；而市场行为决定交易行为的正确与否，这是交易过程中谁主谁次，谁服从谁的问题，二者并不矛盾。

举例来说，熊市来临。熊市为什么会来临？因为趋势运行的规律就是牛熊市不断循环转化，趋势决定了熊市一定会在某一时刻到来。然后市场行为（股价或指数）在趋势的带动下逐波下降。市场行为是趋势的载体，反映趋势的方向，所以市场行为的方向就是趋势的方向。

这时，正确的趋势交易行为应当如何做呢？是顺势而为。顺势而为就是牛市满仓，非牛市空仓，因此熊市来临时，空仓才是正确的交易行为。空仓是因为市场行为处在熊市，所以是市场行为决定了交易行为的正确与否。即使熊市有很多交易者空仓了，做得完全正确，市场行为也不会因此停下大熊的脚步，所以正确的交易行为并不能决定市场行为的方向。

牛市的情形和熊市的一致。

图2-28是罗顿发展（600209）的周线图。在底部，股价向上突破60周均线，60周均线由下行、走平转而上行，是60周均线葛南维买入点，预示股价长期趋势由熊转牛。同时，股价突破中短期均线粘合形态和下降楔形，回试不破，后市看涨，买入。

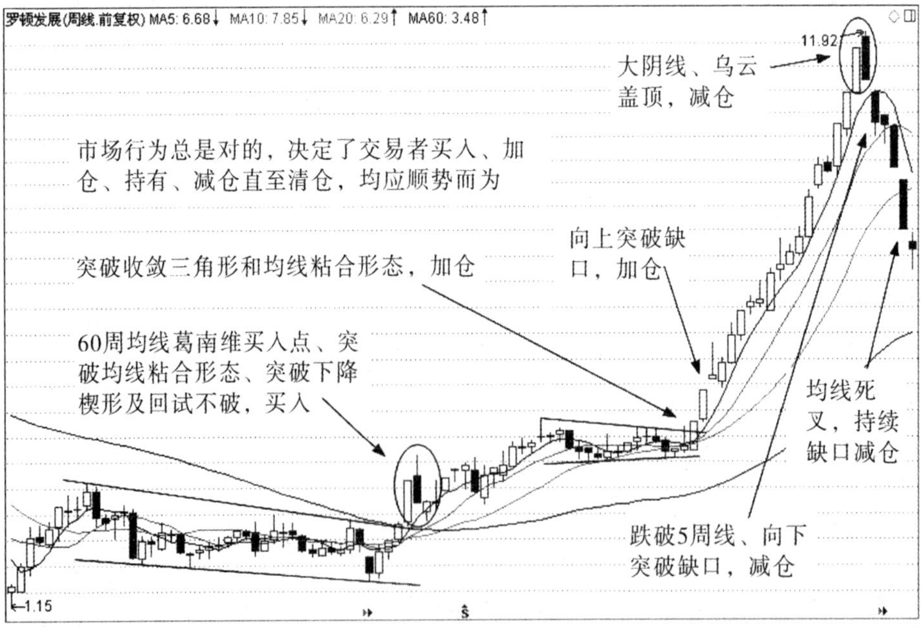

图2-28

接着股价继续上涨，均线多头排列，持股待涨。调整时股价走出收敛三角形和均线粘合形态，向上突破时加仓。紧接着又收出向上突破缺口，继续加仓。

股价连续上涨，涨幅惊人。高位收出大阴线和乌云盖顶见顶K线形态，交易者可以减仓。次周开盘股价即跌破5周线，收出向下突破缺口，此时应减仓。在此处，以短期趋势和中期趋势进出场信号交易的交易者，也可以清仓。

股价继续下跌，大阴线不断，收出持续缺口，交易者继续减仓或清仓。

市场行为永远是对的，市场行为决定了交易者的交易行为必须时时刻刻顺应市场的发展。

每一个交易者的交易是少数，市场行为是多数。交易者如果要在股市上获利，就必须顺应和服从市场行为的方向，这难道不是少数服从多数吗？而那些亏损的交易者，恰恰是对抗市场行为的结果。

市场行为说下降就是下降，市场行为说上涨就是上涨，趋势交易者从来不以一己之力与之对抗，而是顺应和服从。

市场行为总是对的，还有另外一层含义：那就是不能完全对市场行为（趋势）的未来进行定量。换句话说，就是任何一位趋势交易者，无论其经验如何老到，技术如何高超，如果企图以一己之力勾画趋势未来并据此操作，必将被股海的浪潮打翻。

任何阶段、任何市场的未来趋势发展，都只是一种概率上的事件。同样地，任何一位交易者对未来市场行为发展变化所作出的预测和判断，也都是一种概率上的结论。在任何时候，概率上的事件完全按照概率上的结论发生，都是一种可能性更加渺茫的概率结果。所以市场上才会有很多精准预测市场转折点位和时间的股神，这些股神虽盛极一时，但最终还是无声无息地淹没于股海之中。

十、预测和交易的关系

趋势可不可以预测？如果可以，技术分析是不是可以预测？相信这是绝大多数技术交易者都非常关心的两个问题。

本书观点：趋势是可以预测的，因为趋势是一种规律，必然能够为交易者认知并掌握。技术分析是研究趋势并跟随趋势进行交易的分析理论，所以，技术分析可以做到预测趋势的延续或转折。

辩证唯物主义告诉我们，客观决定主观，主观反映客观，并对客观具有能动作用。

决定性和能动性是一对永远伴生的事物，有决定性必有能动性。交易者的主观能动性体现在股市上，就是对市场行为（趋势）的影响和预测。市场行为的趋势性演化，就是一种客观规律。只要对趋势规律有了充分的认识，就可以对市场未来的走势作出比较准确的预测。如果市场不可预测，那么技术分析的手段和理论就没有任何存在的价值和意义。

尽管如此，对市场行为所有的判断和预测，都只是交易者个人的主观看法。交易者的个人看法虽然能够反映并在一定程度上影响市场行为的发展变化，但是交易者所有的判断和预测，其正确与否都是由市场行为的客观走势所决定的。

交易者在运用技术分析对市场趋势进行预测时，需要处理好两个方面的问题：（1）预测的内容；（2）预测和交易之间的协调。

预测的内容，要注意以下三个方面。

（1）仅定性趋势，不预测过程。对于市场行为的未来，交易者仅仅需要对方向作出定性的判断和预测即可，尽量不去设想市场行为发展的形态和方式。

（2）预测和记录交易的K线图一样，是一个线性的持续行为，随着市场行为的变化随时调整。交易者也应随着客观走势不断作出相应的调整。

（3）市场结果和市场形态要分开。市场结果是指市场突破或者转折时的方向选择；市场形态是指各种具有技术含义的走势，如技术图形、均线形态等。

同样的结果，走势不同；同样的走势，结果不同。所以经常会有交易者准确预见到结果，但却被意料之外的走势搞昏了头脑，最终惨烈出局。反而另有一些幸运者，没有预见到结果，却意外获利，这两种交易方式在处理预测方面全都有失偏颇。正确处理预测的方式是：任何市场形态，在其还没有作出最终选择时，不勾画其形态，不臆测其结果，不预先有行动。

如图2-29所示，华新水泥（600801）上涨途中收出收敛三角形。有的交易者认为，60日均线一直向上，表明趋势向上。上涨趋势中的收敛三角形大多向上突破，此时也的确有向上突破的迹象，所以该股后市继续上涨是大概率事件。于是有人在三角形形态尚未突破，股价已经站上短期均线粘合形态之上时，抢先一步进场买入。没想到收敛三角形意外向下跌破，交易者被迫在跌进三角形形态或跌破三角形形态时止损离场。

但该股只是挖了一个空头陷阱。股价下跌遇到60日均线支撑，然后返身向上，随后一路走高，此时交易者完全可以重新进场。但大多数交易者因为刚刚被“蛇咬”，“井绳”阴影犹存，所以此时已经很难客观判断市场走势，甚至对随后出现的60日均线葛南维买入点都深怀疑虑，不敢进场。

这就是一个预测到结果但却被意料之外的走势半路踢下车的典型例子。

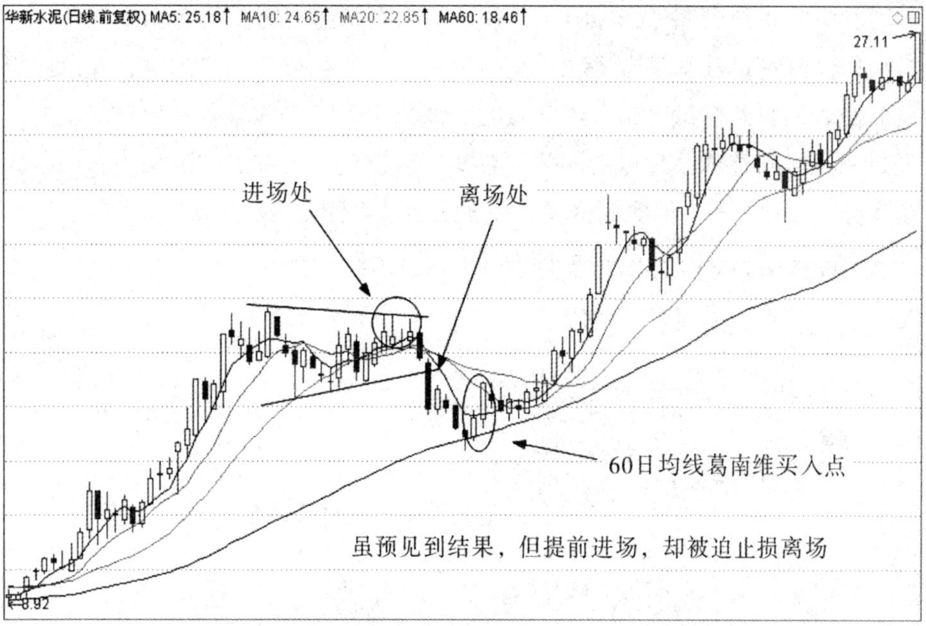

图2-29

如图2-30，华新水泥（600801），这是与上图（图2-29）同一时间段的日线图。股价跌破上图的收敛三角形时，先收出本图的收敛三角形。但是本图的三角形形态虽然已经被向上突破，但没有超出3%的幅度，不是有效突破。如果交易者于股价向上突破后进场，犯的错误和上图一样。

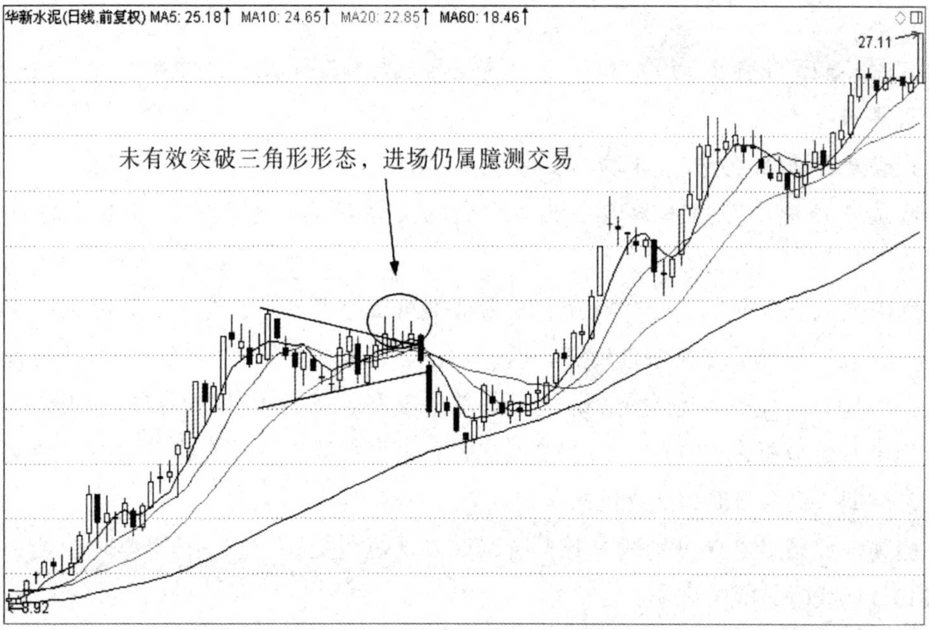

图2-30

如图2-31，华新水泥（600801），这是与上两幅图（图2-29和图2-30）同一时间段的日线图。有一部分交易者进场，是因为关注该股很久，一直想进，却总因惧高而不敢及时介入，以致在每天越来越强烈的后悔当中眼睁睁地看着股价节节攀升。现在股价经过一段时间整理，又重新回落，总算可以捡到便宜一点的价格了，于是大胆买入。这次操作虽然盈利，但实属侥幸，和撞大运没有什么两样。

图2-31

如图2-32，华新水泥（600801），这是与上几幅图（图2-29至图2-31）同一时间段的日线图。

正确处理预测的方式（正确的交易方法）如下。

收敛三角形形态尚未突破之前，空仓的交易者按兵不动，持仓的交易者持仓不动。

跌破收敛三角形形态后，空仓的交易者继续按兵不动，持仓的交易者则必须有所动作。收敛三角形虽然是整理形态，但偶尔也会出现在顶部，所以持仓的交易者可以清仓。但60日均线一直持续向上，上升趋势并没有走坏，所以也可以持仓观察等待。结合以上利弊分析，持仓的交易者可以减仓，也可以清仓。减仓还是清仓，视交易者的交易周期、交易习惯和交易性格而定。

因为该股是沿着10日均线上升，所以如果是短线交易，在三角形整理伊始，股价跌破10日均线时，即应清仓。

股价在60日均线处获得支撑，是60均线葛南维买入点。空仓和前期持仓的交易者，此时都可以进场买入。

股价突破收敛三角形最高点以及回试不破时，是加仓点。

以上交易方式，就是完全按照“不勾画其形态，不臆测其结果，不预先有行动”的原则进行的。

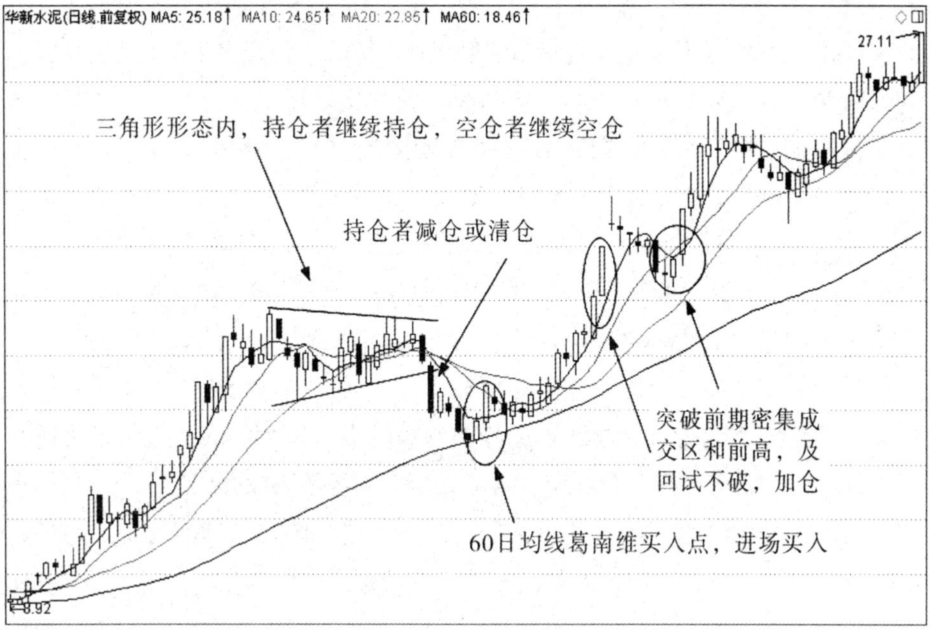

图2-32

预测和交易之间协调的过程如下。

技术交易是对市场行为未来的一种预期。因此没有预测，技术交易就会失去依托。

预测是基于对过去和现在走势的观察。当时间流逝，未来逐渐变成当下时，观察应一路追随，基于观察的预测亦必时时修正。若固执己见，坚持原有的预测，那么就像泡沫撞击海浪。

预测是交易的指导。预测修正了，交易随之调整。即，进场时，观察市场，对当下走势作出判断，对未来走势作出预测，入场交易；进场后，持续观察，修正预测，调整交易。

无论是进场阶段还是进场以后，交易行为的变化都是排在最后。交易过程的每一步变化，实质上都是在跟随市场走势进行调整。因此，顺势而为才是所有趋势交易者应当遵循的最基本原则。

十一、顺势而为（市场行为本无对错，交易行为必有顺逆）

如果从更广的范围观察，顺势而为不仅仅是趋势交易者的最基本原则，还是一切交易者，包括价值交易者、技术交易者以及无法完全归于以上两类的所有类型交易者，所应共同遵循的一项原则。

从表面上看，价值交易者顺应的是价值回归之趋势；技术交易者顺应的是市场行为之趋势。索罗斯比较例外，索罗斯顺应的虽然仍是市场行为趋势，但索罗斯的交易显然涉及到诸多领域的专业知识，远远超出技术交易的范畴，不能简单地将其归于技术交易当中。

前文已述，市场行为（股价或指数）包容和消化了所有的信息，是包括技术交易行为和价值交易行为以及不能归于上述两类的其他交易行为在内的所有交易行为的最终结果。价值交易也好，技术交易也好，非技术非价值交易也好，既技术也价值交易也好，都完完全全被市场行为所包容和消化。

换句话说，无论是巴菲特、利弗莫尔，还是索罗斯、罗杰斯，都只是市场行为的一部分。市场行为（股价或指数）以趋势的方式演化，交易趋势则以市场行为（股价或指数）作为唯一载体。因此，从根本上看，如果没有交易趋势，一切神马都是浮云。

必先有趋势，才会有顺势和逆势的交易行为。无趋势则无所谓顺逆。有了逆势的行为，顺势的行为才能够获取利润。逆势和顺势的交易行为构成了市场行为的全部。市场行为无对错，而交易行为有顺逆。这才是所有交易原则的真谛。

孙中山说：世界潮流，浩浩荡荡，顺之则昌，逆之则亡。潮流就是大趋势，在趋势面前，只有顺昌逆亡的区别，无关价值与技术的不同。

市场行为的对与错，仅仅是视角不同罢了。没有任何人可以创造和领导趋势，唯一可以做的是：选择顺势或逆势，选择走在趋势前还是趋势后。

顺势的势，理论上可以是长期趋势、中期趋势和短期趋势当中的任一种，但在实际操盘过程中，交易者对于三种趋势的把握和侧重点应有所不同。顺应长期趋势，是保证交易者在交易中获利的唯一法宝，而对中期趋势和短期趋势的把握，仅仅是扩大利润、减少风险的工具而已。具体来说，就是牛市满仓，非牛市空仓。非牛市包括熊市、猴市和分不清牛熊猴的市场三种。

一轮牛市当中的满仓，包括期间短暂的减仓和空仓。一轮非牛市当中的空仓，包括期间短暂的持仓和满仓。

至于牛市阶段，是把一只个股做完，直至趋势改变，还是每天追涨杀跌，只做一只个股的某一小段，与趋势交易周期的长中短无关。趋势交易周期的长中短只和仓位有关，即牛市当中的满仓和非牛市当中的空仓。

图2–33是长城汽车（601633）的日线图。图表展示了以60日均线方向作为判断趋势牛熊的主要依据，在牛市满仓阶段买入、加仓、减仓、清仓、再买入、加仓、减仓、加仓的全过程。

交易者可以观察到，在牛市运行期间，的确出现了短暂减仓和空仓的阶段。

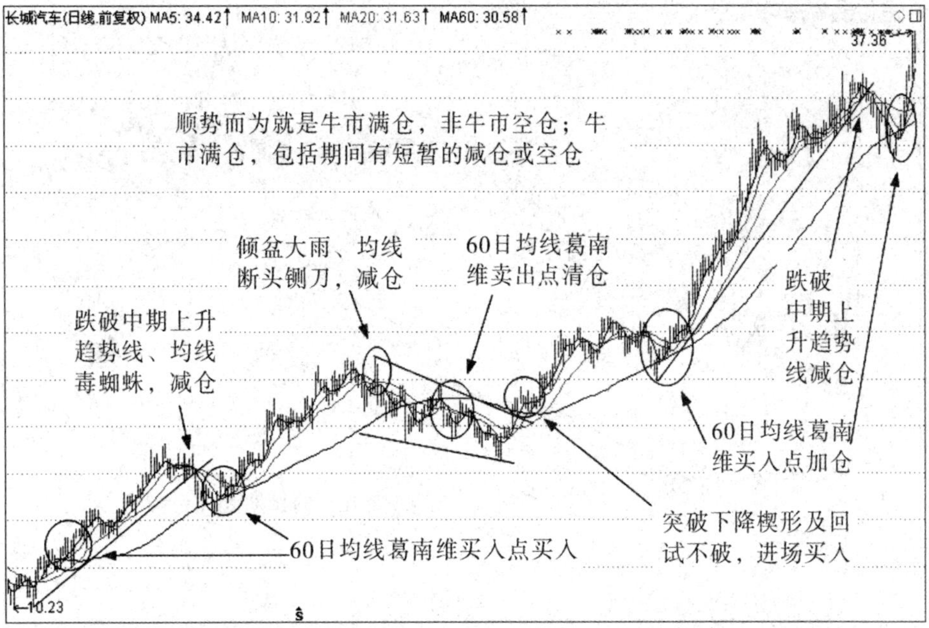

图2-33

第二节　趋势交易的类型

一、左侧交易（预测交易）和右侧交易（顺势交易）概述

广义上的趋势交易类型主要有两种：左侧交易和右侧交易。

左侧交易，是指在一定的时间周期内认为股价即将见底，从而入场买入，或者认为股价即将见顶，从而卖出离场的交易行为。

右侧交易，是指在一定的时间周期内认为股价已经见底，从而入场买入，或者认为股价已经见顶，从而卖出离场的交易行为。

所谓的左侧，是指表现在K线图上，在形成底部之前买入，买在底部的左侧；或者在形成顶部之前卖出，卖在顶部的左侧。右侧与之相反。

图2-34是上证指数（999999）自开市以来至2013年1月的周线图。图中的上升趋势线是过开市以来的低点95.79点和2005年行情起点998.23点之后1004.08点的连线。交易者可以看到，2008年10月底、11月初的低点，正好落在这根长达二十几年的趋势线上。

趋势线的内容，将在后面详细讲解。

图2-34

图2-35是上证指数（999999）2004年1月至2009年7月的周线图。图中向上倾斜的直线就是上图（图2-34）中的超级长期上升趋势线。

另外一条略向下倾斜的直线，是过前两个高点的连线，这条直线本身就是支撑线。从上图（图2-34）中可以看出，前高支撑线下就是前期密集成交区域，支撑力度很强。

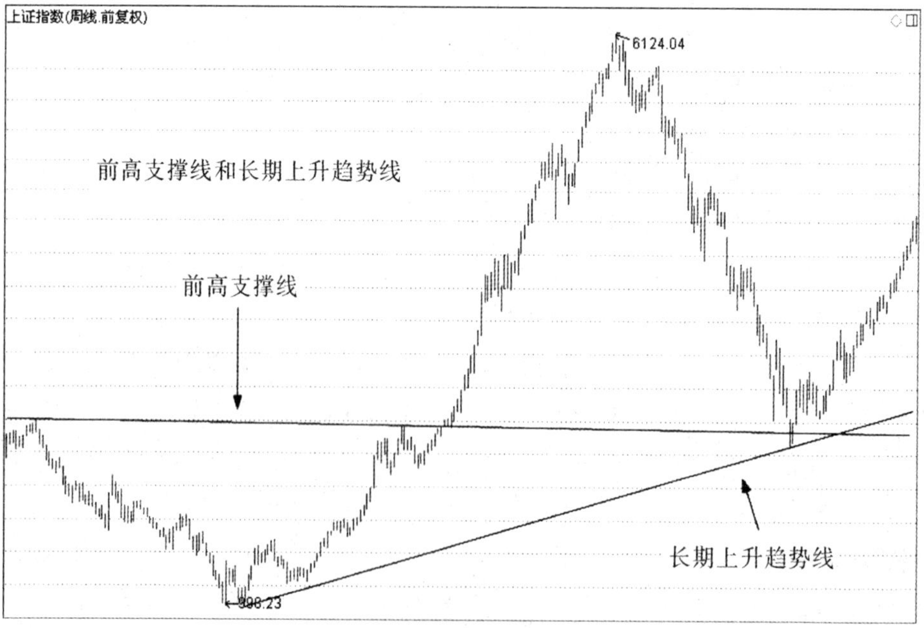

图2-35

图2-36是上证指数（999999）2007年10月至2009年7月的周线图，是上两张图（图2-34和图2-35）中上证指数2008年10月底、11月初见底1664.93点前后的放大图。

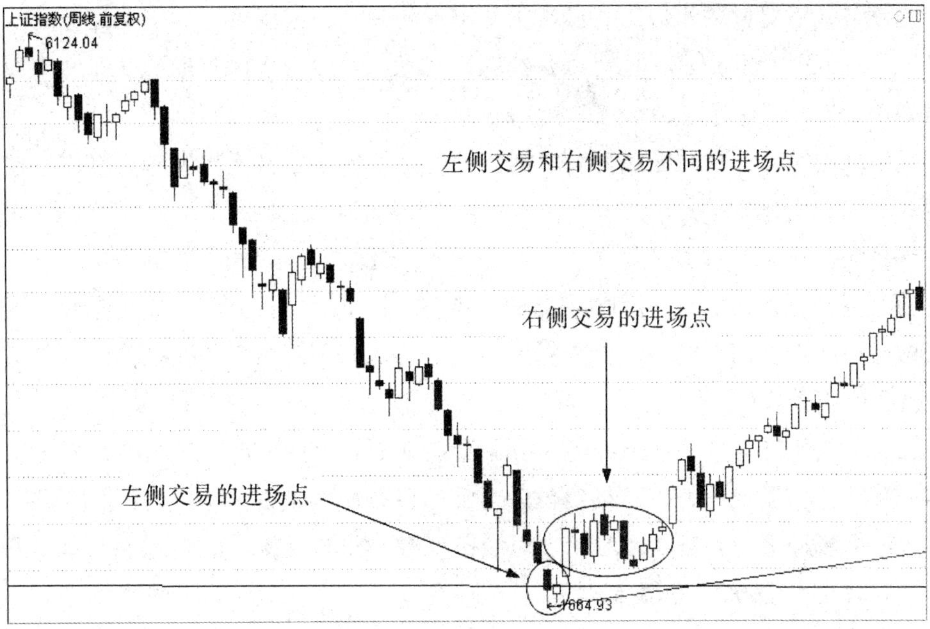

图2-36

图上的两条直线分别是上图（图2-35）当中的超长上升趋势线和前高支撑线。两条直线交汇的区域，支撑力度强于一条直线。

前高连线下方是前期密集成交区域。股指自见顶6124.04以来，持续下跌已经超过一年，期间几乎没有像样的反弹行情。所以在两线交汇区域附近，指数有可能止跌，并走出一轮至少是比较大的反弹行情。左侧交易基于上述预测和判断，在指数跌至两线交汇区域附近时，逐渐买入。右侧交易基于上述预测和判断，在指数遇到上述两线支撑，止跌企稳以后，逐渐买入。

左侧交易又称逆势交易、逆向交易。但是真正的左侧交易和普通交易者的逆势交易还是有着本质上的不同：左侧交易虽然买在底部之前，但是见底已是大概率事件；虽然卖在顶部之前，但是见顶也是大概率事件。通常意义上的逆势交易，大多是牛市中后期满仓入市，然后熊市套牢，长期持股，接着在牛市初期追涨杀跌，而到牛市中期后，反而因为恐高而空仓。大多数技术交易者亏损的原因，最主要的就是逆势交易。将左侧交易称为逆向交易，尚可说得过去，而称为逆势交易，还是存在一定的偏颇和误导因素。本书将其称之为预测交易。

右侧交易就是大家通常所说的趋势交易。这里的趋势交易为狭义上的趋势交易，为避免和广义上的趋势交易相混淆，本书称为顺势交易。

二、判断和预测

趋势交易者利用趋势技术分析进行交易，而趋势技术分析的结果是一种概率。

概率是基于对过去相似的、经常重复出现的某一种或者某一类价格走势的统计。这种统计可以是无意为之，也可以是经验、直觉。当然更多的是通过学习并应用前人的技能和工具而主动为之。

概率统计可以存在并能成为获取利润的理论基础，是自然界中一切事物，包括物质世界和精神世界，都是以周期性波动的方式运动的，人性和股票也不例外。人性和股票趋势相互作用的过程，简要如下：相近的人性，在相近的股票趋势作用下，作出相近的反应。相近的反应，反映在交易趋势上，就是历史会重演，如此周而复始。技术分析理论将这些相近的、不断重复出现的走势，归纳总结为各种技术形态。这一点前文已有论述。

人们发现，符合某一种条件的情形，会经常不定时地出现市场当中，于是研究、归纳、统计。根据统计，该情形出现后上涨的概率比如说是60%，之后把它设定为交易系统的进场标准。当行情发展出现对应条件时，交易者就可以知道买点出现了，入场后上涨的几率是60%。这就是判断。

看到上面所述情形的走势或者条件出现，认为后市就会继续上涨，这就是预测。

二者的区别很小，判断只是把预测概率化、标准化。但是实战操盘时，交易者的心态差别就大了。预测是先入为主，容易忽略风险。预测发生错误时，很难接受并及时改正，不认错是人性当中很强的弱点之一。

判断，从一开始就知道与预期相符的市场走势，只是概率的一部分，所以无时不战战兢兢，如履薄冰，如临深渊，随时准备止步，自然可保无虞。顺势交易者只看不猜，就是这个意思。

左侧交易和右侧交易的最主要区别在于：左侧交易使用趋势技术分析，对未来的趋势走向进行预测；右侧交易使用趋势技术分析，对当下的趋势走向进行判断。

图2-37是丰林集团（601996）的日线图。股价快速冲高后横盘整理，由于先创出两个相对高点，所以交易者可以使用通道逆推法，先画出通道的返回线，再过相对低点画与之平行的趋势线。

画出通道后，左侧交易预测股价将会遇趋势线止跌，于是进场买入。右侧交易在股价遇到趋势线止跌后，判断目前已是中期底部，在收出希望之星的K线形态时，进场买入。

通道逆推法将在后面的内容中进行详细讲解。

左侧交易对交易者趋势技术分析技能、交易心态和执行止损纪律的要求，都比右侧交易高得多。

当然，左侧交易如果预测准确，执行有力，利润也比右侧交易多得多。

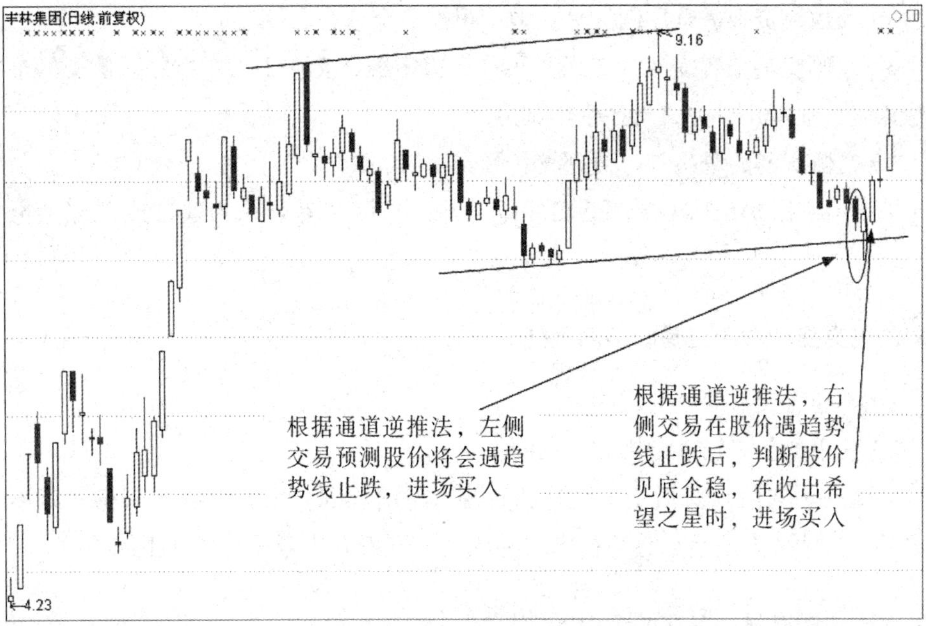

图2-37

三、左侧交易、右侧交易的原则、方法及其异同

有人认为，左侧交易是业余水平的标志，只有右侧交易才是专业操盘的证明。现实当中似乎并非如此。大多数普通交易者都是从迟钝的右侧交易开始，因为牛市中后期的疯狂浪潮将他们吸引入市，然后频繁追涨杀跌，直至顶点高位套牢。到这时，才算转为真正的逆势交易，但离左侧交易还是差得很远。

实际上，左侧交易和右侧交易都是基于趋势技术分析的一种交易方式，本身没有优劣之分，关键在于交易者根据自己的习惯、思维方式、性格以及交易资金规模，来选择更适合于自身的交易方式。

1. 左侧交易和右侧交易的不同之处

（1）左侧交易中的主观预测成分多一些；右侧交易则体现对客观趋势的应变能力。

（2）左侧交易是逆向思维模式；右侧交易是正向思维模式。

（3）左侧交易入场时的股价运动方向和期望的方向相反；右侧交易入场时的股价运动方向和期望的方向相同。

（4）左侧交易是逢低进场，然后在接近顶部之前卖出，是低吸高抛的操作方式；右侧交易是顺势向上加仓，然后在顶部回落，确认趋势已经逆转之时卖出，是追涨杀跌的操作方式。

（5）大规模资金适合左侧交易；中小规模资金适合右侧交易。

（6）左侧交易最容易犯的错误是买在熊市中继，卖在牛市中继；右侧交易最容易犯的错误是买在熊市反弹，卖在牛市调整。

（7）左侧交易的风险和收益都较右侧交易为大。

（8）左侧交易认为现在就是底部或顶部；右侧交易则认为底部或顶部一定是过去时。

2. 左侧交易和右侧交易的相同之处

（1）不逆势交易的原则相同。

（2）使用的趋势技术分析方法相同。

如果要用一句话来概括左侧交易和右侧交易的异同，那就是除了入场和离场时机不同之外，其他各方面诸如趋势技术交易原则、分析方法等没有什么不同。

3. 对于左侧交易，存在两个误区

（1）左侧交易是逆势交易。

实际上左侧交易是逆向交易，不是逆势交易。左侧交易进场的依据是基于对大盘和个股趋势的判断，对趋势在重要的时间节点和空间位置上将会发生的变化提前做出预测。

（2）价值交易（投资）是左侧交易。

其实二者恰恰是风马牛不相及。首先，价值投资基于基本分析，而左侧交易基于技术分析。其次，价值投资逢低加仓，越跌越买。左侧交易一旦判断失误，需要及时止损离场。

4. 对于趋势的判断和预测，也存在着两个误区

（1）趋势不可预测。

如果不可预测，判断也就无从谈起。如果过去和当下趋势的强弱、形态、走势如何，都是不可知的话，那么所做的一切判断又有什么意义呢？趋势交易者顺势而为，所顺之势，除了当下的趋势之外，更为重要的是未来之势。当未来趋势与预测相符，则继续原有的观点和行为不变；当未来趋势与预测不相符时，则及时修正，根据新的判断和预测调整计划，作出新的行为。

技术分析理论第二大假设是：市场以趋势的方式演化，趋势具有惯性。趋势具有惯性，即表明趋势未来会延续现有状态，其本身就是对未来的预测。而历史会重演，将加大预测正确的概率。

市场行为以趋势的方式演化，趋势运动具有规律。当规律为人们所认知和掌握之

后，完全可以根据其规律性，提前作出符合规律的预测。

（2）趋势可以准确预测。

关于这一点，似乎有商榷的必要。如果单单从规律的角度谈，对其百分之百地准确把握，理论上是存在的。但实际上，交易趋势和技术分析，因为存在交易者技能、心性、资金博弈等主观能动性的影响，都兼具科学和艺术特性，从来没有人可以做到百分之一百的准确预测。过分强调预测的准确性，将进入另一个误区：追求接近完美的胜率和一招制敌的必杀绝技，即使在市场走势面前碰壁，也依然固执己见。

预测的结果和趋势实际的结果，都是一种概率，并且这两种概率相互影响，相互作用。也就是说，实际的趋势走势因为交易者预测结果不同，其走势形态、涨跌幅度、时间周期也随之有所不同。

预测的概率和趋势实际走势结果偏差的大小，也是决定交易者更适合于左侧交易还是右侧交易的重要因素。

在实战操盘当中，左侧交易和右侧交易都奉行看大做小、看长做短的原则。所谓的看大做小，看长做短，就是入场之时，先预测或判断长期趋势的持续状况，其次预测或判断中期趋势的持续状况，最后才决定是否在短期趋势回档的低点附近进场。

离场的情况和进场的相同。

需要特别提醒的是：左侧交易和右侧交易的进场依据，一个是对股价或指数重要支撑位置能否撑住的预测，一个是对股价或指数重要支撑位置支撑与否的判断。但二者的根本基础还是预测，只不过左侧抢先一步，认为后市可以撑住，而右侧则是在遇到支撑股价或指数回头时，认为已经撑住了。即使股价或指数已经回头，仍旧存在再度向下并跌破的可能性，所以左侧交易和右侧交易的基础都是针对市场行为的预测，是趋势具有惯性和历史会重演这一原则在交易当中的具体应用。

离场标准的确认和进场标准相同。

图2-39是上证指数（999999）的日线图。左侧交易和右侧交易都认为，根据道氏理论，A处的高点已经高于B处，所以指数止跌并展开反弹已经得到确认。反弹时指数向上，是多头市场，根据波浪理论，推动浪的运行方向向上且以五浪运行的方式进行。因此，交易者可以作出如下判断和预测：CA段是反弹的第一浪，目前已经走出。

接下来将是第二浪，第二浪调整的低点不能低于C处，否则反弹夭折，所以调整的低点必须高于C处。但到底高多少呢？指数和股价经常以通道的方式运行。上升通道通常是先画出上升趋势线，然后再过某一相对高点画出与上升趋势线平行的直线。

现在需要预先确定的就是上升趋势线的第二个低点。交易者可以反推一下，用通道逆推法，先过BA点画直线，再过C点画一条和BA线平行的直线，第二浪调整的低点落在C线段上的可能性很大。

左侧交易在指数调整至接近C线段时开始介入，初始离场标准设在指数跌破C线段，至迟在跌破C处。右侧交易则在出现跳空大阳线时进场，因为这时已经确认平行线C线支撑有效，指数未创新低。初始离场标准设在左侧交易进场时那根阴线的最低价位置，或者指数跌破C线段。

以上过程表明，左侧交易和右侧交易的相同之处在于：都是先判断大级别的趋势，然后再对次一级的趋势做出预测。二者的不同之处在于：左侧交易依据技术分析的预测结论作为进场依据，而右侧交易则等待技术分析结论（即预测）被市场走势验证以后进场。

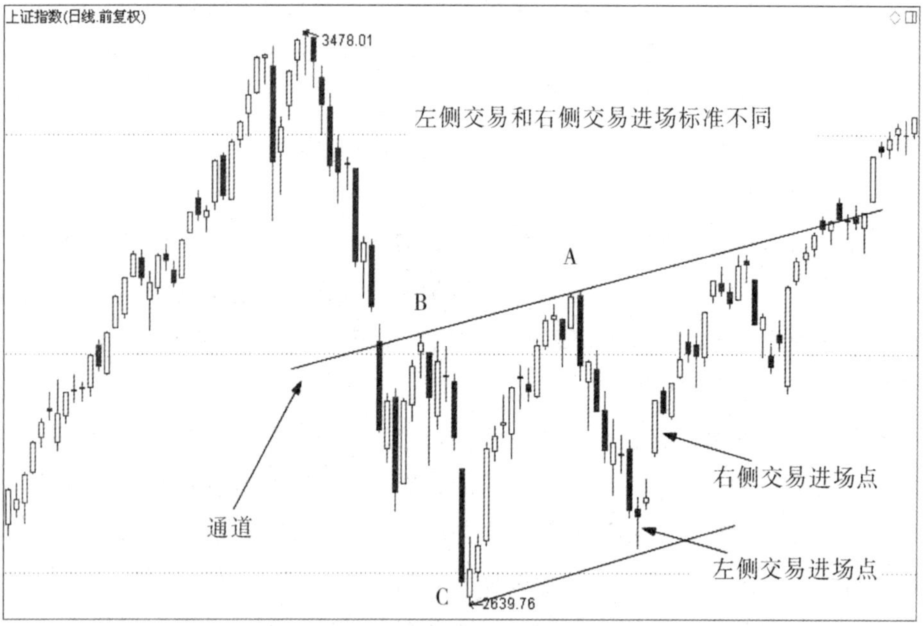

图2-39

左侧交易和右侧交易的离场依据，都是对股价或指数重要压力位置的预判，只不过左侧交易抢先一步，认为后市不可能突破阻力。而右侧交易则是在遇阻回落之后，认为突破的确失败了。但即使第一次上攻不能超越阻力，仍旧存在日后向上突破的可能性，所以左侧交易和右侧交易的基础都是预测。

图2-40是天康生物（002100）的日线图。在股价创新高后，看到第二次上攻时量能明显不济，于是左侧交易认为后市难以再创新高，就在前高处略低一些，逢高减仓或清仓。

右侧交易则认为股价依旧运行在上升趋势当中，所以持股不动，直至股价跌破趋势线时，才减仓或清仓。

股价跌破上升趋势线，并不意味着后市一定看跌或横盘，有时股价只是改变了上升趋势的角度，所以右侧交易也是预测。

在这个例子当中，左侧交易和右侧交易有一个共同的离场点：跌破双顶颈线必须离场。

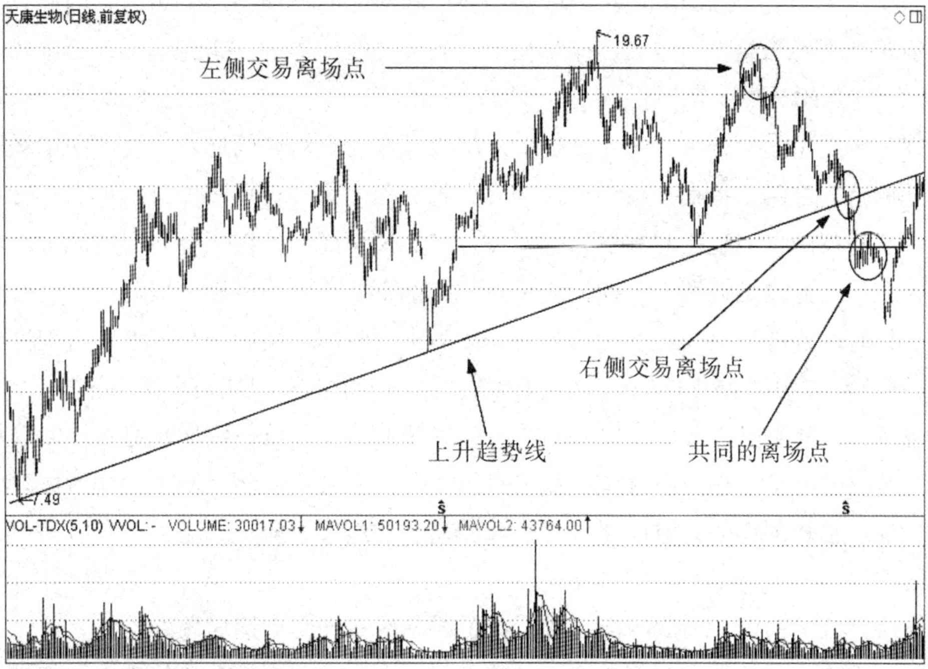

图2-40

需要特别提醒的是：所谓的左侧交易和右侧交易，都是就同一交易周期而言。如果交易周期不同，则无从比较左侧交易、右侧交易。

谈趋势，谈交易，时间周期是一个永远也去不掉的定语。

四、趋势的时空量度和交易周期

左侧交易和右侧交易的比较，一定要放在统一的交易时间周期内。因为在道氏理论中，时间周期是区分短期趋势、中期趋势和长期趋势极其重要的依据，有时甚至是唯一的依据。如果不从时间周期上区分短中长期趋势，以及短中长线交易，将无法判断何为左侧交易，何为右侧交易。

通常情况下，大家都是根据交易者持股时间的长短，来确定交易者的交易周期是长线、中线还是短线，但趋势交易有所不同。趋势交易者介入股票后，上涨行情究竟会演化为一轮牛市，还是短暂的反弹过后重新步入熊途，并不是由交易者决定的。对于趋势交易而言，所谓的短中长线交易，是根据趋势交易者所设定的进出场标准划分的。

趋势交易的长线交易，是指交易者按照趋势技术分析方法得出的长期趋势进场信号进场，按照长期趋势见顶或转弱的离场信号离场。

中线交易和短线交易与长线交易同理，分别是按照中期趋势和短期趋势发出的进出场信号进行交易。

按照道氏理论的定义，趋势的时间周期被划分为长中短三种，但无论从理论上还是现实中，无论是长期趋势还是短中期趋势，趋势时间跨度都是无穷的。因此，仅仅依靠道氏理论关于趋势的定义，以及长中短周期的时间界限，是无法准确确定趋势的级别和起止点的。

好在不仅在同一市场、同一级别中，趋势具有历史重演的性质，在不同市场、不同周期的趋势之间，也存在这种特性，有人将其称之为“分形”。分形可以让交易者使用系统的技术分析理论和方法，分别在各自的操作周期，按照各自周期的进出场信号进行交易。无论是长期、中期抑或是短期，都不会有什么区别。因此，在进行趋势技术分析时，趋势的时间跨度无关紧要，因为不同时间周期的趋势技术分析理论和方法是一样的。关注不同周期的趋势，仅取决于交易者的交易习惯和交易系统。

当然，这并不意味着可以忽略不同时间周期的趋势。虽然短期趋势、中期趋势和长期趋势同时并存于任何股价或指数走势当中，但三者绝非相互割裂，毫无关联的，相反，周期越长的趋势，对市场走势以及周期短的趋势影响也就越大，有时甚至是决定性的作用。

任何交易（操作）周期的交易者，除了要分析本交易周期时段的趋势之外，还需要分析与之相关的长期和短期趋势。如某一交易者是按照中期趋势的进出场信号从事交易，那么他除了关注中期趋势之外，还需要对市场的长期趋势作出判断和预测。因为中期趋势结束后的走势，基本上取决于长期趋势。同样地，短期趋势发出的信号，不仅可以提供更为精确的进出场时机，还可以提前对中期趋势、长期趋势的转势发出预警。

要区分左侧交易和右侧交易，必须在同一交易者期内进行比较。跨交易周期则无所谓左侧和右侧交易。

图2-41是福建水泥（600802）的周线图。股价向上突破中期下降趋势线后，左侧交易利用通道逆推法，过A点画与BC平行的直线，预测股价将于D处止跌，于是进场；右侧交易也利用通道逆推法，但却于收出一根跳空向上的大阳线时进场。

上述两个进场点都处在长期下降趋势线之下，股价是否会形成长期上升趋势尚不得而知。若是长线交易，无论左侧还是右侧交易，都不会在上述两个进场点进场。

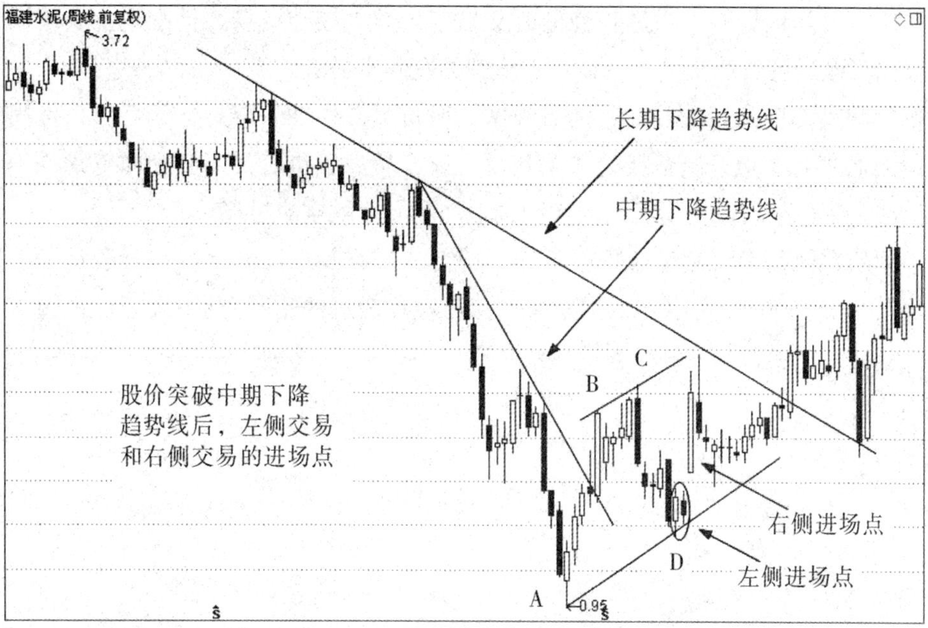

图2-41

图2-42是厦华电子（600870）的周线图。在底部，股价收出希望之星的见底K线形态，接着突破中期下降趋势线，中线右侧交易可以进场买入。

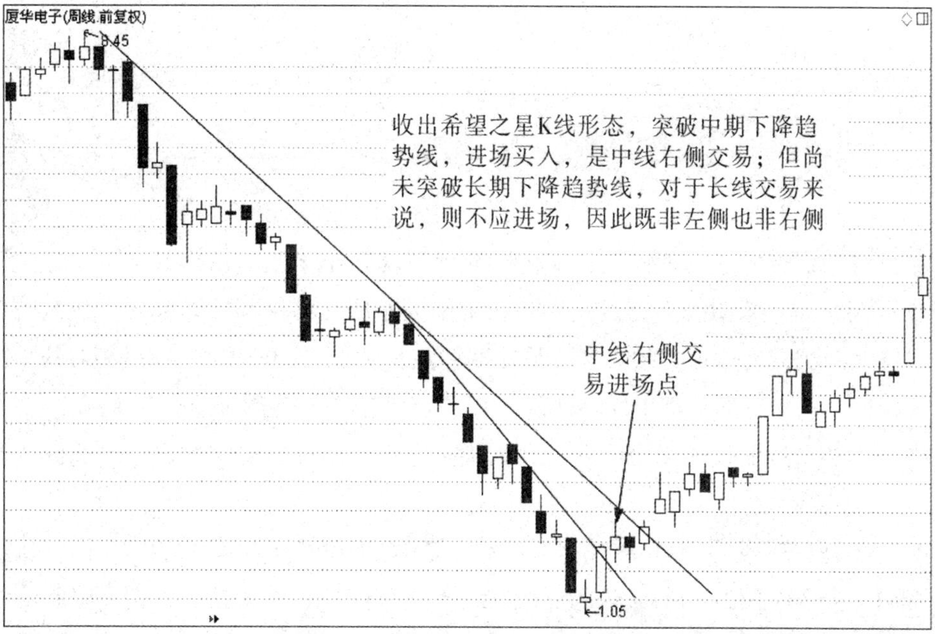

图2-42

此时股价尚处在长期下降趋势线之下，长线交易，无论是左侧还是右侧交易，都不应进场。因此，若是长线交易，这个买点既非左侧交易，也非右侧交易。

在同一时间周期内，激进与稳健的交易者，其进场和离场的标准也各有不同，甚至还会出现激进的右侧交易者进场早于稳健的左侧交易者。

图2-43是艾迪西（002468）的日线图。股价突破中期下降趋势线后，再度回落，但未创新低，并于上升趋势线处成功获得支撑，然后股价以大阳线和向上跳空阳线的方式上涨。激进的右侧交易者即于大阳线上涨和向上跳空时进场。

稳健的左侧交易者则于股价后低高于前低，后高高于前高之后，预测将于中期上升趋势线获得支撑时进场买入，其进场时机已经比激进的右侧交易者晚了几个星期。

图2-43

需要特别提醒的是：理论上，稳健操作的风险要小于激进的交易，不论是左侧交易还是右侧交易。从图表上可以观察到，稳健的左侧交易进场后，股价很快跌破中期上升趋势线，交易者被迫止损离场。这说明两点：（1）稳健和激进都是相对的，因为技术分析得出的结论都是概率性事件；（2）中期趋势的稳定性不如长期趋势。

当然，如果从更长的交易周期看，则很少存在激进的右侧交易者早于稳健的左侧交易者进场的情况。

图2-44是艾迪西（002468）的日线图。该图是上图（图2-43）的缩小图。从图上可以看出，上图（图2-43）激进的右侧交易者进场的位置，正处于长期下降趋势线之下。此时股价反弹才刚开始不久，尚无任何趋势技术分析方法可以确定本轮反弹将是一轮长期上升趋势的一部分。如果是长线的右侧交易者，很显然是不会在股价尚未确定是否运行在长期上升趋势的前提下进场买入的。

当然，长线的左侧交易者也不会在上述的前提下进场。

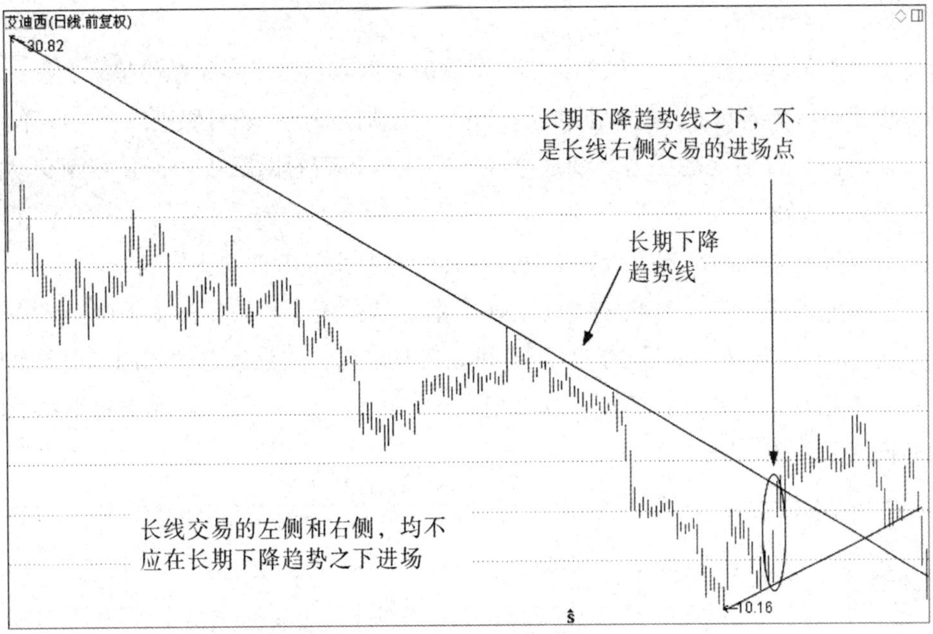

图2-44

五、左侧交易和右侧交易实战应用注意事项

左侧交易和右侧交易虽然同样都是基于趋势技术分析理论的交易方法，但不同的思维方式，还是决定了二者在实战当中存在一些无可回避的缺点，需要交易者格外留意。缺点主要有以下几个方面。

1. 右侧交易不适于在熊市行情中抢反弹，即使是月级别以上的反弹，也常常高买低卖

右侧交易是事后诸葛亮，行情确认了才可以进场。行情一旦得到确认，无论时间上还是空间上，都已经上涨了一大段。这时进场，追涨杀跌就成了家常便饭：股价破了前高，确认升势，进场买入。结果股价开始回落，因此买高了；股价破了前低，确认跌势开始，止损离场，于是卖低了。

级别小的反弹行情就是这样，上面放一块追涨的板子，底下横一根杀跌的棍子，看见右侧交易者就打，直打得他们脚落不下，头抬不起来，两头挨打，进出狼狈。

牛市中的回档虽然方向是相反的，但跟两头挨打没什么两样。

图2-45是燃控科技（300152）的日线图。该股上市不久，即运行在中期下降趋势当中。之后股价止跌回升，向上突破中期下降趋势线。

突破趋势线并不必然意味着趋势逆转或反弹继续。具体该股而言，确认反弹继续还需要满足三个条件：（1）股价不再跌破中期下降趋势线；（2）涨过止跌以来的前

高；（3）不再破前低。

该股突破下降趋势线后，虽然盘中一度跌破，但收盘时最终收在趋势线之上，回试成功。接着股价继续向上，创出止跌以来新高，确认该股是一轮月级别以上的反弹。

创出新高后，前高的压力就变成支撑。因此创新高后回踩成功，是右侧交易的进场点（见图中A处）。

接着股价就跌破前高支撑线，入场抢反弹的右侧交易者被迫止损离场。

接下来股价在中期上升趋势线处止跌企稳，是右侧交易的另一个反弹介入点（见图中B处）。此次进场，如果在前高压力线处清仓离场，交易者是盈利的。但是此时入场，如果本轮行情真是反弹的话，那么现在就已经接近尾声了，右侧交易承担的时间风险和概率风险依然很大。

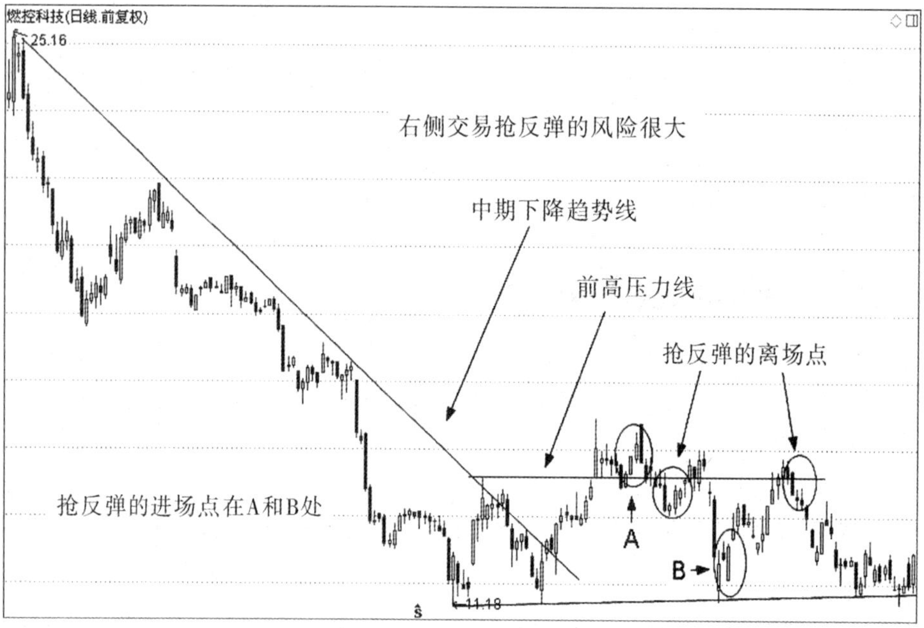

图2-45

图2-46是燃控科技（300152）的周线图。从周线图上可以看得更清楚，右侧交易者的两个进场点都是刚进去，接着就出现卖出信号。

解决这一问题的办法就是耐心。像伏击老鼠的猫，匍匐潜行的豹，和真正的价值交易（投资）者那样耐心。坚定非牛市空仓、牛市满仓的原则，枯坐成隐者，心中没有涟漪；行如同风而起，扶摇直上九万里的大鹏，俯瞰下去，长期趋势就像海面，一平如镜，没有波浪。

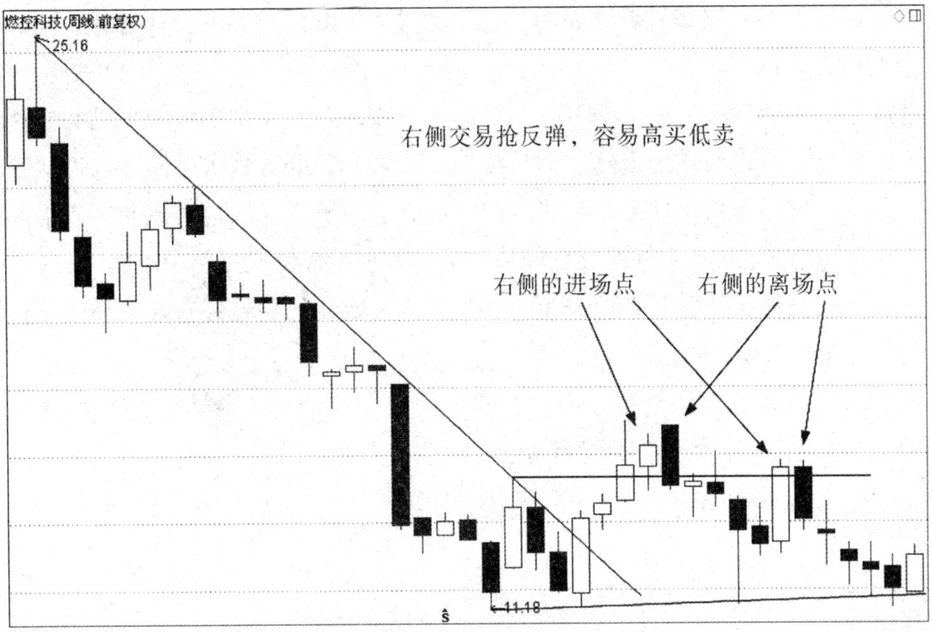

图2-46

2．左侧交易和右侧交易不宜混用

抢反弹，做波段，左侧交易很明显比右侧交易好多了。很多人想，大趋势右侧交易，中期调整左侧交易，实际上这么做的也大有人在。这的确是一种完美的功夫。

但是追求完美本身就是贪婪的表现。一种武器还没有用熟，就要两种相克的武器混用，能行吗？

左侧交易和右侧交易的思维模式不同，进出场标准不同，而行情的大中小级别往往是同时存在的，很容易出现左侧交易和右侧交易进出场标准发生冲突的情况，导致交易者无所适从。所谓的大趋势右侧交易，中期趋势左侧交易，其实也只是一种理想状态，牛市初期的上涨和熊市反弹行情，熊市初期的下跌和牛市调整行情，在行情发展的过程中根本就没有什么两样。

两种交易方式并用，原本是想双手互搏，结果成了双手自搏。动作变形尚在其次，自我伤害则是必然结果。那些优势竞合的唯美图画，只在虚无的愿景里。交易的残酷性，会在交易者梦醒的那一刻当头棒喝：资金全都死于缺陷的叠加。

图2-47是骅威股份（002502）的日线图。股价突破长期下降趋势线后，已经后低高于前低，后高高于前高，出现长期趋势右侧交易进场点，交易者进场买入。

不久股价冲高回落，跌破中期上升趋势线，出现中期趋势左侧交易离场点。如果交易者单一使用中期趋势左侧交易，毫无疑问应该在此处卖出。但由于是长期趋势右侧交易和中期趋势左侧交易混用，问题就出现了，因为股价仍旧运行在长期下降趋势线之上，长期趋势右侧交易系统表明，交易者可以继续持股不动。卖还是不卖，就是一个令人头痛的问题。

之后股价继续下跌，在长期下降趋势线处止跌回升，再次出现长期趋势右侧交易进场点，交易者可以加仓。当然，因为前期仓位被套，此处也可以不加仓。股价再度冲高回落，跌破另一条中期上升趋势线，中期趋势左侧交易应该再次卖出。但和第一次一样，长期趋势右侧交易还是发出持股信号。如何操作，又是一个难题。

最后，股价跌破长期下降趋势线，表明突破失败，长期趋势右侧交易离场信号出现，交易者止损离场。

长周期交易和短周期交易、左侧交易和右侧交易混用，给人的感觉就像带着脚镣，行走在荆棘之间，处处都是牵绊和伤害。

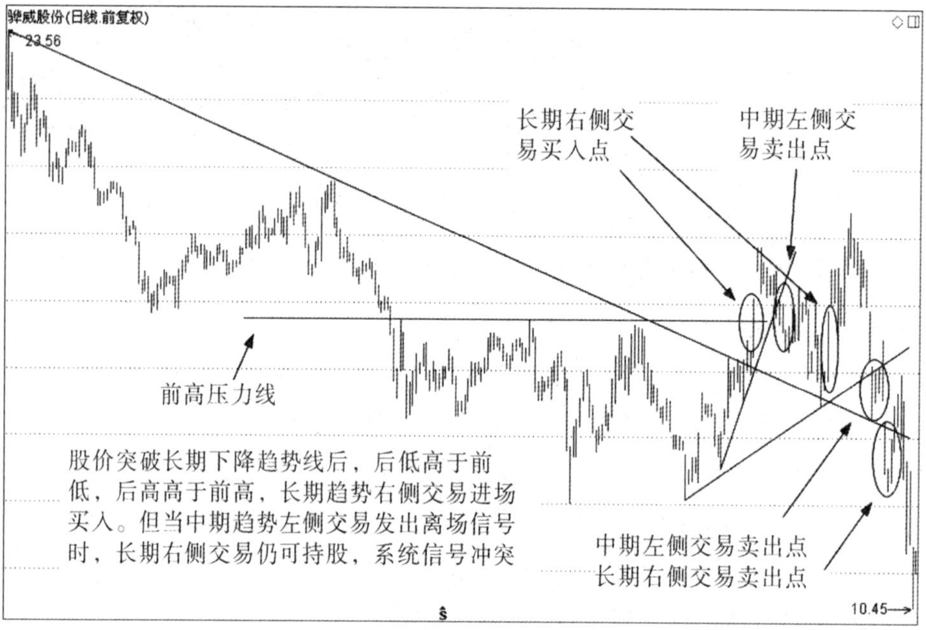

图2-47

图2-48是福星晓程（300139）的日线图。股价跌破上升楔形后，有一个急跌的走势，接着差不多以同样的速度反弹。连接两个相对低点，画出一条中期上升趋势线，中期趋势左侧交易预测股价将会在趋势线的支撑下止跌回升，提示在趋势线附近的价位挂单买进。

随后股价继续上涨，突破长期下降趋势线并回试成功，出现长期趋势右侧交易进场点，交易者可以加仓。

接着股价跌破中期上升趋势线，出现中期趋势左侧交易离场点，单一使用中期趋势左侧交易的交易者可以选择卖出。此时股价依然运行在长期下降趋势线之上，长期趋势右侧交易系统表明，依然可以继续持股。持股还是卖出？难以抉择。

和上一个例子一样，股价最终跌破长期上升趋势线，交易者应在跌破时清仓卖出。

如果仅仅使用中期趋势左侧交易系统，原本还可以轻松获利，现在不仅盈亏难料，而且交易过程中不得不大费周折，徒耗心神。

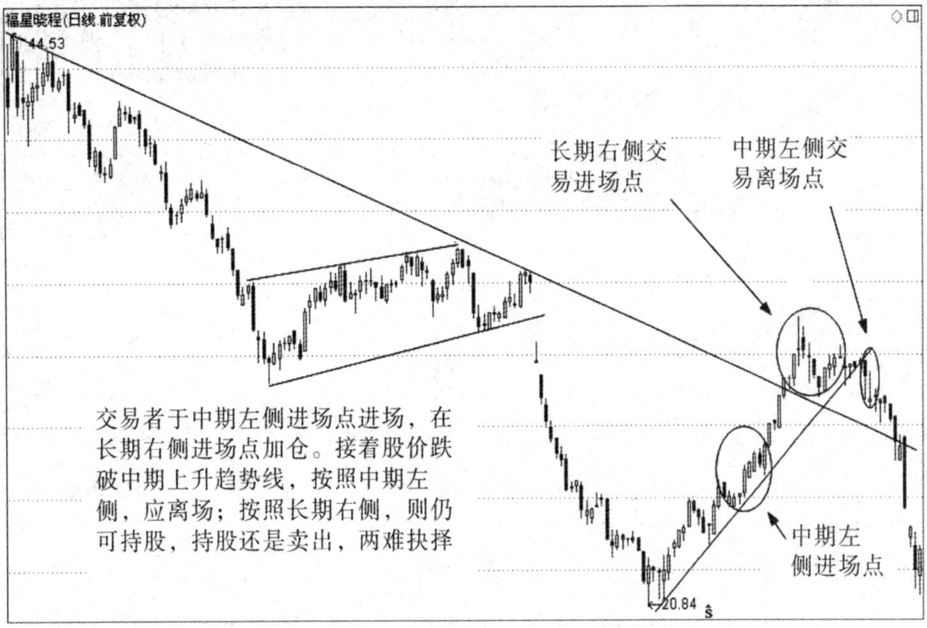

图2-48

3. 配合其他看涨信号，才可以取得大概率的胜算

无论是左侧交易还是右侧交易，配合60日均线上行、均线服从和多头排列等看涨均线技术形态，才可以取得大概率的胜算和大比例的盈亏比。

无论是左侧交易还是右侧交易，其实质都是趋势交易的一种方式。均线扭转和空头排列，很显然是逆势而为，违背趋势交易的原则。即使是熊市抢反弹，也要尽量在短期均线多头排列时进场。最好股价或指数向上突破60日均线，60日均线正在走平并向上拐头。也就是说，趋势交易，无论是左侧交易还是右侧交易，都拒绝熊市当中短线交易博取反弹。

图2-49是辉丰股份（002496）的日线图。股价向上突破60日均线，60日均线也已走平、拐头，次日和第三日继续上涨，突破长期下降趋势线，同时股价也高于前期整理平台，确认反弹，激进的右侧交易可以进场。

此时股价还没有出现后高高于前高，所以稳健的右侧交易在创出反弹新高后，股价回落未创新低，然后跳空向上涨升时进场。

左侧交易是在右侧交易第二次进场的前一天，预计股价将会受到趋势线的支撑，此时进场买入。

右侧交易第二次进场点，同时还是60日均线葛南维买入点。

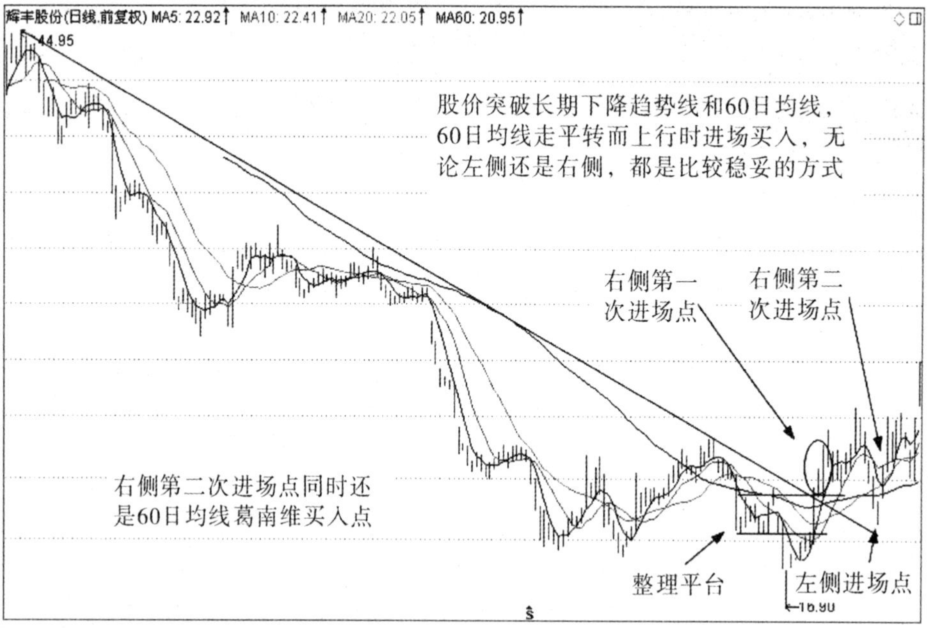

图2-49

图2-50是上图（图2-49）辉丰股份（002496）各进场点处的放大图。

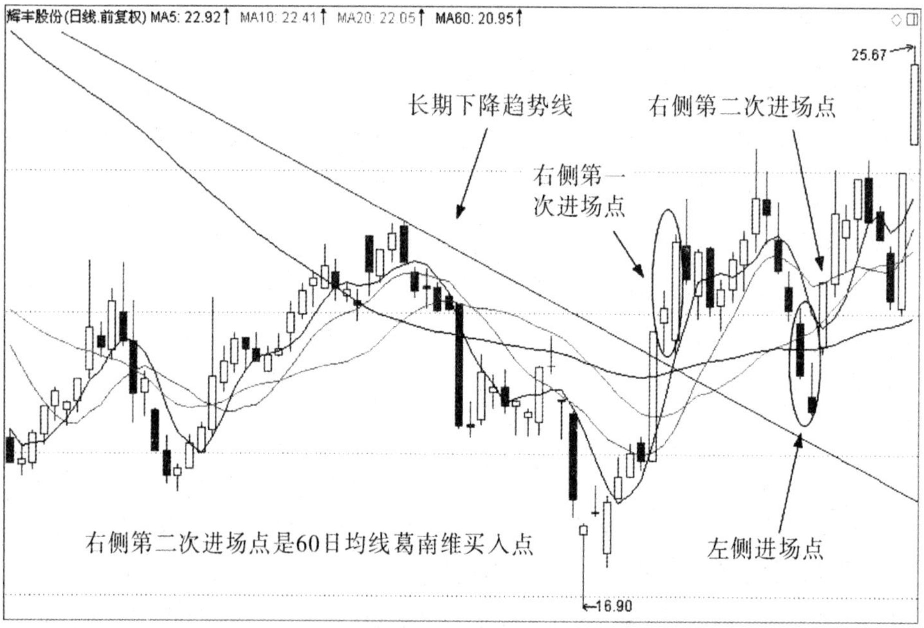

图2-50

图2-51是辉丰股份（002496）与图2-49同一时间段的日线图。交易者可以仔细观

察股价和60日均线、下降趋势线之间的位置关系。

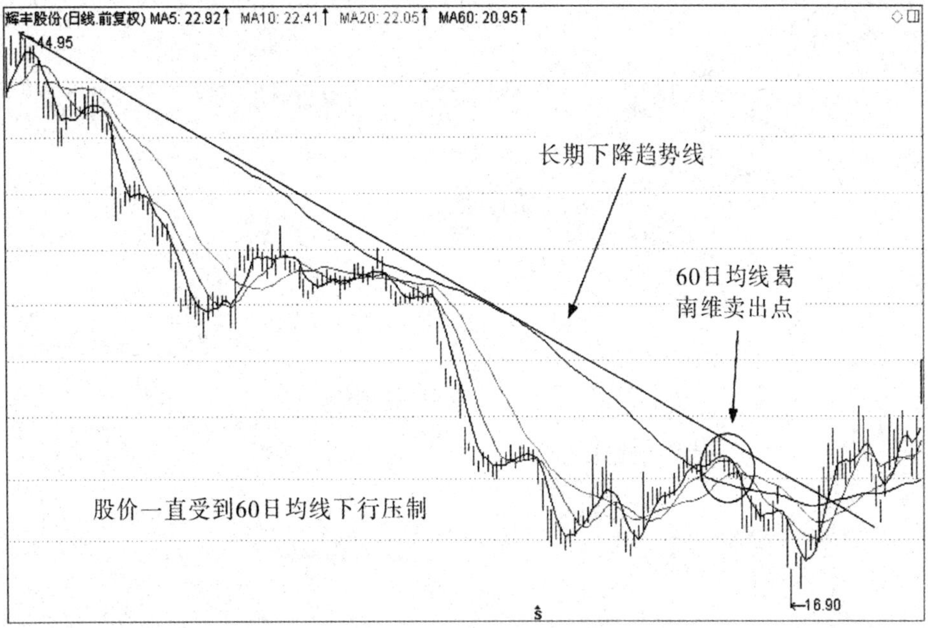

图2-51

在图2-50和图2-49所标示的进场点之前，该股一直没有出现60日均线走平并拐头向上的情形，且股价基本运行在60日均线之下，中长期均线空头排列。在这种市况下，不管是左侧交易还是右侧交易，都不宜进场。

股价只有一次有效站在60日均线之上，但60日均线仍在继续下行，因此是60日均线葛南维卖出点。

图2-52是上图（图2-51）辉丰股份（002496）稍微靠前一个时间段的日线图。股价反弹，向上突破60日均线和下降趋势线1，从表面上看，股价的走势尚可。但是此时60日均线继续下行，显示60日持仓周期的交易者还在看空和卖出股票，预示股价这次突破失败的概率比较大。

60日均线和长期趋势线在确认和预测趋势方面可以互补。

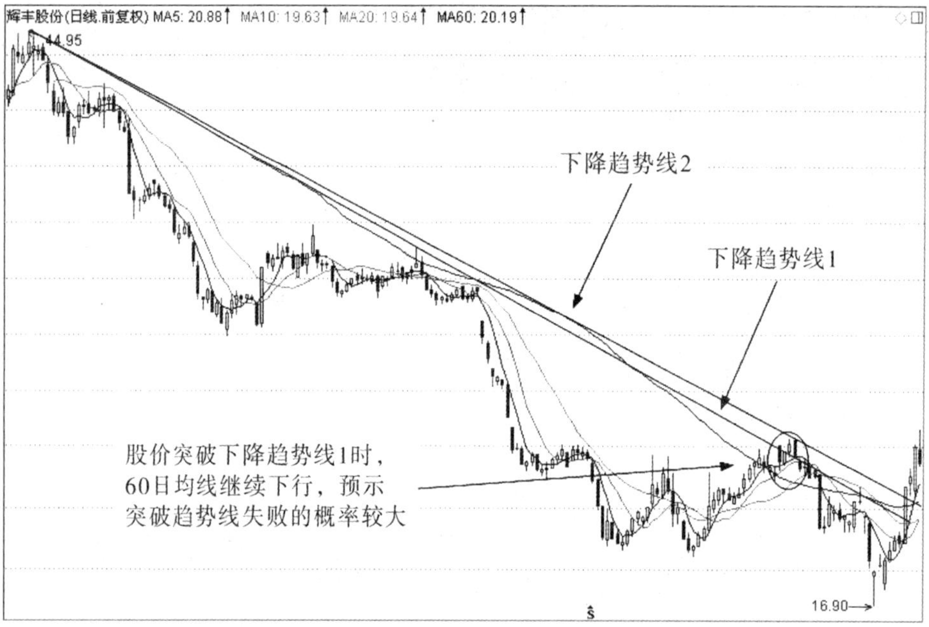

图2-52

六、交易周期和仓位（资金）管理

在交易当中，资金管理和仓位管理是一回事，就是在交易过程中做出买卖决定时，根据计算出的风险系数，确定分配资金和仓位比例。

仓位管理是交易系统当中必须包含的内容，其重要性不亚于确定进场标准和离场标准（即止盈止损），但是却容易为大众所忽略。这是因为仓位管理不仅不能帮助交易者选择更好的交易标的和交易时机，反而会在实现仓位管理的过程中放弃一部分利润。

有人将止损、止盈也归到仓位管理体系之中，实际上这是一个误区。止损、止盈很明显是进场标准和离场标准的一部分。

如果说正确、适当而又与交易者性格匹配的进场标准和离场标准，解决了如何将趋势带来的利润最大化的问题，那么，仓位管理就是解决实现利润的过程中如何将风险降至最低的问题。

一个好的交易系统就像一部好车，进场标准和离场标准是车的动力系统，决定了车的操控性能和最高时速，也就是决定了交易者交易工具和手段的优劣高低。仓位管理则是安全系统，它能保障交易者在享受利润飞奔时不致车毁人亡。

行车上路，首先是安全，其次才是快速。只有安全，没有速度，只不过比别人慢一些；但若只有速度，没有安全，恐怕就不仅仅是快慢的问题了。不考虑自己和他人生命财产安全的驾驶员，无异于杀人犯。交易也是这样，如果不为资金和账户设好防护罩，那么无论赚到多少利润，最终结局都是一个：淘汰出局。

仓位管理的作用是：（1）减少损失，扩大盈利；（2）便于执行进场标准和离场标准；（3）利于保持良好心态。最后一点也是最为重要的一点，可以保障在遭遇连续亏损时，依然能够留在这个市场上，寻找机会东山再起。

仓位管理的重要性，无论怎么样强调都不为过。

不过还有另外一个问题。有一些交易者意识到了仓位管理的重要性，却对于如何管理感到无从下手。

很多专业人士在谈仓位管理时，刻意强调止损的技巧和重要性。很显然，止损不过是离场标准中的一部分，与仓位管理的关系反而要疏远很多。

另有一些专业人士，详细论述了各种各样的建仓及减仓方法，比如金字塔建仓法、等比例建仓法等。建仓、减仓比例是仓位管理当中必不可少的内容，但那些机械式的建仓和减仓方法，基本上没有考虑交易类型和行情趋势的匹配。

还有一些建仓、减仓方式，是按照价格的一定比例或数值进行增减的，这种方法也没有考虑交易类型和行情趋势的匹配问题，仍旧不是科学的仓位管理体系。

事实上，在交易系统当中，仓位管理、进场标准、离场标准三位一体，是同时确立，同步执行的。因此，撇开趋势谈仓位管理，不过是一些数字游戏罢了。

仓位管理最为重要的作用是：保障资金的安全，即使交易者遭遇到意料之外的系统性和非系统性风险，也不致被市场彻底摧毁。

要做到这一点，交易方案必须包含以下两个方面的内容：（1）评估交易风险。包括评估市场上的系统性风险和非系统性风险，评估自身的交易系统风险和执行力方面的操作风险；（2）确定自身可以接受的最大损失金额。仓位管理就是在上述两个方面取一个均衡值。任何时候的资金进出，都要在均衡值的范围之内。

系统性风险，简单地说，就是由于公司外部、不为公司所预计和控制的因素造成的宏观性、整体性风险。系统性风险主要是由自然灾害、政治、经济及社会环境等宏观因素造成的，如地震、海啸等自然灾害，国家、地区性战争或骚乱，全球性的经济危机，国家政策调整，金融风暴以及市场崩溃等。

系统性风险的特点是：对整个股票市场或绝大多数股票普遍产生不利影响，交易者通过分散交易对象，也不可能避免或降低其风险。因此系统性风险又称为不可分散风险和宏观风险。

非系统性风险是指对某个行业或个别证券产生影响的风险，通常由某一特殊的因素引起，与整个证券市场的价格不存在系统的全面联系，只对个别或少数证券的收益产生影响。例如公司工人罢工，新产品开发失败，重大投资失误，诉讼败诉等。

非系统性风险的特点是：只影响一个或少数公司，不会对整个市场产生太大的影响。可以通过交易不同交易对象，分散非系统性风险。例如，同时持有两家以上的股票，发生于一家公司不利事件造成的损失，可以被其他公司有利事件带来的超额利润抵消，所以非系统性风险也称为可分散风险。

交易系统风险是指交易者建立的交易系统不能适用于市场，或者因交易系统存在缺陷，令交易者无论如何严格按照系统发出的信号去做，都不可能盈利。交易系统风险主要和交易者的交易技能与交易工具有关，所以也可称之为“技术风险”。

操作风险是指因交易者个人心性、习惯、性格、主观认识等各方面的原因，无法执行已有的交易系统所带来的风险。操作风险主要和交易者的执行力有关，所以也可称之为执行风险。

系统性风险和非系统性风险都是交易市场风险，属于外部因素造成的风险；交易系统风险和操作风险都是交易主体风险，属于内部因素造成的风险。

任何人，当他投身于交易时，就必然面临上述四个方面的风险。仓位管理可以有效防备系统性和非系统性的外部因素风险，并在一定程度上帮助交易者有效降低或避免交易系统和操作层面上的内因风险。

从表面上看，上述四类风险，只有系统性风险最难控制。因为自然灾害、宏观调控、全球性金融危机等，不是交易者所能掌控、预测和完全了解的。

但对于趋势技术交易者而言，问题却远远没有想象的那么复杂和艰深。时局动荡、金融风暴、次债风波这些听起来都让人头痛的名词，就让它们见鬼去吧。因为股价或指数已经完完全全将所有系统性风险和非系统性风险因素包容和消化了，所以关注交易趋势，研究K线变化，跟随趋势调整仓位，即可规避市场带来的各项风险。

1. 交易周期和仓位管理

尽管交易趋势方向不可被人为操纵，但毫无疑问，只有长期趋势的运行最为稳定。因此仓位管理要做到的一点就是：牛市满仓，非牛市空仓。

图2-53是民生银行（600016）的周线图。交易者可以在股价向上突破60周均线，发出60周均线葛南维买入信号时，进场买入；股价突破前高压力线，均线多头排列时加仓。加仓的程度因人而异，稳健的交易者可以保留一部分机动资金，激进的交易者可以直接加至满仓。

接着股价开始整理，走出上升三角形技术图形，最终在中期上升趋势线的支撑下结束调整，股价向上突破三角形和均线粘合形态，均线也在黄金交叉后形成多头排列。交易者前期已满仓的，继续持有；没有满仓的，此时可加至满仓。

此后股价一直向上运行，均线多头排列，交易者可满仓持股不动。

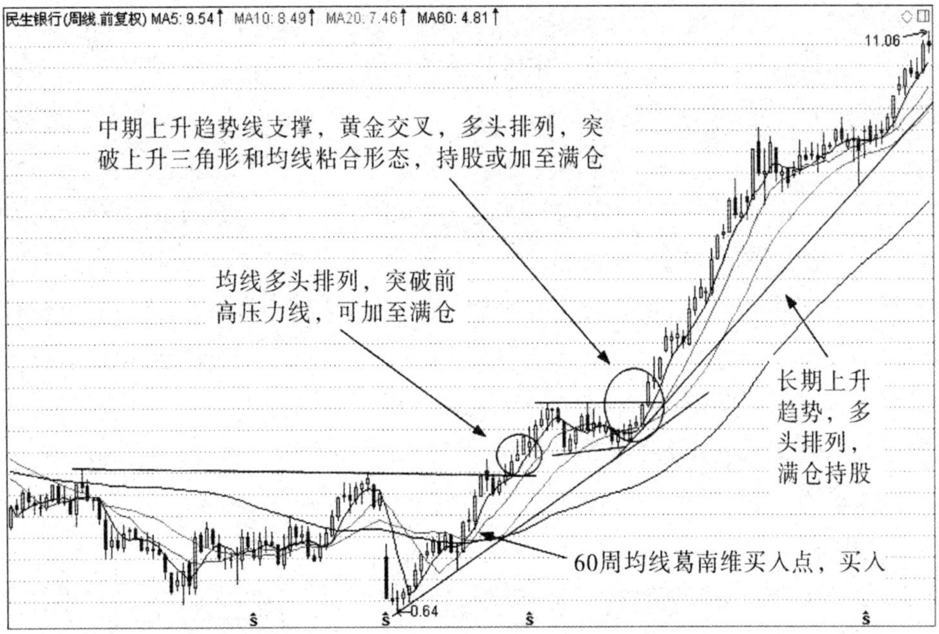

图2-53

图2-54是民生银行（600016）的日线图。股价在高位跌破了长期上升趋势线，之后遇到60日均线止跌，且60日均线一直上行，是60日均线葛南维买入点。这两个信号都是长期趋势信号，但却一个看涨，一个看跌。矛盾的信号叠加，将削弱各个信号的可靠性，因此交易者宜观望或略减一些仓位，但绝对不宜继续买入。原因一是股价处在高位，二是进场标准的设定必须满足充分条件，离场标准的设定只需满足必要条件。

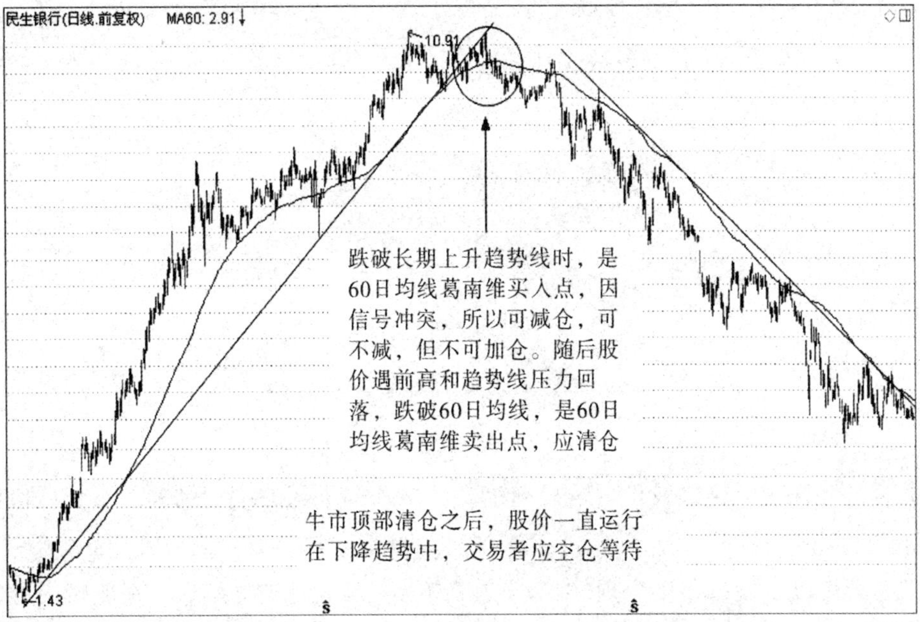

图2-54

随后股价上涨，但却一直受到趋势线的压制，最终在前高压力处回落，跌破60日均线。此时60日均线转为下行，是葛南维卖出点，交易者可清仓。

清仓后，60日均线一直压制股价下行，行情运行在一个下降趋势中，交易者应空仓观望。

牛市满仓，期间可以有短暂的减仓和空仓。非牛市空仓，期间可以有短暂的持仓和满仓。这个仓位管理原则，仅仅是对牛市满仓、非牛市空仓的一个补充。

之所以要有补充原则，原因在于：（1）提高资金的利用效率。在牛市满仓持股期间，交易趋势的运行也并非一帆风顺，短期趋势、中期趋势的涨跌循环此起彼伏。交易者可以充分利用中期趋势，甚至短期趋势发出的进出场信号，进行仓位增减，借以提高资金利用效率，减少交易风险。（2）更重要的一点是：熊市转牛市时的市场走势特征，与熊市当中的反弹行情，以及牛市转熊市时的下跌，与牛市当中的中期调整行情，在很多情况下无法用技术方法予以明确区分。

交易者一旦发现趋势逆转的迹象，应及时做出反应，而不是一直持仓或持币等待。

图2-55是民生银行（600016）的日线图。股价回落时，发出60日均线葛南维卖出信号。股价跌破长期上升趋势线，交易者应当及时清空仓位。

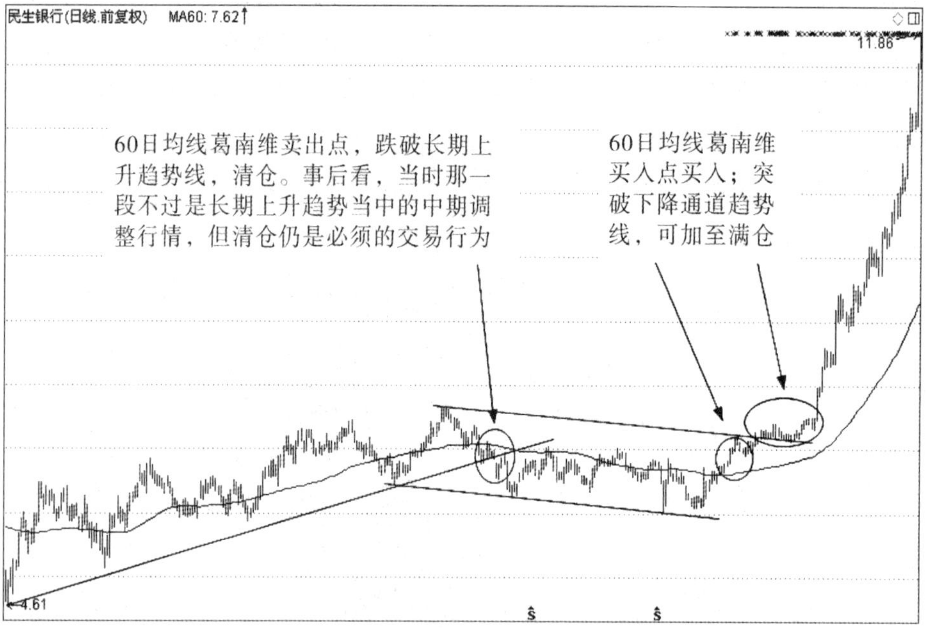

图2-55

事后走势表明，这次股价下跌只不过是一段跌幅不深的中期调整。不管后市如何演变，但当清仓信号发出时，交易者都应该立即执行，这是成功交易所必备的条件。

交易者可以于股价再度出现60日均线葛南维买入点时进场买入，在股价向上成功突破下降通道趋势线时加至满仓。

从图中可以观察到，第二次进场的成本，高于第一次清仓时的价位。对于这种情况，也许有些交易者心里感到不爽，但这是降低风险、保存实力、持续盈利必须要付出的代价。

2．“牛市满仓，非牛市空仓”原则在趋势线上的具体运用

图2-56是省广股份（002400）的日线图。股价回试60日均线成功止跌，60日均线上行，是葛南维买入点，进场买入。因为60日均线由下行走平上行不久，是否转势尚待观察，所以仓位不宜过大。

接着股价在前期高点处遇阻回落，并跌破60日均线，60日均线由上行转为下行，是60日均线葛南维卖出点，清仓离场。这一次进场，微盈或微亏。

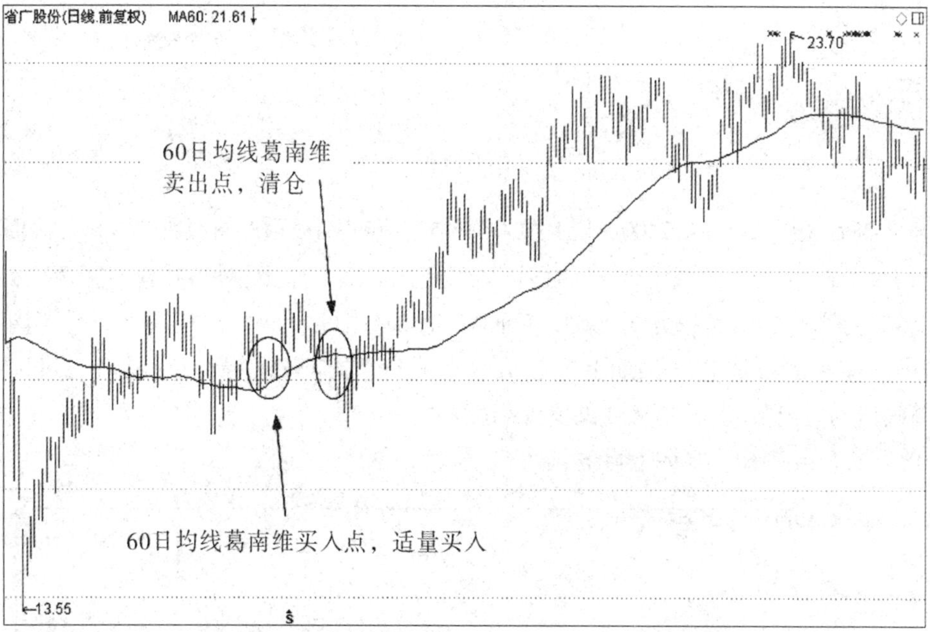

图2-56

图2-57是省广股份（002400）与上图（图2-56）同一时间段的日线图。从图中可以看到，股价遇前高阻力回落，跌破60日均线清仓后，股价并未继续下跌，反而再度上攻。此时交易者可以按60日均线葛南维买入法则，适量买入。

接着股价向上突破上升三角形，两次强势回试，60日均线一直处于上行状态，交易者可加仓，仓位最大可至满仓。

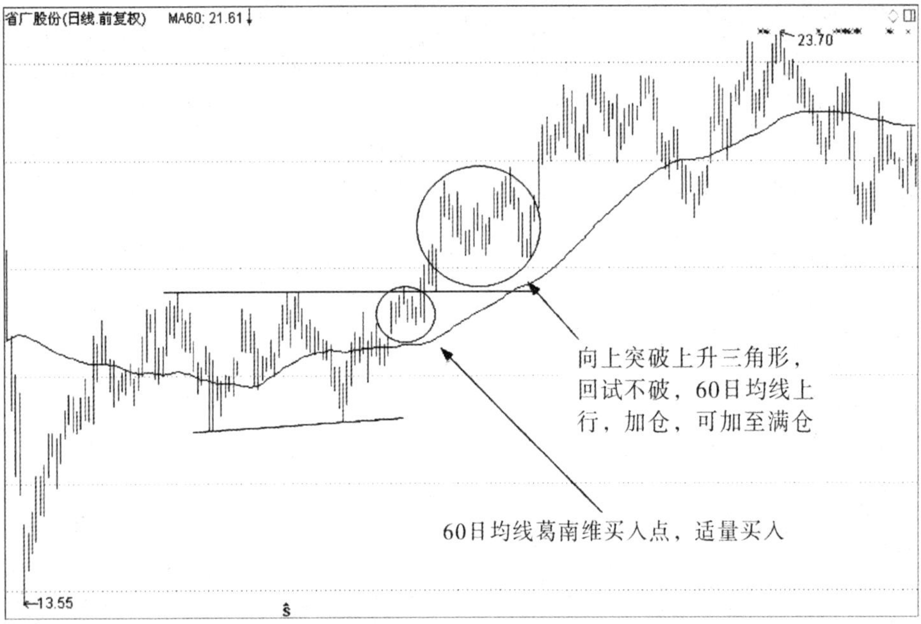

图2-57

图2-58是省广股份（002400）与上图（图2-57）同一时间段的日线图。股价冲高回落，跌破中期上升趋势线，是减仓信号。因60日均线还在上行，所以此处可减仓，也可不减。

接着股价上攻中期趋势线无果，反而跌破60日均线，60日均线走平，是葛南维卖出信号，交易者可清仓。长期上升趋势线在股价下方不远，所以交易者也可以只减仓，剩余一部分观察上升趋势线的支撑力度。

此处减仓或清仓，整体上微盈。

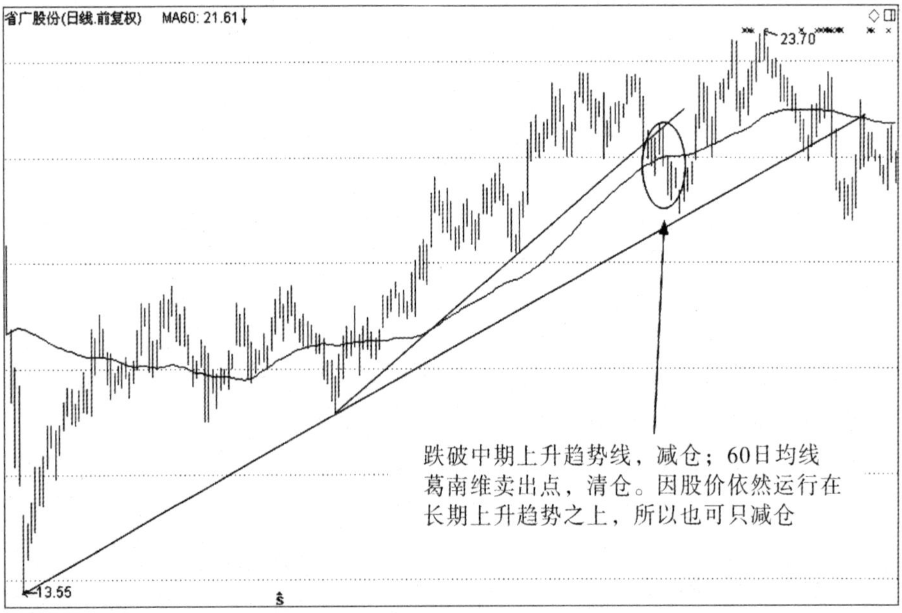

图2-58

图2-59是省广股份（002400）与上图（图2-58）同一时间段的日线图。股价果然在长期上升趋势线处获得支撑，再度上涨。交易者可以按照60日均线葛南维买入法则买入；前期没有清仓的交易者，则可继续加仓。

在长期上升趋势中，买入仓位可相应重一些。

图2-59

图2-60是省广股份（002400）与上图（图2-59）同一时间段的日线图。股价跌破60日均线，发出葛南维卖出信号，交易者应清仓卖出。

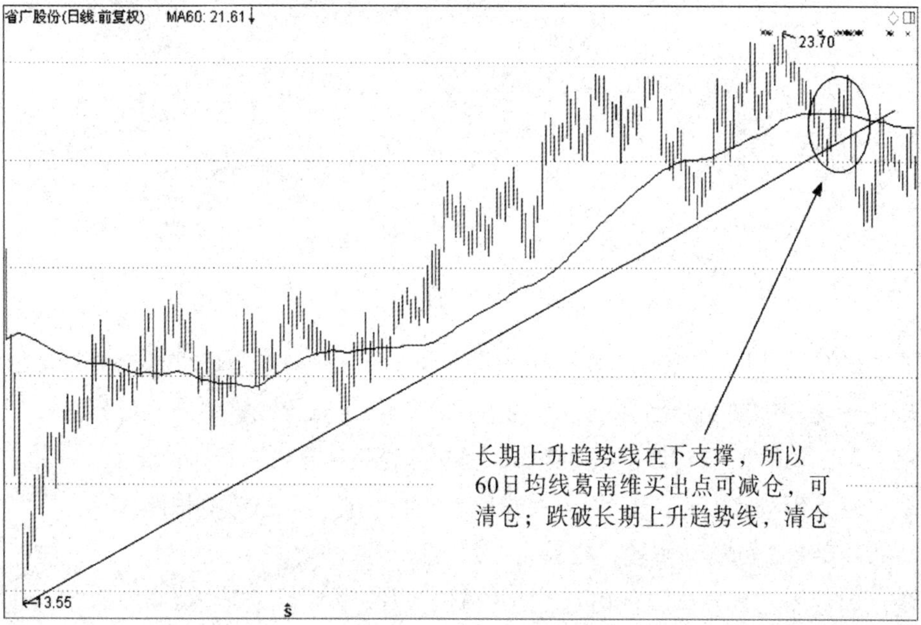

图2-60

此时长期上升趋势线在下支撑，所以也可只减仓。接着股价跌破长期上升趋势线，前期减仓的交易者，此处必须清仓卖出。

交易者可以观察到，如果按照道氏理论进行交易，此刻尚无法确认熊市到来，还应继续持股观察。

图2-61是省广股份（002400）与上图（图2-60）稍后一点时间段的日线图。股价横盘整理一段时间，向上同时突破中期下降趋势线和60日均线，发出60日均线葛南维买入信号，买入，但仓位不宜过重。

接着股价突破前高，60日均线继续上行支撑股价，均线形成多头排列，预示有可能是另外一段长期上升趋势，交易者可加仓至满仓。之后股价继续上涨，收出向上突破缺口，持股不动。

与上一次清仓的价位相比，这次买入成本依然更高，再次出现低卖高买的情形。但这就像行车，遇到情况提前踩刹车，虽然速度慢了一些，但却比不减速度一冲而过安全很多。

图2-61

图2-62是省广股份（002400）与上图（图2-61）稍后一点时间段的日线图。图中有两条比较陡的中期上升趋势线，交易者可以分别于股价跌破时减仓。然后于股价回落至第三条比较平缓的中期上升趋势线，遇支撑止跌回升时加仓。

图中还有两个减仓点，是在第一条、第二条中期上升趋势线被跌破后。股价再度上涨，遇到趋势线的压力位置，交易者可以减掉一部分仓位。

截止到截图之日，该股依然运行在长期上升趋势当中，满仓或持有大部分仓位尚可无虞。

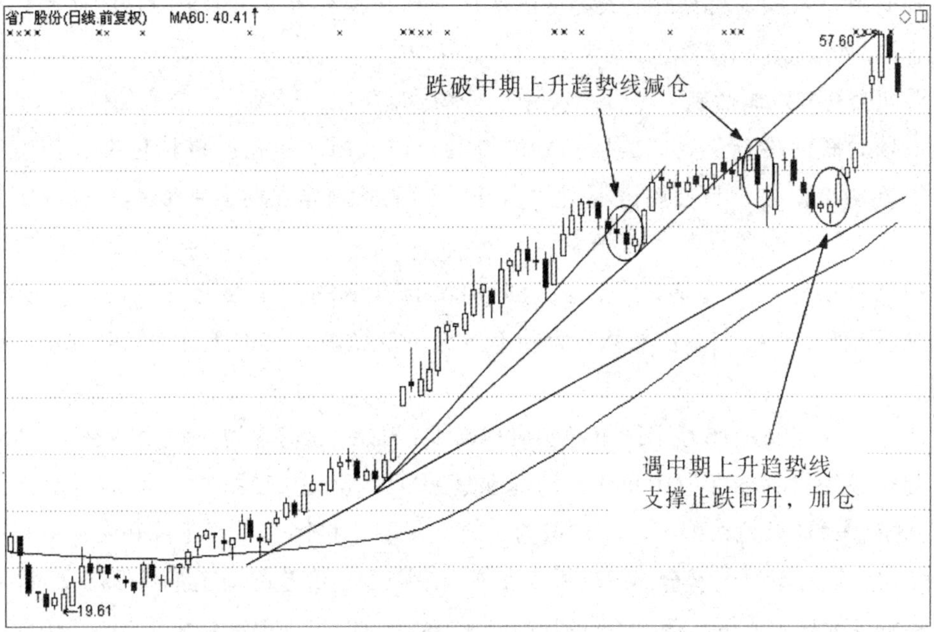

图2-62

以上例子表明，牛市满仓、非牛市空仓原则适用于趋势线仓位管理方式，具体运用方法如下。

（1）确认长期上升趋势后，股价或指数突破短期或中期下降趋势线，是买入和加仓信号；股价或指数跌破短期或中期上升趋势线，是减仓信号；股价或指数运行在长期上升趋势线之上，是持仓信号。

（2）股价或指数跌破长期上升趋势线，是清仓信号；股价或指数运行在长期下降趋势线之下，是空仓信号。

（3）股价或指数突破长期下降趋势线，并在回落时受到中期上升趋势线的支撑，是买入信号；跌破中期上升趋势线，是清仓信号。

当然，仅凭趋势线单一的技术分析方法，并不能很好地帮助交易者降低风险，稳定盈利。上述各项细则，必须要结合其他趋势技术分析方法综合运用，才能取得更好的效果。

仓位管理是交易系统、趋势技术分析理论体系中不可或缺的重要内容，更多更详细的讲解，将在本系列丛书《交易系统》中详述。这里只结合趋势的不同周期，简略介绍一下。

七、混沌交易（概率交易、跟随交易）

混沌交易，又称概率交易、跟随交易，是指每次交易进场时，根据大盘和个股趋势的强弱，以及初始进场标准和初始离场标准的价格差，决定初始进场的仓位。进场后，随时跟踪大盘以及所持个股趋势的变化，判断股价当下和未来涨跌的概率，从而决定仓位的增减。

混沌交易可以概括成一句话：入场时概率决定仓位，进场后仓位跟随概率。

入场时概率决定仓位，是指初始进场的仓位上限，由初始进场标准和初始离场标准之间的价格差，与初始进场时大盘和目标个股趋势强弱大致概率的百分比共同确定。

初始进场标准，是指每一次买入此前没有仓位的股票时所确定的进场价格。初始离场标准，是指每一次买入此前没有仓位的股票时，与进场价格同时确定的离场价格。

例如，资金账户10万元，每一次可以接受的最大亏损率为总资金的3%，即3000元。目标股的进场标准为10元，离场标准是9.7元，价差0.3元。由此可以计算出最大可买入资金为10万元，即满仓（这里为了方便说明，将佣金、印花税和交易过程中暴跌、突然跌停等意外因素全部忽略了。实战当中，上述价差比例还应当予以放宽）。

根据各种技术分析，得出目标股的强弱之比为7比3，即上涨概率为70%，因此最大可持仓比例为7成。

上述两种计算结果，取最小的比例作为初始进场的最大仓位。因此该股初始进场可以使用的最大资金额为7万元。

进场后的仓位跟随概率，是指交易者买入初仓后，在大盘和所持个股的走势发生变化时，根据各种趋势技术分析方法给出的买卖信号，随时对仓位进行增减的交易方式。

下面以实际个股为例，简述混沌交易的交易过程。为计算和讲解方便，交易金额假定为10万元，单次交易可承受的最大亏损比例假定为3%，买入价和卖出价均以收盘价为准，忽略佣金和印花税，忽略同期大盘走势分析。

图2-63是厦华电子（600870）的日线图。股价以涨停的方式（当时尚为特别处理股票，所以涨停板是5%）向上突破均线粘合形态和收敛三角形，后市看涨。因为突破的是短中长各周期的均线粘合形态，突破后均线多头排列，预期后市涨幅可能很大，涨速可能很快，所以技术信号显示可以全仓买入。

再看初始离场标准，初始离场标准设在重新跌回三角形内部。

如果股价很快就重新跌回三角形内，则初始离场价格和初始进场价格的价差接近5%，如果全仓买入，止损时的总损失为5000元，超过最大可承受亏损额3000元的上限。所以，初始进场的最大可买入仓位是3000元除以5%，即6万元。

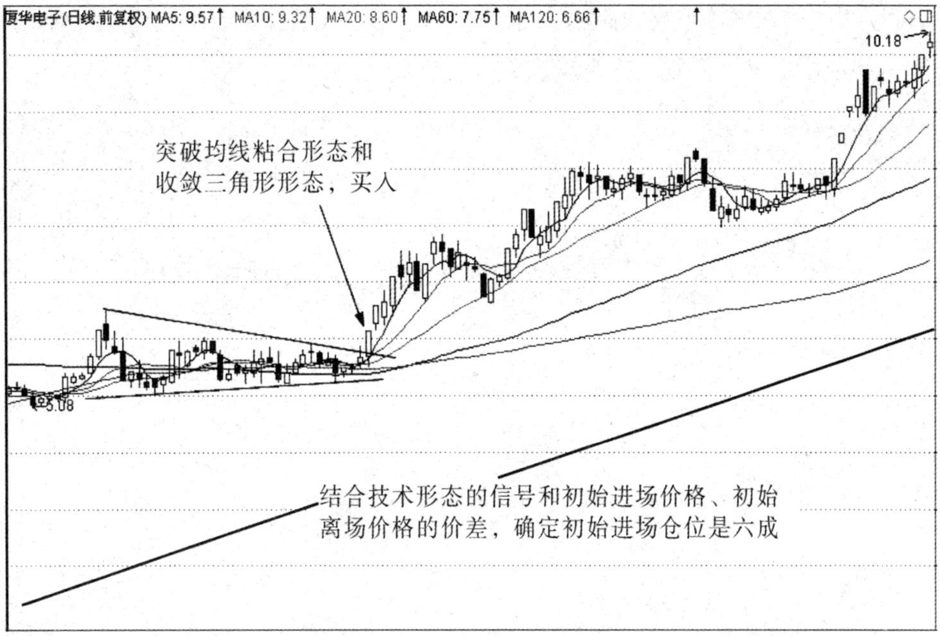

图2-63

图2-64是厦华电子（600870）的日线图。随着股价继续上涨，突破了前高的压力线。突破之后，有过两次回踩。突破前高及回试成功时，交易者可以加仓，但因为初始进场仓位较重，所以也可以不加。

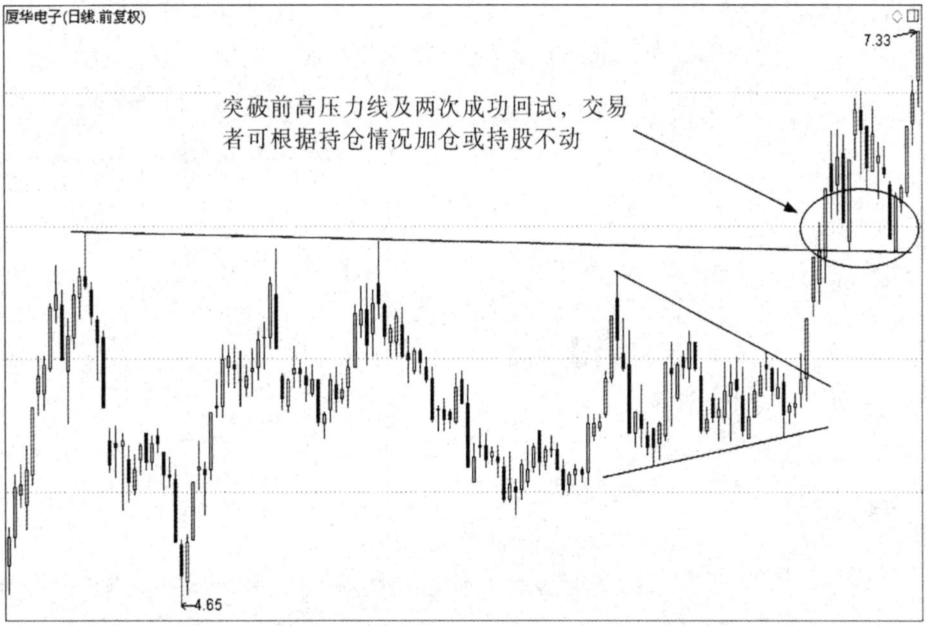

图2-64

图2-65是厦华电子（600870）的日线缩小图。2009年4月29日，该股停牌，2010年

5月14日复牌。复牌当日上涨74.03%，换手率24.22%。2011年1月24日，仅2.76%的换手率，股价就轻松涨停，创复盘以来新高，表明该股主力控盘较好。

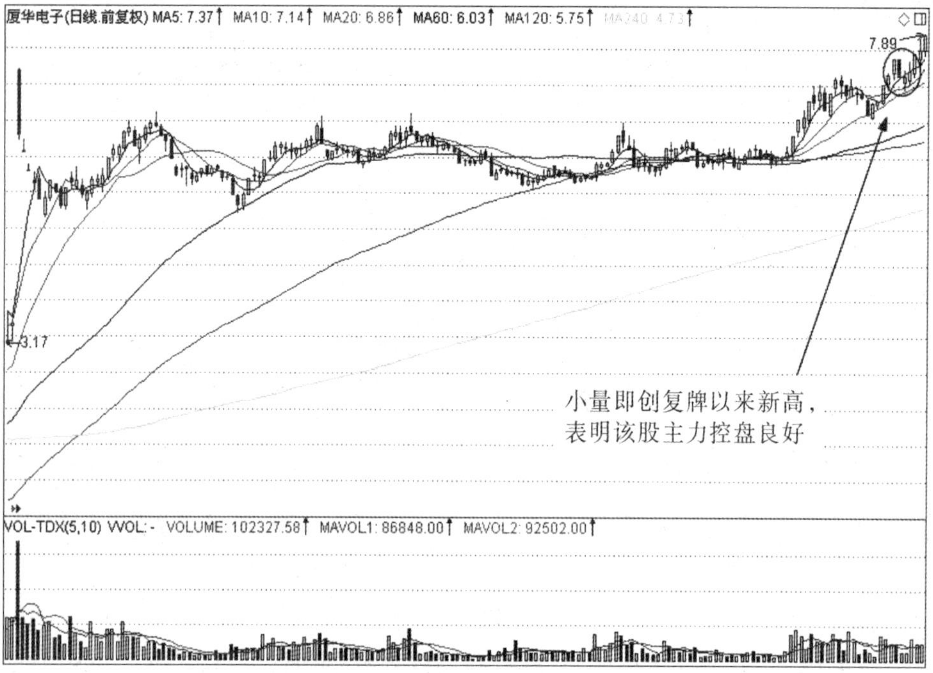

图2-65

图2-66是厦华电子（600870）上图（图2-65）创复牌以来新高处的放大图。创新高当日可以加仓，也可以不加。创新高后回试成功，各周期均线多头排列，可适量加仓。

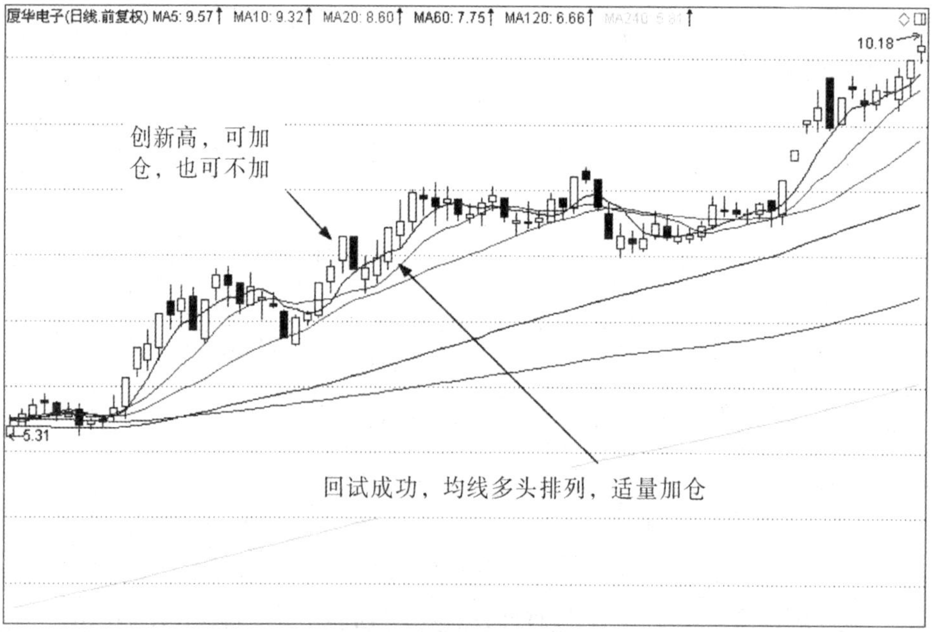

图2-66

图2-67是厦华电子（600870）的日线图。股价回落时，虽然跌破短期均线粘合形态和中期上升趋势线，但中长期均线仍旧多头排列，所以只将前期所加的仓位减掉。

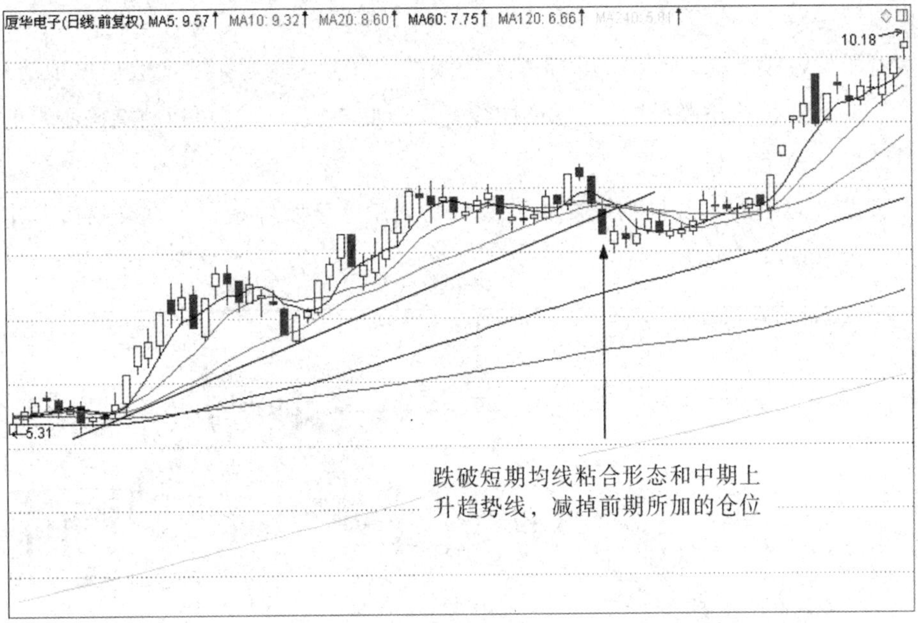

图2-67

本次减掉的仓位，微盈或微亏。

图2-68是厦华电子（600870）的日线图。股价经过整理，向上突破菱形形态和短期均线粘合形态。由于此前已有6成仓位且盈利较大，此时各周期均线多头排列，表明股价继续运行在长期上升趋势当中，所以可以直接将仓位加至满仓，不必考虑突破失败造成损失。

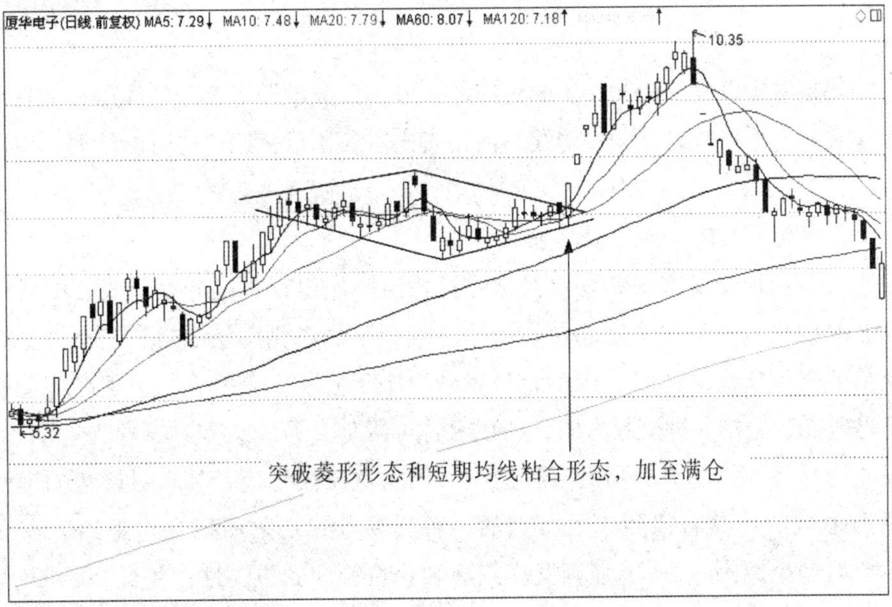

图2-68

图2-69是厦华电子（600870）的日线图。股价继续上涨，收出一根穿头破脚的大阴线，是见顶信号。此时长中短各周期均线多头排列，股价未跌破5日均线，所以可减仓，也可以不减。

接着股价继续上涨，收出一根带长上影线的阴线。因为是第二次收出见顶信号的K线形态，并且股价一举跌破5日、10日均线，所以此时应减仓。可以将突破菱形时所加的仓位减掉，锁定利润。

当日没有卖出的，次日继续委卖；次日是无量一字跌停板，公众交易者基本上无法卖出，第三日继续委卖。

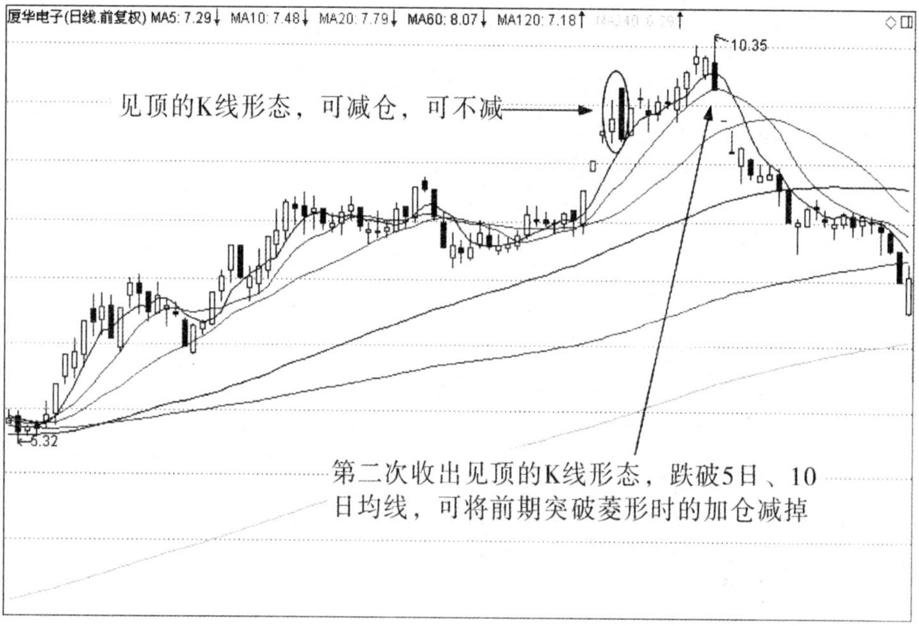

图2-69

图2-70是厦华电子（600870）的日线图。股价跌破中期上升趋势线后，60日均线也随之被跌破并走平，此处是60日均线葛南维卖出点，预示长期趋势可能趋弱，应该清仓离场。

至此，一轮完整的混沌交易结束。

混沌交易这种交易方式，仓位经常进行增减，所以很难区分是长线、中线还是短线交易；又因为盈亏概率决定仓位，所以很难区分是左侧交易还是右侧交易，故称为混沌交易或概率交易。同时，因为仓位增减取决于概率，概率大小源于趋势强弱，本质上还是跟随趋势的一种交易方式，所以又称为跟随交易。

混沌交易并不是趋势交易的一种类型，因为这仅仅是笔者基于对趋势的理解和长期交易所形成的、具有强烈个人特点的一种交易方式。之所以在这里给大家介绍出来，主要有两个原因：（1）强调概率判断和仓位管理的重要性；（2）强调开发交易系统的重要性。同时，也可以作为交易者建立交易系统时的参考。

更多关于混沌交易的内容，将在本系列丛书交易系统的相关内容中讲解。

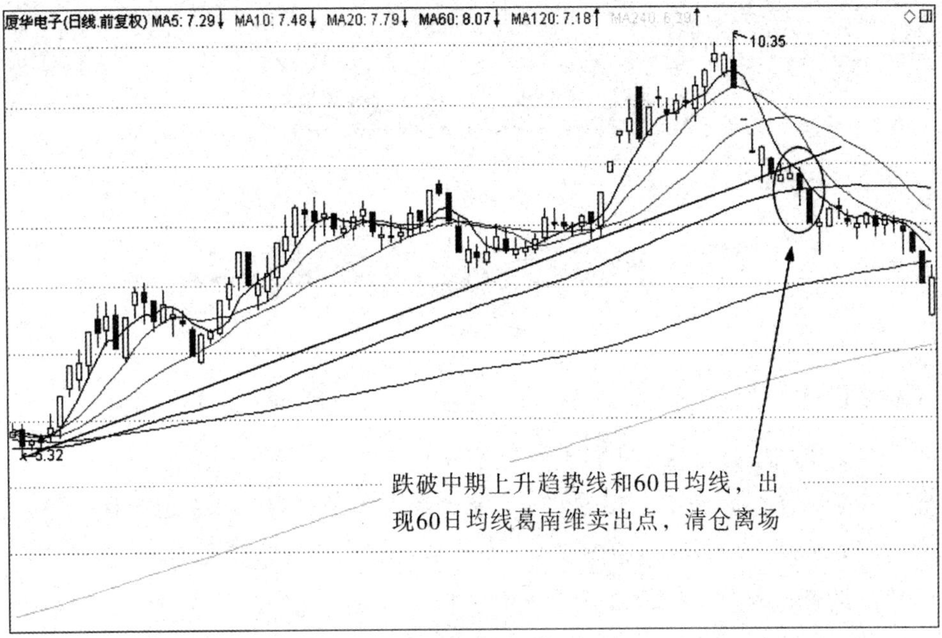

图2-70

第三章　趋势线

第一节　趋势线的基础知识

一、趋势线的画法

趋势线是反映趋势运动方向和角度的直线。

趋势线是一条实际并不存在的直线，是交易者为了直观、方便地观察趋势运动方向和角度，人为画出的直线。趋势线可以理解为趋势运动的路径和轨迹。

趋势线的理论基础是道氏理论关于牛市和熊市的定义，是道氏理论、技术分析理论三大假设和波浪理论的集中和综合反映。

根据趋势线方向的不同，可以分为上升趋势线和下降趋势线。如图3-1所示。

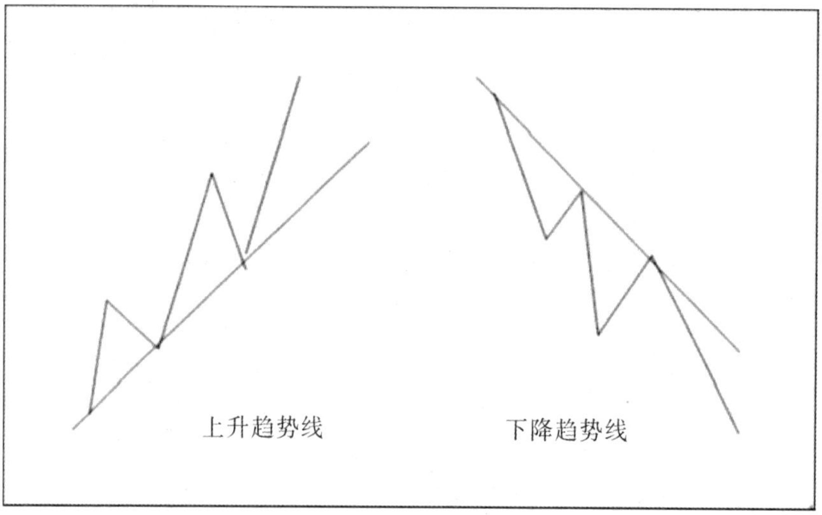

图3-1

上升趋势线是指在某一时间段内，连接股价或指数最低点或相对低点与该时间段内最高点之前的任意低点，中间不被任何股价或指数有效穿越的直线。有效穿越的标准，通行的是与趋势线的价差超过3%。

图3-2是云南白药（000538）的周线图。相对低点和最高点之前的任意低点相连，

就画出一条没有被股价有效穿越的上升趋势线。这条上升趋势线的时间跨度长达七年，上涨近30倍，可谓牛气冲天。

图3-2

如果是过最高点之后的低点连线，则说明股价于新高之后没有继续创出新高，回落的低点已经低于前低，股价有可能已经步入下降趋势。因此上升趋势线不能过最高点之后的低点连线。

图3-3是航天晨光（600501）的日线图。过最低点和最高点之前的任意低点，画出一条未被股价有效穿越的上升趋势线。从图上可以观察到，当前股价已经有效跌破上升趋势线。后市虽然不能完全确定大熊市来临，但原来的上升趋势已经被打破，且股价运行已经后高低于前高，后低低于前低，很明显至少是一轮中期调整趋势。技术含义是谨慎看淡，离场观望。

上升趋势线被跌破后，对后市股价有压力作用。

图3-3

图3-4是航天晨光（600501）同一时间段的日线图。图中过最高点之后的低点画上升趋势线，是错误的。

图3-4

根据错误的上升趋势线观察，发现股价依然运行在上升趋势当中，后市继续看涨。遇到趋势线止跌回升，则是加仓信号。

正确的上升趋势线画法和错误的上升趋势线画法，二者得出的结论完全相反：一个看淡，应予卖出；一个看多，应予持股或加仓。

画出的上升趋势线中间如果被股价或指数有效穿越，则说明股价或指数运行的方向和角度已经发生了变化，趋势线指明的方向和角度不再是正确的。

图3-5是开开实业（600272）的周线图。图中的上升趋势线虽然是过最高点之前的任意低点与最低点的连线，但由于上升趋势线中间被有效跌穿，所以该上升趋势线已经不具备确认上升趋势的技术意义。

错误的上升趋势线已被第二次有效跌破，预示该股后市趋向不明，应于跌破上升趋势线时减仓或清仓。

图3-5

图3-6是上图（图3-5）开开实业（600272）同一时间段的周线图。过最高点之前的任意低点与最低点，画出一条中间未被股价有效穿越的正确的上升趋势线。

正确的上升趋势线显示，股价依然运行在趋势线之上，但已经被刺穿，正在受到考验。交易者宜密切关注，谨慎持股。一旦股价有效跌破上升趋势线，应予减仓或清仓。

下降趋势线是指在某一时间段内，连接股价或指数最高点或相对高点与该时间段内最低点之前的任意高点，中间不被任何股价或指数有效穿越的直线。

图3-6

图3-7是航天晨光（600501）的日线图。过相对高点和最低点之前的任意高点连线，就可以画出下降趋势线。

图3-7

如果是过最低点之后的高点连线，则说明股价于新低之后没有继续创出新低，而反弹的高点已经高于前高，股价有可能已经步入上升趋势。因此下降趋势线不能过最低点之后的高点连线。

图3-8是洪城水业（600461）的日线图。图中的下降趋势线是过相对高点和最低点之前任一高点的连线，这才是正确的下降趋势线画法。根据下降趋势线观察，该股目前已经有效突破下降趋势线，并且回试趋势线成功，高点超越最低点之前的高点，显露出逐渐走强的迹象，交易者可以逢低逐步介入。

图3-8

如3-9是洪城水业（600461）同一时间段的日线图。图上过最低点之后的高点与相对高点连线，这是错误的下降趋势线画法。根据错误的下降趋势线，得出该股目前尚在下降趋势中运行的结论，后市继续看跌，不宜介入。

图3-9

画出的下降趋势线如果中间被股价或指数有效穿越，则说明该趋势线已经被突破，股价或指数已经改变了角度甚至是运行的方向，不再是沿着这条趋势线下跌了。

图3-10是益盛药业（002566）的日线图。图中虽然是过最低点之前任意高点画出的下降趋势线，但中间被股价穿越了一大截，说明股价已经不在原来的下降趋势中运行，而是在一个新的下降趋势中运行了。

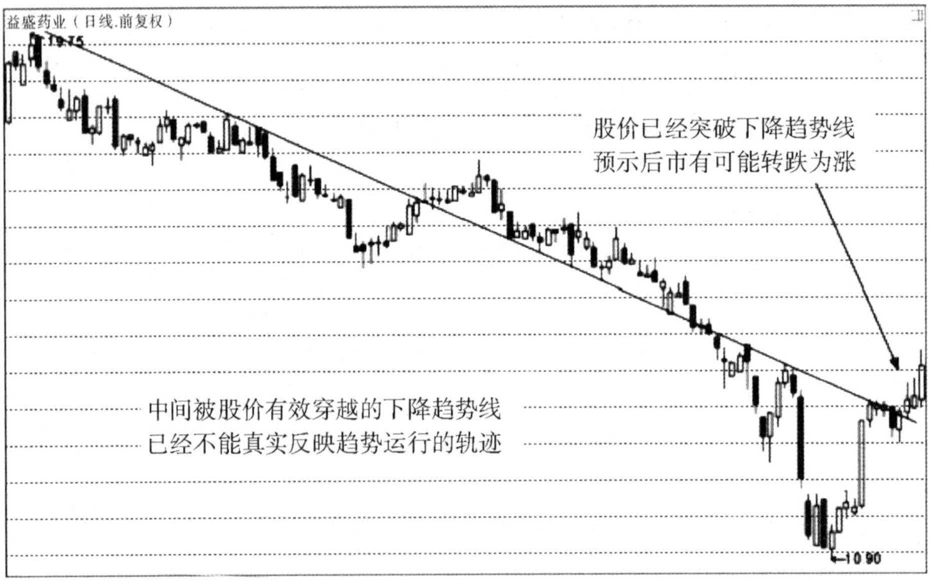

图3-10

如图所示，根据错误的趋势线研判行情，股价再次有效突破下降趋势线，预示后市行情转暖，交易者可择机适量买入做多。

图3-11是益盛药业（002566）与上图（图3-10）同一时间段的日线图。正确的下降趋势线画法，表明股价依然运行在下降趋势中，交易者不宜介入。

图3-11

特别提示：

（1）很多被有效突破的上升趋势线和下降趋势线，并非毫无技术意义，只是表明该趋势线不再是新趋势运行的角度和方向。但被突破的趋势线，后市经常成为股价或指数的压力位或支撑位。

图3-12是厦华电子（600870）的日线图。下降趋势线被突破之后，对股价后市的运行有明显的支撑作用。

（2）画趋势线时，选取的相对高点或低点，可以是收盘价，也可以是上下影线的最高点或最低点。

图3-12

图3-13是中源协和（600645）的日线图。图上的上升趋势线是以每日的最低价连线的。

图3-13

图3-14是中源协和（600645）与上图（图3-13）同一时间段的日线图，但只显示了收盘价。图上的上升趋势线是以收盘价连线的。

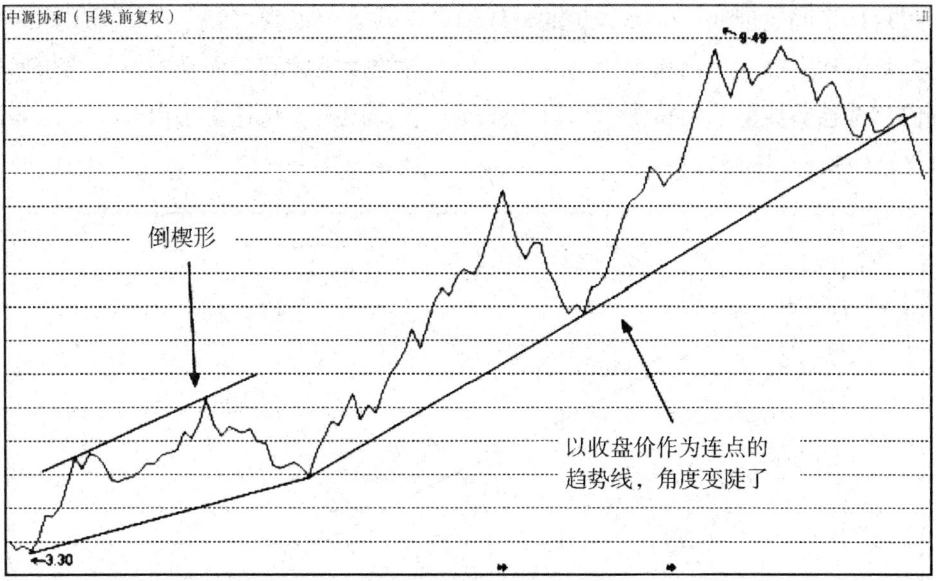

图3-14

对比以上两幅图，交易者很容易看出二者之间的区别：趋势线的上升角度和突破位置都存在明显的差异。以收盘价作为趋势线连接点的，角度更陡一些，突破位置更高一些。在以影线的高低点作为趋势线连点的图中（图3-13），股价在底部曾经出现一个上升通道。但在以收盘价作为趋势线连接点的图中（图3-14），上升通道就变为一个倒楔形。

图3-15是同达创业（600647）的日线图。股价从底部向上突破下降趋势线，但很快又重新跌回趋势线下。

图3-15

图3-16是同达创业（600647）的日线图。交易者可以观察到，在上图（图3-15）下降趋势线被突破后，由压力变为支撑，但支撑再度被跌破。而在本图，股价回落，恰好回落至趋势线上，后市是否可以支撑住，有待观察。从这里可以看出，二者的技术含义已经完全不同了。

图3-16

道氏理论要求仅使用收盘价，所以严格意义上来说，画趋势线应该选取收盘价的相对高点或低点作为连接点，突破与跌破有效与否，也应当以收盘价为准。但在实际运用当中，K线的最高价、最低价，仍然代表了股价或指数运行当中很重要的压力或支撑位置，所以交易者在画趋势线时选取的相对高点或低点，可以是收盘价，也可以是K线图上下影线的最高点或最低点。但切忌既选取上下影线，又选取收盘价，也不可穿越K线的实体内部。

以哪个连接点来连线，实战操盘当中的区别还是很大的。对于趋势运行轨迹的表述，哪一种更加准确，未经统计不敢妄说。如果就理论而理论，应当是以收盘价作为趋势线连接点更加准确和可靠一些。但二者的确存在一些相互之间无法替代的优劣之处。

选取上下影线的高低点作为趋势线连接点，可以令交易者更容易买到相对低点的股票，离场时也可以卖在相对高价的位置。

图3-17是ST天龙（600234）的日线图。选取下影线的相对低点作为趋势线连接点，画出上升通道。交易者可以在盘中于返回线压力或接近返回线压力的位置预挂卖单，在减仓时就可以卖在当日或那个阶段的相对高点。

图3-17

当行情正在演变，K线的上下影线刺穿趋势线时；或者虽然已经突破，但突破的有效性尚待确认时，交易者就很难作出买卖决定。

选取收盘价作为趋势线连接点，可以让交易者不必过分关注日内（包括所有K线周期在内，如周K线等）的波动，只需收盘前看看盘面即可。

收盘价与最高价、最低价的位置不同，导致趋势线的角度有所不同。突破趋势线的时间，与影线连接的趋势线相比，也就因此会或早或晚。

图3-18是乐山电力（600644）的日线图。图上是一条以影线为连接点的趋势线，一条是以收盘价为连接点的趋势线，二者被突破的时间和位置有所不同，以收盘价连接的趋势线更早一些。

突破后股价回试，显示收盘价连接的趋势线力度更强，因为股价只触及了影线连接的趋势线。

对于以收盘价连接趋势线，突破与否的有效性，需要等待收盘价确认。如果当日没有来得及进出，次日即开始暴涨暴跌时，就容易错过最佳的买入和卖出机会。

大多数情况下，二者在技术形态、技术含义甚至突破的时间和空间上，几乎都没有什么区别。

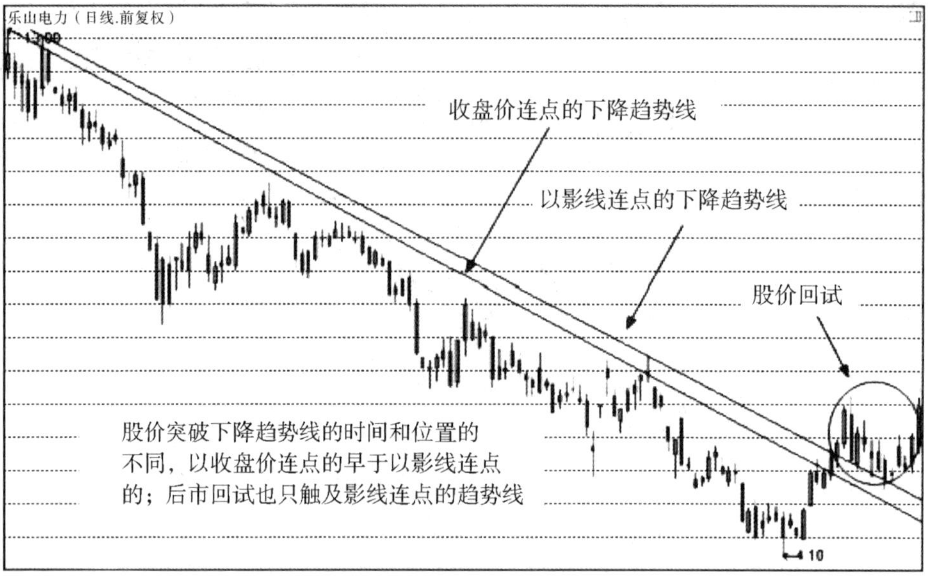

图3-18

图3-19是北方导航（600435）的日线图。分别以收盘价和影线连接的两条下降趋势线，在交汇于一点的时候，被跳空向上高开的股价同时突破。

图3-19

总之，无论是选取上下影线还是收盘价画趋势线，都无法确保趋势线对于趋势的描述有百分之一百的准确性和有效性。交易者也不必执着于孰优孰劣的比较，选取自己喜欢的，选取适合自己的，才是最为重要的事情。

二、趋势线的分类

趋势线的作用是指示和确认趋势运行的方向和轨迹，根据趋势运行的不同方向，趋势线分为上升趋势线和下降趋势线。

根据运行时间周期的不同，趋势分为三种：短期趋势、中期趋势和长期趋势。与之相应，趋势线也分为三种：短期趋势线、中期趋势线和长期趋势线。

图3-20是鲁银投资（600784）在股价持续上涨过程中各周期趋势的趋势线。其中有一根较长周期的中期上升趋势线，三根较短周期的中期上升趋势线，两根短期下降趋势线。

从图上可以很直观地看出，该股中期多头市场中推动浪的五浪上涨模式。股价突破趋势线或在趋势线支撑下止跌，为股价运行各级别波浪的起止提供了明确的依据。

很显然，趋势线可以帮助研习波浪理论的交易者理解和把握波浪理论的有关规则。

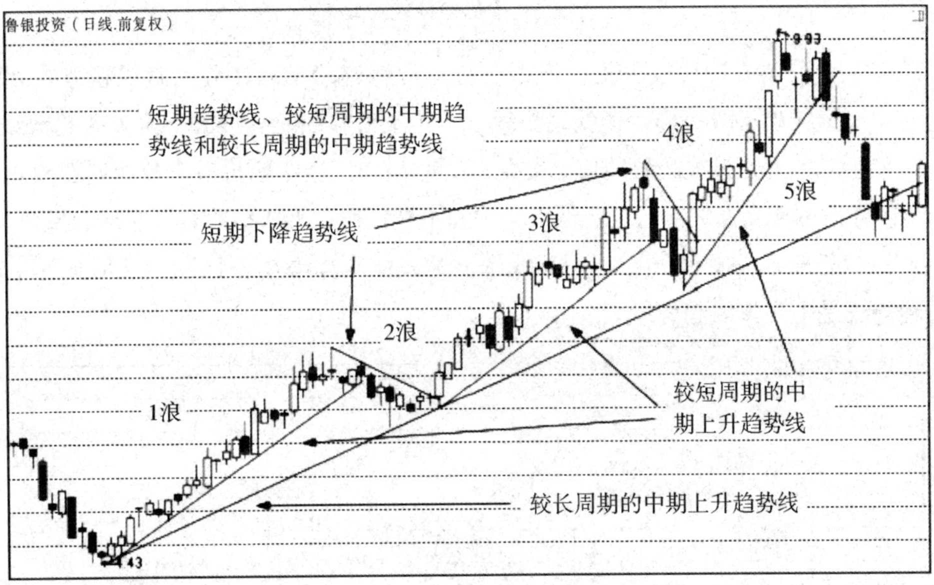

图3-20

图3-21是深证成指（399001）2010年11月至2011年10月的日线图。从图上可以看出，该股共有一根长期下降趋势线，三根中期下降趋势线，两根中期上升趋势线。

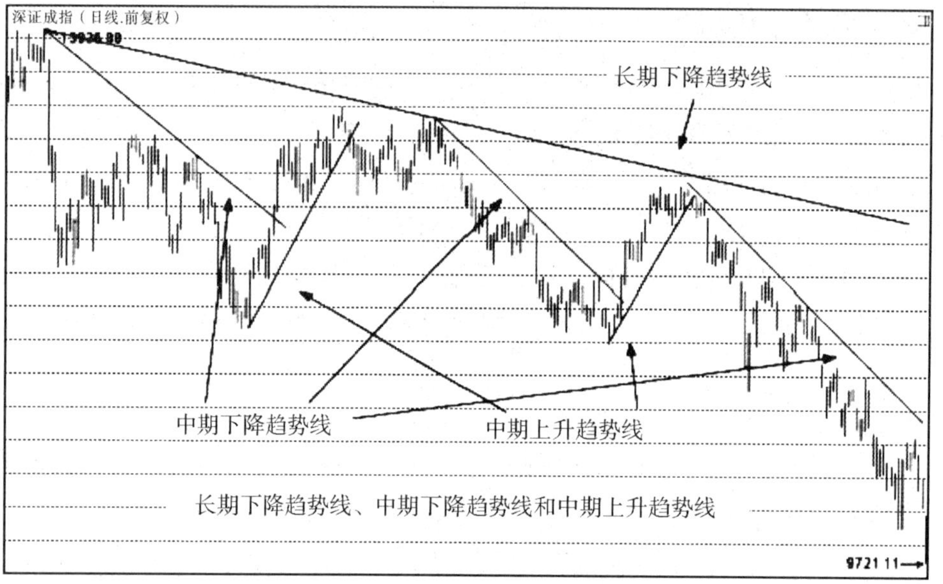

图3-21

还有一种分类方法比较少见。根据趋势运行轨迹的不同，分为直线趋势线和弧线趋势线。和直线趋势线一样，弧线趋势线也分为上升弧线趋势线和下降弧线趋势线。

顾名思义，上升弧线趋势线就是在某一时间段内，连接股价或指数最低点或相对低点与该时间段内最高点之前的任意低点，中间不被任何股价或指数有效穿越的弧线。

图3-22是ST海龙（000677）的日线图。从图中可以看出，该股沿弧形加速上升，图中趋势线是上升弧线趋势线。

图3-22

图3-23是巢东股份（600318）2006年11月至2007年4月期间的走势。在中长期的上

涨趋势中，该股以一个弧形上升，角度越来越陡峭，形成一条上升弧线趋势线。

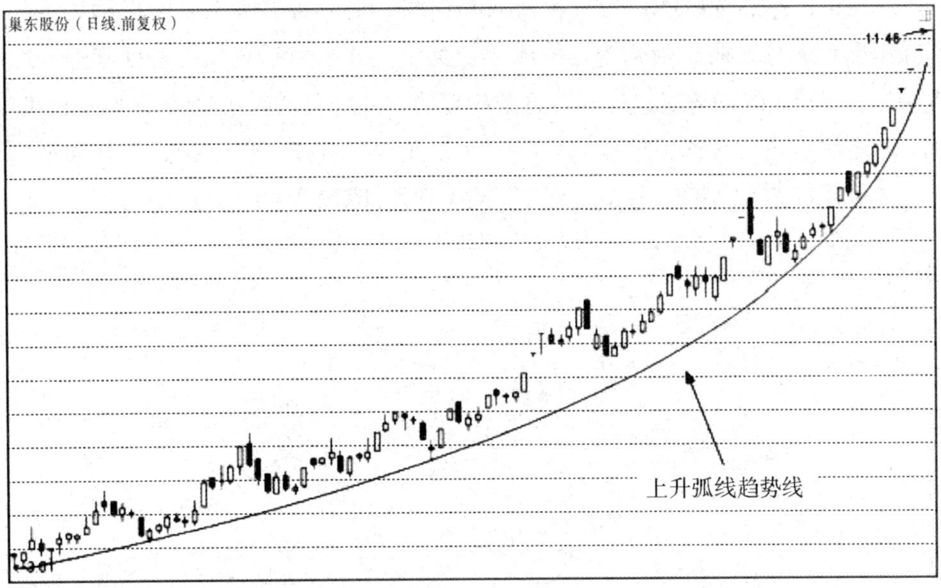

图3-23

图3-24是中炬高新（600872）的日线图，该股也走出一个很标准的加速上升弧线趋势线。

图3-24

下降弧线趋势线是指在某一时间段内，连接股价或指数最高点或相对高点与该时间段内最低点之前的任意高点，中间不被任何股价或指数有效穿越的弧线。

图3-25是东方电子（000682）的日线图。连接各相对高点，可以画出一条下降弧

线趋势线。

特别提示：虽然线或线条包括了直线和曲线，但通常意义上，一提到趋势线，交易者首先想到的是直线，因此约定俗成的分类中，并不包括直线趋势线和弧线趋势线的类别，本书所谈的趋势线，也仅指直线趋势线，此处只对弧线趋势线作一介绍。

因为移动平均线又称为移动趋势线，所以弧线趋势线可以直接归于移动平均线的范畴。交易者不必画出弧形线，只参考移动平均线即可。

图3-25

图3-26是特力A（000025）的日线图。从图中可以看出，该股上涨角度越来越陡，形成弧线趋势线。实战操盘时，交易者不必画出弧线趋势线，60日均线已经很直观地将股价上升的弧形趋势展示出来了。

图3-26

图3-27是华智控股（000607）的日线图。20日、60日、120日和240日均线都可以视作弧线趋势线。

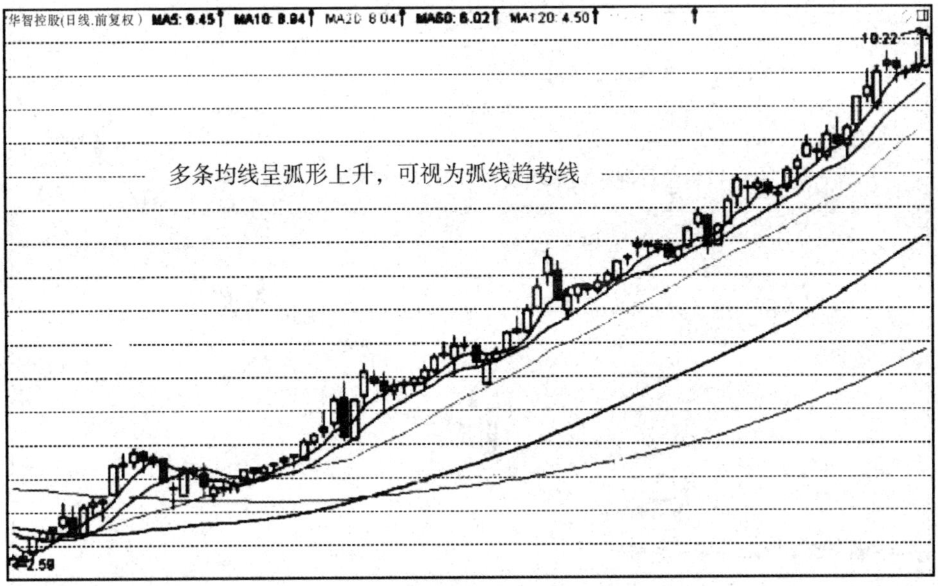

图3-27

图3-28是晋亿实业（601002）的周线图。该股的走势更加完美，K线、均线都呈弧形上升，无需画线，一眼就可以看出是弧线趋势线。

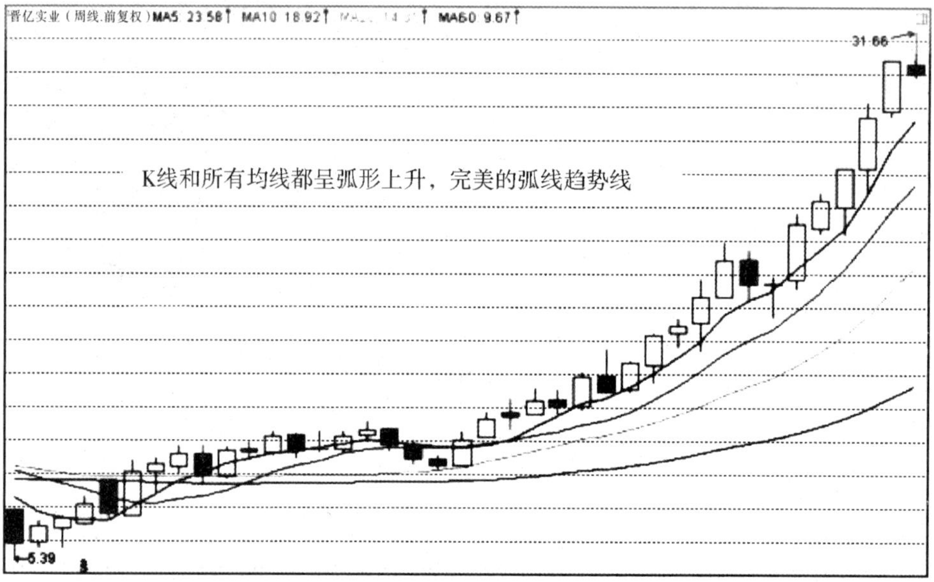

图3-28

图3-29是华孚色纺（002042）日线图。30日、60日、120日和240日均线，可视为弧线趋势线。

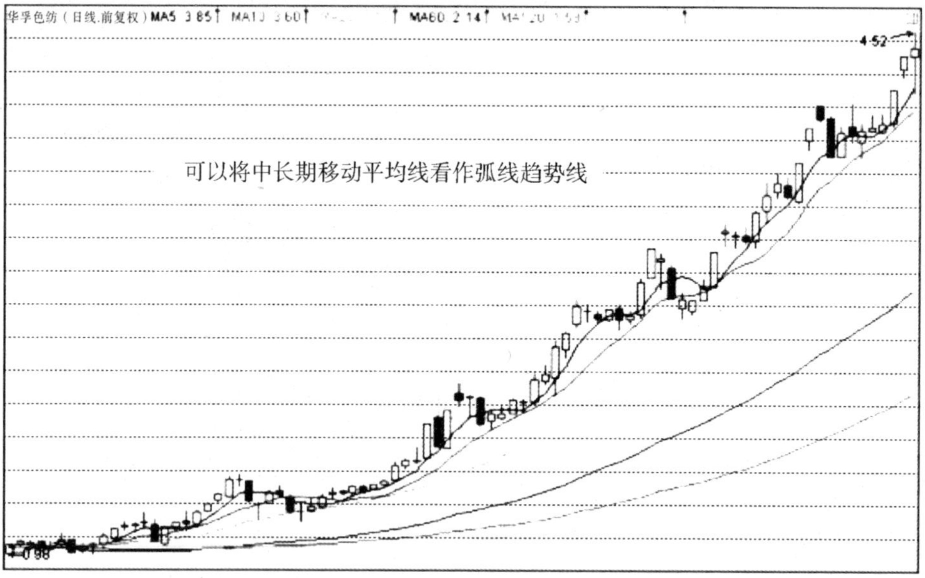

图3-29

三、趋势线是道氏理论、技术分析理论三大假设和波浪理论的综合反映

趋势线是道氏理论、技术分析理论三大假设、波浪理论的集中和综合反映。

道氏理论认为，牛市是指股价或指数每一次上升的高点都比前一次的高点高，每一次下跌的低点都比前一次低点高；熊市是指股价或指数每一次上升的高点都比前一次的高点低，每一次下跌的低点都比前一次的低点低。因此，连接上升趋势调整的低点，就可以画出上升趋势线，连接下降趋势的反弹高点，就可以画出下降趋势线。

图3-30是大禹节水（300021）的收盘价周线图。连接反弹的相对高点，就可以画出下降趋势线。向下的趋势线很直观地把反弹高点一个低于一个的现象展现出来。

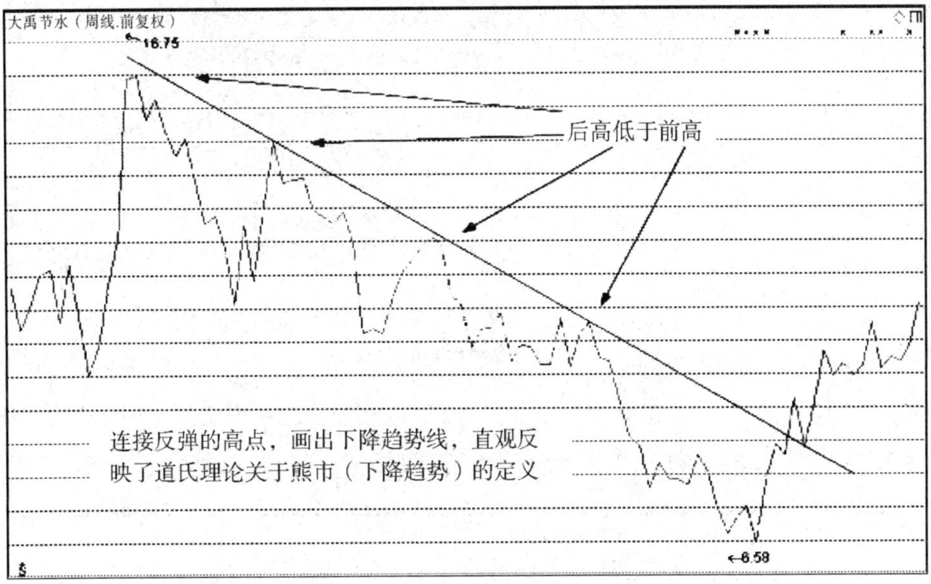

图3-30

趋势线画出来以后，就像一把直尺或者指针，指明趋势运行的路径、方向和角度。趋势线是对道氏理论关于趋势运行形态的抽象化概括，是交易者分析趋势非常重要的辅助工具。

技术分析理论三大假设是：（1）市场行为（股价或指数）包容和消化一切信息；（2）市场以趋势的方式演变，趋势具有惯性；（3）历史会重演。

趋势线的方向和角度，已经表明市场上多空双方力量对比的真实结果，交易者不必再去费尽心机地搜集影响市场运行趋势的信息。因为股价或指数已经包容和消化了一切信息，趋势线是股价或指数具体运行形态的抽象化概括，从本质和结果上体现了趋势运行的方向和轨迹。与走势比较凌乱的股价或指数相比，趋势线看起来更加简洁直观。

图3-31是重庆啤酒（600132）的日线图。过最高点和相对高点画出一条下降趋势线，该条趋势线的角度就表明了多空双方的实力对比情况，同时也表明影响市场走势的因素和信息大多是利空，或者被市场人士和参与者解读成利空。

不同时间周期和不同方向角度的趋势线，交替出现在股价或指数运行的过程中，是直观观察历史重演的最好方式之一。

图3-31

图3-32是大禹节水（300021）的收盘价周线图。图中中期上升趋势和中期下降趋势交替出现。由于每一个上升或下降趋势当中的走势也是一波三折，有时就

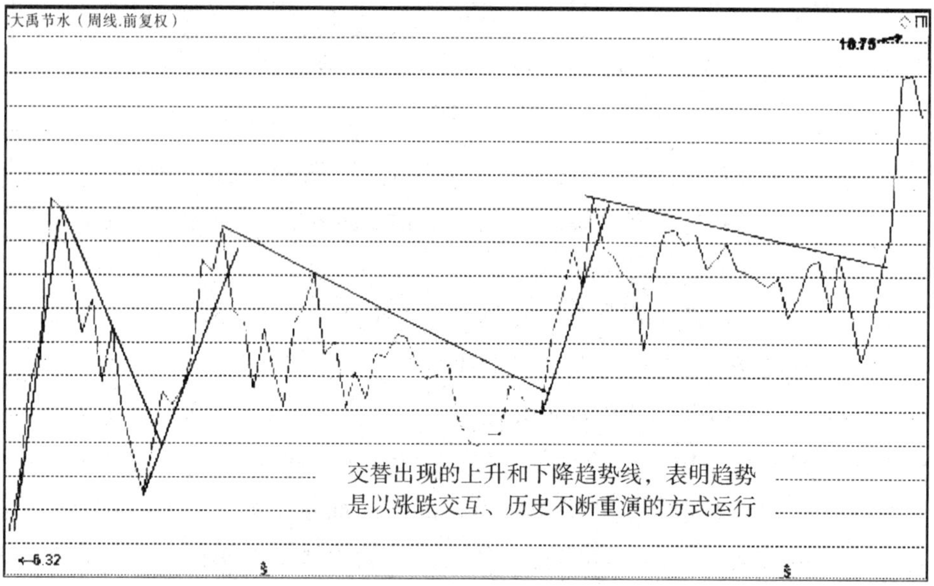

图3-32

显得比较零乱。画出中期上升趋势线和中期下降趋势线后，观察趋势走向就变得相对简单和容易多了。上升趋势线和下降趋势线的排列方式，以相近的角度和长度重复再现，是股价以趋势方式演化、历史会重演的抽象概括和直观表达。

更为重要的是，趋势线不仅直观展现了趋势演变的轨迹，而且对趋势运行惯性的持续或结束，也有明确而又强烈的确认和预测作用。

图3-33是东盛科技（600771）的收盘价日线图。过相对高点画出下降趋势线，交易者可以观察到，股价反弹遇到趋势线转涨为跌，说明趋势具有很强强的惯性。当下降趋势线被突破后，表明该下降角度的趋势结束。旧的下降趋势线对后市股价有很强的支撑作用，说明趋势沿另外的角度下降，运行在新的趋势惯性中，新趋势的惯性促使股价不再回到原趋势轨道中。

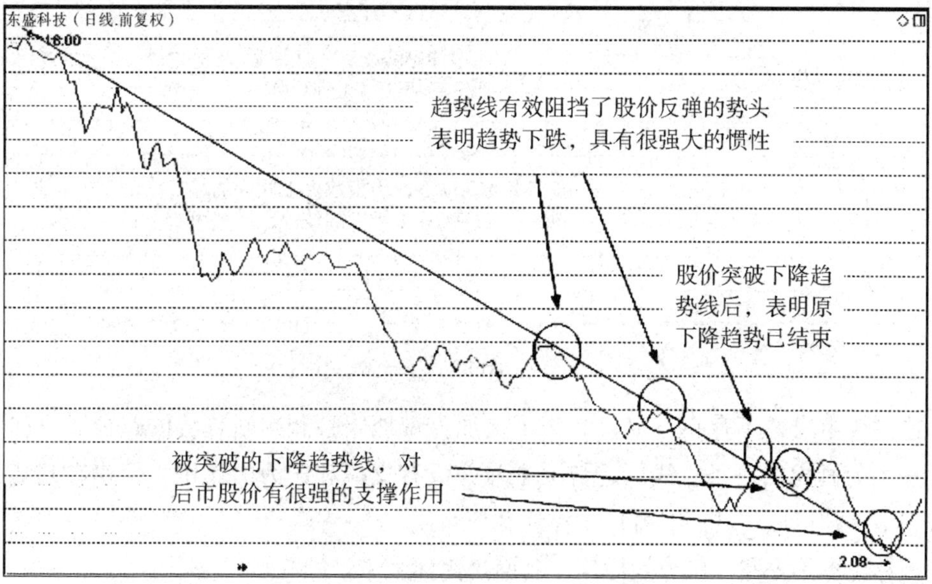

图3-33

波浪理论的主要内容是：交易趋势就像波浪一样，周期性地不断重复同一种模式，一浪接一浪扩展至无穷。每一循环周期都是由五个推动浪和三个调整浪组成。股价顺着主要（基本）趋势运行时，按照五浪的顺序波动，逆主要（基本）趋势运行时，则按照三浪的顺序波动。最长的超大循环浪循环一次可以超过200年，次微浪则有可能在几小时之内就完成一个循环周期。

不同时间周期和不同方向的趋势线，不仅可以看作是各个波浪的抽象概括，而且还有助于交易者判断波浪运行的级别和起止。

图3-34是深证成指（399001）1991年8月至1994年9月期间的收盘价周线图。深证成指在此期间的指数走势，正好完成了波浪理论所定义的一个比较大的多头市场循环浪。但当指数正在运行的时候，交易者是无法准确判断各个波浪的起止的。为每一段走势画出趋势线后，情形就有所不同，可以将指数突破趋势线的位置作为每一个波浪的结束和下一个波浪的开始。

交易者可以观察到，差不多每一个波浪结束，同周期的趋势线都及时发出了明确的信号。只有第4浪的趋势线突破存在一定的滞后性，但可以通过趋势线修正进行弥补，毕竟任何技术分析方法都不是完美无缺的。

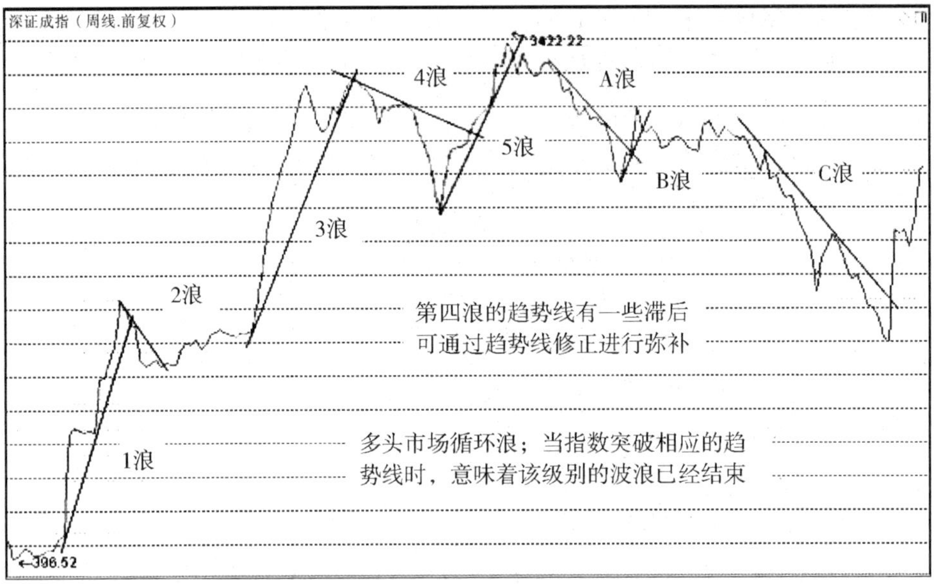

图3-34

趋势线本身并不存在，仅仅是为了更加直观地观察和判断趋势的路径、方向和角度，是人为画出的一条直线。趋势线本身并没有支撑和压力的作用，但是在趋势技术分析当中，却可以将其同时看作支撑线和压力线。

趋势线类于支撑、压力的作用，其原理简述如下。

通常情况下，支撑是指支撑区域的股票供给会减少，资金量供给会增多。压力与之相反。

支撑和压力大致分为两种。第一种是主观上的支撑和压力，又称为数学规律或者自然规律上的支撑、压力，如股价处在黄金分割、斐波南希神奇数字、整数节点上的时间周期和空间位置。这主要是人类心理等精神方面的规律使然，因为大多数交易者可以承受的正常变动范围，就在上述的数字范围。比如股价连续上涨超过一倍，很多交易者就会选择卖出，造成股票供给增多，资金供给减少，从而对股价上涨形成压力。

图3-35是达刚路机（300103）的日线图。从图中可以看出，多头来势汹汹，股价暴涨，但最终涨幅止步于一倍多一点的位置。

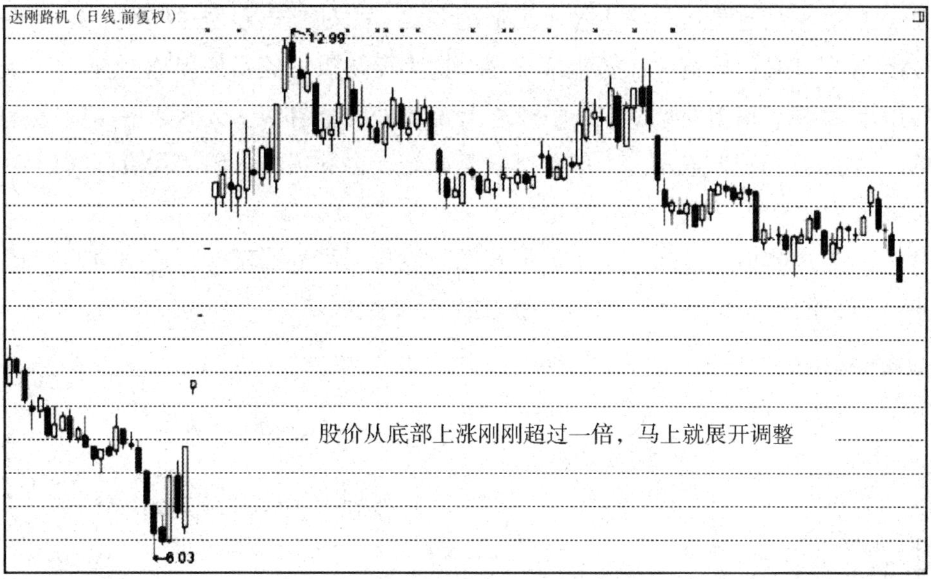

图3-35

图3-36是中海科技（002401）的日线图。和上图（图3-35）的例子差不多，多方主力也是挟雷霆之势，连续放巨量涨停，但也在一倍涨幅关口处碰壁回撤。

接着第二次放量上攻，从成交量上看，多方大有鱼死网破的决心。但那一倍关口坚如磐石，巍然不动，多方碰壁势尽，随后股价一路下泻。

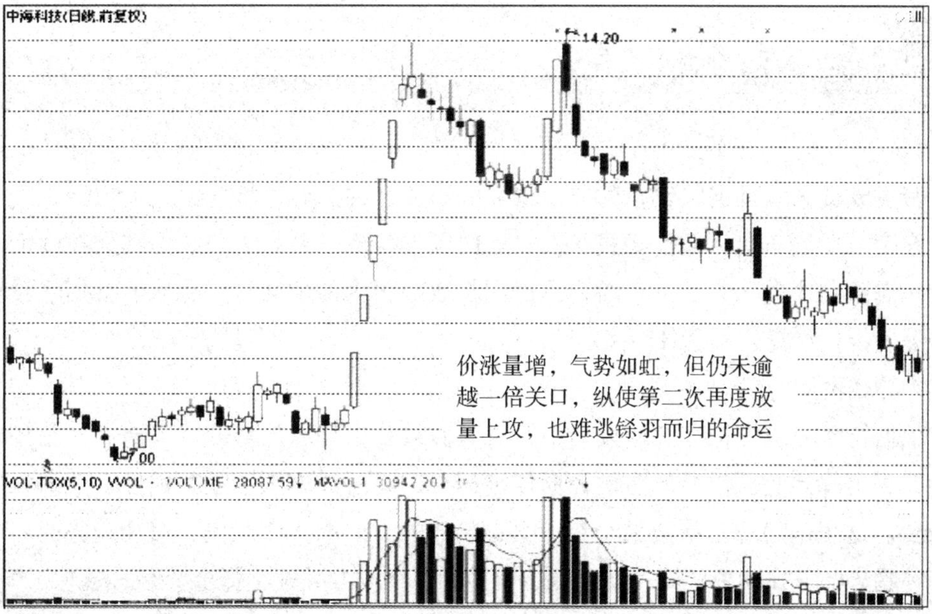

图3-36

第二种是客观上的支撑压力，又称为供求关系或者经济规律上的支撑和压力。如股价处在历史上的密集成交区、技术图形的颈线、多处高点和低点区域、移动平均线等，归纳起来就是一种情况：密集成交区。这主要是供求关系的规律使然，因为密集成交的区域堆积了很多股票筹码，股价上升至此处，会有很多人因为解套或接近解套而抛出，对股价上涨形成压力。股价下跌至此处，会有很多人因为没有利润而停止卖出，形成支撑。

图3-37是厦华电子（600870）的周线图。股价从高处回落时，遇到前期密集成交区获得支撑，股价盘整了很久，才向下跌破密集成交区域。

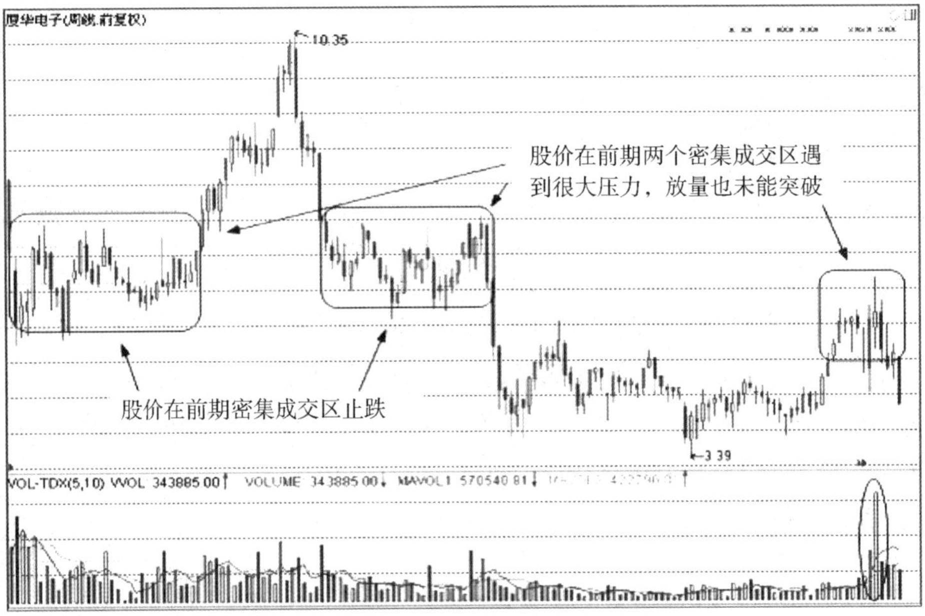

图3-37

密集成交区一旦被跌破，就成为很大的阻力，因为此处堆积了大量成交，筹码由获利盘变成了套牢盘。股价经过很长一段时间的筑底，开始上攻，但在前期两个密集成交区遇到很大的压力。上攻时，虽然同步放出很大的成交量，也未能抵挡住套牢盘的汹涌抛售，最终只得返身回头。

趋势线不同。

根据技术分析理论三大假设当中第二大假设“市场以趋势的方式演变，趋势具有惯性”，可知趋势会沿着原有的方向惯性运行，趋势线就表明趋势惯性运动的轨迹没有改变。这里的趋势是指交易趋势。交易趋势的方向取决于股票、市场趋势的方向，而交易趋势的外在动力，则主要来源于交易者多空双方心性、资金博弈的结果。

虽然顺应股票、市场趋势的一方，可以借助趋势规律的力量取得事半功倍的效果，但在实际交易当中，真正可以做到顺势而为的交易者少得可怜。市场内的交易者，两平一赚七赔，就足以说明这个问题了。现实的情况是，无论是上涨、下跌还是横盘整理，多空双方经常会在某一特定时间段势均力敌。这就是趋势具有惯性的原因。

牛顿第一运动定律（惯性定律）：一切物体总是保持匀速直线运动状态或静止状态，直到有外力迫使它改变这种状态为止；牛顿第二运动定律（加速度定律）：物体运动的加速度与物体所受合外力成正比，与物体质量成反比，加速度方向与合外力方向相同。

以上两个定律表明，力不是保持物体运动状态的原因，而是改变物体运动状态的原因。

交易趋势也是如此，交易趋势保持原有运动状态和方向不变，不是受到资金追捧或抛售，而是追捧和抛售的力量大小一致。交易趋势加速下跌或上涨，或者减速下跌或上涨。改变运动方向，则是多空双方当中的一方取得了相对的优势。当然，这种优势不单单是资金数量上的优势，更为重要的，是资金趋势方向与股票、市场趋势方向的顺逆情况。

和地球上的物体天然受到重力的影响一样，交易趋势也天然地受到股票、市场趋势的作用。这是交易趋势的内在动力。

多空双方心性、资金博弈的结果，是交易趋势的外在动力。

除了多方和空方的心性、资金之外，还有一个虽然很小，却一直存在的外在动力：佣金和印花税。就是这个比例极小的卖压，导致一只股票无人问津时会阴跌不止。

当多方、空方、佣金、印花税、股票、市场趋势各方力量整体上相对均衡时，交易趋势就会继续沿着原有的方向和角度运动。表现在图表上，交易者就可以观察到，每当股价或指数回落到上升趋势线时，就会重新上升；反弹碰到下降趋势线时，就会重新下跌。这是惯性定律在交易市场上起作用的表现。

市场中的各种动力，交易者观察不到，交易者可以观察到的是，上升趋势线就好像是支撑线，股价或指数每次回落到上升趋势线，就会受到支撑而重新上升。

图3-38是洛阳玻璃（600876）的日线图。股价每次遇到上升趋势线就止跌回升，从图表上观察，上升趋势线就像支撑线一样。

图3-38

反之，下降趋势线就像压力线，股价或指数反弹遇到下降趋势线就很容易受阻回落。

图3-39是洛阳玻璃（600876）的日线图。从图中可以看到股价反弹，遇到中期下降趋势线就转涨为跌。

图3-39

当多方、空方、佣金、印花税、股票、市场趋势各方力量整体上失衡时，就会在某一方向和角度上产生一个推动力，交易趋势就会在力的作用下改变原有的运动方向和角度。表现在图表上，交易者可以观察到，当股价或指数回落到上升趋势线时，不再止跌回升，而是径直跌破；反弹碰到下降趋势线时，也不再遇阻回落，而是向上一举突破。这是加速度定律在交易市场上起作用的表现。

市场中的力量变化，交易者观察不到，交易者可以观察到的是，趋势线被股价或指数突破。被突破的趋势线，支撑和压力相互转换，即下降趋势线被突破后，就由压力变为支撑；上升趋势线被突破后，就由支撑变为压力。

趋势线突破的实质，表明趋势的惯性运动被打破，推动股价运行的原有合力，也就是多空双方的力量对比发生了变化：跌破上升趋势线，说明空方力量相对于多方有所增强；突破下降趋势线，说明多方力量相对于空方有所增强。

推动趋势运行的力量发生变化，则趋势运行的轨迹必然发生变化。

变化了轨迹的趋势依然是趋势，依然具有惯性，多空双方的力量也会在一种新的条件下达成新的均衡。表现在图表上，就是趋势线修正，交易者可以画出一条新的趋势线。在新的均衡力量没有被打破之前，交易趋势将会沿着新趋势线运行。

当股价或指数再度运行至原有趋势线的延长段时，就会折返，继续沿新趋势线运行。这实际上是新合力的力度、角度和方向与旧合力的力度、角度和方向完全不同导致的。新合力的力量已经不可能推动股价或指数继续运行在原来的趋势线上，从图表上观察，股价或指数运行到原趋势线时，就像遇到了支撑或压力一样。

在趋势技术分析当中，不必深究趋势线作用的根本原因，因为其作用表现在图表和结果上，与支撑、压力完全一样。交易者进行实战技术分析时，可以直接将趋势线视为支撑线和压力线。

图3-40是柘中建设（002346）的日线图。股价跌破了长期上升趋势线，说明多方的力量有所减弱，或者空方的力量有所增强。总之，是多空双方的合力在一个新的角度或方向上取得了新的均衡。

此后股价再度上攻，遇到趋势线的延长段即重新下跌，说明新合力不足以令股价重回原来的趋势轨迹。从图表上观察，给交易者最直观的感觉就是，趋势线处的压力很重。

上升趋势线跌破后，其延长段可以看作压力线。后市股价或指数运行至原趋势线的延长段时，大多会遇阻重新下跌。

仅仅凭借股价跌破趋势线这一点，交易者尚无法确定究竟是牛市结束、熊市开始了，还是趋势仅仅改变了上升的角度，以一种更加平缓、温和的方式上涨。

图3-40

图3-41是中炬高新（600872）的日线图。当股价突破下降趋势线时，说明多方力量相对于空方力量有所增强。下降趋势线也由原来的类于压力线变成类于支撑线。

图3-41

四、不同坐标下趋势线的应用

这里的不同坐标，仅仅指普通坐标和对数坐标。

券商提供的交易软件，行情界面一般都默认为普通坐标。

普通坐标系中，所有当日涨跌金额相等的股票价格，其K线长度是一样的。比如，10元的股票和40元的股票，开盘价至收盘价都上涨1元，那么它们的K线在坐标上具有相等的长度，尽管前者是大阳线，后者是小阳线。这样就造成了一个问题，当一只股票从10元涨到40元时，在普通坐标系上看，高价区的K线总是比低价区大，低价区的K线几乎全部成了小阴线、小阳线，甚至是阴十字星和阳十字星。趋势的角度也是这样，底部会显得很平缓，高位比较陡峭，整体看起来有些失真。

如果换成对数坐标，K线图的直观感受和真实的上涨情况就完全一致了。在对数坐标系中，所有当日涨跌幅相等的股票价格，K线长度都是一样的。比如，10元的股票和40元的股票，开盘价至收盘价都上涨10%，那么它们的K线在坐标系中具有同样的长度。对数坐标反映的是价格变化的相对强度和股票实际盈亏的比率，表现在图表上，要比普通坐标真实得多。

图3-42和图3-43是海通证券（600837）相同时间段在普通坐标系和对数坐标系中的K线图。交易者很容易就可以观察到，在普通坐标系中，一字涨停线之间的距离越来越大，角度也越来越陡峭。随着股价的升高，K线实体越来越长。在对数坐标系中，一字涨停线之间的距离是相等的，涨速和趋势角度也没有变化。也就是说，K线实体的长度只和涨跌比例有关，和绝对价格无关。

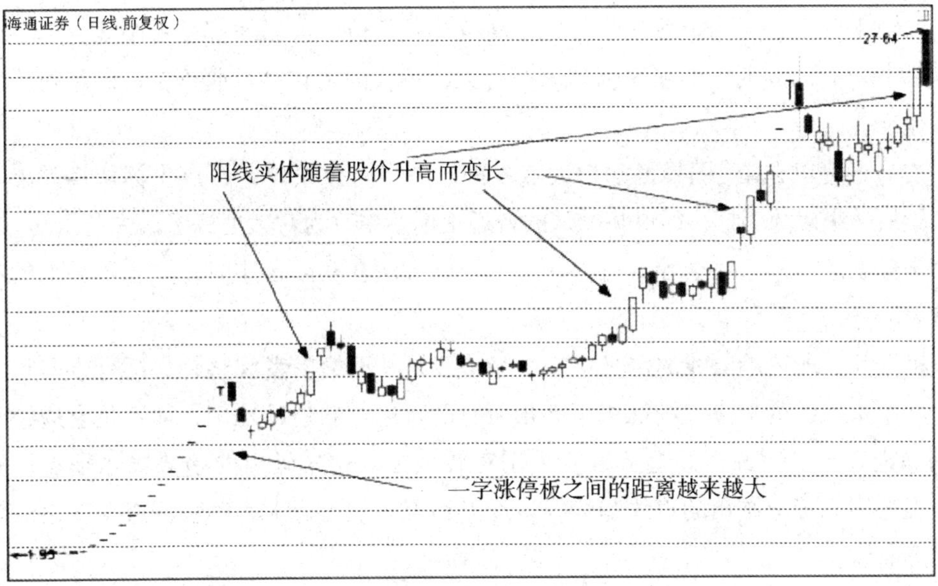

图3-42

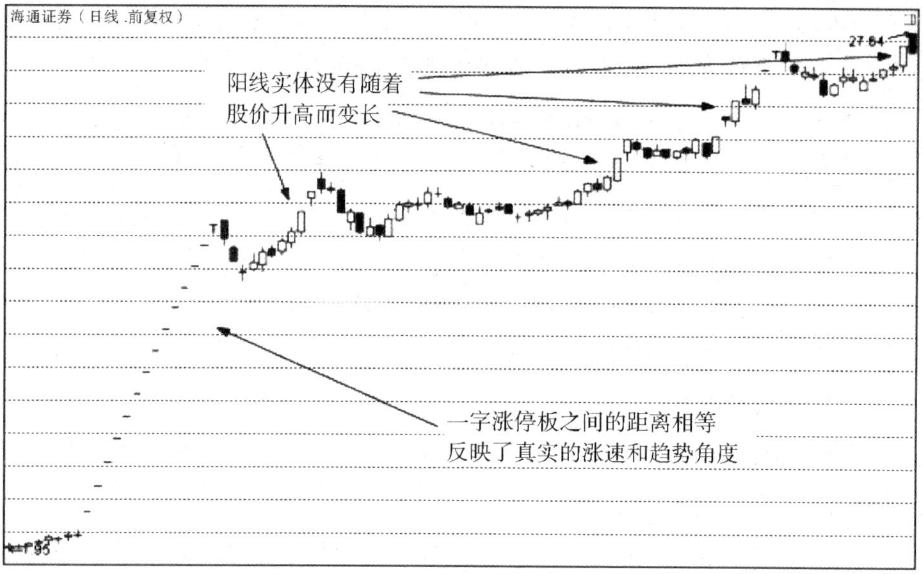

图3-43

众所周知，在涨跌停板制度下，一只股票最快的涨速就是连续涨停，所以只有连续涨停时，趋势的角度才是最陡峭的。对比两幅图，一眼就可以看出，对数坐标系的K线图反映了行情真实的趋势和涨速。

对数坐标中，无论指数和股价处于高位还是低位，大阳线都是大阳线，趋势的角度只和一定时间周期内的涨跌幅和形态有关，不会因为在高位股价变动的绝对值增加而发生变化。

交易者可以在K线图界面空白处点右键，弹出一栏菜单，再点坐标切换弹出子菜单，然后选中对数坐标，即可将默认的普通坐标系修改为对数坐标系。

坐标系的不同，将会导致有一些技术分析方法在实际运用时，产生结果上的不同或偏差。

根据前文所述趋势线的定义可知，趋势线是帮助交易者观察趋势运行方向和角度的。在坐标系上的角度，则取决于夹角所对的直边与斜边的比例，而不是直边绝对数值的固定增减。因此，画趋势线应采用对数坐标，这样画出的趋势线才是真正的直线。在普通坐标上画出的直线趋势线，逐点移至对数坐标上，就会变成角度逐渐趋缓的弧形曲线。

分别在对数坐标和普通坐标上画出趋势线，交易者就会发现，二者的角度不同：对数坐标上的趋势线更陡或者更缓一些。因此，如果时间周期足够长，二者的技术含义就将完全不同。

图3-44是上证指数（999999）2005年下半年的对数坐标日线图。过2005年7月19日的低点1004.66点和2005年12月6日的低点1074.01点画出一条趋势线。由于这条上升趋势的角度比较迟缓，如果指数继续上升，该趋势线就不容易被短期跌破，从而成为一

条时间周期很长的长期上升趋势线。

图3-44

当然，如果指数很快就转头向下，跌破该条趋势线，那又另当别论。

图3-45是对数坐标系中上证指数（999999）2005年6月至2011年10月的日线图，也是上图（图3-44）的缩小图，图中的长期上升趋势线就是上图所画的趋势线。

图3-45

从图中可以观察到，2008年指数跌至1664点时，已经有效跌破上升趋势线。虽然很快就重新收复，并走出一波翻倍的行情，但很显然，该条上升趋势线已经不能作为预测和判断后市指数趋势的依据了。

2011年7月，指数再度跌破该上升趋势线。

图3-46是上证指数（999999）2008年见底1664点时的日线图。图上的直线就是上图（图3-45）中的上升趋势线。虽然该趋势线被短暂微幅跌破，但已达有效跌破的标准（本次跌穿，仅略大于3%的幅度，但指数有效跌穿幅度只要大于1%，即可成立）。

另外，由于时间跨度太长，会把不同交易者画线产生的细微误差放大，从而导致此处趋势线的位置不同，也可能指数未必有效跌破。但误差无论有多大，在图3-45中，截至到2011年10月时，指数都已经有效跌破该上升趋势线。

图3-46

图3-47是普通坐标系中与图3-45同一时间段的上证指数（999999）日线图。在普通坐标系上，2008年的1664点恰好触及该上升趋势线止跌回升。一直到2011年10月，指数仍旧运行在该上升趋势线之上，表示自2005年见底998点以来，大盘一直运行在超长期的大牛市当中。

图3-47

对比图3-47和图3-45，指数和同一条上升趋势线之间的位置，差距还是很大的，技术含义显然已完全不同。对于超级长线交易者，见到图3-45，在2008年跌破时就应该清仓离场。虽然指数随后又重新站上该上升趋势线，但因为中间已被指数有效穿越，所以2008年1664点之后的走势，已经不能再参考该上升趋势线。如果使用普通坐标系，则上升趋势线一直有效，目前指数仍运行在上升趋势线之上，故仍可继续持仓不动。

如果在一个时间周期较短、涨跌幅度不大的区间内画趋势线，二者几乎没有区别。

图3-48是对数坐标系中深证指数（399001）2011年8月1日至2011年10月21日的日线图。图上是一条中期下降趋势线，10月17日K线的上影线正好触及下降趋势线，验证了下降趋势线的有效性。

图3-49是普通坐标系中深证指数（399001）2011年8月1日至2011年10月21日的日线图。与上图（图3-48）的时间段完全相同，也是同一条中期下降趋势线。唯一的区别是，10月17日K线的上影线向上刺穿了一点点下降趋势线，但下降趋势线依然被验证有效。

在普通坐标系中，当一只股票的最高价和最低价之间相差的倍数越大，则股价在低位的技术形态和K线长短就被压缩得越厉害，令交易者难以看清。对数坐标因为是比例坐标，所以无论高价区还是低价区，相同涨跌幅情况下的K线长短都是一样的，反映了真实的技术形态变化和K线涨跌比例变化。因此，如果股价或指数涨跌幅度较大，二者的趋势线就会有明显的差异。

图3-48

图3-49

图3-50是银河磁体（300127）在对数坐标上的日线图。股价已经向上突破下降趋势线，并在回落过程中受到下降趋势线的支撑。无论是高价区还是低价区，相同涨跌幅时K线的长短都是一样的，反映了真实的技术形态变化和趋势轨迹。

图3-50

图3-51是银河磁体（300127）在普通坐标中与上图（图3-50）同一时间段的日线图。与上图相比，本图在低价位区的K线长短和走势形态明显被压扁了。因此，股价突破下降趋势线的位置以及突破后回落的位置也与上图（图3-50）完全不同了，底部更加平缓，位置趋向于向右横移。

图3-51

图3-52是银河磁体（300127）在对数坐标上的日线图。在对数坐标上，按照通道逆推法推定的下降通道如图所示。

图3-52

图3-53是银河磁体（300127）在普通坐标中与上图（图3-52）同一时间段的日线图。在普通坐标系上，根据通道逆推法，依然可以画出一个下降通道，如图所示。但与上图中的下降通道相比，通道的宽度和角度都是完全不同的。

图3-53

图3-54是汉王科技（002362）在对数坐标上的日线图。图中的下降趋势线是该股目前唯一的长期下降趋势线，股价依然运行在趋势线之下。

图3-54

图3-55是汉王科技(002362)在普通坐标系中与上图（图3-54）同一时间段的日线图。由于跌幅巨大，所以在本图当中，高价位区和低价位区的差别更大，低价位区的走势形态更加平缓，K线更加短小，上下波幅也越来越小。

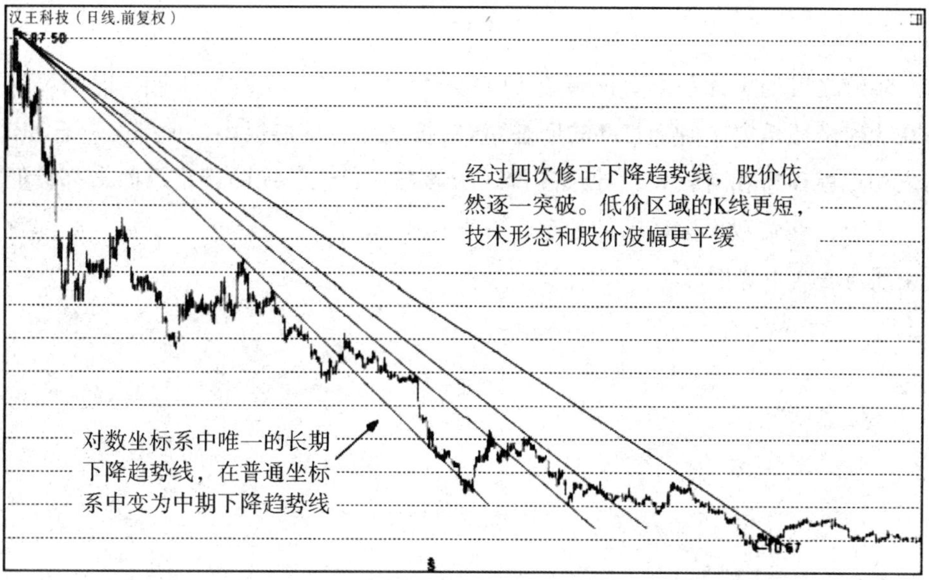

图3-55

在上图（图3-54）还是唯一的长期下降趋势线，本图当中就变成中期下降趋势线，且早已被有效突破，已由压力变为支撑。同样一条下降趋势线，在不同的坐标系中性质发生改变，技术含义则完全相反。

普通坐标系上，经过四次修正下降趋势线，还是被股价一一突破，全都由压力线变为支撑线。

图3-56是对数坐标系中上证指数（999999）2007年9月至2009年2月的周线图。从图中可以看到，指数完美地运行在一个下降通道当中。

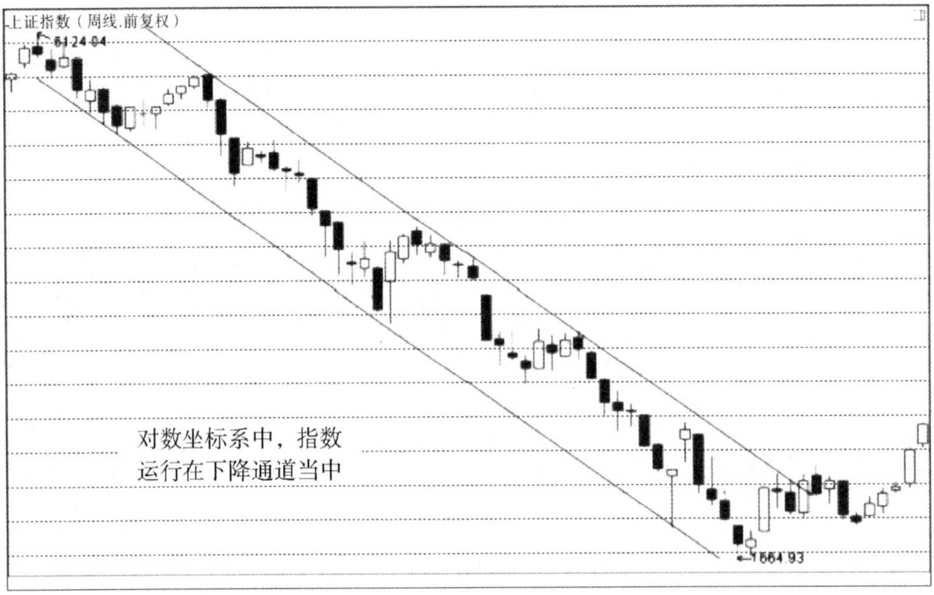

图3-56

图3-57是普通坐标系中上证指数（999999）与上图（图3-56）同一时间段的周线图。在普通坐标系中，由于底部的形态和K线被压缩，变得很小，顶部的形态和K线长度与之相比就显得相对较大，导致高价区的形态，无论是横向还是纵向，都较低价区为大。所以，在对数坐标系中的通道，在普通坐标系中，上部就会变宽，底部就会变窄，由通道变为下降楔形。

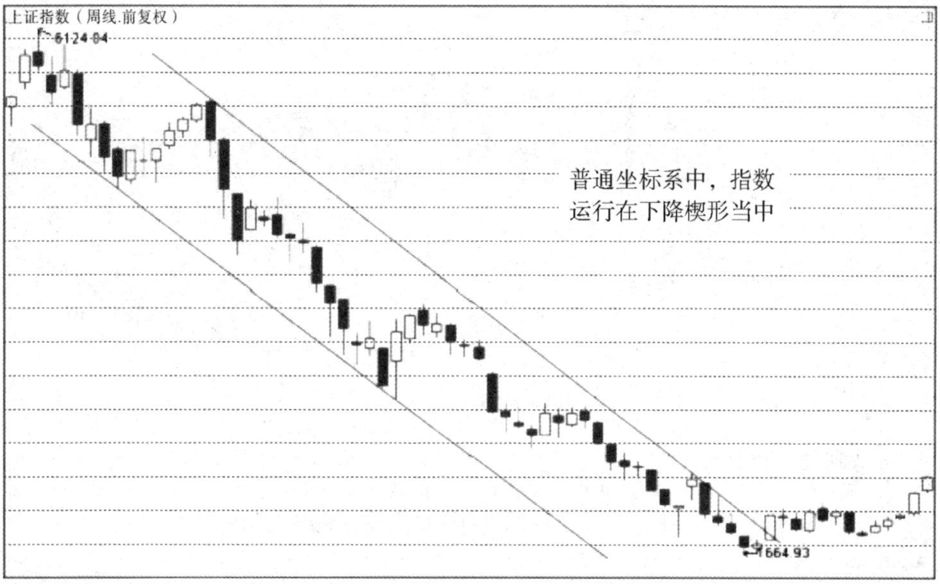

图3-57

五、不同坐标系下趋势线的运用

虽然对于较长时间周期和涨跌幅度很大的K线走势图，普通坐标系上的趋势线是失真的，但由于交易软件默认的K线走势图是普通坐标，导致大多数交易者平时画趋势线选用普通坐标。有时普通坐标系中的趋势线，同样具有很强的技术参考意义。

对数坐标系和普通坐标系在画趋势线方面，虽然前者是真实的反映，但在实际运用当中各有优劣，交易者可以选用自己最为熟悉和擅长的使用。

市场行为决定和包容所有交易行为，交易行为形成和影响市场行为，这在对数坐标和普通坐标中趋势线的不同及其运用上依然可以得到体现。存在的即是合理的，有时的确是这样。

图3-58是普通坐标系中上证指数（999999）2008年10月至2010年11月的周线图。过最高点3478.01点画一条下降趋势线，指数一直运行在如图所示的下降通道当中，2011年7月5日的最低点2319.74点恰好落在通道的返回线上，然后止跌回升。

交易者如果事先画出下降通道，就可以预先测知指数的低点，无论是左侧交易还是右侧交易，都可以做好充分的交易准备。

图3-58

图3-59是对数坐标系中上证指数（999999）与上图（图3-58）同一时间段的周线图。在本图当中，同样过最高点3478.01点画下降趋势线，过另一侧相对低点画返回线。但指数2011年7月的低点连续两周跌穿通道的返回线，说明在对数坐标系中，指数已经对下降通道进行了考验。在考验过程中，交易者是无法确切判断指数是否依然还运行在下降通道当中。

图3-59

本例表明，根据普通坐标系中的下降趋势线画出的下降通道，比对数坐标系中的下降通道具有更强的技术参考意义。

在对数坐标系中，如果修正一下下降趋势线，情形就有所不同。如图3-60所示，依然是上证指数（999999）与上图（图3-59）同一时间段的周线图。过相对高点画一条下降趋势线，然后过低点画与之平行的返回线。交易者可以看到，在对数坐标系中，指数是运行这个下降通道中，最低点2319.74点恰好落在返回线上。

交易者如果事先画出下降通道，仍旧可以预知指数可能的低点，并采取相应的交易行为。但这已是与普通坐标系中的下降通道完全不同的另一个通道了。

图3-60

图3-61是普通坐标系中上证指数（999999）2010年3月至2010年8月间的日线图。经过前期快速下跌后，指数跌势趋缓，运行在如图所示的下降通道中。

根据这个小的下降通道，交易者也可以预知2319.74点的上证指数低点。

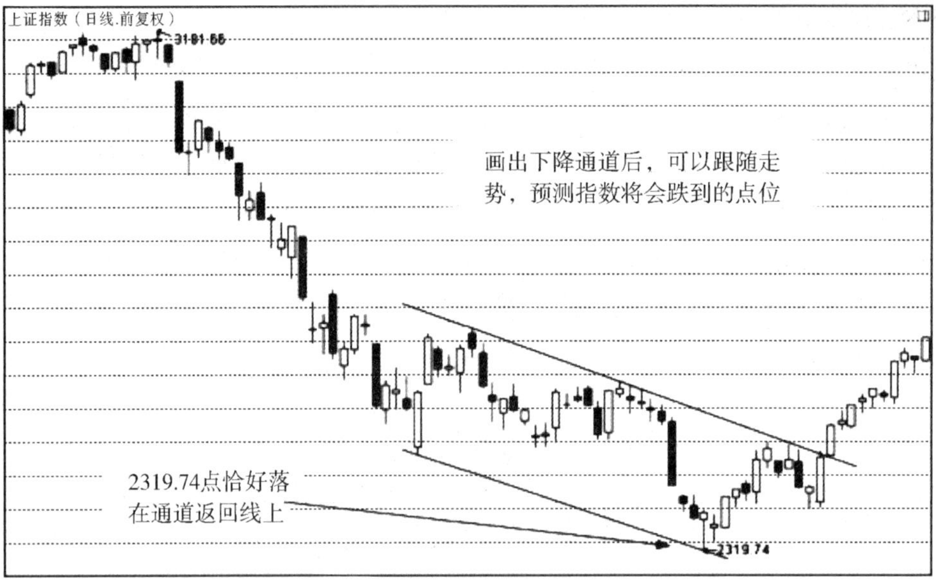

图3-61

图3-62是对数坐标系中上证指数（999999）与上图（图3-61）同一时间段的日线图。在对数坐标系上，指数碰到返回线时，虽然也同样遇支撑止跌回升，但指数的下影线向下刺穿了返回线。

与普通坐标系中的通道相比，已经有了一点误差，预测指数点位的准确性稍稍差了一点点。

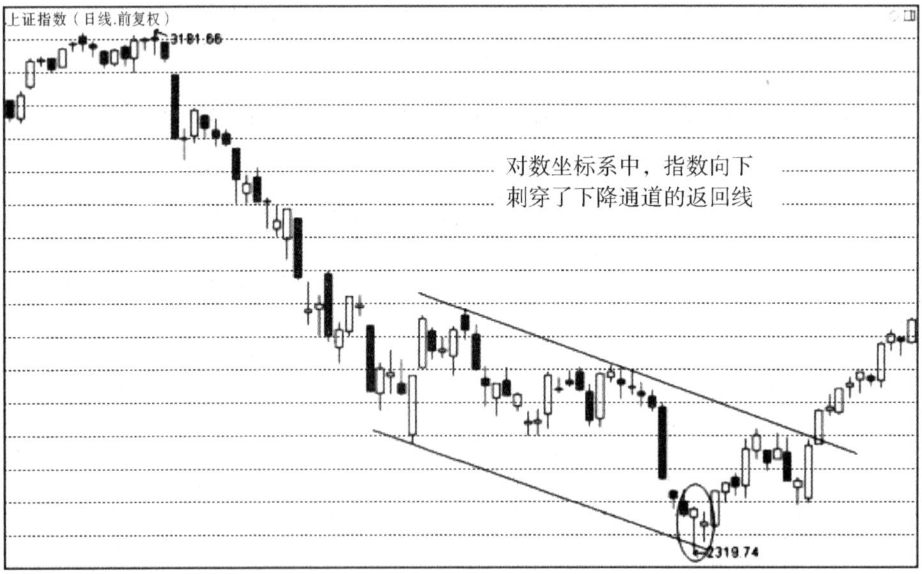

图3-62

图3-63是普通坐标系中上证指数（999999）2010年4月至8月的日线图。从图上可以

看出，指数向上突破中期下降趋势线，然后回试，恰好遇趋势线支撑止跌。

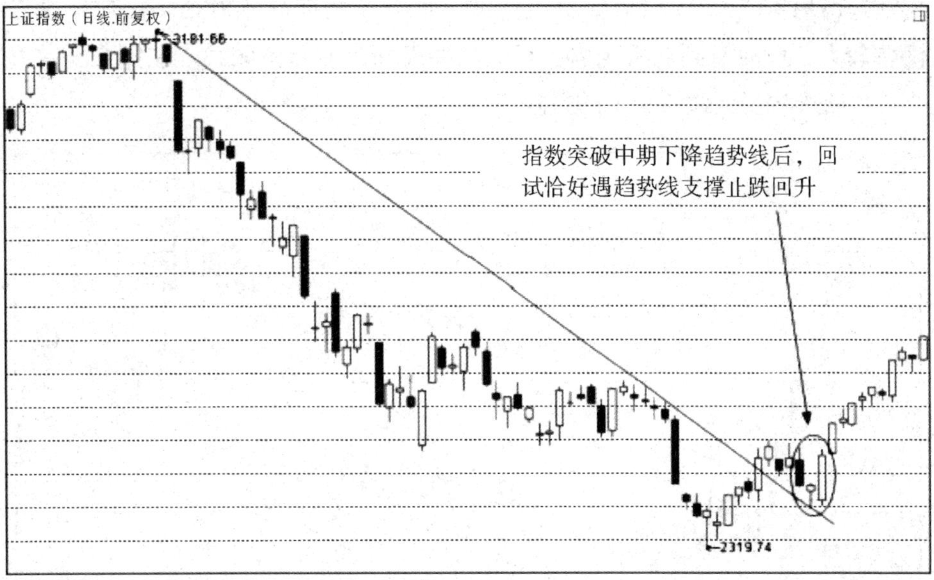

图3-63

图3-64是对数坐标系中上证指数（999999）与上图（图3-63）同一时间段的日线图。在本图中，指数依然向上突破了中期下降趋势线，但在回踩时两次刺穿了中期下降趋势线。

图3-64

图3-65是普通坐标系中上证指数（999999）2010年4月至12月的日线图。过2319.74点画一条上升趋势线，然后过另一边相对高点画返回线，交易者可以看到，指数运行

在一个大的上升通道内。

指数摸高3186.72点，恰好触到返回线，此处又是前高压力处。指数经过连续上涨，涨幅较大，此时遇到双重压力，很显然冲高回落的概率较大。左侧交易者可以据此减仓，以回避将要下跌所带来的风险。

图3-65

图3-66是对数坐标系中上证指数（999999）与上图（图3-65）同一时间段的日线图。在本图当中，指数没有运行在任何通道当中。交易者只能通过前高压力和复合头肩底的量度升幅，综合判断指数遇阻回落的概率，但精准性已经比上图中的上升通道差了。

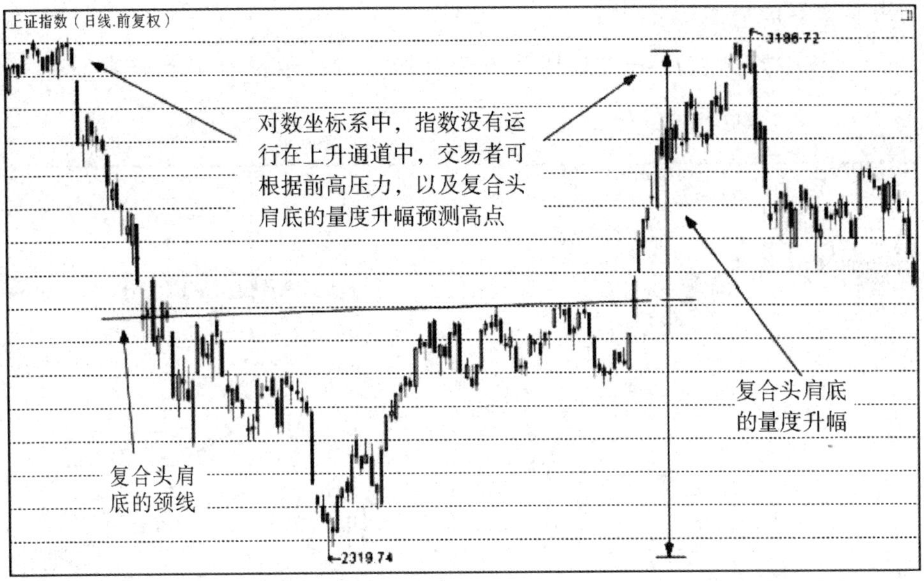

图3-66

图3-67是普通坐标系中上证指数（999999）2011年3月至11月的日线图。从图中可以看到，指数运行在下降通道当中，但下降通道已经经受了两次考验，一次盘中刺穿了返回线，另一次向上突破了长期下降趋势线，但没有有效突破。指数在向上突破长期下降趋势线时未有效突破，遇阻重新跌回通道内。

图3-67

图3-68是对数坐标系中上证指数（999999）与上图（图3-67）同一时间段的日线图。在对数坐标系中，指数依然运行在一个长期下降通道当中，但这是和普通坐标系

中完全不同的下降通道。

目前，该下降通道尚未受到任何考验，指数运行也没有遇到来自通道的任何压力。

图3-68

普通坐标系中画出的趋势线，理论上虽然并非真正的趋势线，但由于使用者众多，所以在很多时候，其技术含义还是非常明晰和准确的。主要的原因在于，当为数众多的交易者都在使用普通坐标系画趋势线时，他们也就几乎可以同时发现，股价或指数已经运行到趋势线附近，即将受到压力或支撑。于是，很多交易者选择卖出或买入，造成股票供求关系改变，从而令交易趋势形态发生改变，真的在趋势线附近形成顶部或底部。

交易者心性趋势决定交易者资金、行为趋势，所有的交易行为组成市场行为，市场行为就是交易趋势。因此，任何交易者的任何看法、行为，都将对交易趋势造成或多或少的影响和改变。

本系列丛书中，除了特别注明以外，所有行情插图都是对数坐标系。

六、趋势线的修正

虽然很多股票的走势极具规律，上升或下降时几乎是持续沿着某一角度运行。但是大多数股票或某一只股票的大多数时间里，如此显而易见的规律性走势并不多见。

经常性的事实是，股价会突然加速（上升或下降），或越来越迟缓，从而变换了趋势的角度。更有甚者，突然间就变得毫无规律可言，令那些初学画趋势线的交易者手足无措。

应对和解决的办法涉及到了趋势线的修正。所谓趋势线的修正，是指当交易者画出一条趋势线后，股价或指数随后的走势沿着趋势线方向远离趋势线运行，或者突破趋势线，交易者必须根据股价或指数新的走势，重新画出不同时间周期、不同倾斜角度的趋势线，这样才能更准确地反映趋势的角度和方向，便于交易者随时调整仓位，做出进出场决定，最大限度地获取利润，减少损失。

简单地说，趋势线的修正就是指随着股价或指数的运行，因趋势加速或减缓，为了追踪价格趋势的变化，交易者不断画出的不同时间周期、不同倾斜角度的趋势线。

趋势线的修正，要求交易者不断变换趋势线的角度，尝试不同周期的画法，有时还需要结合其他趋势技术分析方法。由于趋势线修正是追踪趋势变化，所以趋势线修正不完全是更换或剔除原趋势线，很多趋势线修正过后依然有效。

趋势线的修正可以让交易者交易时既能看清大方向，又能把握小波动，既有原则性，又有灵活性，既顺势而为，又不失战机，是长、中、短期趋势结合运用的一个非常有效的趋势技术分析方法。

图3-69是云南白药（000538）的周线图。图上是长期趋势线修正的例子。趋势线1是一条经过多次验证有效的长期趋势线，比较陡峭。被跌破后，成为后市股价上涨的压力线。

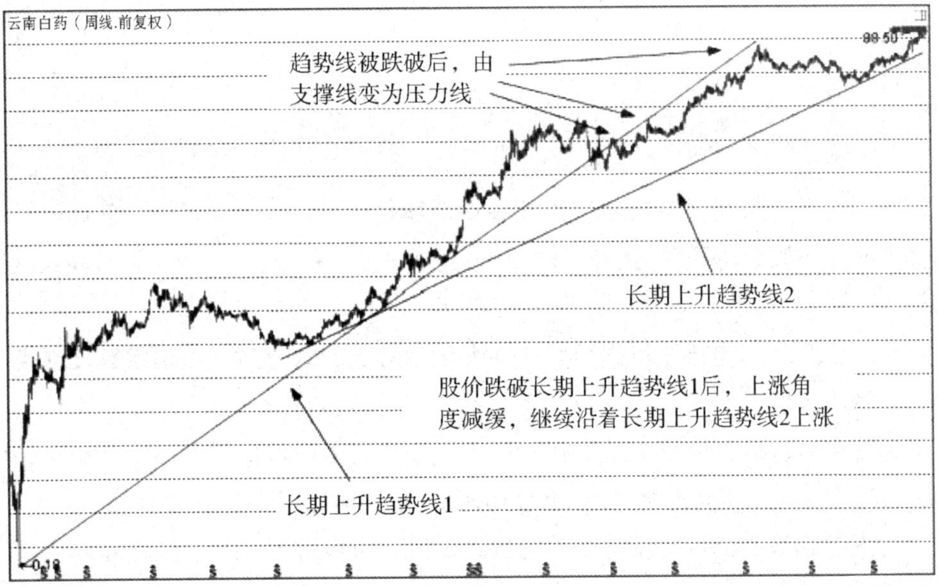

图3-69

股价跌破趋势线1后，长期趋势并未结束，只是上涨的角度减缓。之后交易者可以连接相对低点画出长期上升趋势线2。股价自高位回落，进行整理，遇到趋势线2的支撑止跌回升，多次验证了趋势线2的有效性。

1．下降趋势线的修正

图3-70是中青宝（300052）的日线图。下跌伊始，跌速较快，因此下降趋势线1的角度比较陡。不久，该趋势线被突破，股价横向整理，然后继续向下，创出新低。创出新低后，交易者可以画出下降趋势线2。下降趋势线2的角度明显比趋势线1的角度平缓。

随着股价继续下跌，过最高点的下降趋势线已经不能完全真实反映最新的下降趋势轨迹，所以交易者可以过相对高点A与新低点之前的任意高点连线，画出下降趋势线3、4、5，分别反映了趋势下降不同阶段和不同周期的运行轨迹。

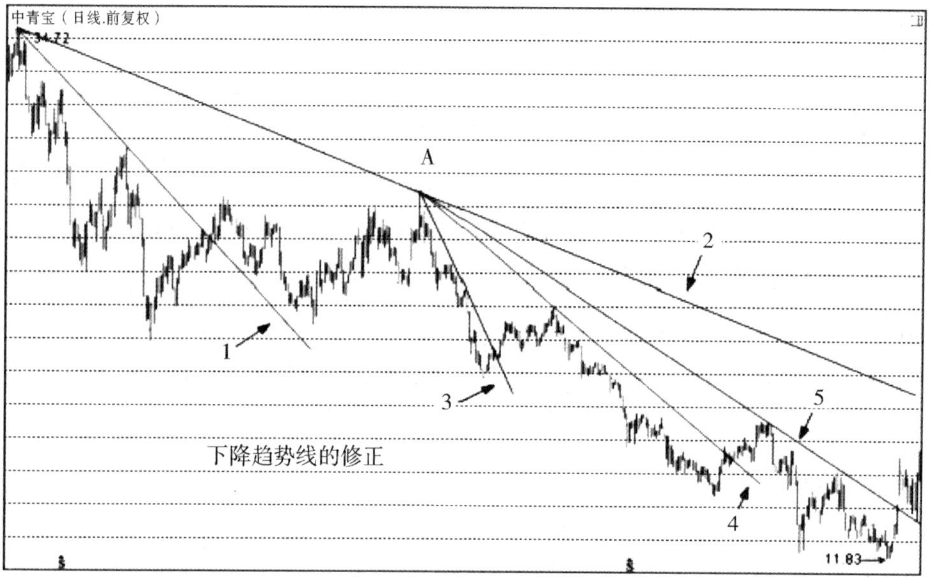

图3-70

图3-71是华平股份（300074）的日线图。股价下跌，跌出新低后，就可以过两个相对高点画出下降趋势线1。然后下跌加速，创出新低后，过另外两个相对高点画出下降趋势线2。

接着股价反弹，走势比较强劲，接连突破趋势线2和趋势线1，但没有创新高，说明还在下降趋势当中。

反弹结束后，股价继续下跌。在新的下跌趋势走出一浪低于一浪的走势时，可以过两个相对高点画出下降趋势线3。继续加速下跌时，画出下降趋势线4。

当新下降趋势的低点比反弹之前的低点低时，可以过反弹高点和前高画出长期下降趋势线5。

股价展开第二轮比较大的反弹行情，但在遇到趋势线5的压力后回落。回落后的下跌又是一轮新的下降趋势，可以画出下降趋势线6。

图3-71

图3-72是三五互联（300051）的日线图。股价初跌时，跌势很猛，所以下降趋势线1的角度很陡。接着股价反弹，反弹后又是一轮急跌，可以过相对高点画出下降趋势线2。

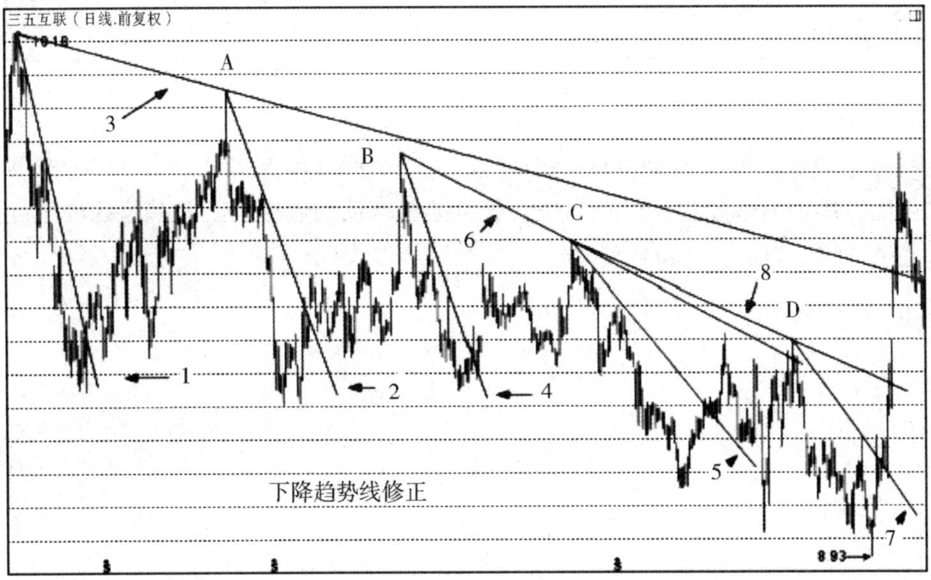

图3-72

第二次急跌的低点低于第一轮的低点时，可以过最高点和A点，画出下降趋势线3。下降趋势线3的角度很平缓，表明有可能是长期下降趋势线。

股价展开第二次中期反弹，这次的力度不如上次，还没有碰触到下降趋势线3就向下折返。可以过B点和相对高点画出下降趋势线4。

其余下降趋势线5、6、7、8，画法和原理与之相同。

2．上升趋势线的修正

图3-73是鲁泰A（000726）的日线图。在上涨过程中，涨速越来越快，上升趋势线的角度也越来越陡。如果更短一些周期的趋势也画上，趋势线的数量会更多。

图3-73

图3-74是盛达矿业（000603）的日线图。随着股价加速上升，上升趋势线的角度越来越陡，周期越来越短。但在高位，股价的涨速反而趋缓，上升趋势线的角度又开始越来越平缓，周期也开始变长。

图3-74

图3-75是广联达（002410）的日线图。上升趋势线不断被跌破，但股价并未下行，反而连续创新高。交易者可以在每一次股价创新高后，画出新的上升趋势线。因为旧趋势线不断被跌破，所以新趋势线的角度越来越平缓，周期也越来越长。

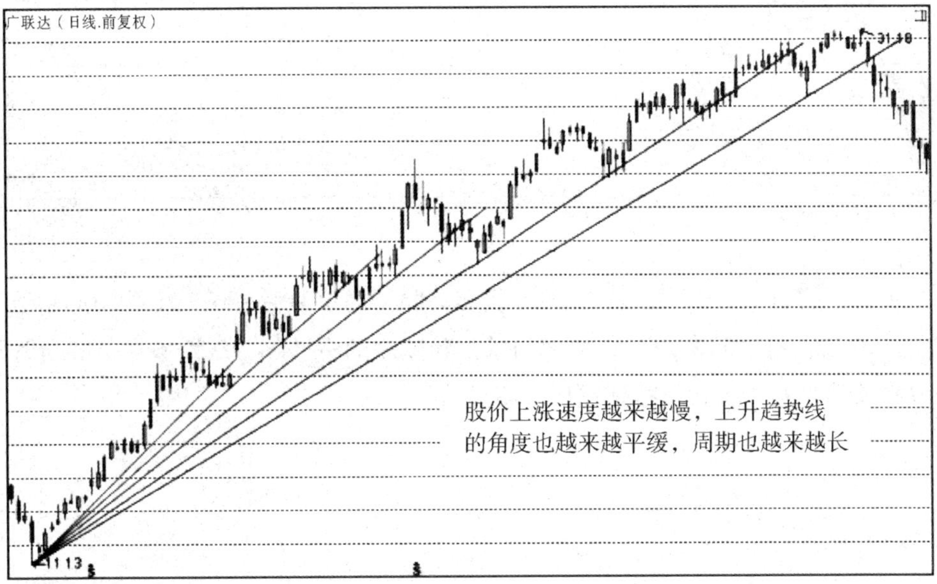

图3-75

特别提示：

（1）趋势线的角度取决于趋势涨跌力度的强弱。

通常情况下，上升趋势线角度较为平缓时，相应的涨势就较为平缓，比较稳定，不容易被跌破；上升角度越陡的上升趋势线，对应的上涨势头也就越强烈，也就越容易被跌破。

下降趋势线与之相同，只是方向相反。

图3-76是雅克科技（002409）的日线图。上升趋势线2的角度，比上升趋势线1的角度陡峭得多，对应的走势是一段暴涨行情，但很快就被跌破。而趋势线1直到几个月后才被跌破。跌破后，很明显，股价已经运行在中期下降趋势中了。

（2）越平缓的趋势线越稳定，被突破后，就越容易成为重要走势的转折，即便股价或指数重返趋势线，后续也不容易再创新高或新低；越不稳定的趋势线，虽然越容易被突破，但突破后往往是上涨或下跌的中继，大多仍会续创新高点或新低。

图3-76

图3-77是厦华电子（600870）的日线图。除了高位最后一条角度陡峭的趋势线被跌破后，股价没有创新高之外，前面两条比较陡峭的中期趋势线跌破后，股价都没有向下调整多少就再度走强，接连创出新高。

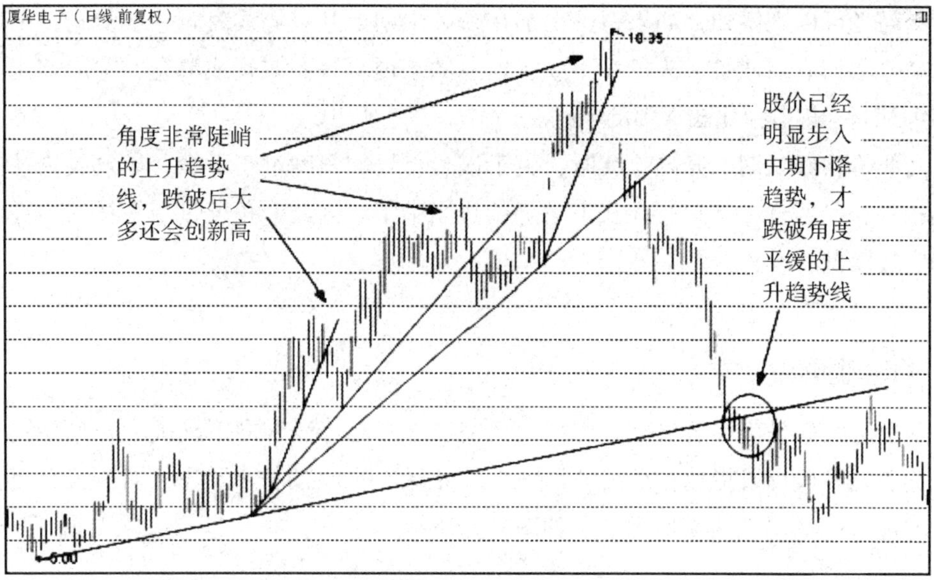

图3-77

最平缓的上升趋势线被跌破时，股价大多已经运行在中期下降趋势了。

（3）角度过于平缓的趋势线虽然稳定，但后市股价或指数碰触的机会也非常少，实战操盘的意义不大；过于陡峭的趋势线虽然很容易被突破，因为行情比较剧烈，反而容易出现极佳的中短线交易机会。

图3-78是大江股份（600695）的日线图。图上一共画出了四条上升趋势线，其中一条是长期上升趋势线，三条是中期上升趋势线。

图3-78

交易者可以观察到，如果每一次都在跌破中期上升趋势线时减仓或清仓，虽然第一次减仓或清仓后股价并未继续下跌，但总的来说，只要减仓或清仓，都能够比较好地锁定利润，规避掉比较深幅的下跌。

当股价跌破长期上升趋势线时，由于该趋势线的角度过于平缓，导致股价跌破时跌幅很深，已经整体上运行在长期下降趋势当中了。因此，角度过于平缓的趋势线，对于实战操盘的意义不大。

七、趋势线突破

这里的突破是广义的突破，包括向上突破下降趋势线和向下跌破上升趋势线。趋势线突破是指股价或指数一举突破趋势线，价差超过3%的技术形态（对于大盘而言，一般超过1%即可认为突破有效）。如图3-79所示。

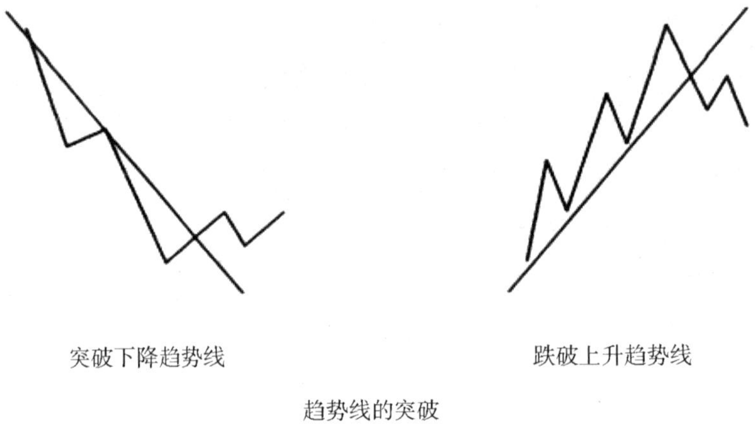

图3-79

趋势线突破的特征。

（1）股价或指数一直沿着趋势线运行，然后向上或向下突破趋势线。

（2）突破趋势线的价差超过3%，大盘指数超过1%。

（3）向上突破趋势线时，需要成交量同步放大予以确认，向下跌破趋势线时，则无需成交量的配合。

（4）突破趋势线后，股价或指数远离趋势线的速度越快，距离越远，则突破的技术含义越有效。

图3-80是网宿科技（300017）的日线图。股价虽然跌破上升趋势线，但未达3%的价差，趋势线突破失败。

趋势线突破的技术含义。

图3-80

1．股价或指数向上突破下降趋势线时，是止跌信号

前文已述，下降趋势线在被突破之前，对股价或指数起到压力作用。因此，当下降趋势线被有效突破后，表明多空双方的力量对比发生了变化，多方相对于空方趋强，股价或指数有可能止跌回升。

仅仅向上突破下降趋势线，并不意味着股价或指数真的止跌。是否止跌，交易者可以结合其他趋势技术分析方法综合判断。一般而言，当股价或指数突破下降趋势线后，出现以下几种情形，大致可以判定后市止跌回升概率很大。

（1）后低高于前低，后高高于前高，止跌回升，买入。

图3-81是大元股份（600146）的周线图。股价先是向上突破中期下降趋势线和双底的颈线。回试颈线和中期趋势线不破后，股价继续上涨，向上突破了长期下降趋势线。每一次突破趋势线后，都出现了后低高于前低，后高高于前高的走势，确认上升趋势。

图3-81

交易者可以根据交易周期、交易类型的不同，分别择机进场买入。

图3-82是上图（图3-81）大元股份（600146）同一时间段的周线图。从图上可以看出，股价在突破趋势线的同时，完成均线扭转形态。

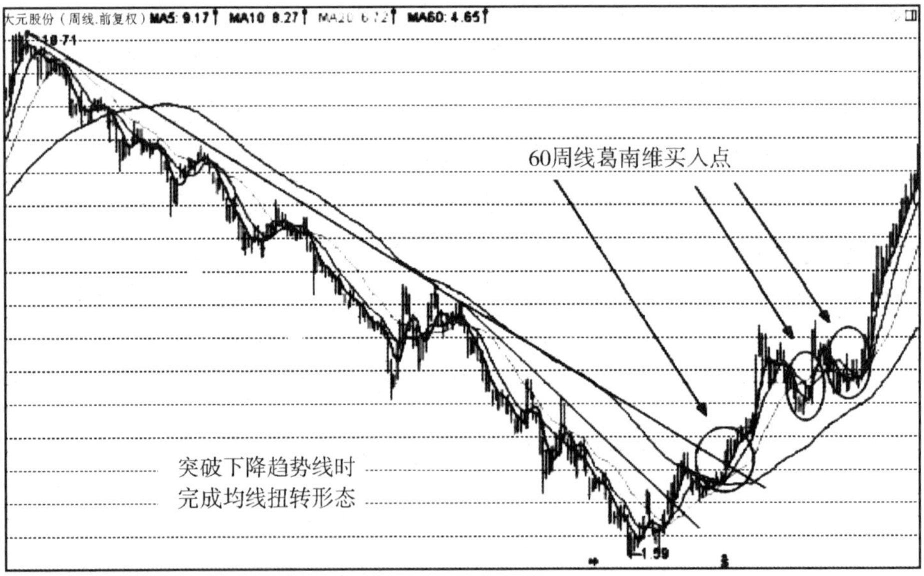

图3-82

如果以60周均线作为交易周期，该股出现60周均线葛南维买入点的位置，和上图（图3-81）相差无多，区别不大。

上图（图3-81）中出现的买入点有两个，第一次是在突破中期下降趋势线和双底颈线时，第二次是在回试趋势线和颈线时。在本图当中，只有回试趋势线和颈线的那一次符合均线买入点。

上图（图3-81）中的第二个买入点，在本图当中与第一个买入点合二为一了。

（2）出现底部转势的技术图形或向上突破的整理技术图形形态。

图3-83是科大智能（300222）的日线图。突破下降趋势线后，向下回试成功，走出头肩底的右肩，完成了后低高于前低的走势。然后向上突破颈线，完成头肩底技术形态和后高高于前高的走势，预示股价将会继续上涨，买入。

图3-83

（3）移动平均线信号的确认。如突破均线粘合形态，股价或指数站上60日均线，60日均线由下跌走平并逐渐上翘等。

图3-84是深振业（000006）的日线图。股价先是向上突破60日均线，然后遇到下降趋势线压力，在60日均线支撑与下降趋势线压力之间进行蓄势，最终向上突破下降趋势线。60日均线在股价突破下降趋势线时由下行逐渐转为上翘，预示股价将止跌为升。

进场点在突破下降趋势线处和回试遇60日均线支撑处，二者同时也是60日均线葛南维买入点。

回试同时测试60日均线、前期密集成交区和前高的支撑力度。

该股突破下降趋势线后，也同时完成了后低高于前低、后高高于前高的走势。

图3-84

2. 股价或指数向下跌破上升趋势线时，是见顶信号，卖出

与股价或指数向上突破下降趋势线的不同之处在于，只要股价或指数跌破了上升趋势线，交易者即可卖出股票。至于是减仓还是清仓，则要根据具体走势有所不同。

卖出的一般原则是，交易周期与所跌破的上升趋势线周期相同的，交易者可以清仓。比所跌破趋势线周期更长的，交易者可以继续持股不动或只减仓。很多时候，股价跌破上升趋势线，并不意味着趋势反转。

图3-85是大元股份（600146）的周线图。图上的两条上升趋势线都是长期趋势线，所以跌破后即应清仓。

图3-85

图3-86是大元股份（600146）与上图（图3-85）同一时间段的周线图。在上图（图3-85）股价跌破第一条上升趋势线清仓的交易者，可以在本图股价突破上升旗形时，再度进场买入。

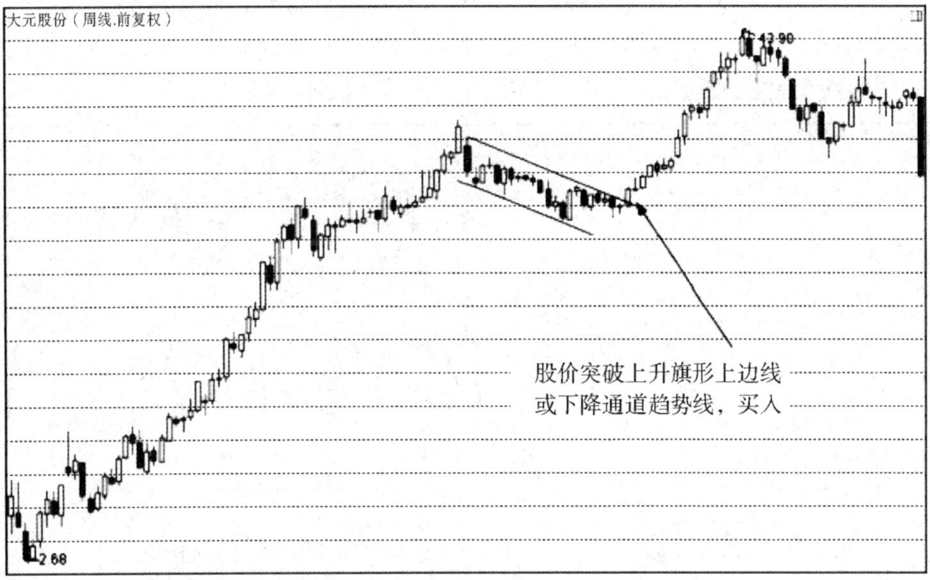

图3-86

本图的上升旗形，也可以看作是中期下降通道，技术含义不变，交易者可在股价突破下降通道趋势线时进场买入。

图3-87是大元股份（600146）与上图（图3-86）同一时间段的周线图。在上图的

买入点附近，60日均线和均线银山谷形态也发出买入信号。几种不同性质的技术形态，在同一区域发出相同信号，可以相互验证彼此的可靠性。

图3-87

图3-88是通策医疗（600763）的周线图。如果以K线的数量作为区分趋势线周期的标准，则股价依次跌破短期上升趋势线、中期上升趋势线和长期上升趋势线。按照上述周期交易的交易者，在股价跌破同周期上升趋势线时清仓离场。长级别周期的交易者，可以在股价跌破较短周期上升趋势线时，继续持股不动或减仓。

图3-88

实际上，因为是周线，所以本图上的三条上升趋势线，只有第一条是中期趋势线，第二条、第三条是长期上升趋势线。即便是长期趋势交易者，也应在跌破第二条上升趋势线时清仓。

仓位管理原则是：同时有两条或两条以上与交易周期相同周期上升趋势线的，跌破任意一条趋势线时，即应清仓。

图3-89是上图（图3-88）通策医疗（600763）同一时间段的周线图。该股在顶部还走出一个收敛三角形形态，即使是按照长期上升趋势线交易的交易者，也可以在股价跌破收敛三角形下边线时清仓离场，不必等到股价跌破长期上升趋势线。原因在于，技术图形的看涨看跌信号非常明确，趋势线突破往往只表示趋势运行角度改变。

图3-89

需要特别提醒的是：股价或指数跌破上升趋势线的同时，如果伴随着顶部转势技术图形的突破、移动平均线信号的确认等其他技术形态，则见顶信号的可靠性更为强烈。

图3-90是宏发股份（600885）的日线图。当时简称ST力阳。跌破长期上升趋势线时，收出向下突破缺口，表明趋势逆转的概率很大，卖出信号强烈，交易者可清仓离场。

图3-90

图3-91是宏发股份（600885）的日线图。在高位出现向下跳空的突破缺口，跌破中期上升趋势线和小型双顶颈线，见顶信号的可靠性大为增强。但因为跌破的是中期上升趋势线，所以交易者可清仓，可减仓。如果只减仓，应至少减掉大部分仓位。

该股在高位接连收出射击之星、吊颈线、大阴线等见顶K线形态，短期和中期交易者即可清仓或减仓。

图3-91

图3-92是中体产业（600158）的周线图。向下跳空缺口跌破上升趋势线和复合头

肩顶颈线，由于周线较难出现向下突破缺口，复合头肩顶又是非常可靠的见顶技术图形，因此趋势逆转几乎已成定局。股价跌破后，交易者应当清仓离场。

图3-92

图3-93是深振业（000006）的日线图。跌破长期下降趋势线后，紧跟着就跌破了双顶的颈线，见顶信号强烈，清仓离场。

图3-93

图3-94是韶能股份（000601）的周线图。股价几乎同时跌破长期上升趋势线和收敛三角形形态，后市看跌，信号的可靠性强，清仓卖出。

图3-94

特别提示：

（1）股价或指数向上突破下降趋势线时，并不是一个买入信号。是否可以买入，必须参考技术图形、移动平均线等其他趋势技术分析方法综合判断。

图3-95是朗科科技（300042）的周线图。股价逐一向上突破下降趋势线，但除了最后一次之外，每一次突破后都没有止跌回升，只是改变了下降角度。

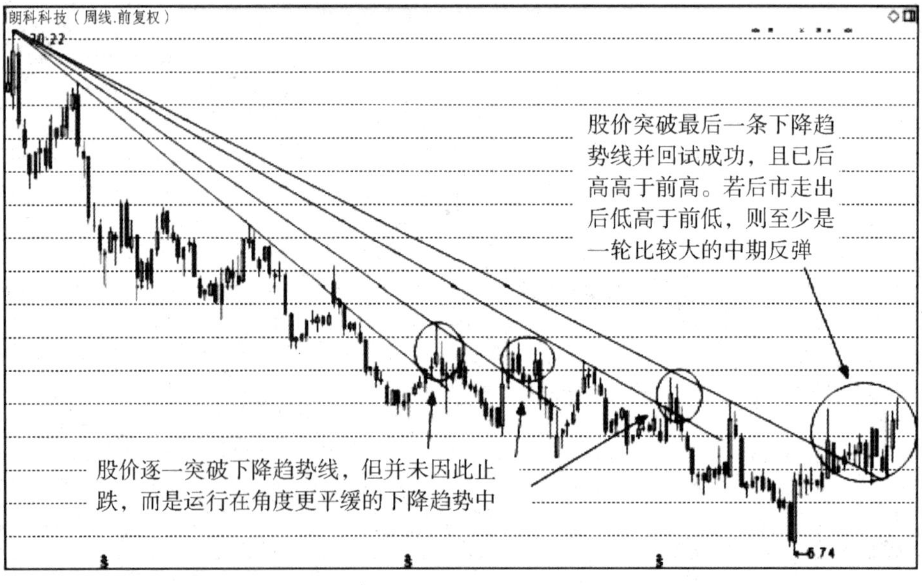

图3-95

最后一次突破已经走出后高高于前高的技术形态，若后市回落，不破下降趋势线和新低，则止跌企稳的概率很大，至少是一轮级别比较大的中期反弹行情。

（2）突破下降趋势线时，成交量的变化和下降趋势线的周期，对于判断趋势是否逆转具有很重要的参考意义。一般来说，量价配合得越好，被突破的下降趋势线的周期越长，趋势逆转的可能性就越大。

图3-96是合康变频（300048）的周线图。股价向上突破长期下降趋势线后，已经后高高于前高，目前正在回试过程中。若后市不破新低和趋势线，则趋势逆转或大级别反弹的概率很大。

股价突破下降趋势线时，不仅呈现价涨量增的良好态势，而且与此前相比有所放量，表明有资金进场推高股价，进一步确认上述判断和预测。在股价持续下跌的最后阶段，股价连续放量，量价背离，是趋势有可能逆转的征兆。

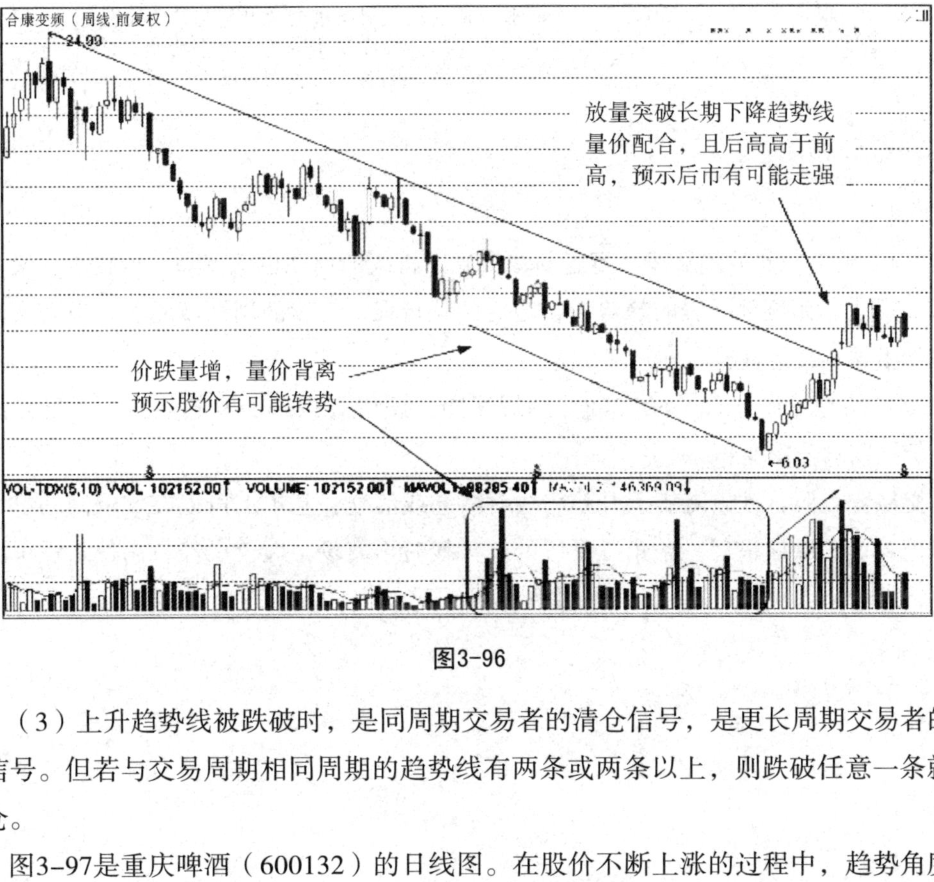

图3-96

（3）上升趋势线被跌破时，是同周期交易者的清仓信号，是更长周期交易者的减仓信号。但若与交易周期相同周期的趋势线有两条或两条以上，则跌破任意一条就应清仓。

图3-97是重庆啤酒（600132）的日线图。在股价不断上涨的过程中，趋势角度也在不断变化。交易者可随着趋势变化修正趋势线，画出不同角度和周期的上升趋势线。修正过的趋势线也一一被跌破，与趋势线同周期的交易者应清仓，长于趋势线周期的交易者则减仓清仓皆可。

最后一次跌破长期上升趋势线时，股价收出无量一字跌停板，公众交易者基本上无法卖出。解决的办法，一是仓位管理，二是在其他趋势技术分析方法发出卖出信号时，即予以卖出。

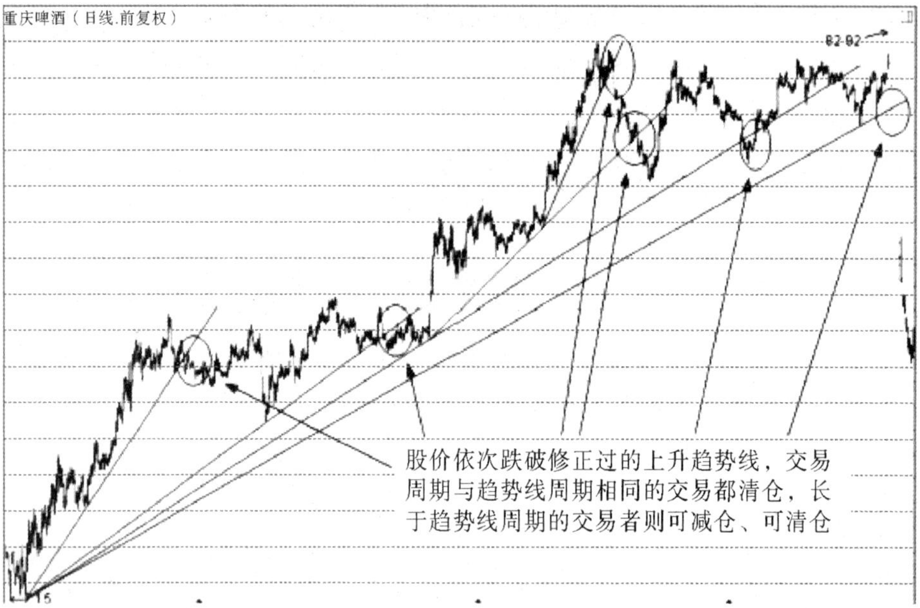

图3-97

（4）角度越陡的趋势线，越容易被突破，持续的周期也就越短，但技术含义也越灵敏。反之，角度越平缓的趋势线，稳定性就越强，持续的周期就越长，但在实战操盘中的指导意义也就越弱。

图3-98是上海九百（600838）的周线图。图中有三条上升趋势线，角度依次降低，但周期却依次变长。

交易者在股价跌破陡峭上升趋势线时减仓或清仓，基本上可以在比较高的位置离场。但若等到跌破最后一条角度平缓的趋势线时再离场，股价已经自高位下跌很深很久了，无论是空间上还是时间上，效率都很低下。

图3-98

第二节 趋势线的技术应用

一、趋势线确定进出场的标准

如何利用趋势线确定进出场标准，是一个令交易者犯难的问题。虽然以突破趋势线作为进出场的标准和时机是一件非常容易定量的事情，但如果仅仅如此，在实战操盘当中，还是常常会遭遇两面挨耳光的打击。因为趋势线只是表明趋势的运行轨迹，是趋势的抽象化概括。突破趋势线，说明趋势的运行轨迹发生变化了，但轨迹变化包括趋势运行角度和运行方向的改变。在很多时候，趋势角度的变化，并不必然需要进行仓位的增减。

K线、移动平均线和趋势线都是对趋势的描述，是对趋势进行分析的工具，但各自又有所侧重。

K线除了描述趋势的运动状态之外，更重要的是趋势的载体。如果将每一笔交易价格都按照时间顺序如实记录，那么K线就会变成曲线，完完全全是趋势自身真实的轨迹。所以，K线是趋势的具象表达，是对趋势的即时描述。

移动平均线是K线的平均，是一种在更大时间周期和范围内，平均化和模糊化的K线走势，是趋势抽象化、概括化的另一种表达方式。

趋势线不同，趋势线是一条并不存在的线，是人为画出，用以表明趋势运行方向和角度的虚拟路径。所以趋势线不是趋势的表达方式，而是一种主观的技术分析工具。和移动平均线一样，趋势线确认和预测的趋势方向，同样具有滞后性特点。

趋势技术分析，是以交易趋势（即市场行为和股价或指数）作为研究对象的分析理论，其建立和成立的基础之一是：交易趋势包容和消化了一切因素和信息，说明在趋势技术分析当中，趋势也就是股价或指数，永远是排在第一位的因素。相较于K线和移动平均线，趋势线距离趋势本身更远一些，因而在具体运用上，趋势线更多的是作为一种辅助工具，而非决定性依据。

当然，趋势线的辅助作用只是说明趋势线在趋势技术分析理论当中的地位，以及单独使用趋势线确定进出场标准、定性趋势的局限性。在实战操盘当中，交易者依然可以利用不同方向和周期的趋势线，对趋势性质和进出场标准进行定性和定量。

大原则不变，还是牛市满仓，非牛市空仓。或者说是趋势运行的常态中持股或空仓，趋势运行的异态中进场或离场。具体到趋势线，交易原则如下。

1. 买入和持仓原则

（1）股价或指数突破长期下降趋势线，回落时受到中期上升趋势线的支撑，或者回试不破长期下降趋势线和中期上升趋势线，买入。

（2）股价或指数运行在长期上升趋势线之上，向上突破中期下降趋势线，买入或加仓。

（3）股价或指数运行在长期上升趋势线之上，向下急跌，然后向上突破短期下降趋势线，买入或加仓。

（4）股价或指数运行在长期上升趋势线之上，遇长期上升趋势线支撑止跌回升，买入或加仓。

（5）股价或指数运行在长期上升趋势线之上，遇中期上升趋势线支撑止跌回升，买入或加仓。

2. 卖出和空仓原则

（1）股价或指数跌破长期上升趋势线，清仓卖出。

（2）股价或指数运行在长期上升趋势线之上，跌破中期上升趋势线，减仓。

（3）股价或指数运行在长期上升趋势线之上，急速飙升，然后跌破短期上升趋势线，减仓。

（4）股价或指数突破长期下降趋势线，回落跌破中期上升趋势线，减仓或清仓。

（5）股价或指数运行在长期下降趋势线之下，空仓。

二、进场点的确定

确定进场点主要是解决牛市仓位管理的问题，具体而言，也就是如何买入和持仓的问题。其主要交易原则如下。

1. 股价或指数突破长期下降趋势线，回落时受到中期上升趋势线的支撑，或者回试不破长期下降趋势线和中期上升趋势线，买入

图3-99是零七股份（000007）的日线图。股价突破长期下降趋势线时，股价已经运行在中期上升趋势中，交易者可以进场买入。

突破后，股价回试长期下降趋势线不破，且离中期上升趋势线也有一段距离，表明多方力量比较强大，交易者可以继续买入。

图3-99　突破长期下降趋势线的进场标准

特别提示：

（1）如果有其他趋势技术分析方法予以印证，那么即使向上突破的不是长期下降趋势线，但只要时间足够长，接近于长期趋势线，也可以逢低进场。

如果从另外一个角度描述，这句话的意思也可以说是，根据趋势线确定的进出场标准，虚假信号很多，在实战操盘当中，往往只是作为其他趋势技术分析方法的辅助和补充。

图3-100是零七股份（000007）的日线图。股价突破中期下降趋势线时，已运行在中期上升趋势中，且早已突破60日均线，60日均线由下行转为上行，表明股价已运行在中长期上升趋势当中。接着股价回试下降趋势线、上升趋势线和60日均线，回试不破，是60日均线葛南维买入点，买入。

从顶部开始下跌算起，至股价突破下降趋势线，已经运行了八九个月，距离道氏所谓的长期趋势至少一年的期限很近，一年也只是一个约数。趋势线的周期虽然按照

道氏理论定义下的趋势周期划分，但如何确定趋势线的起止，没有一个很清晰的标准。将本图当中的下降趋势线看作是长期下降趋势线，也并无不可。

图3-100

（2）突破长期下降趋势线时，成交量必须同步放大，否则突破失败的概率很大。

图3-101是陕国投A（000563）的日线图。股价一直运行在下降趋势当中，但在底部收出圆底后，向上放量突破长期下降趋势线，多方反攻的气势凌厉，买入。

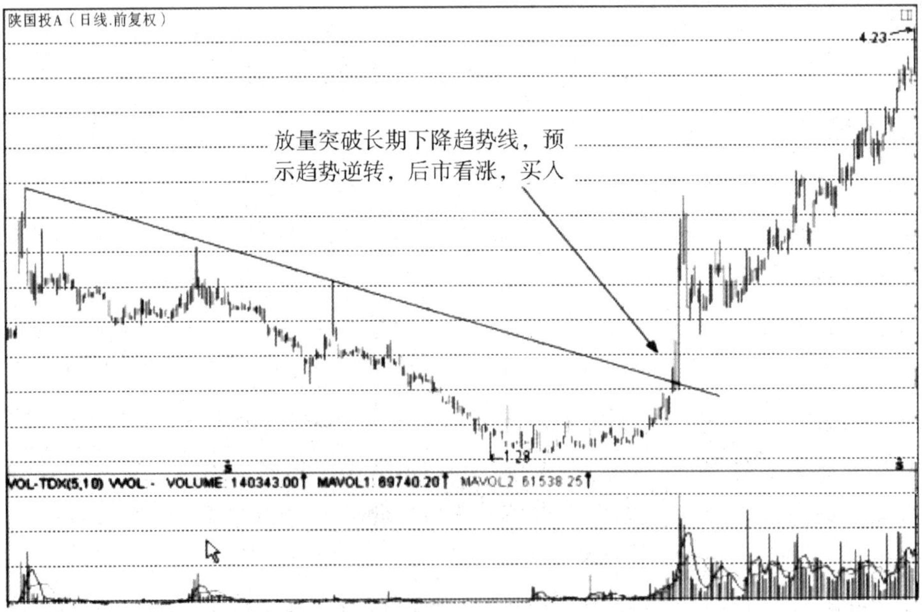

图3-101

2. 股价或指数运行在长期上升趋势线之上，向上突破中期下降趋势线，买入或加仓

图3-102是鼎立股份（600614）的日线图。股价调整虽然已有一段时间，但依然运行在长期上升趋势线之上。在股价回落至上升趋势线附近时受到支撑，止住下降势头，并向上涨升，突破中期下降趋势线，表明中期调整行情结束，股价将重拾升势，买入。

3. 股价或指数运行在长期上升趋势线之上，向下急跌，然后向上突破短期下降趋势线，买入或加仓

图3-103是攀钢钒钛（000629）的日线图。上涨后期，股价上涨速度越来越快，开始远离长期上升趋势线，然后急跌。止跌后又向上急涨。交易者可于股价突破短期下降趋势线时买入或加仓。

在第二次急跌时，先是获得中期上升趋势线的支撑止跌，向上突破短期下降趋势线，然后再度受到中期上升趋势线的支撑，止跌回升，买入的信号强于第一次。

图3-102

图3-103

4. 股价或指数运行在长期上升趋势线之上，遇长期上升趋势线支撑止跌回升，买入或加仓

图3-104是东方电子（000682）的日线图。股价上涨后期，涨跌的落差增大，调整时跌幅很深，但依然运行在长期上升趋势线之上，并在回落至长期上升趋势线时遇支撑止跌回升，交易者可加仓或买入。

图3-104

5. 股价或指数运行在长期上升趋势线之上，遇中期上升趋势线支撑止跌回升，买入或加仓

图3-105是三木集团（000632）的日线图。在长期上升趋势线之上，股价涨速越来越快，然后突然急跌，三浪调整。最后在中期上升趋势线支撑处止跌企稳，显示买盘力度很强，买入或加仓。

图3-105

三、离场点的确定

和确定进场点相对，离场点确定解决的是非牛市仓位管理的问题。具体而言，也就是如何卖出和空仓的问题，原则如下。

1. 股价或指数跌破长期上升趋势线，清仓卖出

即便跌破之后，趋势并未逆转，清仓依然是明智之举。利润减少，并不会有损失，而风险加大，却能让交易者遭受灭顶之灾。

图3-106是华闻传媒（000793）的周线图。因为是周线图，所以图上的上升趋势线是长期趋势线。股价高位收出大阴线，接着跌破长期上升趋势线，表明买盘力量枯竭，交易者宜清仓卖出。

图3-106

2. 股价或指数运行在长期上升趋势线之上，跌破中期上升趋势线，减仓

图3-107是国农科技（000004）的日线图。主力控盘良好，上涨不温不火。高位跌破中期上升趋势线，是空方力量渐强的警戒信号，交易者可减仓。以中期趋势信号作为进出场依据的交易者，则可清仓。

图3-107

3. 股价或指数运行在长期上升趋势线之上，急速飙升，然后跌破短期上升趋势线，减仓

图3-108是华闻传媒（000793）的日线图。股价起起落落，但运行在如图所示的长期上升趋势线之上。在后期，跌破长期趋势线，是交易者清仓的卖出点。

图3-108

图3-109是华闻传媒（000793）上图（图3-108）的放大图。在长期上升趋势线之上，股价虽然大涨小回，但还是走出两段急升行情。交易者可以在股价跌破短期上升趋势线时减仓。

图3-109

图3–110是华闻传媒（000793）上图（图3–109）的放大图。对于急升行情，更为常见的卖出原则是放量滞涨、跌破5日均线和收出见顶的K线形态。图上标注了按照上述原则各个不同的减仓点，交易者可以将上述原则的应用与跌破短期上升趋势线的原则相结合，组合使用。

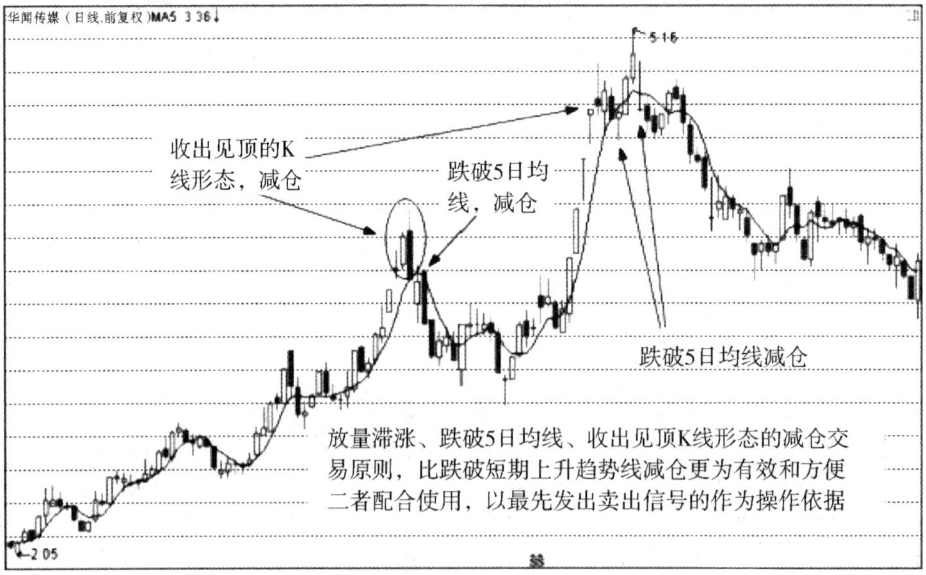

图3–110

不同技术分析方法，发出的信号早晚不同。一般情况下，交易者应于第一个卖出信号发出时减仓，不要守仓等待其他信号验证。

4. 股价或指数突破长期下降趋势线，回落跌破中期上升趋势线，减仓或清仓

突破长期下降趋势线，表明趋势有可能逆转，进入牛市。跌破中期上升趋势线，表明行情走强不久即告夭折，所以交易者宜清仓，至少应减去大部分仓位。

图3–111是东盛科技（600771）的日线图。在突破长期下降趋势线之前，股价即已确立中期上升趋势，但两度受阻于下降趋势线的压制。第三次虽然强势突破，但回试时却几乎同时跌破长期下降趋势线和中期上升趋势线，信号共振，看跌作用强烈，清仓卖出。

跌破长期下降趋势线后，很快再度向上突破长期下降趋势线，表面上看起来走势很强，却一直受到中期上升趋势线的压制，表明多空局势不明，交易者不宜介入。

图3-111

5. 股价或指数运行在长期下降趋势线之下，空仓

无论牛市还是熊市，大多数情况下，那些富有耐心的交易者，收益远比那些不断进进出出的短线交易者要好得多，尽管后者的技术分析水平也许比前者高很多。

所谓耐心，就是在牛市当中，要抵得住四处狂飙黑马股的诱惑，守仓不动；在熊市当中，要对无处不在的反弹机会视而不见，空仓不动。

图3-112是佳都新太（600738）的日线图。股价持续下跌，一直运行在长期下降趋势线之下。期间虽然起起落落，蕴含了很多抢反弹的良机，但交易原则是非牛市空仓，更何况是在一个显而易见的熊市当中呢？

佳都新太（日线.前复权）
15.84
长期下降趋势线下，交易者宜空仓等待；熊市当中，富有耐心比出色的抢反弹技术更为重要
1.29

图3-112

第四章　支撑线和压力线

第一节　支撑线和压力线概述

一、支撑线和压力线的概念

除了趋势线之外，还有一类直线——支撑线和压力线，经常被交易者使用，但也经常被交易者与趋势线混淆。

支撑线又称抵抗线，是连接股价或指数两个或两个以上的相对低点，中间不被任何股价或指数有效穿越的直线。当股价或指数回落，再度遇到支撑线时，就会止跌回升。

支撑线按照运行方向分为三种：上升支撑线、水平支撑线、下降支撑线。如图4-1所示。

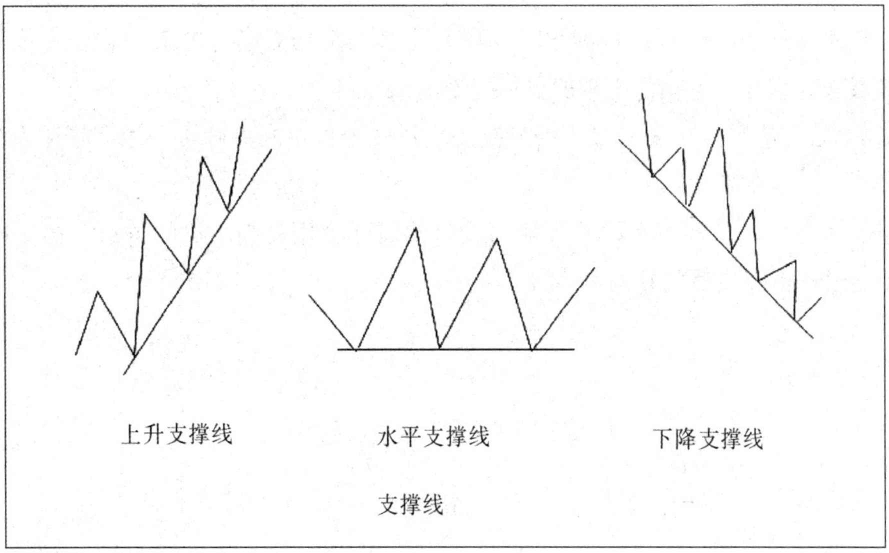

图4-1

压力线又称阻力线，是连接股价或指数两个或两个以上的相对高点，中间不被任何股价或指数有效穿越的直线。当股价或指数上涨，再度遇到压力线时，就会转涨为跌。

压力线按照运行方向分为三种：上升压力线、水平压力线、下降压力线。如图4-2

所示。

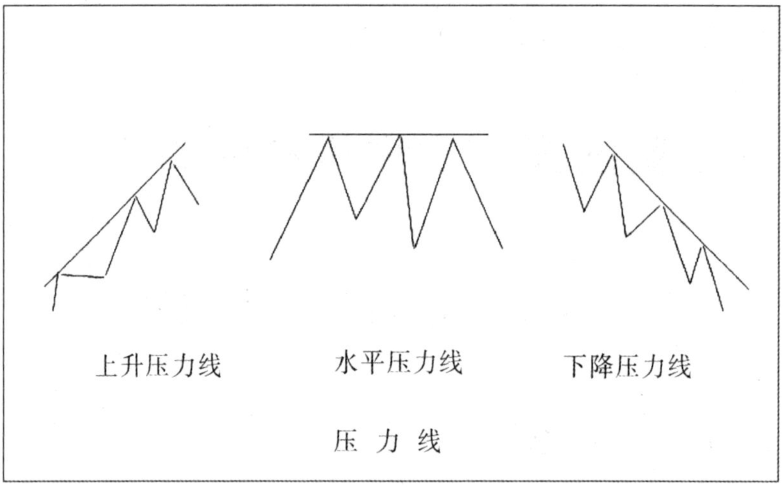

图4-2

从以上定义可以看出，广义上的支撑线和压力线，包括趋势线、通道线、黄金分割线、技术图形的边线和颈线、前高前低的压力和支撑位等。狭义上的支撑线和压力线，则是除了上述各项之外，相对高点或相对低点的连线。

除了特别注明以外，本书所谈及的支撑线和压力线，都是狭义上的支撑线和压力线。

支撑线和压力线的画法很简单，支撑线是过两个相对高点的直线，压力线是过两个相对低点的直线，中间都不被股价或指数有效穿越。

图4-3是东盛科技（600771）的日线图。过两个相对高点画出一条下降压力线，后市股价遇压力线受阻回落。

与下降趋势线不同的是，下降压力线只要过两个相对高点画线即可，而下降趋势线则不能过最低点之后的相对高点。

图4-3

图4-4是东盛科技（600771）的日线图。过两个相对低点画出一条下降支撑线，后市股价多次在下降支撑线的支撑下止跌。与下降趋势线不同，下降支撑线处在下降趋势相对低点的一侧。

图4-4

图4-5是蒙草抗旱（300355）的日线图。过前期两个一致的最高价（本例当中的两个最高价，仅仅相差一分，可以视为同价），画出水平压力线。从图上可以观察到，

股价突破水平压力线后继续上涨。压力线被突破后，就转化为支撑线。目前股价第一次考验支撑线成功。

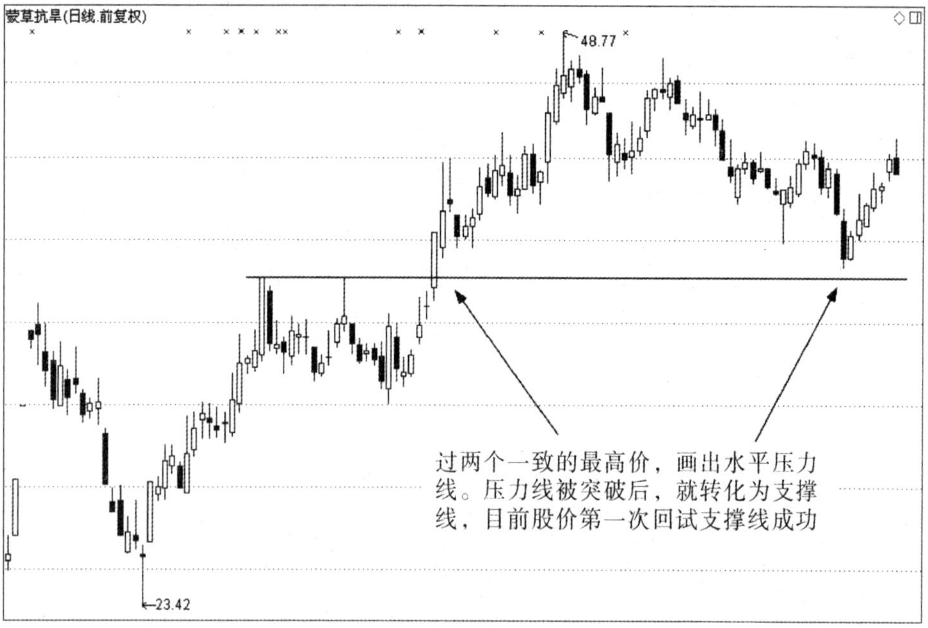

图4-5

图4-6是佛慈制药（002644）的日线图。过两个相对高点画出上升压力线。交易者可以观察到，股价碰到上升压力线时，遇阻回落。与上升趋势线不同，上升压力线在相对高点一侧。

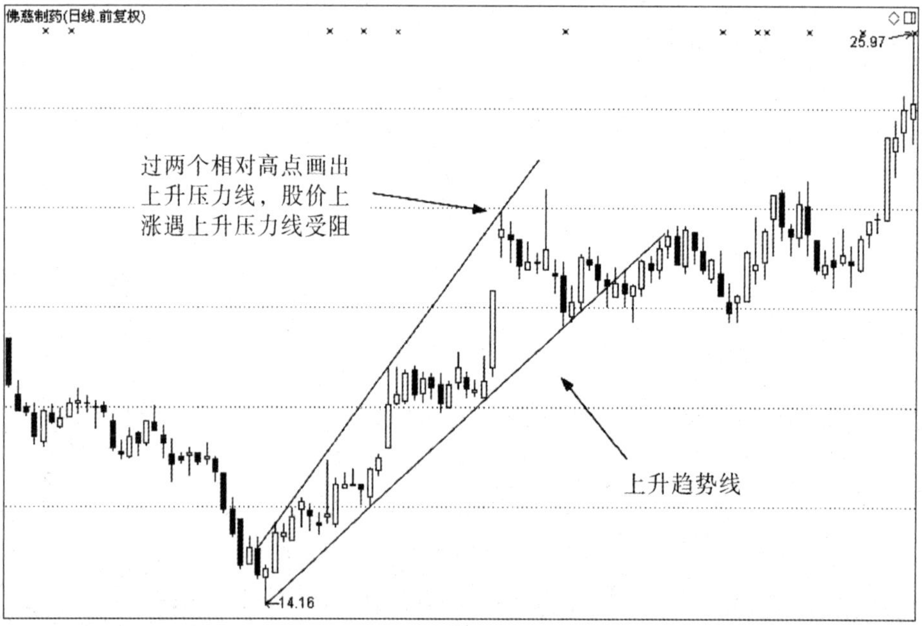

图4-6

图4-7是重庆啤酒（600132）的日线图。过两个相对低点画出一条上升支撑线，后市股价遇支撑线支撑止跌回升。

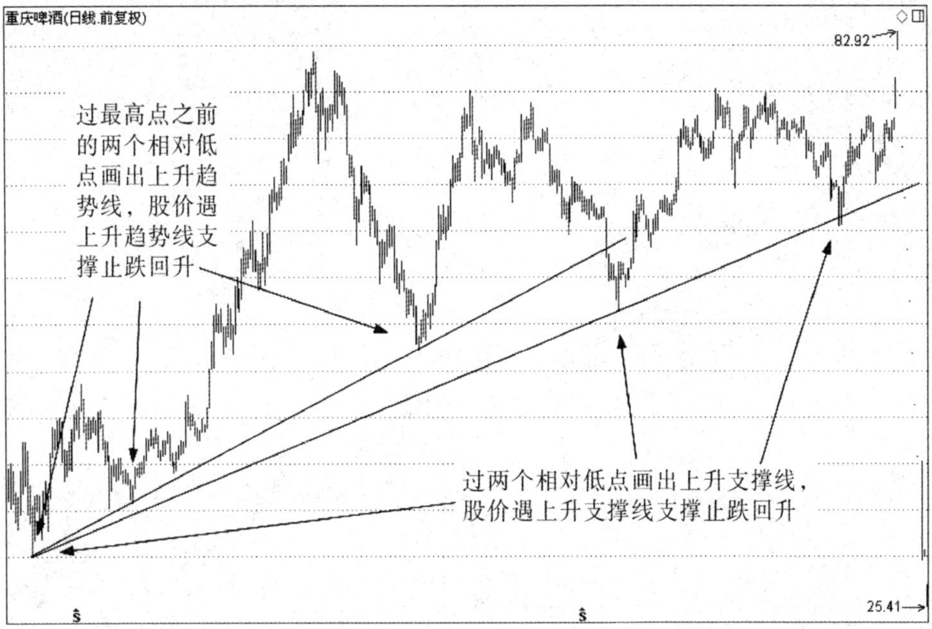

图4-7

图上的另一条直线是上升趋势线。交易者可以观察到，上升支撑线只要过两个相对低点画线即可，上升趋势线则不能过最高点之后的相对低点。

二、支撑线和压力线的分类

支撑线和压力线主要有两类划分方法。

第一类是按照支撑线和压力线运行的方向划分，前文已述。

需要特别提醒的是：

（1）和趋势线不同，股价或指数运行在下降趋势时，也会有支撑线，运行在上升趋势时，也会有压力线。

下降支撑线是指运行方向向下的支撑线，下降支撑线大多出现在下降趋势当中，少数出现在整理行情中。

下降支撑线虽然表明股价或指数下跌的低点越来越低，但并不具备指示和确认趋势的作用，只表明股价或指数每一次下跌至一定程度，就会有逢低承接的资金进场托举，从而令股价或指数反弹，反映了各承接低点具有一定的规律性，将其相连就是下降支撑线。当股价或指数跌破下降支撑线时，表明空方的力量已经势不可挡，多方即便退守天堑，也被击溃，趋势将变得更弱。

跌破下降支撑线有时也表明，股价或指数的跌势快到尽头。跌破下降支撑线的急降，不过是黎明前的黑暗，尤其是有效跌破长期下降支撑线时更是如此。

图4-8是大江股份（600695）的日线图。从图中可以看到，该股长期处在绵绵下跌中，到后期股价急跌，跌破长期下降支撑线，预示空方力量更强，走势更弱。但股价只在支撑线下短暂停留，很快就重上支撑线，反而就此探明底部，并展开一轮不小的升势。

图4-8

上升压力线是运行方向向上的压力线。上升压力线大多出现在上升趋势当中，少数出现在整理行情中。

和下降支撑线一样，上升压力线虽然表明股价或指数上涨的高点越来越高，但同样不具备指示和确认趋势的作用，只表明股价或指数每一次上涨至一定程度，就会有大量的抛盘涌出，令股价或指数转涨为跌。每一次抛盘的涌出，都存在一定的规律性，连接各相对沽空高点，就是上升压力线。当股价或指数突破上升压力线时，表明多方力量气势如虹，空方就像春天的残雪，丧失了有效的抵抗能力，后市的上涨将会加速。

突破上升压力线有时也表明股价或指数进入最后的疯狂，特别是当有效突破长期上升压力线时，经常是这样。

图4-9是华闻传媒（000793）的日线图。股价突破上升压力线后，随即暴涨。交易者可于突破时进场买入。

股价就像有弹性的小球，涨得快，就跌得快，所以类似于图中的急升行情，及时离场通常可以带来很大收益。通常的离场标准是：放量滞涨；收出见顶的K线形态；跌破5日均线。

图4-9

（2）水平支撑线和水平压力线，各自存在两种情形。

水平支撑线，一种情形是股价或指数横盘调整，总是在某一价格区域止跌，可以过该区域两个或两个以上相对最低点画出水平支撑线。

后市如果支撑线继续有效，则表明股价或指数的调整趋势不变，等待选择方向，一般情况下股价或指数将会继续沿着调整前的趋势方向继续运行，交易者可持股或空仓继续观察。当股价或指数有效跌破支撑线时，是比较强烈的卖出信号，无论调整前趋势的方向是向上还是向下，持仓的交易者都应果断离场。这种情形支撑线大多是技术图形的边线或颈线，交易者可按照技术图形的技术含义进行操作。

图4-10是中山公用（000685）的日线图。股价下跌，然后横盘整理。交易者可以过整理期间的两个相对低点画出水平支撑线。后市两次遇支撑线止跌，但第三次跌破支撑线，后市看跌，卖出。

过整理期间的两个相对高点，可以画出一条上升压力线。上升压力线和水平支撑线结合在一起，就组成扩散三角形技术图形。水平支撑线就是扩散三角形的下边线，股价有效跌破，应当立即清仓卖出。

另一种情形是前期两个或两个以上周期相距比较长的低点，处在或基本处在同一水平线上，将其连线而成水平支撑线。

此种情形才是通常意义上的水平支撑线。当股价或指数多次获得支撑，常常表明正在构筑一个中期或长期的底部区域，交易者可择机介入。当股价或指数跌破水平支撑线时，则意味着空方的力量转强，交易者宜清仓离场。

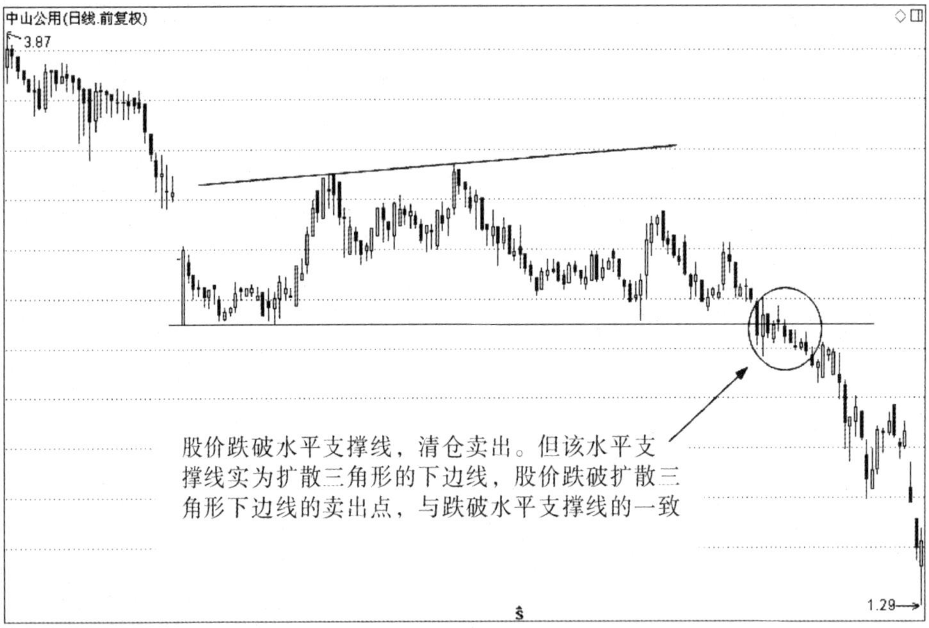

图4-10

图4-11是华闻传媒（000793）的周线图。因为是周线图，所以图上两个差不多在同一价位相对低点的时间间隔比较长，过该相对低点可以画出一条水平支撑线。

交易者可以观察到，后市股价多次遇到水平支撑线的支撑止跌回升，表明支撑线的支撑力度很强。最终空方在多方构筑的铜墙铁壁面前气竭力衰，被多方乘势反攻，走出一轮轰轰烈烈的大行情。

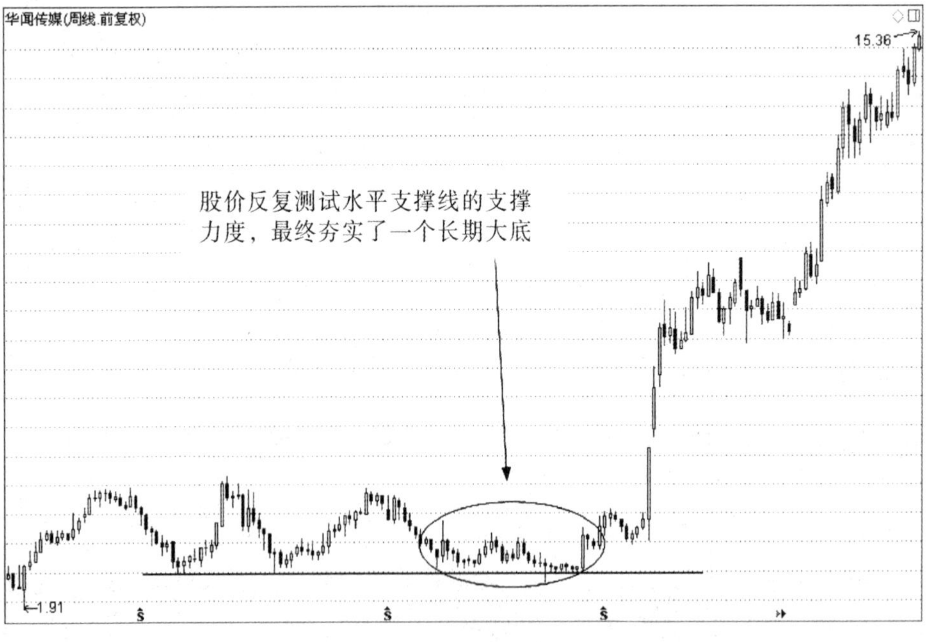

图4-11

水平压力线也有两种情形，一种情形是股价或指数横盘调整，总是在某一价格区域遇阻回落，可以过两个或两个以上相对最高点画出水平压力线。

后市如果压力线继续有效，则表明股价或指数的调整趋势不变，等待选择方向。一般情况下，股价或指数会继续沿着调整前的趋势方向运行，交易者可持股或空仓继续观察。当股价或指数有效突破压力线时，是比较强烈的买入信号，持仓的交易者可适当买入做多。

和支撑线的情形一样，在这种情况下，水平压力线大多为技术图形的边线或颈线，交易者可按照技术图形的技术含义进行操作。

图4-12是华闻传媒（000793）的日线图。股价在下跌过程中止跌反弹，但每次在同一价格水平遇阻回落。交易者可以过两个同价位相对高点画出水平压力线。

股价再次遇到水平压力线时，尚未触及即转头下行，表明空方力量依然强大，股价沿着反弹前下跌趋势继续运行的概率很大，交易者宜空仓等待。

过反弹行情另一侧两个相对低点可以画出一条上升支撑线。股价第三次遇上升支撑线时，向下跳空，一举跌破，表明多方已溃不成军，卖出。

水平压力线和上升支撑线组合成上升三角形。上升三角形虽然大多选择向上突破，但在股价选择突破方向之前，交易者不应有所动作。

在股价跌破上升三角形下边线时，前期不幸持仓的交易者挥刀自残，尚属亡羊补牢，犹未晚也，否则将在套牢的深渊里越滑越远。

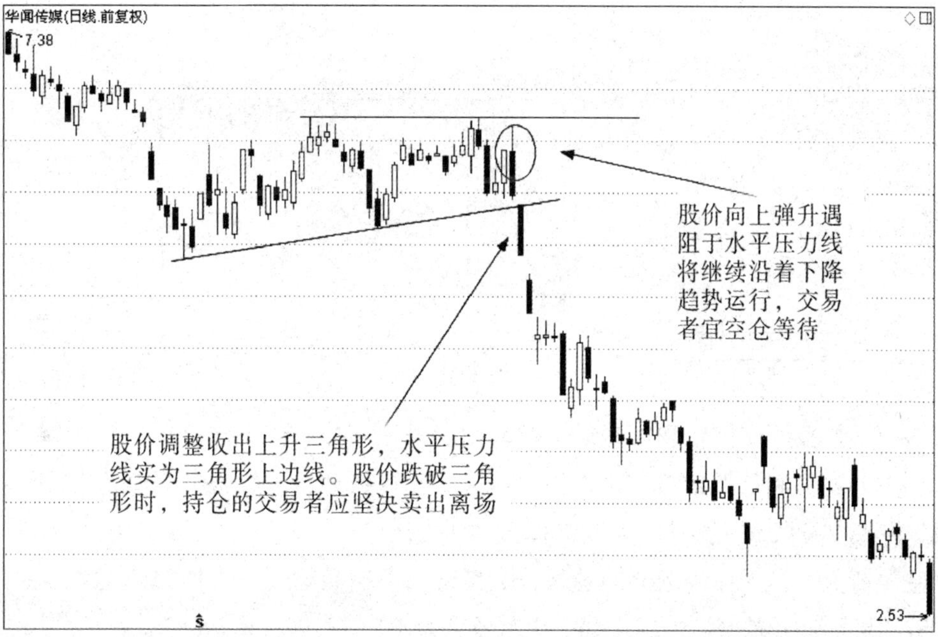

图4-12

另一种情形是前期两个或两个以上周期相距比较长的高点，处在或基本处在同一水平线上，将其连线而成水平压力线，即为通常意义上的水平压力线。

这种情形下，水平压力线的压力一般相当重，不容易被突破。大多数情况下，交易者可在压力线下附近逢高减仓。但当股价或指数一举突破时，反倒表明有主力大举介入，故而才不惜将历史上的所有套牢者悉数解放。股价或指数未来上涨空间广阔，交易者可果断介入。

图4-13是省广股份（002400）的周线图。过前期两个相距比较远的高点，画出一条水平压力线。时隔近两年之后，这条压力线的压力依然很大，股价接二连三，共计十周向上冲击，均无功而返。交易者可以于股价运行至压力线附近时减仓。在大盘走势不那么强时，交易者甚至可以清仓，因为水平压力线的价位是历史高点。

接着股价向下回探，然后再度向上，并一举突破压力线，表明主力做多的决心和实力都异乎寻常地强大，已将上市以来在任何价位、任何时间买入的公众交易者悉数解套并令其获利，是比较强烈的买入信号，交易者可以跟进买入，仓位可适当大一些。

图4-13

第二类是根据支撑线和压力线延伸时间的长短划分。道氏理论将趋势划分为短期趋势、中期趋势和长期趋势三种，与之相应，支撑线和压力线也分为短期支撑线和压力线、中期支撑线和压力线、长期支撑线和压力线。

通常情况下，支撑线的周期越长，支撑确认的次数越多，支撑的力度就越大。但被跌破的可能性、跌破后的压力和跌幅也就越大。

压力线的周期越长，股价或指数受阻的次数越多，阻挡的力度就越大。但被突破的可能性、突破后的支撑力度和涨幅也就越大。

图4-14是陕国投A（000563）的日线图。股价多次反弹，均受阻于下降压力线。随着时间流逝，空方虽坚守压力线城池不破，但已很难将多方压至更低价位。蓄积日久，多方终于放量一举突破下降压力线，并扭转局势，展开一轮升势。

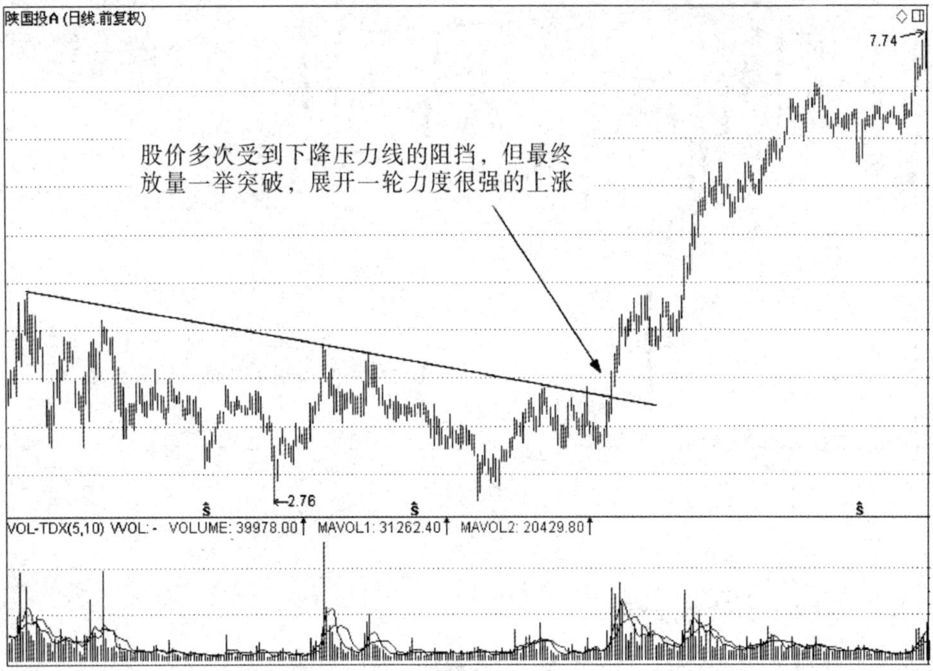

图4-14

需要特别提醒的是：支撑线和压力线的周期，仅仅表明支撑线和压力线运行时间的长短，与股价或指数同期运行的趋势无关。也就是说，支撑线和压力线不具备指示和确认趋势的作用。

图4-15是众和股份（002070）的月线图。图上股价突破长期下降压力线后，下跌回试，在下降压力线处止跌。与之同期，股价前半段运行在长期下降趋势当中，后半段运行在长期上升趋势当中。因此，下降压力线不表明股价处在下降趋势当中。

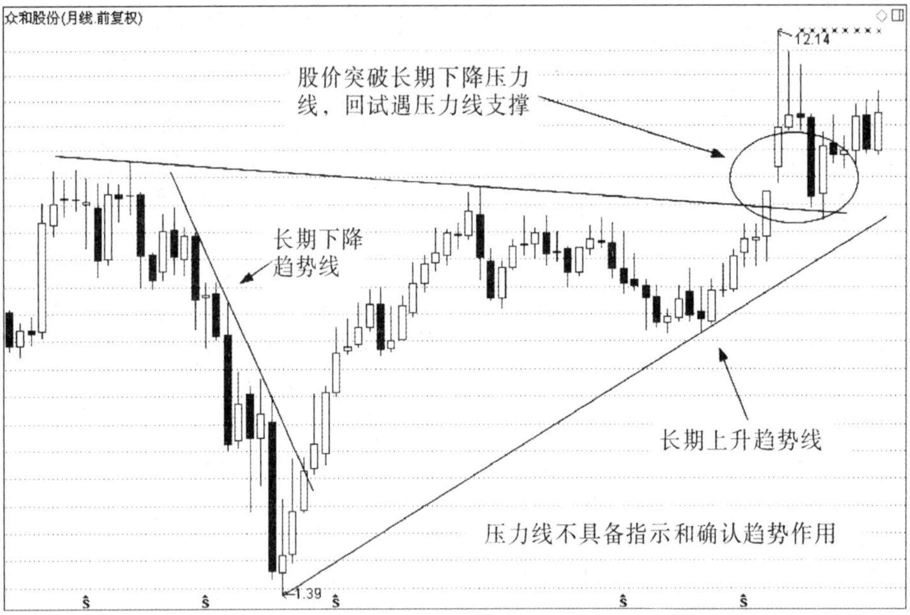

图4-15

三、支撑线与压力线的转化

当压力线被有效突破后，就会变成支撑线。同样，支撑线被有效跌破后，就会成为压力线，这就是支撑线与压力线的转化。

图4-16是佛慈制药（002644）的日线图。股价突破压力线后，再度回落时，三次受到支撑，压力线转化为支撑线。

图4-16

图4-17是浙江永强（002489）的日线图。大阴线跌破下降支撑线后，支撑线就变为压力线，后市股价回抽，遇压力线回落。

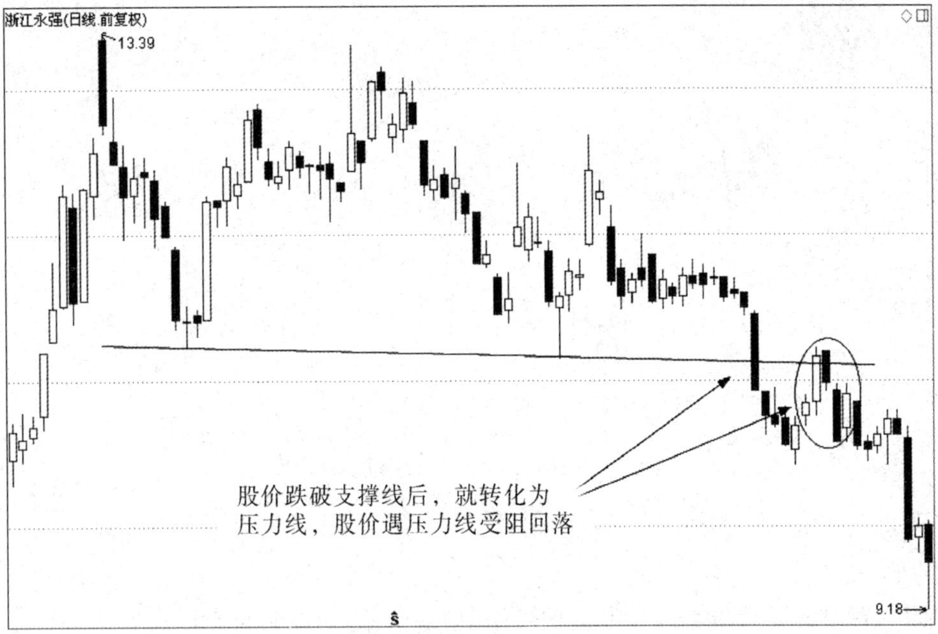

图4-17

支撑线和压力线的转化，主要是基于支撑线和压力线的突破。相比较趋势线突破而言，支撑线和压力线的突破就简单得多了。

趋势线的突破，除了表示多空双方的力量对比发生了变化之外，有时还表明趋势方向和性质发生改变。趋势线是趋势轨迹的抽象概括，趋势变化，趋势线必然发生变化，表现在图表上，就是趋势线突破和趋势线修正。

支撑线和压力线，无论是处在上升趋势还是下降趋势，突破的含义大多只表明多空双方力量对比发生变化，但对于趋势角度、方向和性质，不具有实质上的指导作用。因为支撑线和压力线只表明股价或指数运行过程中，跟随的支撑和压力价位出现变化。

图4-18是深证成指（399001）2011年7月至2012年12月期间的日线图。指数突破下降趋势线1后，继续运行在下降趋势线2和下降趋势线3所标示的下降趋势当中。

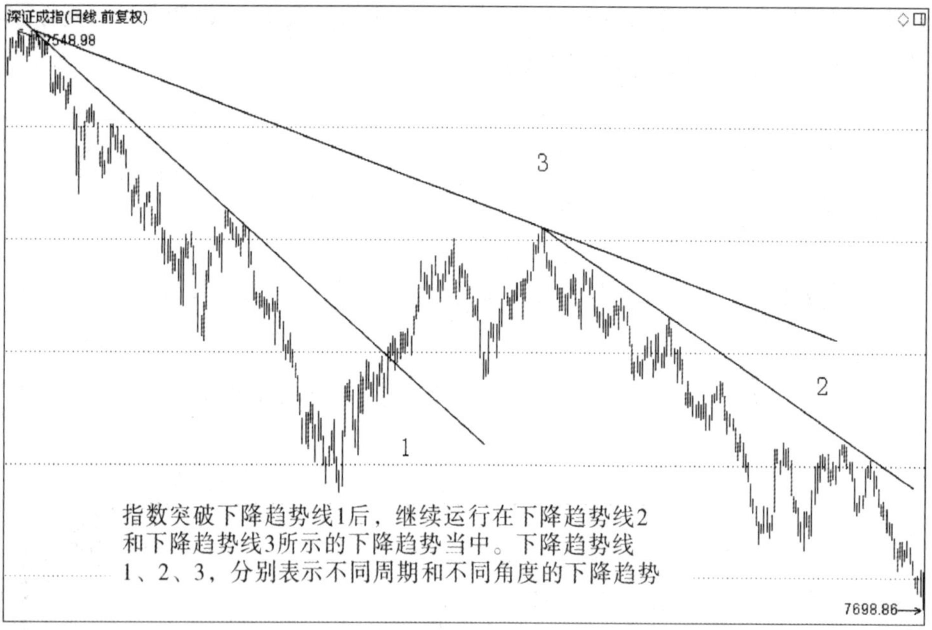

图4-18

图4-19是深证成指（399001）1997年6月至1998年8月期间的日线图。图上一条是下降趋势线，一条是上升支撑线。下降趋势线表明这是运行在下降趋势当中，但上升支撑线却与上升趋势无关，仅仅表明支撑价位渐次提高。

指数跌破上升支撑线，虽然后市看跌，是卖出信号，但不表明趋势由涨转跌。

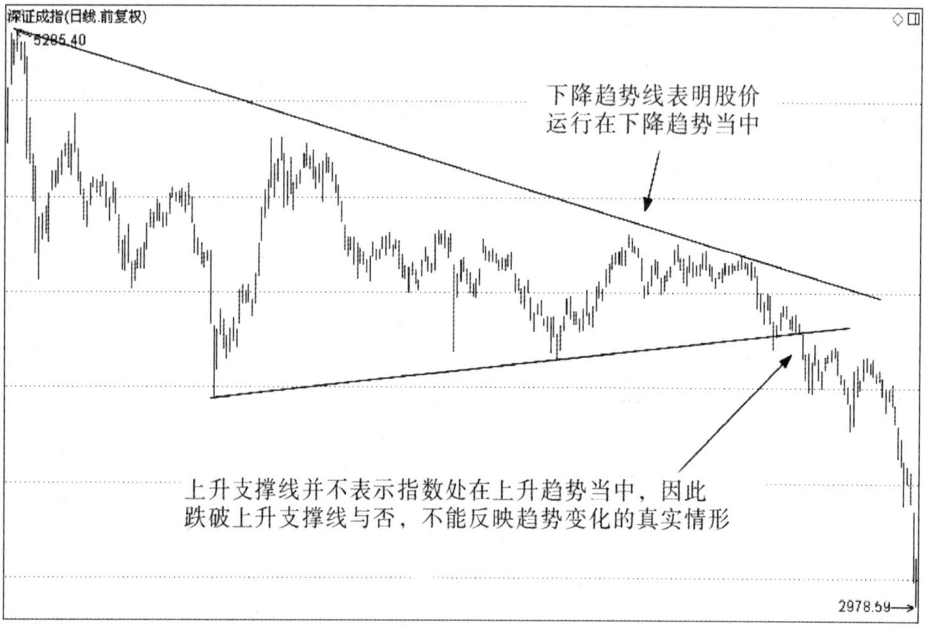

图4-19

四、支撑线、压力线与趋势线的转化

支撑线、压力线和趋势线，二者之间的共同之处，都是过相对高点或低点的直线；不同之处在于，趋势线不可以过新高之后的相对低点或新低之后的相对高点画线。

也可以这样定义趋势线，趋势线是不过新高之后的相对低点或新低之后的相对高点的支撑线和压力线。或者也可以这样定义支撑线和压力线，支撑线和压力线是过新高之后的相对低点或新低之后的相对高点的趋势线。

上述两种定义，在文字上感觉有一点绕，但足以说明趋势线和支撑线、压力线之间非常近似。很多交易者就是因为没有能区分二者之间的不同，常常将趋势线画成了支撑线和压力线。

在股价或指数运行过程中，二者之间也的确存在转化的情形。

支撑线、压力线与趋势线的转化是指随着股价或指数不断创出新高或新低，支撑线和压力线也相应转化为趋势线的情形。

图4–20是华闻传媒（000793）的周线图。最初过两个相对高点画出下降压力线，但随着股价创出新低，下降压力线就转化为下降趋势线。

图4–20

图4–21是海陆重工（002255）的日线图。股价跌破中期上升趋势线后，没有创出新低就止跌回升。交易者可以过新的低点画出上升支撑线，当股价创出新高时，上升支撑线就转化为上升趋势线。

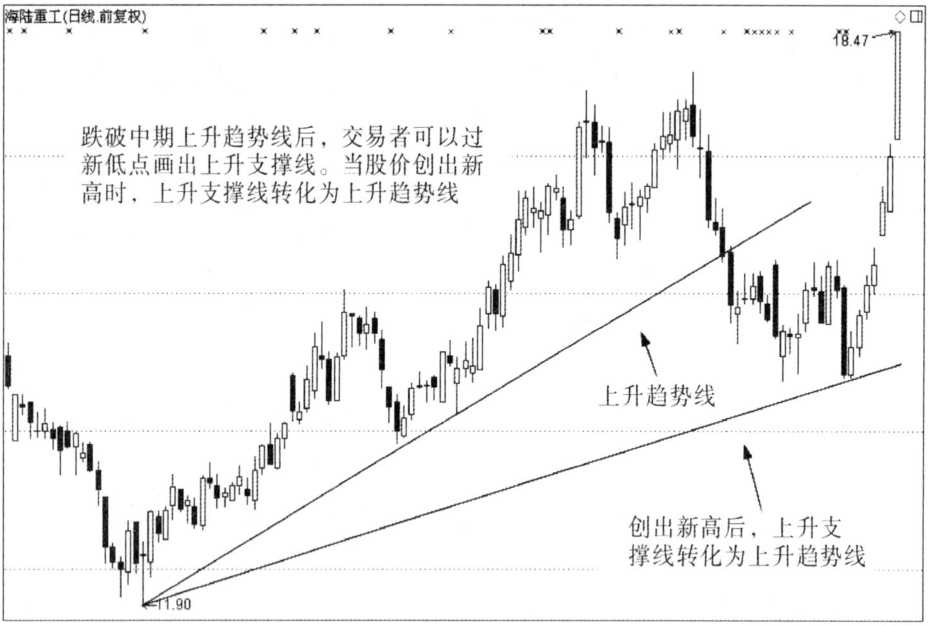

图4-21

由于趋势线是广义上支撑线、压力线的种类之一，所以从这个意义上说，将所有的趋势线都视为支撑线和压力线并运用于交易当中，似乎也并无不可。但狭义上的支撑线、压力线既然独立出来，与趋势线并列，除了本质上的特性不同之外，在交易上也会带来不同的结果。

趋势线虽然也是支撑线、压力线的一种，但其最大的作用还在于指示和确认趋势。因此，区分二者并在交易当中充分运用二者转化的情形，必将为交易者的交易带来更大的便利和利润。

需要特别提醒的是：趋势线不会转化为支撑线和压力线。因为趋势线的定义和画法，决定了趋势线不会是过新高或新低之后的连线，所以即便股价或指数在新高或新低之后遇趋势线折返，也只是趋势线的支撑或压力作用。当股价或指数超越趋势线时，是趋势线的突破。

图4-22是新海宜（002089）的日线图。过最低点之前画出一条下降趋势线。股价止跌之后向上反弹，遇下降趋势线回落，是下降趋势线的压力作用，不会因为该相对高点处在最低点之后，下降趋势线就转化为下降压力线。

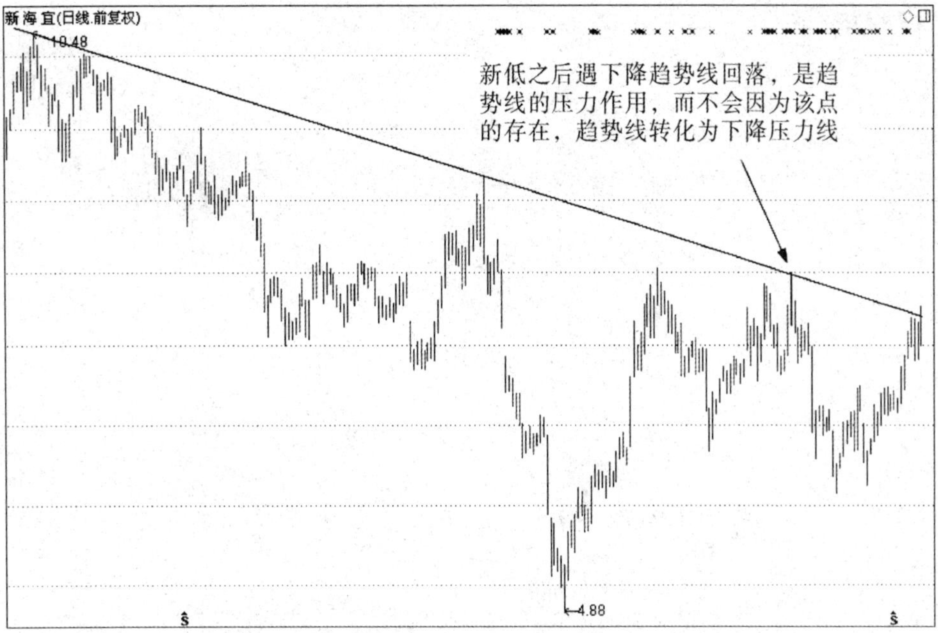

图4-22

第二节 支撑线和压力线的技术应用

一、支撑线的技术应用

1. 上升支撑线

上升支撑线是指运行方向向上的支撑线。

上升支撑线的技术特征有以下两点。

（1）支撑线的运行方向向上。

（2）出现在上升趋势或调整趋势当中。

上升支撑线的技术含义如下。

（1）股价或指数遇上升支撑线支撑，是买入信号。

上升支撑线大多出现在上升趋势当中，如果股价或指数在上升支撑线之上运行，回落时受到支撑线的支撑止跌，后市大多会继续上涨，有时甚至会转化为上升趋势线，故交易者可继续持股或买入。

图4-23是众和股份（002070）的日线图。股价调整时，遇到上升支撑线的支撑止跌，交易者可以适量买入。后市股价大涨，连创新高，上升支撑线就转化为上升趋势线。

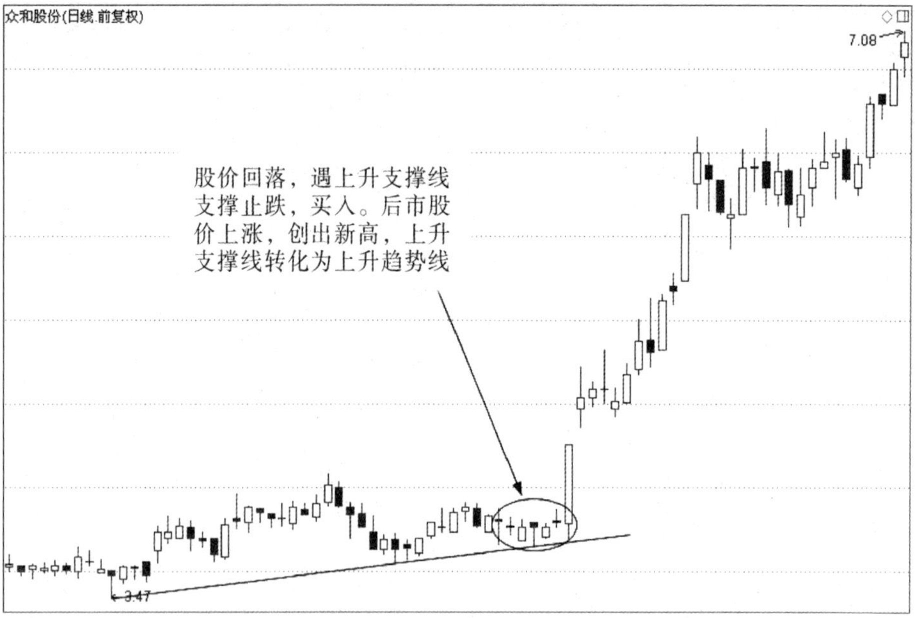

图4-23

（2）股价或指数有效跌破上升支撑线时，表明多方的优势不再，趋势的方向有可能改变，是卖出信号。

虽然上升支撑线不能确认上升趋势，但上升支撑线是过新高之后的相对低点连线，股价或指数跌破上升支撑线，趋势逆转的概率比跌破上升趋势线更大。因此，跌破上升支撑线的卖出信号更为强烈。

图4-24是长青股份（002391）的日线图。股价跌破上升支撑线，表明多方的城池失守，卖出。

从图上可以观察到，股价在跌破上升支撑线之前，已经跌破上升趋势线。跌破上升趋势线是卖出信号，跌破上升支撑线的卖出信号则是对上升趋势线的再次确认，信号的可靠性更强，也更急迫一些。

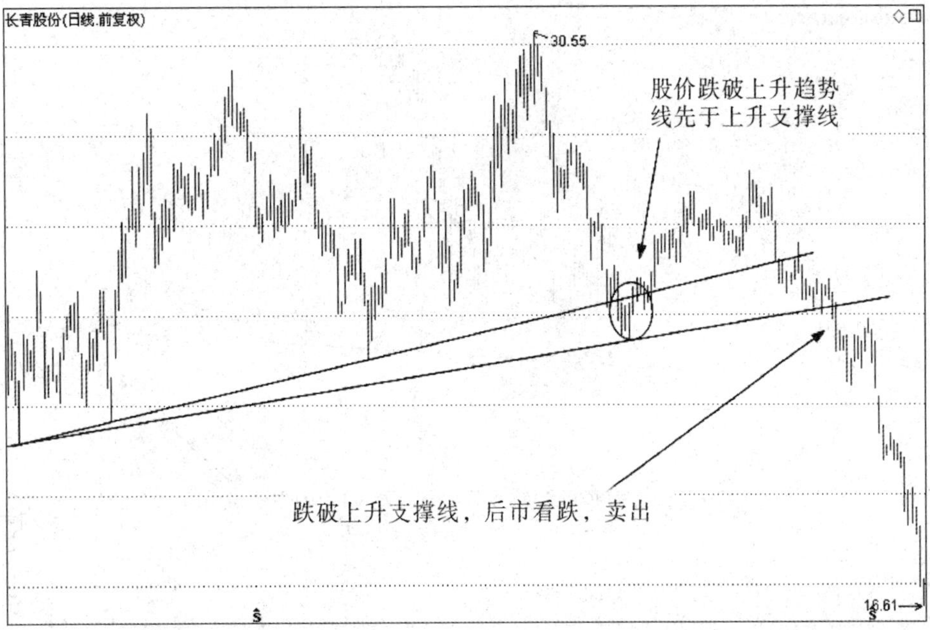

图4-24

图4-25是长青股份（002391）与上图（图4-24）同一时间段的日线图。图中股价收出头肩顶技术图形，股价跌破头肩顶颈线，卖出。

跌破上升支撑线的位置，略早略高于跌破头肩顶颈线。

特别提示：

如上升支撑线出现在长期下降趋势的中期调整行情当中，那么，股价或指数回落至支撑线获得支撑，则不再是买入信号；跌破支撑线时，则是持仓者的清仓信号。

在此种情形下，上升支撑线也经常与技术图形的边线重合。当二线合二为一时，交易者可按照技术图形的技术含义决定交易行为。

图4-25

图4-26是博威合金（601137）的日线图。在长期下降趋势线之下，股价反弹，然后跌破上升支撑线，清仓卖出。

上升支撑线与上升楔形的下边线重合，跌破上升楔形同样是清仓信号。

图4-26

2. 水平支撑线

水平支撑线沿水平方向运行。

水平支撑线的技术特征有以下两点。

（1）沿水平方向运行。

（2）可出现在任何趋势当中。

水平支撑线的技术含义如下。

（1）股价或指数遇水平支撑线支撑，持股或空仓不动。

水平支撑线是两个同一价位低点的连线，表明相对底部区域的支撑力很强，所以持仓的交易者不宜继续卖出。但股价是否就此止住下跌并步入上升趋势，不得而知，所以空仓者不宜买入。

虽然水平支撑线上的价位也许是未来走势的一个大底，但买在最低价，卖在最高价，不是趋势技术交易的最高境界和终极目标，低风险、稳定盈利才是趋势交易的最高境界和终极目标。

图4-27是深长城（000042）的周线图。股价急跌，反弹，再跌，然后遇水平支撑线止跌，预示股价有可能企稳。持仓的交易者不宜继续割肉卖出，但空仓的交易者也不应立即介入。

水平支撑线的买入信号很弱，是否入场，需要有其他趋势技术分析方法发出的信号相互印证。

图4-27

（2）股价或指数跌破水平支撑线，是卖出信号。

股价或指数跌破水平支撑线，表明续创新低，又套住一批资金，导致买盘力量削弱，而水平支撑线之上的筹码全部变成压力。上行沉重而下行顺畅，卖出信号强烈。

图4–28是新海宜（002089）的日线图。股价跌破水平支撑线后，相当于多方最后的城防失守，支撑线以上的筹码全部变成套牢盘压力，多空双方交战争夺的阵地将由支撑线上转到支撑线下，走势不容乐观，及时清仓卖出为宜。

图4–28

3. 下降支撑线

下降支撑线是指运行方向向下的支撑线。

下降支撑线的技术特征有以下两点。

（1）支撑线的运行方向向下。

（2）出现在下降趋势或调整趋势当中。

下降支撑线的技术含义如下。

（1）股价或指数遇下降支撑线支撑，是抢反弹的介入时机。

由于下降支撑线大多出现在下降趋势当中，而趋势交易的交易原则是非牛市空仓。所以在股价或指数回落，受到支撑线的支撑时，不是趋势交易者的进场点。

如果股价或指数急跌，在遇到下降支撑线时止住，的确是一个比较好的抢反弹时机。

图4–29是中钢天源（002057）的日线图。股价多次在下降支撑线的支撑下止跌反

弹，但因为股价处于下降趋势当中，所以交易者可空仓不动。短线或激进的交易者，可在股价急跌，遇下降支撑线止跌时适量买进，博取反弹价差。

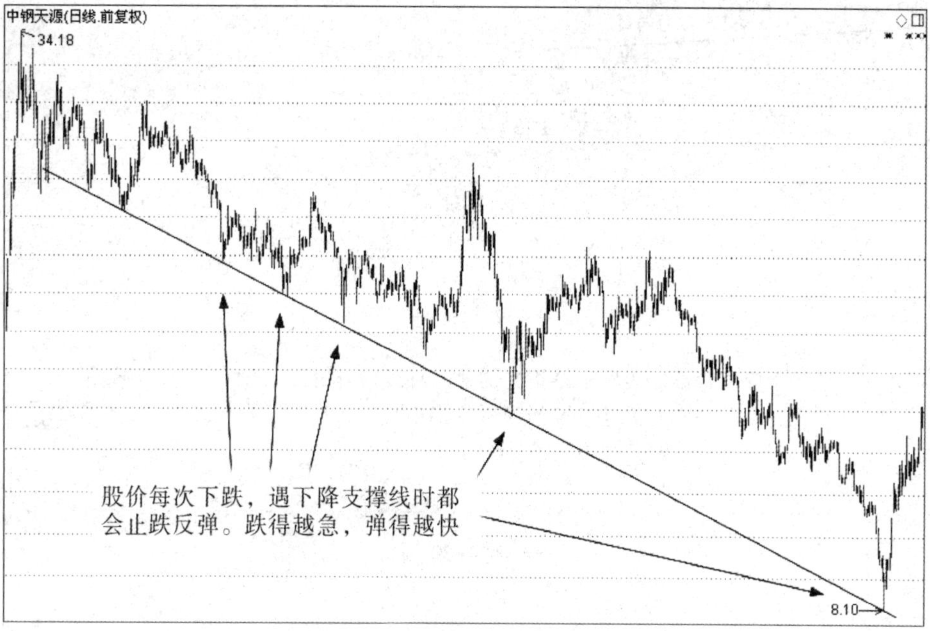

图4-29

（2）股价或指数有效跌破下降支撑线时，继续空仓等待。

即便是在下降支撑线上获得支撑，股价或指数都未必改变下降趋势，何况跌破？下降支撑线是多方且战且退的反击营地，跌破意味着多方几乎失去了打反击的能力，持仓交易者清仓，已是火烧眉毛的事情了。

图4-30是大洋电机（002249）的日线图。股价在高位整理时，高点和低点整体下移。过相对低点画出下降支撑线，当股价跌破下降支撑线时，表明多方重要的关口失守，空仓的交易者继续空仓，持仓的交易者则必须清仓卖出。

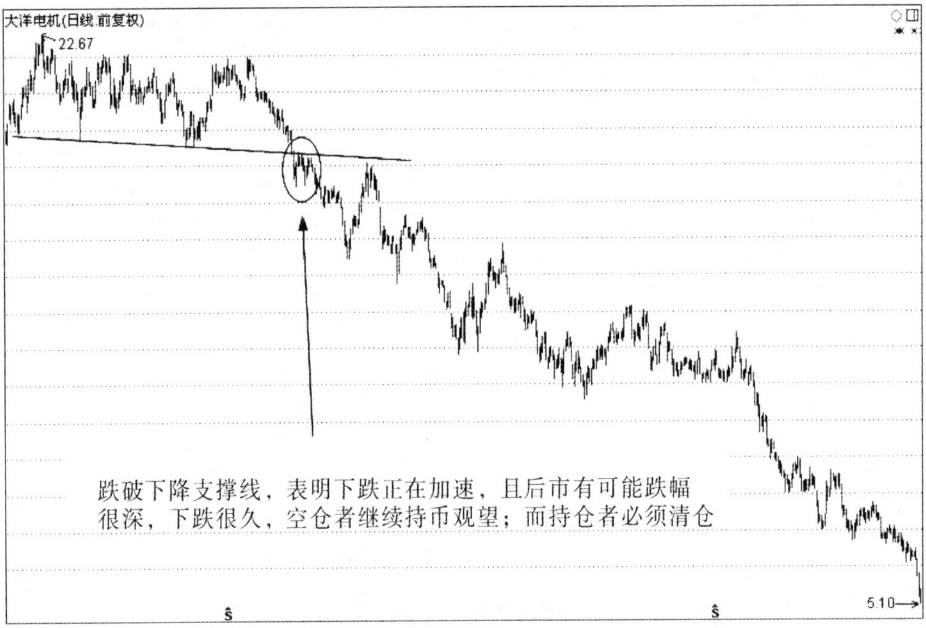

图4-30

二、压力线的技术应用

1. 上升压力线

上升压力线是指运行方向向上的压力线。

上升压力线的技术特征有以下两点。

（1）压力线的运行方向向上。

（2）出现在上升趋势或调整趋势当中。

上升压力线的技术含义如下。

（1）股价或指数遇上升压力线阻力，是减仓信号。

由于上升压力线大多出现在上升趋势当中，股价或指数遇上升压力线回落，并不一定改变长期趋势运行方向，后市大多仍会在短暂下跌后继续上涨，所以交易者可适当减仓，然后在低位补回，波段操作，以增加利润，降低风险。

图4-31是盾安环境（002011）的日线图。股价一直运行在上升趋势当中，交易者可以根据走势画出不同角度的上升压力线。每次股价触及上升压力线时，交易者都可以逢高减仓。

从图上可以观察到，每一次遇压力线压力时，股价都会回落，有时下跌的幅度还比较大。交易者如在遇压力线时减仓，大多可以有效锁定利润，增加资金利用效率。

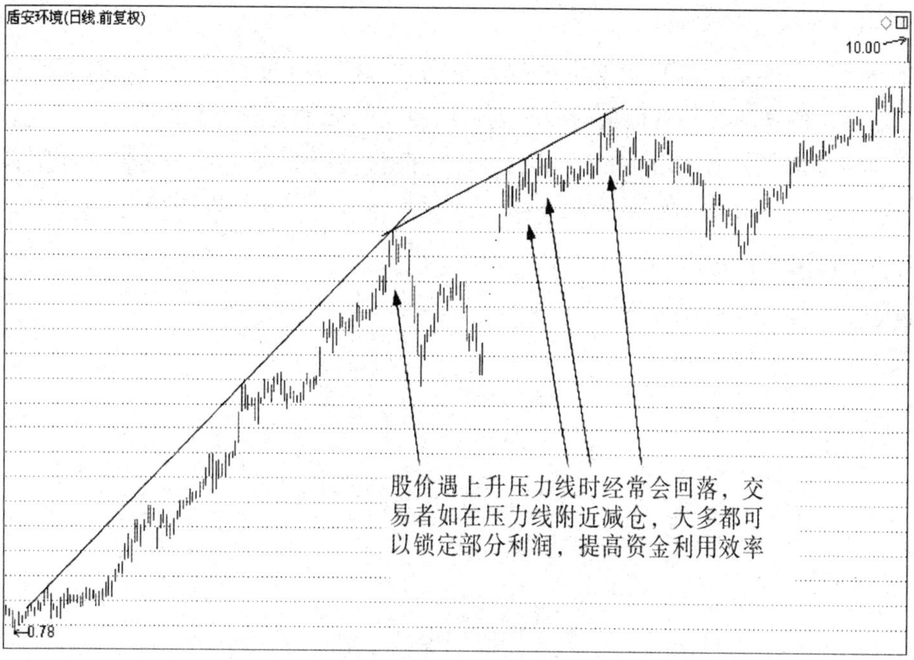

图4-31

（2）股价或指数有效突破上升压力线时，表明后市有可能加速上涨，持股不动或买入。

上升压力线是阻碍股价或指数上涨的关隘，突破后表明空方已溃不成军。

图4-32是华策影视（300133）的日线图。上升压力线的两个相对高点都是历史新高，股价突破上升压力线时，是第二次解放所有套牢盘，表明多方主力实力强大，且意在长远，买入。

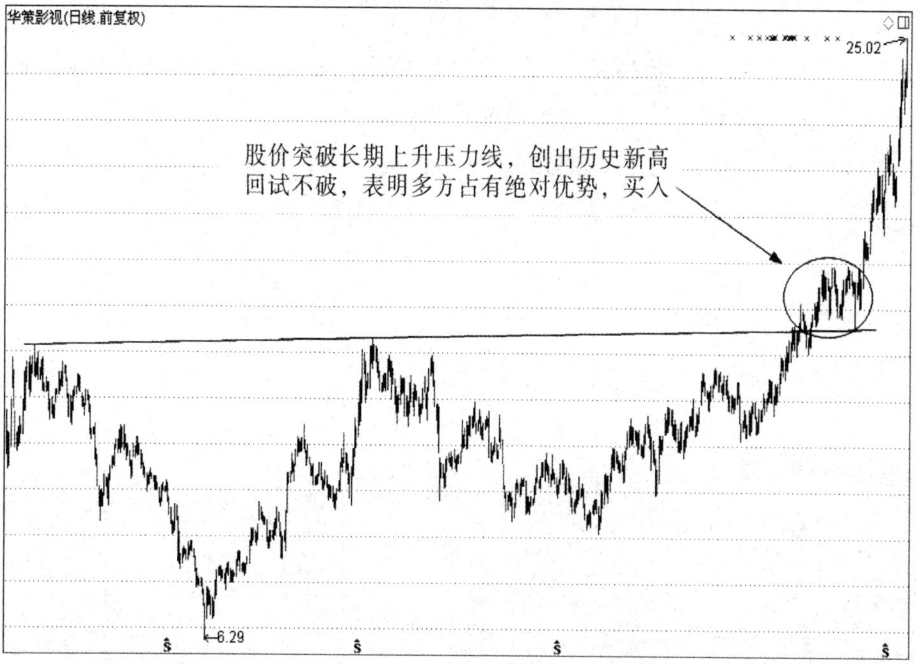

图4-32

特别提示：

上升压力线如果出现在长期下降趋势线之下的中期反弹趋势中，当股价或指数向上突破之后，持仓的交易者仍可持股不动，但空仓的交易者则不宜买入。

图4–33是汉王科技（002362）的日线图。股价反弹时虽然向上突破上升压力线，但股价仍旧运行在长期下降趋势线之下，所以已持仓的交易者仍可持有观察，空仓的交易者则不应急于买进。

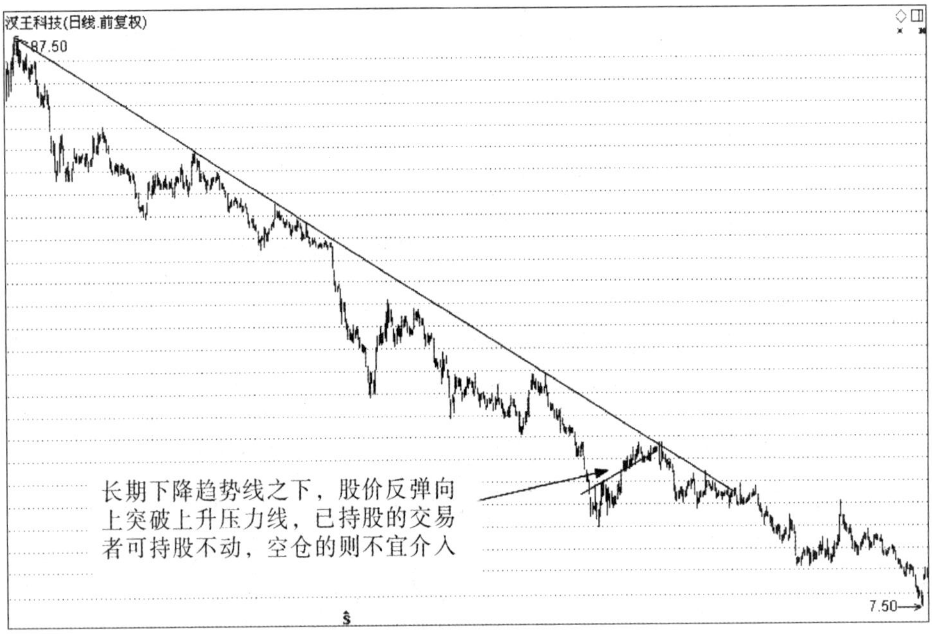

图4–33

图4–34是汉王科技（002362）上图（图4–33）突破上升压力线之处的放大图。图中下行的直线就是上图（图4–33）的长期下降趋势线。交易者可以观察到，股价突破上升压力线后不久，就遇到下降趋势线的压力回落，跌破上升压力线。

图4-34

2．水平压力线

水平压力线沿水平方向运行。

水平压力线的技术特征有以下两点。

（1）沿水平方向运行。

（2）可出现在任何趋势当中。

水平压力线的技术含义如下。

（1）股价或指数遇水平压力线受阻回落，是卖出信号。

图4-35是汉王科技（002362）的日线图。股价处在下降趋势中，然后横盘整理。但股价向上弹升时，总是受阻于水平压力线压力，表明多方上攻的意愿不强，或者实力不济。空仓的交易者不宜介入，持仓的交易者则可在压力线附近清仓，尚可卖在一个相对高价。

图4-35

（2）股价或指数突破水平压力线，表明多方蓄积了很强的反攻能量，买入。

水平压力线是某一段时间内的最高价位，因此，当股价或指数突破水平压力线时，压力线下堆积的套牢盘压力一下子变为获利盘支撑，后市上涨可期，买入。

尤其当水平压力线是前期历史新高时，突破后经常展开一轮轰轰烈烈的行情。

图4-36是杰瑞股份（002353）的周线图。股价创出历史新高后，开始整理。过最高价的连线可以画出一条水平压力线。

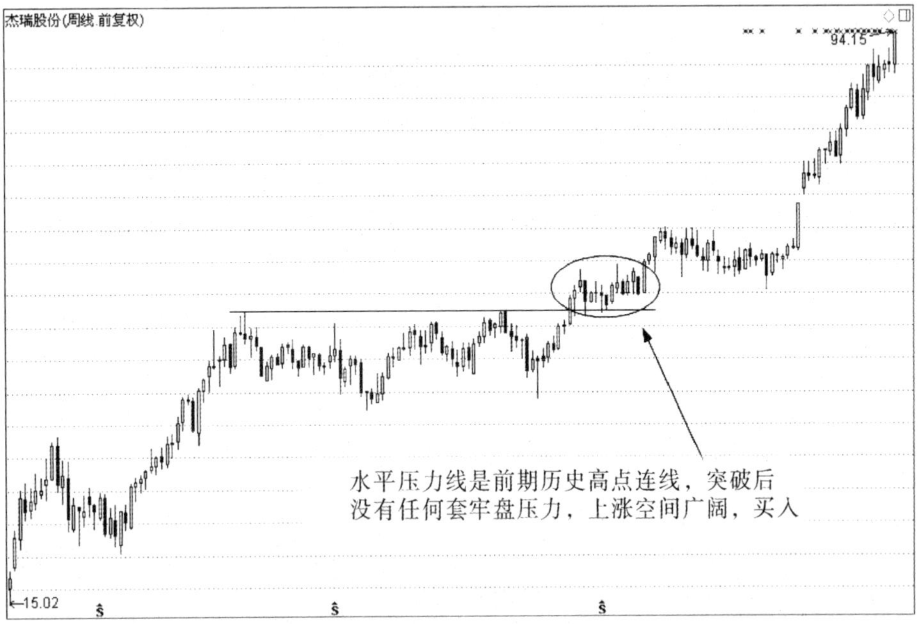

图4-36

在水平压力线下，股价横盘整理了很久，堆积了大量筹码。换手充分，无非是两种可能，一种是主力出货，另一种是换庄、洗盘、继续吸筹等。前者后市看跌，后者看涨。主力行为以及想法，公众交易者无从知晓，但主力行为的结果，公众交易者都可以看到。因此，判断是主力出货还是进货，就看后市是不是可以突破水平压力线。

如果主力出货，但依然向上突破水平压力线，挖出多头陷阱，这种可能性不能说没有，但非常罕见。因为既然已出货，就没有必要再去费力抬高股价，将好不容易套住的筹码再度解套。这样一出一进，不仅抛出的筹码自己又接回来部分，而且是低卖高买，显然与主力高位甩货的目的背道而驰。况且，如果主力已将大部分筹码放空，也没有能力推升股价续创新高。

因此，只要股价向上突破前高水平压力线，大概率事件是主力尚在。交易者可大胆跟进做多，止损离场点设在水平压力线上。

3. 下降压力线

下降压力线是指运行方向向下的压力线。

下降压力线的技术特征有以下两点。

（1）压力线的运行方向向下。

（2）出现在下降趋势或调整趋势当中。

下降压力线的技术含义如下。

（1）股价或指数遇下降压力线回落，是强烈的卖出信号。

下降压力线虽然并不表明股价或指数处在下降趋势当中，但下降压力线大多出现在下降趋势当中，因此，股价遇下降压力线压力时，未空仓的交易者逢高卖出，虽然已错过最佳的卖出时机，但仍旧可卖在一个相对的高位。

图4–37是卓翼科技（002369）的日线图。交易者如在股价遇下降压力线受阻时卖出，差不多都可以卖在波段的最高点位置。

图4-37

（2）股价或指数有效突破下降压力线时，是买入信号。

虽然下降压力线不能确认下降趋势，但下降压力线是过新低之后的相对高点连线，所以在股价或指数突破下降压力线之前，就已经走出后低高于前低的走势。当股价或指数向上突破下降压力线之后，趋势逆转的概率显然比突破下降趋势线更大，买入信号较为强烈。

图4-38是海康威视（002415）的周线图。股价宽幅震荡整理，然后向上突破下降压力线，买入。股价突破之后，向下回试下降压力线支撑不破，买入或加仓。

该股整理期间走出收敛三角形技术图形。下降压力线实则是收敛三角形的上边线。收敛三角形的买入点和下降压力线完全一致。

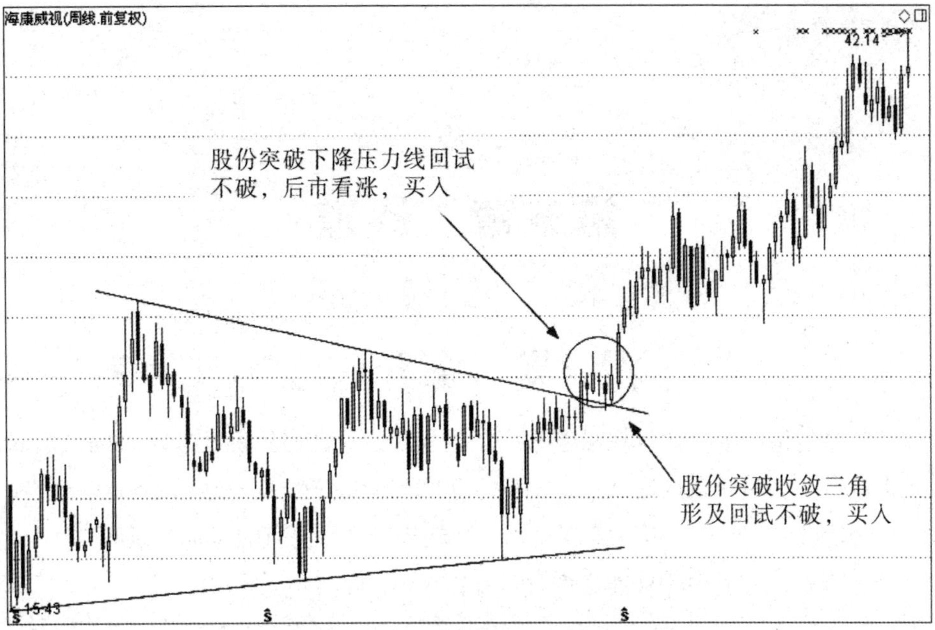
海康威视(周线,前复权)
42.14
股份突破下降压力线回试
不破，后市看涨，买入
股价突破收敛三角
形及回试不破，买入
15.43

图4-38

第五章　通道

第一节　上升通道

通道一般是指股价或指数在沿着某一条趋势线运行之时，变化非常规则，可以连接股价或指数另一侧相对高点或低点，画出一条和趋势线平行的直线。股价或指数在两条平行线之间就形成了一个上升或下降通道，与趋势线平行的直线又称为返回线。

通道分为上升通道和下降通道两种。如图5-1所示。

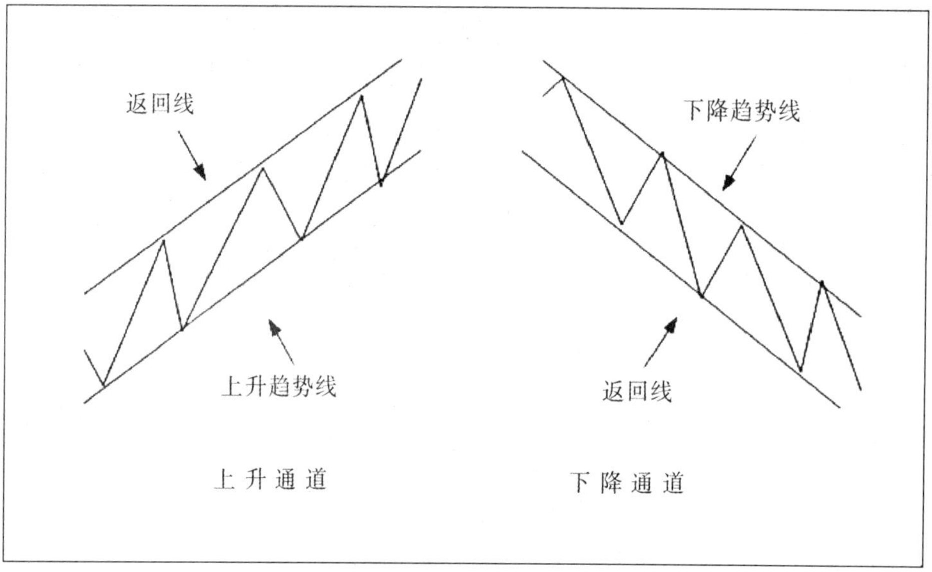

图5-1

之所以没有水平通道，是因为水平通道就是技术图形当中的矩形。

一、上升通道的技术特征

上升通道是指股价或指数在上升趋势线和返回线之间运行的一种技术形态。

（1）出现在明显呈规律性上升的趋势当中。

（2）股价或指数反复触返回线下跌，遇趋势线上涨。

（3）在上升通道中，每一波的波峰和波谷都会比前一波的波峰和波谷高。

二、上升通道的画法

先画出上升趋势线，然后过股价或指数另一侧的高点或相对高点，画一条和上升趋势线平行的返回线。

三、上升通道的技术含义

1. 股价或指数回落遇上升趋势线获支撑时，是加仓信号，交易者可适量增加仓位；遇返回线回落时，是减仓信号，交易者可适量卖出股票

股价或指数在上升趋势线处获得支撑上升，在返回线遇到压力下降，说明股价或指数仍然运行在上升通道之内。

图5-2是万力达（002180）的日线图。股价完美地运行在一个比较狭窄的上升通道内。交易者可在遇趋势线获支撑时加仓，遇返回线受阻时减仓。

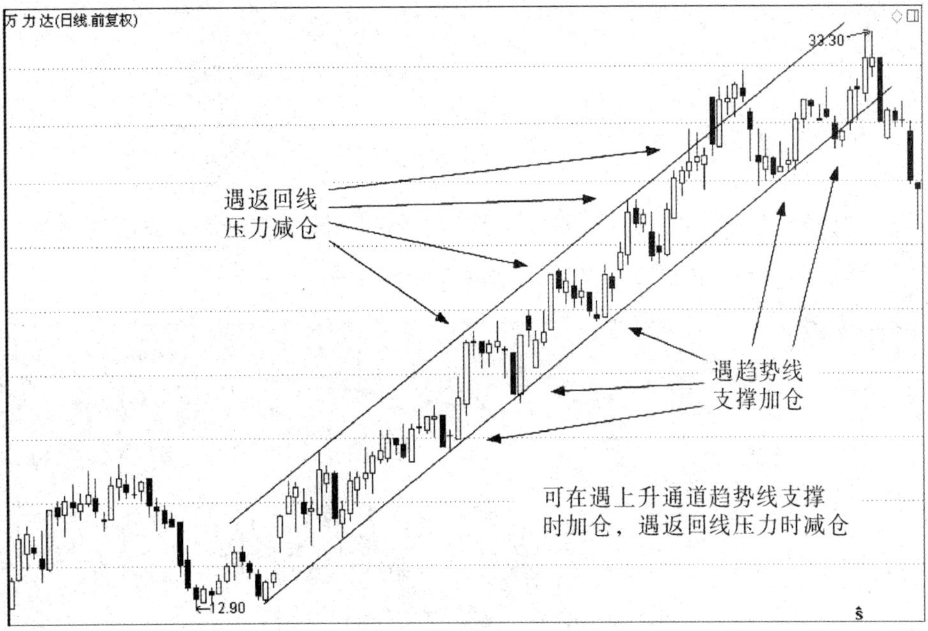

图5-2

在顶部，股价短暂跌破趋势线一次，跌破时交易者可以持股观察。因为通道有个特性："穿头破脚"，这个穿头破脚不是K线形态当中的组合，而是指股价或指数在通道中运行的过程中，如果突破返回线但又很快重回通道内，或者突破趋势线但又很快重回通道内，那么，随后的走势很有可能在通道的另一侧也会出现一次短暂突破，然后再重回通道的形态。该股在前面突破返回线又重新跌回，所以后面就会跌破趋势线再重返通道。

图5-3是英特集团（000411）的日线图。和上图一样，交易者可在遇返回线压力时

减仓，遇趋势线支撑时加仓。

本图的上升通道比较宽，因此波段操作的效果更好。

图5-3

图5-4是英特集团（000411）的日线图。如果利用通道逆推法，先画返回线，再画趋势线，则图中所标注圆圈处也可以是交易者的加仓点。

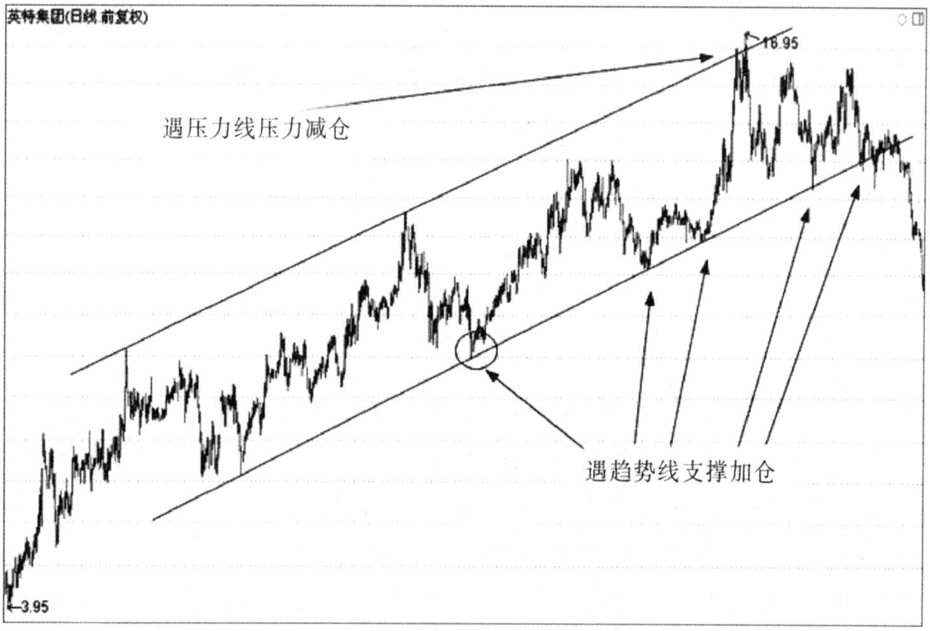

图5-4

图5-5是上证指数（999999）2008年10月至2009年9月的日线图。依然是遇趋势线支撑加仓，遇返回线压力减仓。其中遇上升通道返回线压力的减仓点，几乎是指数的最高点。

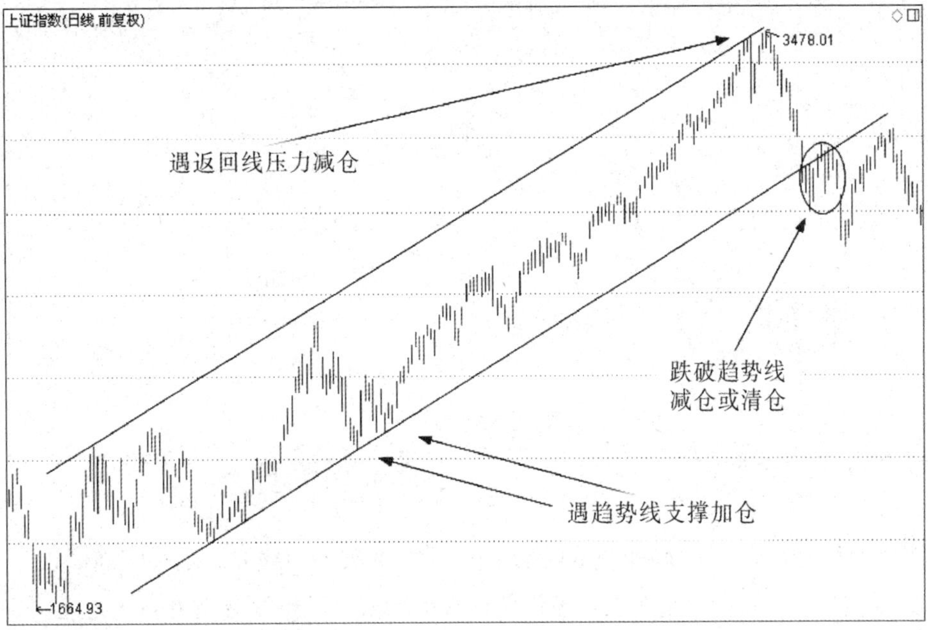

图5-5

在高位跌破上升通道趋势线时，交易者应继续减仓或清仓。

趋势线跌破后，对后市有压力，指数两次回抽不上，清仓离场。

2. 股价或指数向上突破上升通道的返回线时，表明股价或指数正在加速上升。继续持股或加仓

上升通道的角度越平缓，向上突破返回线的技术含义越有效，后市上涨的概率和幅度就越大。

这是因为上升通道的角度越平缓，则上升通道就越接近矩形的缘故。上升通道的角度越陡，多方力量的消耗就越大，也就越接近强弩之末。

图5-6是上证指数（999999）2008年10月至2009年9月的日线图。指数在触及返回线压力时并未回调，而是向上突破，表明指数开始加速上涨，继续持股或加仓。

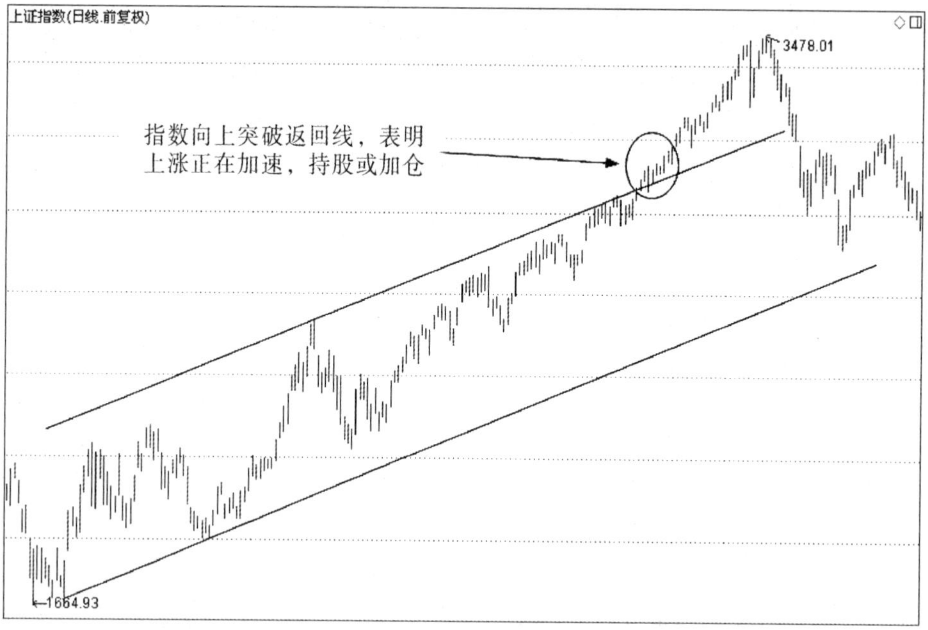

图5-6

图5-7是中源协和（600645）的日线图。股价突破返回线时，是一字涨停板，公众交易者几乎无法买入，只能在涨停板价位挂买单轮候，已持股者则可高枕无忧。

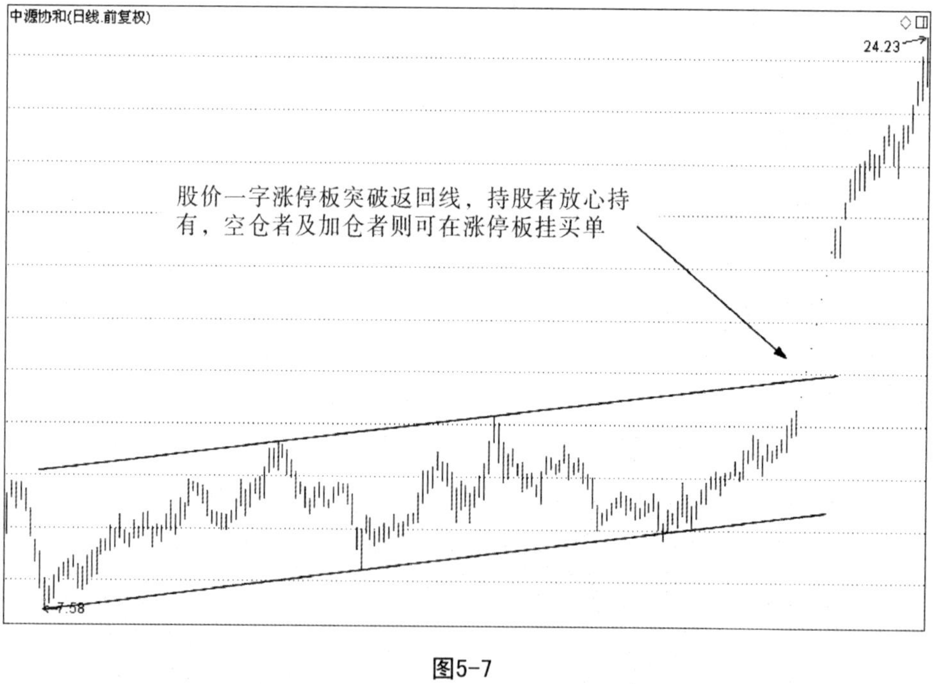

图5-7

图5-8是中核科技（000777）的日线图。以连续涨停板的方式突破上升通道返回线，表明了多方主力的决心和实力，持股或继续买入。

返回线被突破后，就由压力变为支撑。后市股价回落，多次在返回线附近获得支撑。

图5-8

图5-9是澳洋科技（002172）的日线图。图中画出了比较完美的上升通道。股价突破返回线后，又向下回试了一下返回线。突破及回试不破，都是买入信号，交易者可持股不动，或继续买入。

图5-9

特别提示：

（1）股价或指数向上突破返回线时，如成交量同步放大，则突破的可靠性就强。否则有可能突破失败，重新跌回通道内。

（2）突破上升通道返回线是股价加速上涨的表现，因此持续时间一般不会太长，交易者应注意及时离场。

3. 股价或指数跌破上升通道的趋势线时，表明股价或指数已经不再沿着上升趋势线运行，后市向淡，减仓或清仓

上升通道的角度越平缓，跌破趋势线的看跌作用就越强，趋势逆转的概率就越大。因为角度越平缓，说明多方相对于空方力量的优势就越不明显，而且角度越平缓，则越接近矩形。

图5-10是中核科技（000777）的日线图。股价虽然多次向上刺穿上升通道的返回线，但都没有有效突破，通道依然有效。

上涨后期，股价跌破通道趋势线，后市向淡。因为跌破上升趋势线，并不意味着趋势一定逆转，所以交易者可减仓，可清仓。

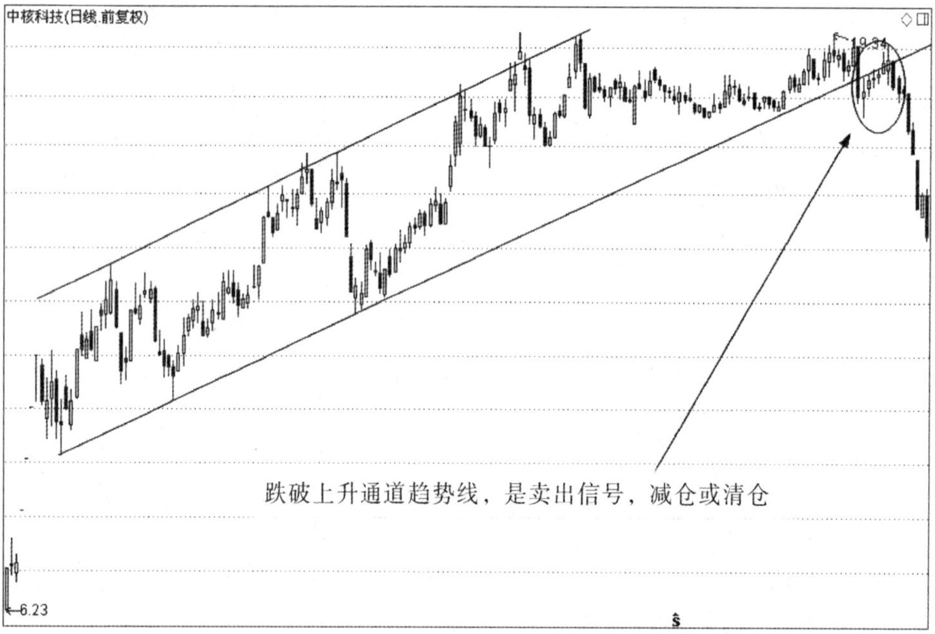

图5-10

图5-11是史丹利（002588）的日线图。以跳空向下的大阴线跌破上升通道趋势线，看空信号强烈，清仓。

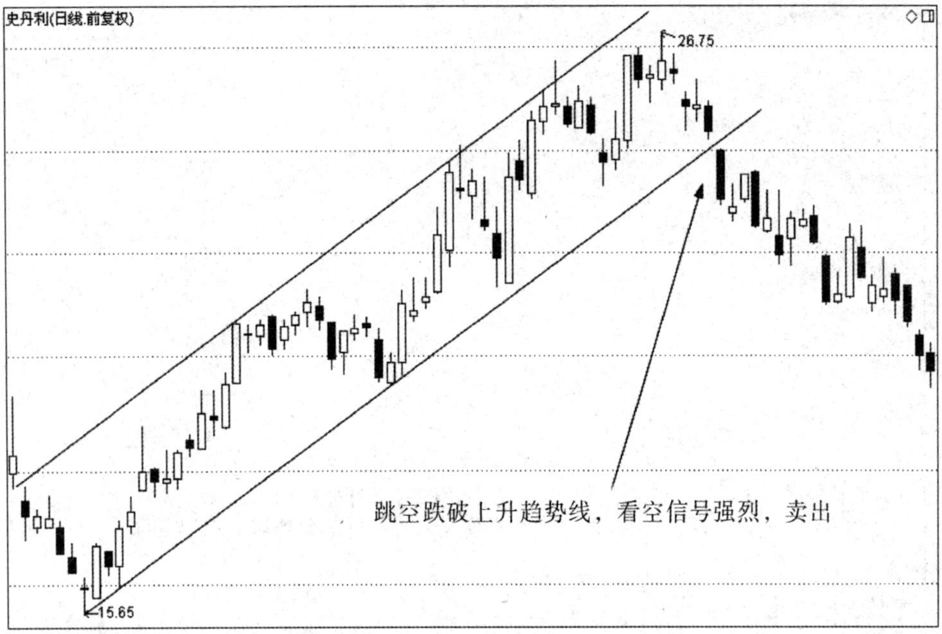

图5-11

跳空向下的缺口是向下突破缺口，强化了跌破趋势线的看跌作用。

特别提示：

和趋势线一样，跌破上升通道的趋势线，不必然导致趋势逆转，更多的是通道修正或趋势线修正。但跌破趋势线减仓或清仓，依然是不可或缺的交易行为。

图5-12是华芳纺织（600273）的日线图。股价虽然跌破上升通道趋势线，但却很快止跌，并以更陡的角度继续上涨。显然，跌破趋势线，趋势并未逆转，只是修正了上升角度。

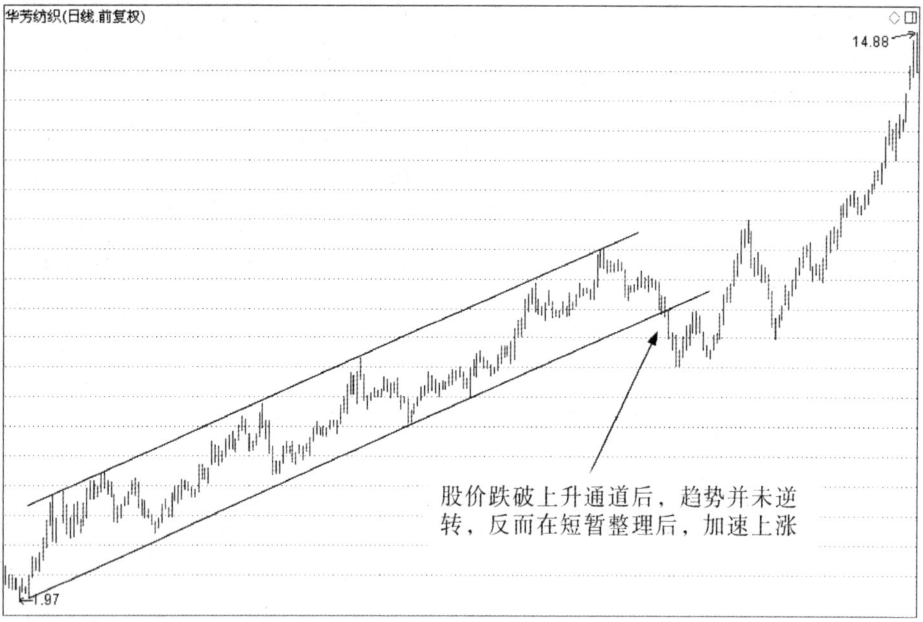

图5-12

图5-13是华芳纺织（600273）与上图（图5-12）同一时间段的日线图。股价跌破上升通道趋势线时，交易者可减仓或清仓。

接着股价整理，交易者可以在股价整理结束继续上涨并创出新高后，过新的相对低点画出一条修正过的上升趋势线。然后股价再度回落，遇修正上升趋势线止跌回升，是买入信号，交易者可将前期减掉的仓位补上。

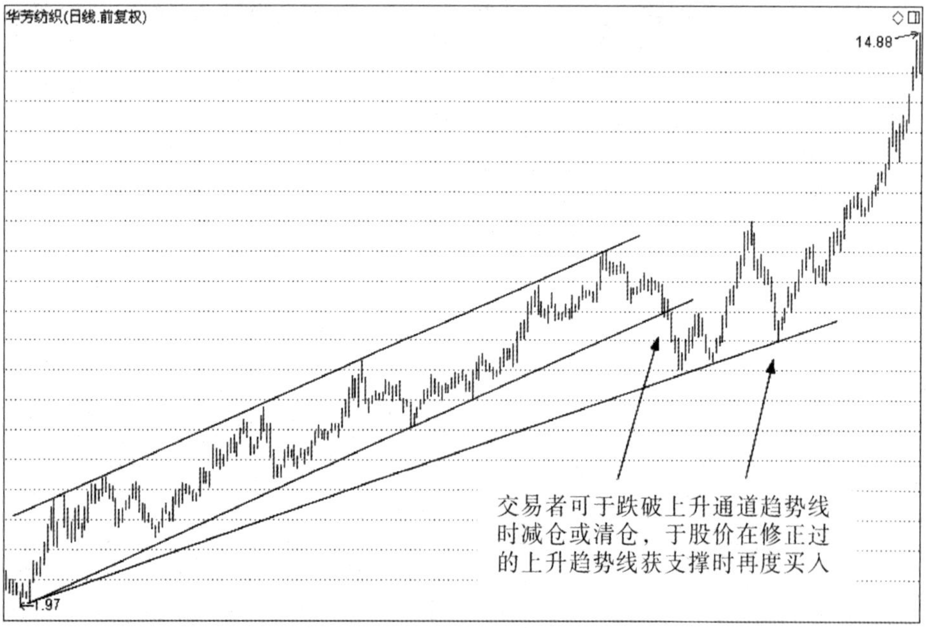

图5-13

第二节　下降通道

下降通道是指股价或指数在下降趋势线和返回线之间运行的情形。

一、下降通道的技术特征

（1）出现在明显的呈规律性下降的趋势当中。

（2）股价或指数反复遇趋势线下降，触返回线上涨。

（3）在下降通道中，每一波的波峰和波谷都会比前一波的波峰和波谷低。

二、下降通道的画法

先画出下降趋势线，然后过股价或指数另一侧的低点或相对低点，画一条和下降趋势线平行的返回线。

三、下降通道的技术含义

1. 股价或指数在下降通道中运行时，是空仓信号

未能及时清仓的交易者，必须于股价或指数碰到下降趋势线时卖出，空仓的交易者也不能在遇到返回线获支撑时买入。

这一点与上升通道的技术含义有些不同，主要是因为下降通道出现在下降趋势当中。无论是左侧交易还是右侧交易，都是顺势交易，在下降趋势当中，只能空仓。

如果是融资融券、外汇债券、期指或期货交易，交易者可以于价格碰到下降趋势线转而向下时加空单，遇返回线止跌向上时减一部分空单。

图5-14是凯乐科技（600260）的日线图。股价下跌时，运行在下降通道当中，交易者应当持币观望。

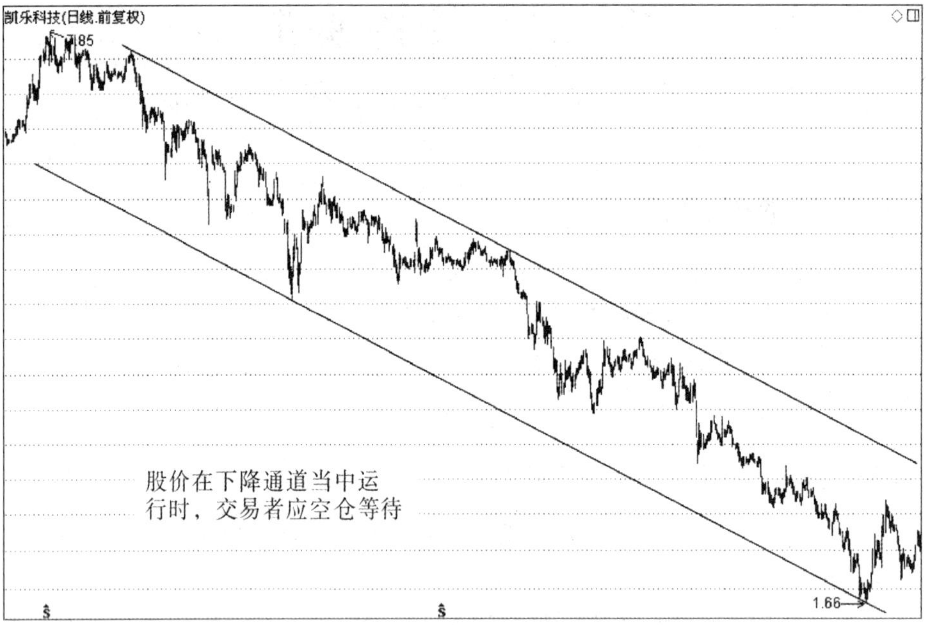

图5-14

图5-15是ST景谷（600265）的日线图。该股也是运行在一个长期下降通道当中，通道的宽度很宽，如果把握得当，反弹的空间和利润也较为可观。但总的来说，趋势交易者空仓为宜。

图5-15

特别提示：

下降通道是空仓信号，持币观察是交易者最好的选择。但若股价或指数急跌，遇返回线支撑止跌时，是入场抢反弹的好机会。

因为下降通道的返回线经常与下降支撑线重合，所以也可以这样描述，下降通道返回线是下降支撑线的一部分。交易者可以按照下降支撑线的技术含义，进场抢反弹。

图5-16是长城开发（000021）的周线图。股价处在长期下降趋势当中，后期向下急跌，交易者可在遇下降通道返回线支撑止跌时，适量买入抢反弹。

抢反弹的"抢"字，说明要快进快出，不可恋战。

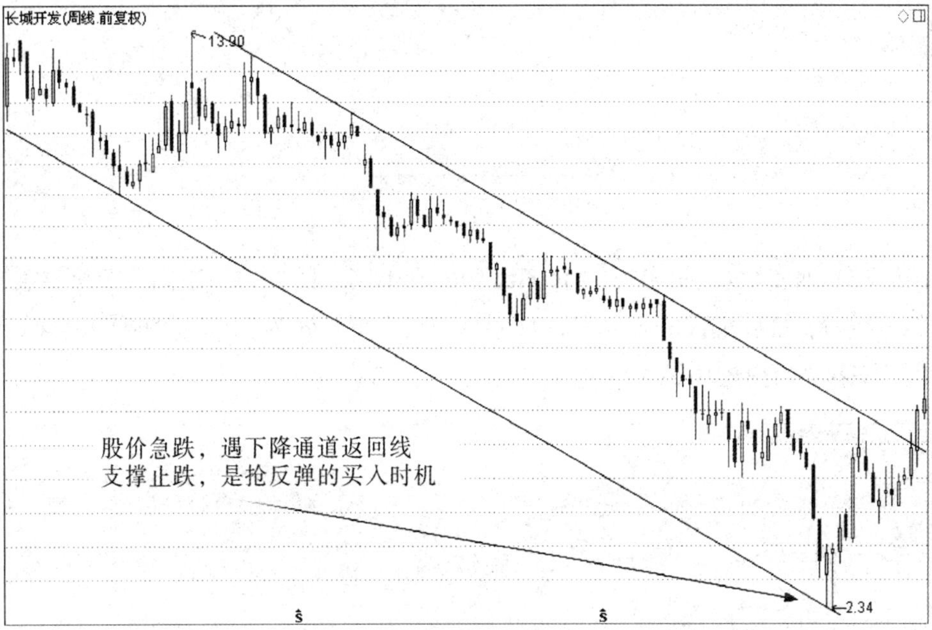

图5-16

2．股价或指数向上突破下降通道的趋势线时，是止跌信号

突破下降通道趋势线，往往只是下降通道或下降趋势线修正，因此，交易者不能据此进场买入，买入必须要有其他趋势技术分析方法发出的进场信号与之印证。

这一条技术含义和下降趋势线相同。

图5-17是东盛科技（600771）的日线图。股价突破下降通道趋势线后，只短暂回升，就继续下跌。期间虽然多次受到下降趋势线的支撑，但股价依然越走越低。

突破下降通道趋势线的止跌，只是一个波段底部。

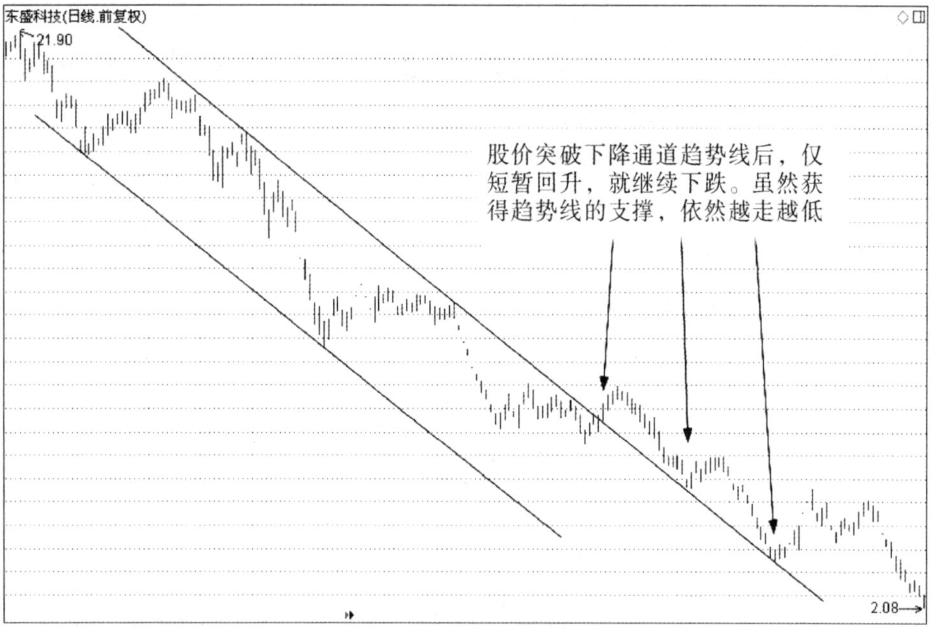

图5-17

图5-18是西安饮食（000721）的日线图。和上图（图5-17）不同，股价突破下降通道趋势线时，已经突破60日均线，且60日均线由下行转为上行，是60日均线葛南维买入点，交易者可以进场买入。

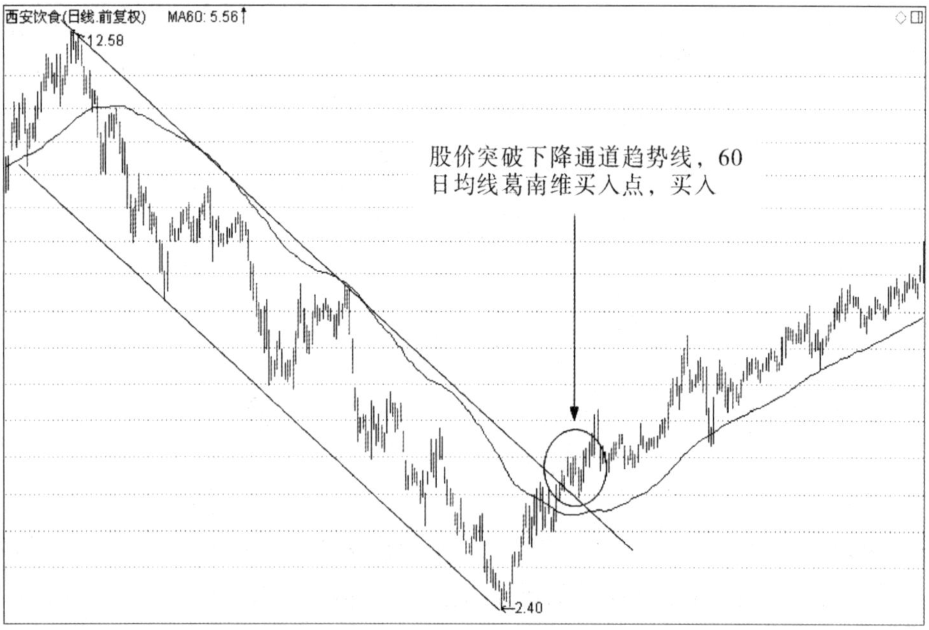

图5-18

3．股价或指数跌破下降通道的返回线时，表明股价或指数正在加速下跌，交易者应当继续空仓等待

下降通道返回线，其实质仍旧是下降支撑线的一部分，因此，跌破下降通道返回线的技术含义，与跌破下降支撑线的相同。

图5-19是国元证券（000728）的日线图。下降通道的角度比较平缓，股价多次受到通道返回线的支撑。在通道末端，股价跌破通道返回线。由于该下降通道运行的时间很长，角度平缓，所以跌破的意义重大，看空信号强烈，交易者应当继续观战。

跌破下降通道返回线，也是持仓交易者避免坠下套牢深渊的最后一次卖出机会。

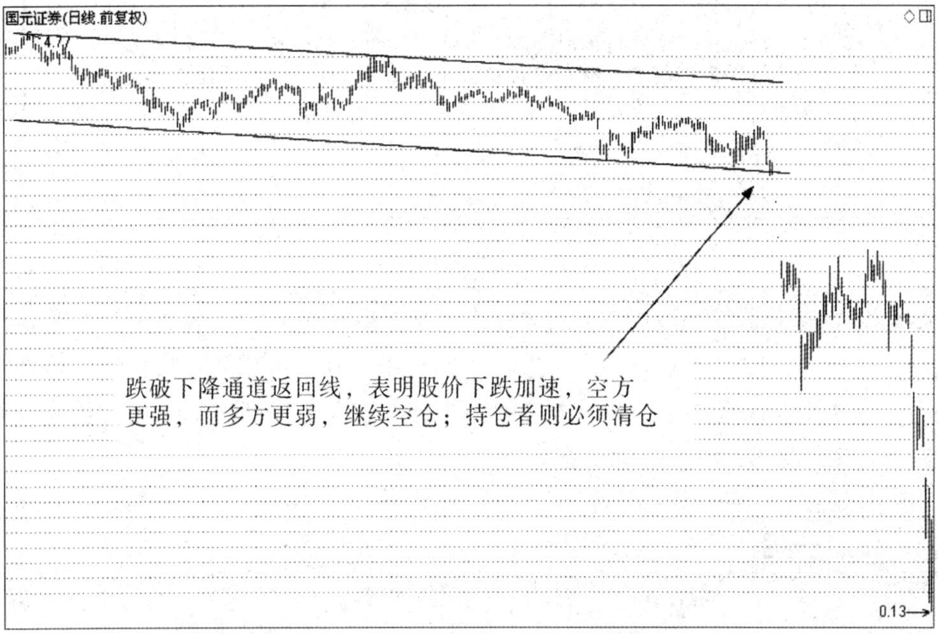

图5-19

图5-20是国元证券（000728）的周线图。在周线图上，股价运行在一个周期更长的下降通道当中。下降通道的时间周期越长，突破趋势线或跌破返回线的技术意义也就越为重大。股价在返回线上获得支撑的次数越多，说明返回线的支撑越强，但跌破后，继续下跌的概率也就越大，跌幅也就越深。所以，交易者在股价跌破长周期下降通道返回线后，虽然这有可能是空方的最后一击，下跌已是强弩之末，接近尾声，但空仓者依旧不能冲动买入，持仓者则宜断臂求生，清仓出局。

图5-20

图5-21是国元证券（000728）的周线图，是上图（图5-20）的放大，与图5-19的日线图大致同一周期。图上的下降通道与图5-19中下降通道相同，只不过一个是在日线图上，一个是在周线图上，同时也是上图（图5-20）下降通道的修正。技术含义不变，跌破下降通道返回线，继续空仓等待。

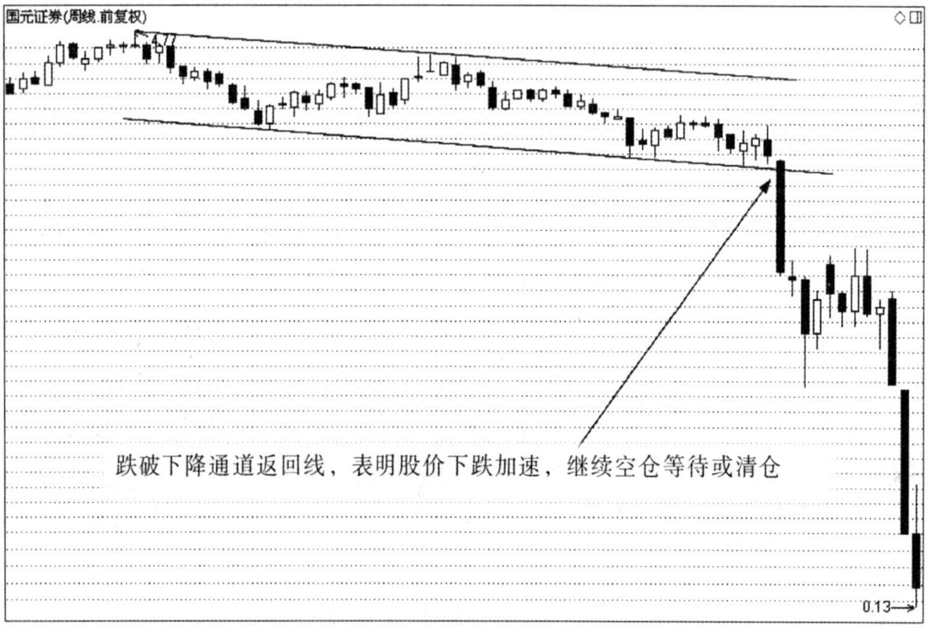

图5-21

第三节　通道修正

通道修正有两种情形，一种是通道的趋势线没有改变，只是通道的宽度发生变化；另一种是通道的角度发生了变化。

其中第一种情形并非真正意义上的通道修正。通常情况下，通道修正仅指通道运行角度发生改变。除非特别注明，本书所谈及的通道修正，都是指通道角度变化。

通道修正主要源于趋势线的修正。趋势线的运行角度发生改变，通道就随之变化。但趋势线修正并不必然导致通道修正，而通道修正一定源于趋势线修正。

图5-22是运盛实业（600767）的周线图。股价运行在上升通道当中，交易者可以在股价遇趋势线支撑时加仓，遇返回线压力时减仓。

股价在上涨后期加速，向上突破通道返回线，交易者可于突破时加仓。

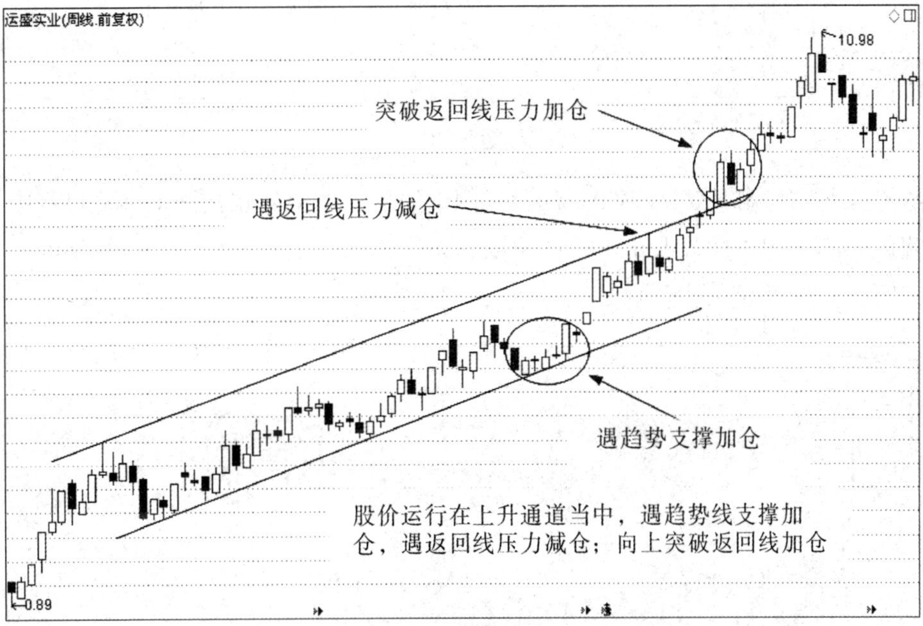

图5-22

和趋势线一样，同一段行情当中，可以存在不同的上升通道。如图5-23，是运盛实业（600767）与上图（图5-22）几乎同一时间段的周线图，观察图表，交易者可以看到，随着行情发展，上升趋势线修正，上升通道也随之修正。交易者可在股价触及返回线压力时减仓。

随后股价下跌，跌破上升通道趋势线，跌破后回抽趋势线不上。二者都是卖出信号，减仓或清仓。

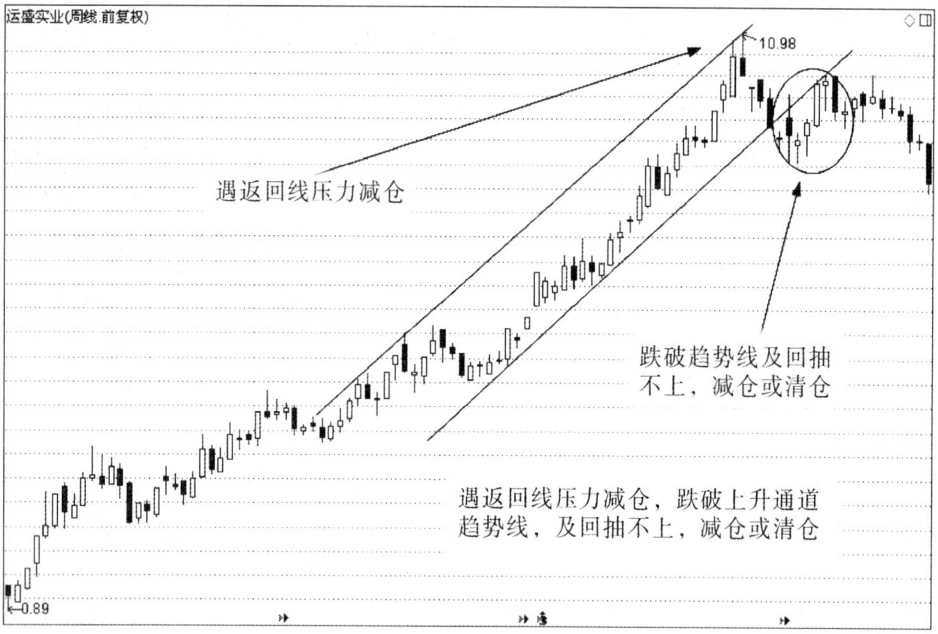

图5-23

图5-24是朗科科技（300042）的周线图。股价整体上处在长期下降趋势当中，但在下降趋势的不同阶段，股价下跌的速度和角度不同。交易者可以随着行情的变化，画出不同的下降通道。

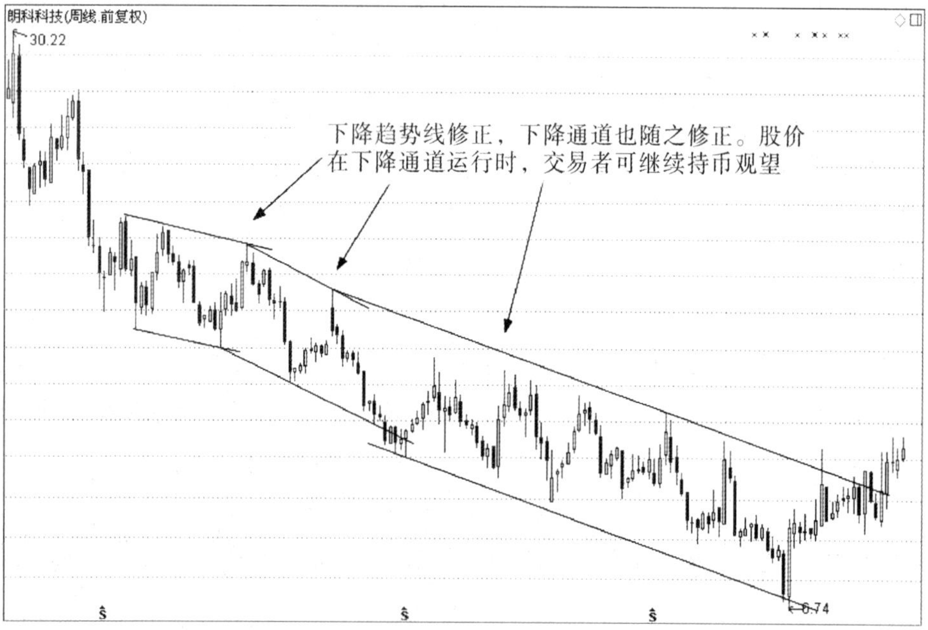

图5-24

下降通道是交易者重要的空仓期，在股价没有实质性改变趋势方向之前，交易者应一直空仓等待。

第四节　通道逆推

一、通道逆推

通道逆推是指股价或指数上涨或下跌过程中，还没有出现可以画出趋势线的两个相对高点或低点时，可以先在另一侧过两个相对低点或高点画出假定的返回线，然后再根据返回线画出趋势线的一种技术分析方法。

通道逆推所画出的趋势线，只是根据另一侧假定的返回线所推定出的趋势线，是否是真正的上升或下降趋势线，需要后市走势验证。

图5-25是科林环保（002499）的日线图。先过两个相对低点AC画出返回线，然后过另一侧的相对高点B画出下降趋势线。交易者可以看出，该股后期走势验证了这条逆推的趋势线是真正的下降趋势线。股价几次碰到趋势线都转为下降。

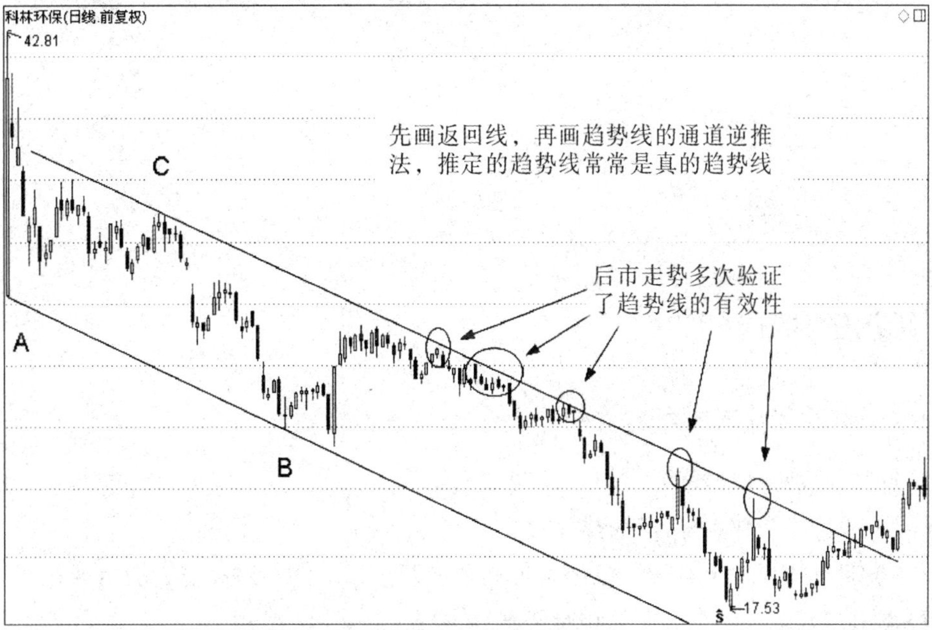

图5-25

通道逆推画出的趋势线，与通道相比不确定性更大，但也有着一些通道技术分析方法无法比拟的优势。

一是通道逆推的预测性更强。这一点无需过多解释，通道逆推在只有一个相对低点或高点的时候，即可预测趋势的走向。

二是通道逆推的趋势线，即便未被后市验证，也常常是很重要的支撑和压力线。

图5-26是华锐风电（601558）的日线图。先过相对低点画出返回线，然后过另一侧的相对高点画趋势线。后市走势表明，通道逆推的趋势线不是真正的趋势线，但交易者观察图表可以发现，虽然不是真正的趋势线，但当股价运行至推定趋势线时，明显受到压力，突破推定趋势线后，对股价的支撑作用比较强烈。

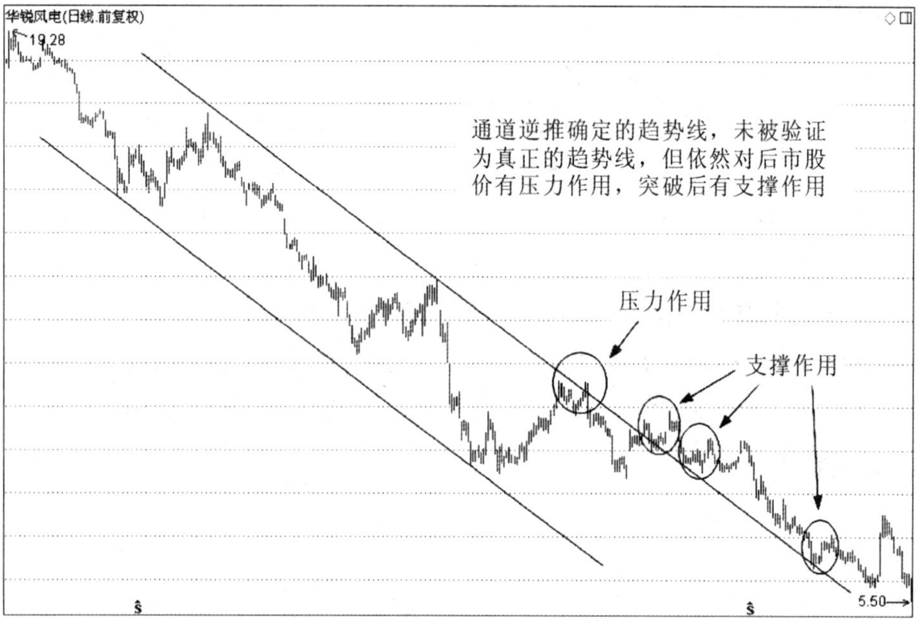

图5-26

二、通道逆推的技术应用

1. 通道逆推的技术特征

（1）可出现在任何趋势当中。

（2）股价或指数走势比较有规律性。

（3）股价或指数上升时，已经出现两个或两个以上的相对高点；股价或指数下降时，已经出现两个或两个以上的相对低点。

2. 通道逆推的技术含义

（1）通道逆推所推定的趋势线，常常是重要的压力位和支撑位，交易者可在股价或指数运行至推定趋势线时，预先作出仓位增减。

图5-27是华仁药业（300110）的日线图。股价先是运行在如图所示的下降通道当

中，不久股价跌破通道的返回线，表明股价已不在原来的通道中运行。

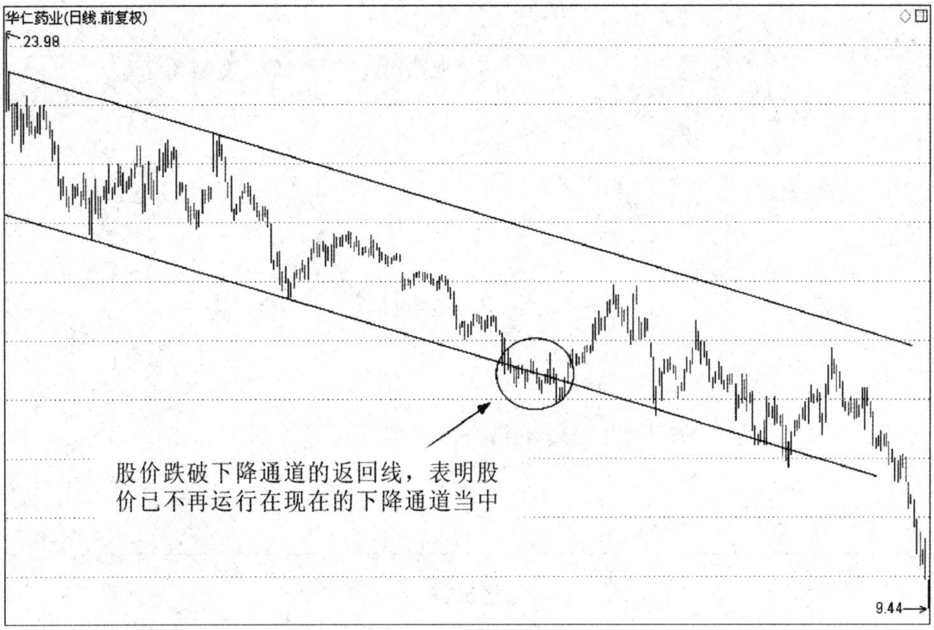

图5-27

图5-28是是华仁药业（300110）与上图（图5-27）同一时间段的日线图。过AB点连线，先画出返回线，然后过另一侧相对高点画与之平行的趋势线。交易者可以观察到，后市股价运行至通道逆推趋势线位置时，受到明显的阻力。持仓的交易者可以选择清仓离场，这样，虽然是在下降趋势当中不幸持仓，但比较幸运的是卖在了阶段性最高点。

图5-28

（2）通道逆推可以提前确定通道，预测趋势。

通道逆推推定的趋势线，经常被后市走势验证为真正的趋势线。因此，通道逆推法可以预测趋势轨迹，从而令交易者的操作更加成竹在胸。

图5-29是新宁物流（300013）的日线图。先过两个相对低点画出返回线，然后过相对高点画一条平行线。从图上可以看出，股价后市碰到平行线后即遇阻回落，并创出新低，从而验证了平行线是真正的下降趋势线。

在趋势线被验证之前，有仓位或者入场抢反弹的交易者，可在股价运行至推定趋势线之处清仓离场。

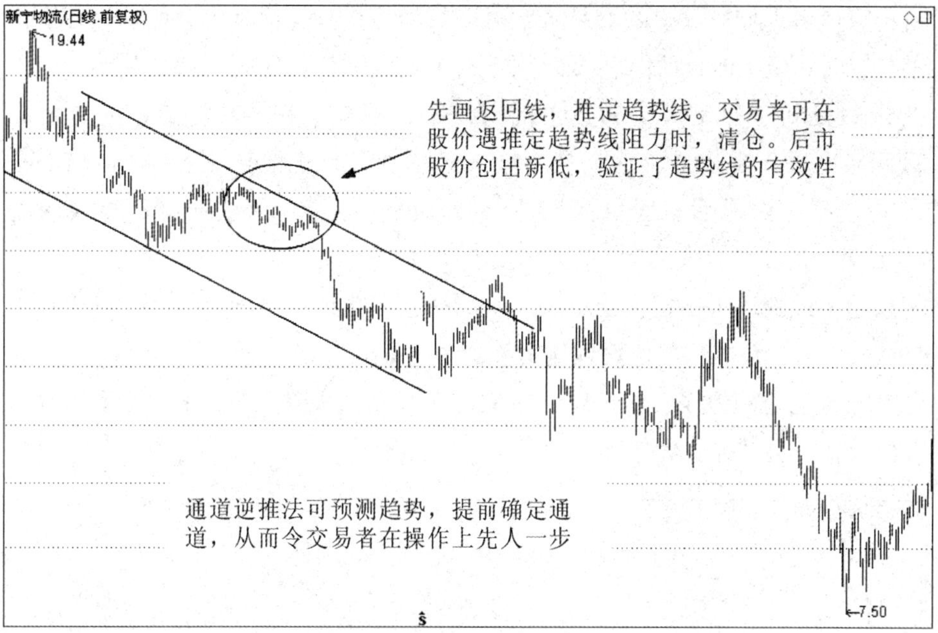

图5-29

图5-30是新宁物流（300013）与上图（图5-29）同一时间段的日线图。上图中的下降趋势线不久即被向上突破，表明股价改变了下降趋势的轨迹。

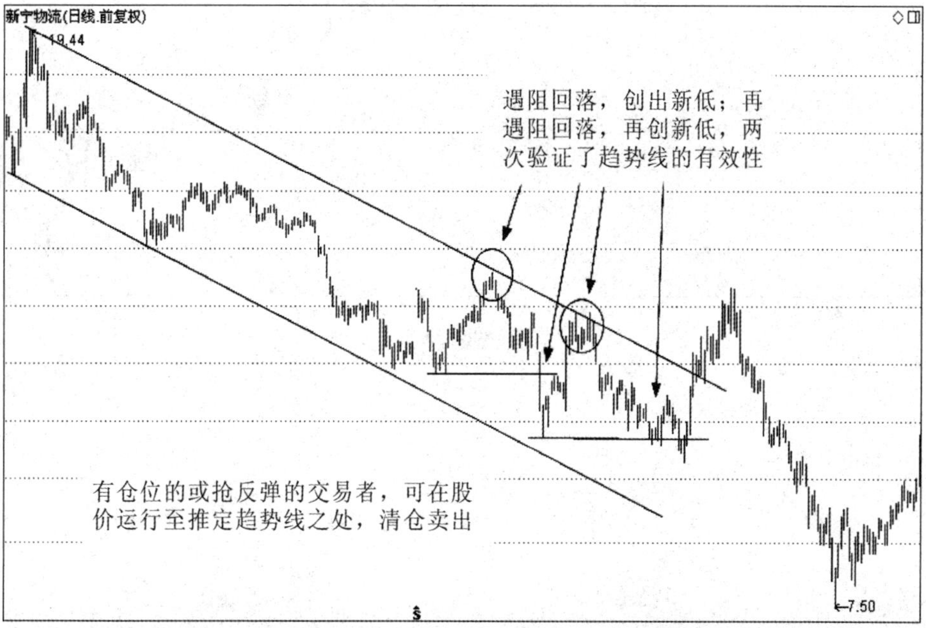

图5-30

返回线不变，过图中最高点画与之平行的趋势线，交易者可以发现，股价两次遇到趋势线回落并都创出新低，验证了新下降通道的真实有效性。

有仓位或者入场抢反弹的交易者，可以在趋势线被验证之前，股价运行至推定趋势线的位置时，做出清仓动作，从而快人一步，在相对高位抽身而逃。

图5-31是新宁物流（300013）的周线图。图表上有两个通道，一个是周期较长、间距较宽的下降通道，一个是相对狭窄的中期上升通道。这两个通道都是通过通道逆推法确定的。后市股价惊人地巧合，就在触及到两个通道趋势线的交汇点时，遇阻回落。

两条趋势线的压力一定大于一条，所以持仓者或抢反弹的交易者，完全可以在两条趋势线交汇点价位略低的位置预挂卖单，清仓卖出。

此时，无论是趋势线、压力线，还是技术图形、通道，都无法确定卖出点。通道逆推与之相比，显然存在优势。

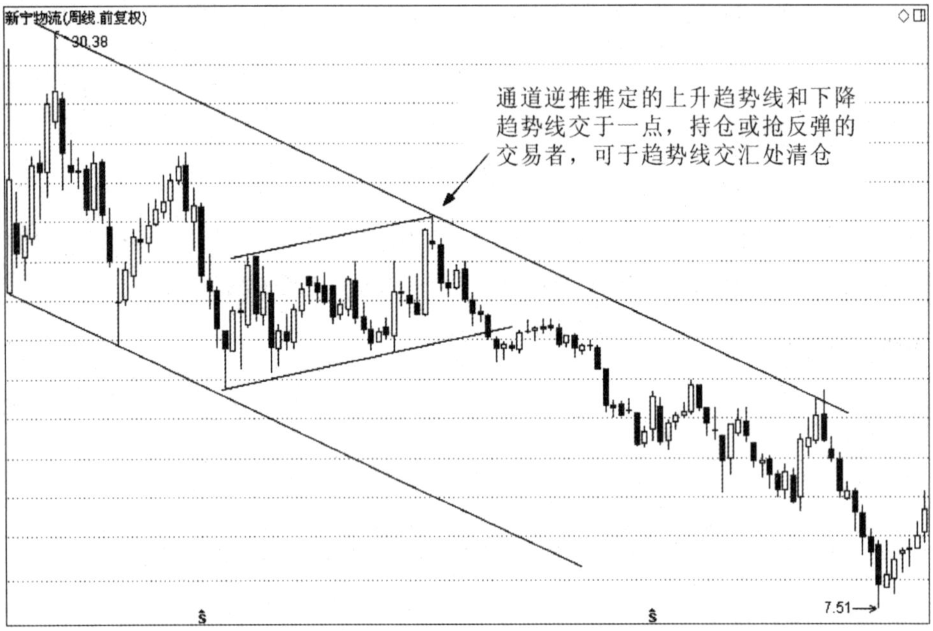

图5-31

第六章　趋势线的综合运用

第一节　趋势线、通道、技术图形、支撑线和压力线的区别和应用

一、概述

从广义的角度看，趋势线、通道、技术图形的边线和颈线，都是支撑线和压力线的一部分。无论是技术分析，还是实战运用，上述几种分析方法都存在着很多共同之处，四不像的事情经常发生，有时的确很难区分彼还是此，甚至还会出现二合一、多合一的重合现象。

既然予以分门别类，说明其各自都存在独有特性，相互之间必然不可替代。

相近，常常会令人混淆；不同，说明其存在特别的优势。所以交易者只有深入了解其共同性，区别其独特性，才可以在交易当中融会贯通，提高分析结论的正确率。

图6-1是朗科科技（300042）的日线图。股价沿着下降趋势线下跌，并在下跌整理的过程中走出一个下降通道。因为在下降通道之前有过一段快速杀跌，所以该通道也可以视为向下飘的下降旗形。

无论是按照下降通道，还是下降旗形的技术含义，都是有效跌破下轨清仓离场的信号。但是该股跌破之后，很快又重新站上下轨，然后继续上涨，甚至向上突破了下降趋势线。很多交易者也许会被空头陷阱搞得晕头转向，在忍无可忍的情况下，一冲动又追涨买入，然后被套。

任何一种趋势技术方法都有不可克服的缺点，也有无可替代的优势，相互结合，经常能取长补短。以本图为例，股价运行在下降通道时，也许有交易者入场抢反弹。那么抢反弹的最佳和最为确定的离场点在哪儿呢?

当股价第三次上涨触及下降通道趋势线时，也恰好碰到过最高点的下降趋势线。股价一直下跌，现在同时遇到两条趋势线的压力，二大于一是最简单的算术题了，因此很容易判断向下的概率很大。抢反弹的交易者可以不必等到股价跌破通道的返回线再离场，直接于此清仓即可。

股价跌破通道后，又重新涨回通道，按照通道的技术含义，大可不予理会。假如在场内交易者技痒难熬，忍不住杀入博取反弹，离场点即在突破长期下降趋势线后，遇到如图所示的前高压力处。

很多交易者却往往把进场点选在此处，其理由是已经向上突破了长期下降趋势线。但突破下降趋势线是止跌信号，却未必是买入信号。是否可以买入，必须要有其他趋势技术分析方法给出明确信号。该股走势在此处没有发出任何买入信号。相反，遇前高压力回落，倒是真正的减仓或清仓信号。

后市股价果然遇阻回落，并且再度跌破下降趋势线。

图6-1

二、趋势线、通道、技术图形、支撑线和压力线的综合应用

无论任何一种趋势技术分析方法，只要反复演练至纯熟，即便单一使用，也足以令交易者在交易当中获利良多。但因为任何一种技术分析方法都有不可避免的偏颇之处，或者说难以克服的缺陷，所以，单一使用必然会在某一方面丧失很多机会，或承受比较大的风险。而综合运用多种技术分析方法，则可以将风险和利润做一个很好的平衡。也许会失去暴利的机会，但绝不会将自身置于危险境地，从而最终达到稳定盈利的目的。

图6-2是京新药业（002020）的日线图。股价上升一段之后进行整理，走出下降通道。由于形成下降通道之前有过一段比较快速的上涨，所以下降通道也可以看作是上升旗形。

根据旗形的技术含义，在旗形整理区域内，已持仓的继续持有，未持仓的不宜介入；根据下降通道的技术含义，交易者只宜空仓等待。二者结合，交易者空仓为宜。

但若将眼光放长远一些，则情形又有所不同。过前期两个相对低点画出一条上升趋势线，交易者可以观察到，在上升旗形或下降通道整理期间，虽然波谷和波峰都是越来越低，但在更长的周期里，依然处在上升趋势当中。

无论是上升旗形的下边线，还是下降通道的返回线，都是支撑线。当它们与上升趋势线相交时，交叉点的支撑力度远远大于单一直线，因此可以预见，股价在此获得支撑止跌企稳的概率很大。股价遇上升趋势线止跌，原本就是买入信号，现在有了上述信号的印证，买入的可靠性更强，进场买入。

接着，股价果然在两线交汇处止跌，随后在上升趋势线的支撑下上涨。期间虽然一度跌破上升趋势线，但未达有效跌破的标准，交易者可继续持仓。

最终，股价向上突破下降通道趋势线，第二次发出买入信号，交易者可继续加仓或买入。

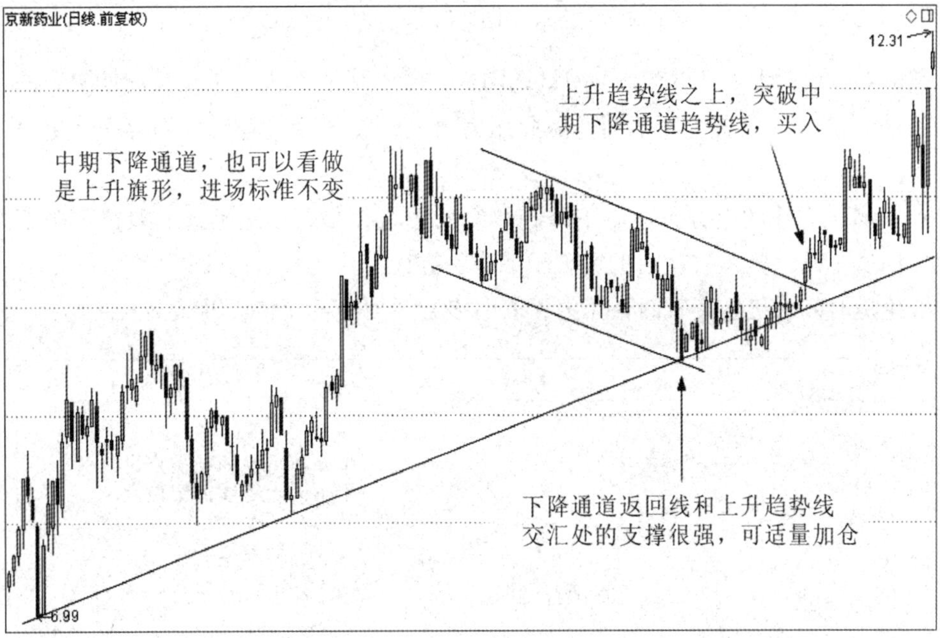

图6-2

图6-3是ST澄海（600634）的日线图。股价急跌后，在底部区域横盘整理了很久。过两个相对高点，可以画出一条水平压力线。这条水平压力线同时也是双底的颈线，二线重合，压力大于单一性质压力线。

后市股价以涨停板的方式突破，看涨作用很强，买入。随后股价回试支撑不破，买入或加仓。

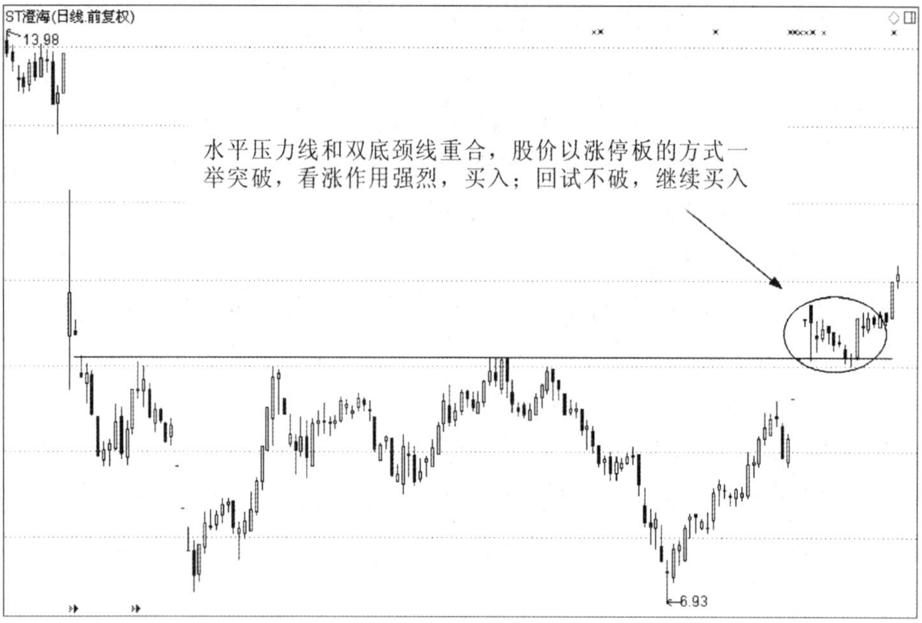

图6-3

图6-4是龙生股份（002625）的日线图。下降楔形的上边线是比其周期更长的下降压力线的一部分，二者性质不同，因此压力更大，突破后看涨信号的可靠性更强，进场买入。

在下降压力线的上方，还有下降趋势线的压力，二者相距不远。股价突破下降压力线后回试不破，紧跟着就向上突破了下降趋势线。

股价短时间内接连突破两重压力，表明多方主力有备而来，继续买入。

图6-4

图6-5是豫能控股（001896）的周线图。股价急跌后，在底部反复盘整接近一年，然后一根跳空向上的大阳线突破水平压力线，后市看涨，进场买入。

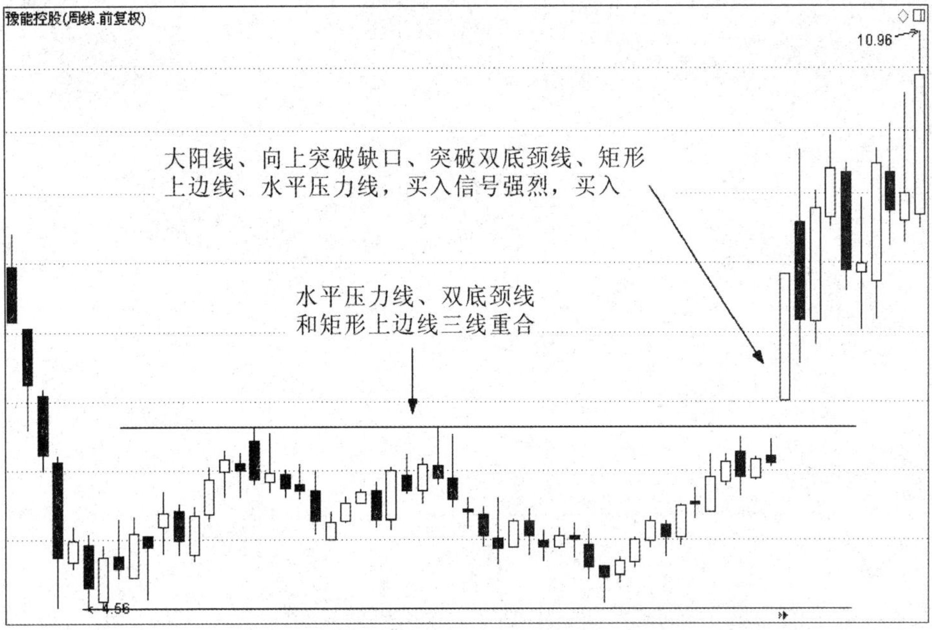

图6-5

这个看涨的信号作用非常强，原因在于，一是底部盘整的时间很长，换手充分；二是多种不同性质的看涨信号集中于一点爆发。在突破点的看涨信号有：大阳线；向上突破缺口；突破双底颈线；突破矩形上边线；突破水平压力线。其中水平压力线、矩形上边线和双底颈线三线重合。

图6-6是鼎立股份（600614）的日线图。股价急升之后开始整理，过两个相对高点可以画出下降压力线。股价遇下降压力线回落，创出整理期间新低，下降压力线转化为下降趋势线。

股价创出整理期间新低后，连接新低与前期相对低点，与下降压力线一起画出下降楔形。下降楔形上边线、下降压力线和下降趋势线三线重合。

股价整理期间，遇到长期上升趋势线止跌回升，是买入信号。但由于仍处在下降楔形区域内和下降压力线之下，所以该买入信号交易者可买入，也可不买。接着股价向上突破下降楔形，回试不破，进场是买入信号，买入。

由于突破点在长期上升趋势线之上，回试楔形上边线时，也同时在回试上升趋势线支撑，所以该买入信号的看涨作用比较强烈，交易者的信心和仓位都可以相对大一些。

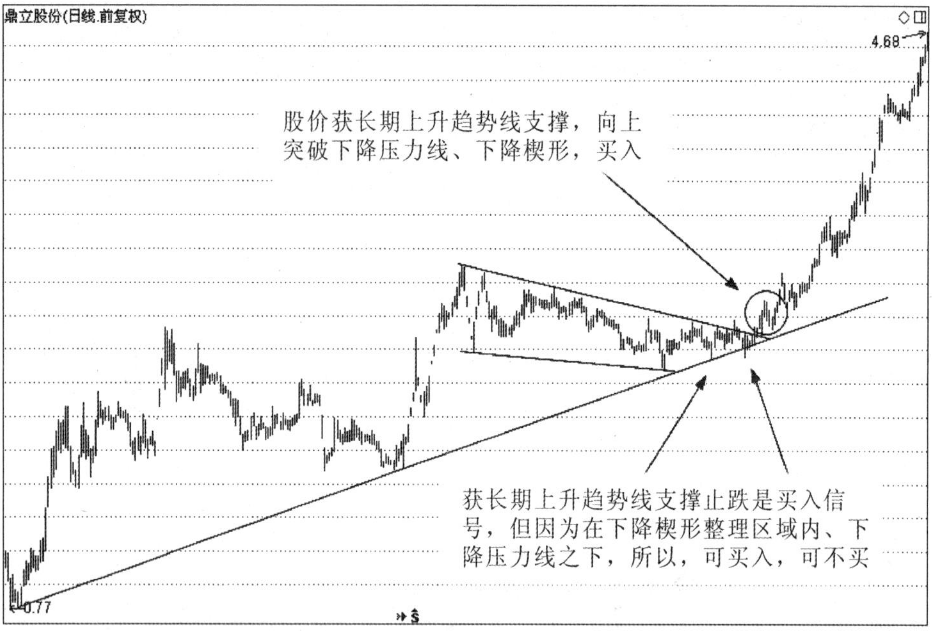

图6-6

图6-7是小商品城（600415）的日线图。股价整理期间，向上突破矩形。向上突破矩形是买入信号，在这里可不可以买入呢？

图6-7

矩形是整理技术图形，大多出现在上涨或下跌中继过程中，偶尔出现在底部或顶部。现在是下跌过程中收出的矩形，会不会是底部呢？

过相对高点画出一条长期下降趋势线。交易者可以观察到，股价虽然向上突破了矩形，但依然运行在长期下降趋势线之下，表明熊市格局未变，因此交易者不宜买入。

后市股价仅短暂向上，就掉头下行，矩形形态演化为扩散三角形形态。扩散三角形后市大多看跌，跌破后股价加速下行，连创新低。

第二节　泰禾集团（000732）案例分析

一、概述

K线、技术图形、移动平均线、趋势线、通道以及成交量的理论，都是非常普通而又广为人知的技术分析方法，几乎每一位场内的交易者都或多或少有所耳闻，熟练掌握其中一种或几种的交易者也大有人在。

有一种观点认为，某个指标，或者某种绝招，或者某种技术分析理论，在其创立之初，也许威力无穷，但当其广为人知时，就会失真。

这种观点理论上也许没错，因为如果人人都懂，该买的时候谁卖？该卖的时候谁买呢？但关键点在于：（1）广为人知，“知”的程度；（2）广为人知，“广”的范围。

广为人知，所谓的“知”，如果仅仅是知道、了解，那也不过是粗通皮毛，距离影响到技术分析效力，还差了十万八千里。因为从知道到真懂，到擅长，到运用自如，需要修行的功力，不说是一甲子，三五年应该少不了。这还得建立在每天只学某一样，而不是这也好那也好，什么都试试。

广为人知，所谓的“广”，如果仅仅是就自身所了解的，周围使用的交易者很多，那也不过是小众当中的小众了。因为无论什么地方，都会有交易高手存在，擅长分析某一方面的股评人士，跟随者必然不在少数，但绝不可能多到成为市场当中交易者的多数。在过去，资讯不发达，不会有那么多高手和分析方法可供了解并跟从。现在，资讯又太发达，有太多的选择可供交易者使用并跟从。无论资讯发达还是不发达，都会有很多交易者从不盲从，而盲从者中，几乎没有几个人真正懂得。

所以广为人知不可怕，大家都是某方面的专家，这才可怕。

但大家都成为某方面的专家，这个概率有多少呢？大家都成为某一特定技术的专家，那就更少之又少了。即便都是某一特定技术的专家，那又如何呢？技术分析，不过是一种理论和工具，就像一杆长枪，可不可以上阵杀敌，最主要的还在于谁用，而不是枪本身。

挑三拣四，道听途说，不如一门深入。随便什么指标，随便什么技术，肯一心一意地钻进去，才能成功。青龙偃月刀虽然威力惊人，但自身要首先成为关羽，否则只怕尚未杀敌，已被敌杀。

下面就以泰禾集团（000732）为例，讲解如何结合趋势线、通道线、移动平均线和K线组合形态，并以成交量配合确认确定进出场标准以及仓位增减的综合技能。

二、确定进场点

如图6-8所示，先过前面两个高点画一条中期下降趋势线。交易者可以观察到，股价突破趋势线后，很快再度跌破。股价持续下行，也没有其他技术分析方法发出的买入信号予以印证，不介入。

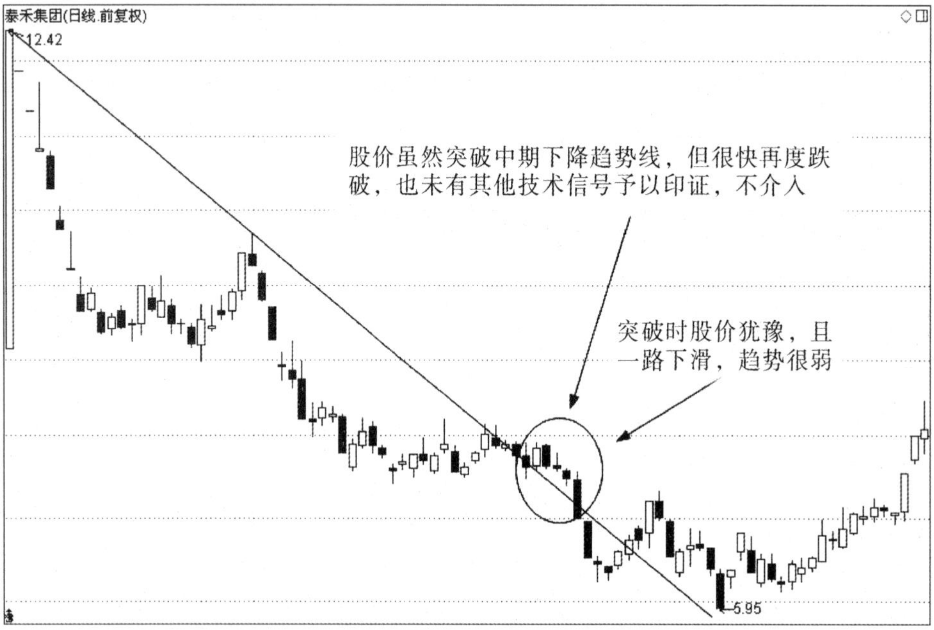

图6-8

交易者应当继续持币观察。

如图6-9所示，图中是另一条中期下降趋势线，是股价创新低后修正过的中期下降趋势线。股价先是向上突破了下降趋势线，但没有达到有效突破的标准，次日又跌回趋势线下。跌回趋势线下后，没有再创新低，反而收出希望之星的见底K线形态，并再次突破修正过的中期下降趋势线，短线有止跌迹象。但此时股价走势犹豫，突破无量，依然未达到有效突破3%的幅度。持币观察显然优于进场买入。

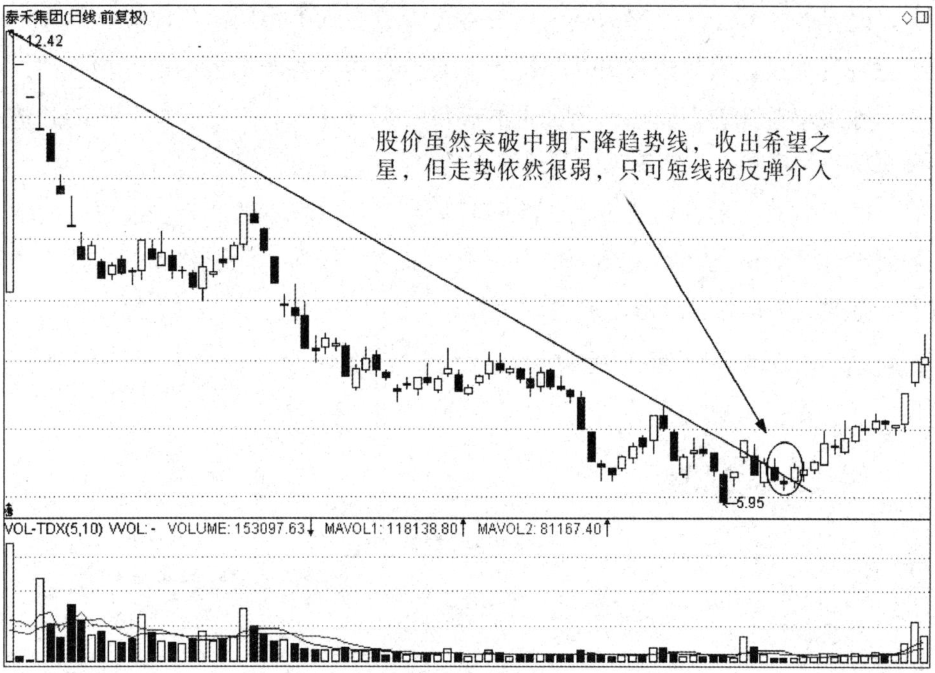

图6-9

图6-10是与上图（图6-9）同一时间段的日线图。图中可以观察到，股价未创新低，成功突破中期下降趋势线，收出看涨的红三兵K线形态，表明股价有可能结束中期调整趋势，交易者可于收出红三兵当日或次日进场买入。

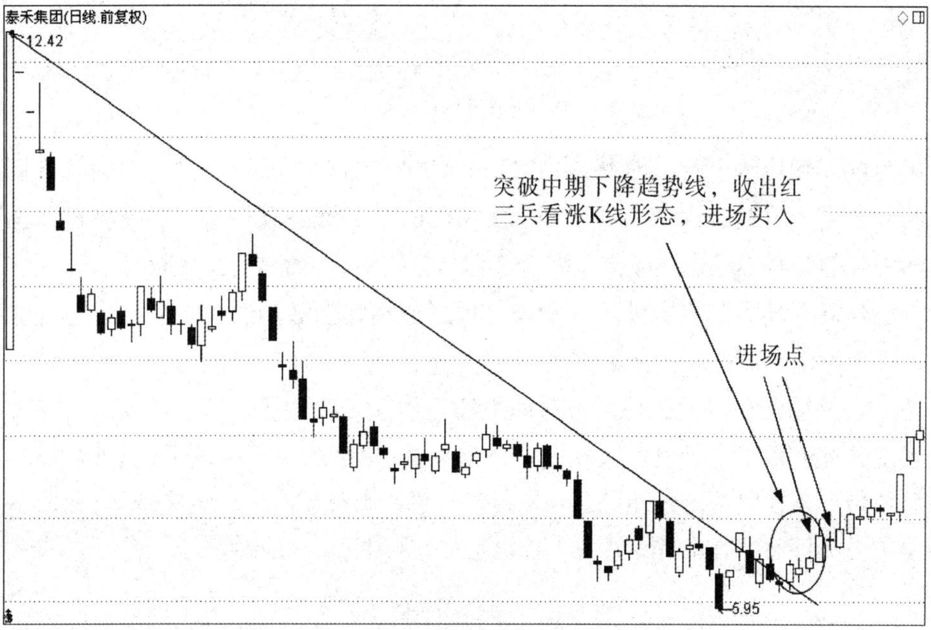

图6-10

买入也存在一些疑问，因为红三兵形态大多只表示中短期趋势向好。突破下降趋势线，也有可能仅仅表明趋势下跌趋缓，是否会反转，或者结束中期调整行情，尚不得而知。如果单就此形态而论，此处也的确像中期反弹的买入点。按照长期趋势进出场信号交易的交易者，似乎仍可以继续持币观察。

但是如图6-11所示，均线方面，除60日均线外，进场点的所有均线方向向上，中短期均线粘合，股价已经站上粘合形态之上，长期均线在下向上移动，支撑力很强，后市向上有效突破均线粘合形态的概率很大。

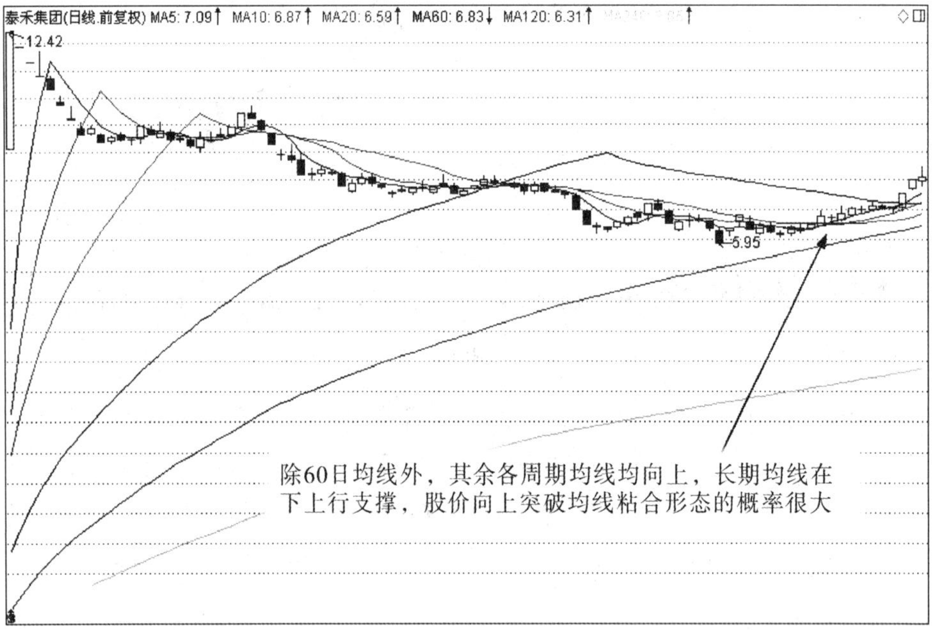

图6-11

因为各周期均线上行，尤其是120日和240日均线在下上行支撑，表明股价目前仍旧运行在长期上升趋势当中。所以在上图（图6-10）选择进场买入的交易者，也许有一点激进，但绝对不是逆势操作，完全符合趋势技术分析的交易规则。

个股移动平均线的稳定性不如大盘，因此使用移动平均线对个股趋势进行综合判断，所需要的能力要比对大盘的更强。

图6-12是图形放大，去掉均线后的进场点位置日线走势。注意进场点前一天的阳线，成交量没有放出，就已经收在前一个反弹高点A处的价格区域了。A处曾经有过一次柱状放量，现在股价无量即已达到该价位，说明上行无阻力，意味着A处的放量很有可能是主力吸筹而不是出货，且主力控盘良好，可能已完成吸筹。

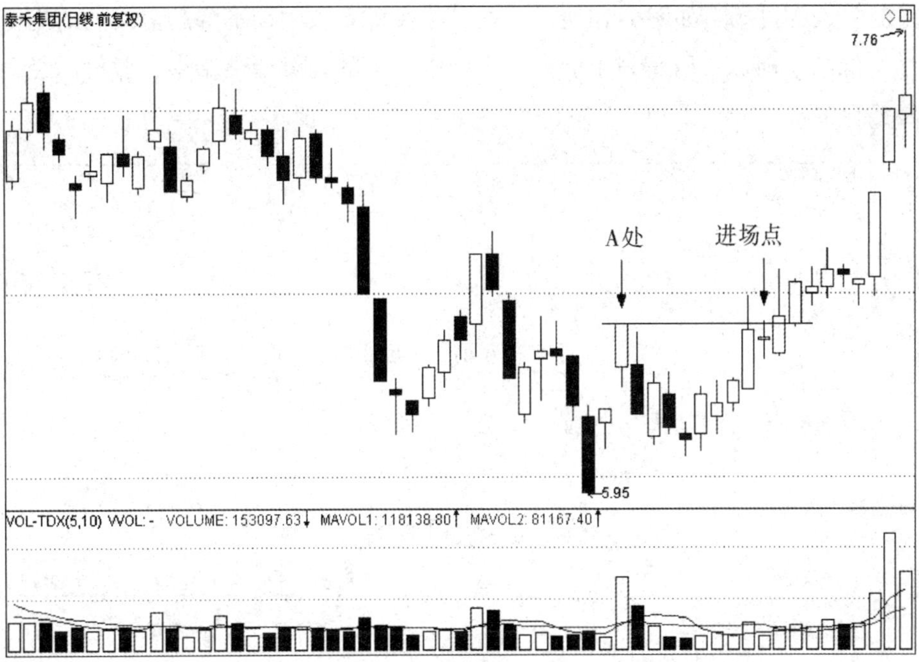

图6-12

当然，因为走势时间周期很短，且A处的柱状放量也一般，所以此处成交量分析的辅助意义也比较弱。

如图6-13所示，选择红三兵当日或红三兵次日进场，还在于股价已经突破第三条中期下降趋势线。因为股价跌势趋缓，所以下降趋势线的角度也越来越缓。

图6-13

稳健一点的进场点如图6-14所示，在已经突破各条中期下降趋势线的前提下，股价已经后低高于前低，后高高于前高。表明中期下降趋势调整结束，股价已经运行在上升趋势当中。

图6-14

更稳健一点，进场点如图6-15所示，股价短暂构筑了一个很小的整理平台，然后以大阳线的方式向上突破，同时也突破了前期另一个更高一点的前高，继续确认上升趋势。

连接整理平台高点和前期高点，可以近似看作是水平压力线。

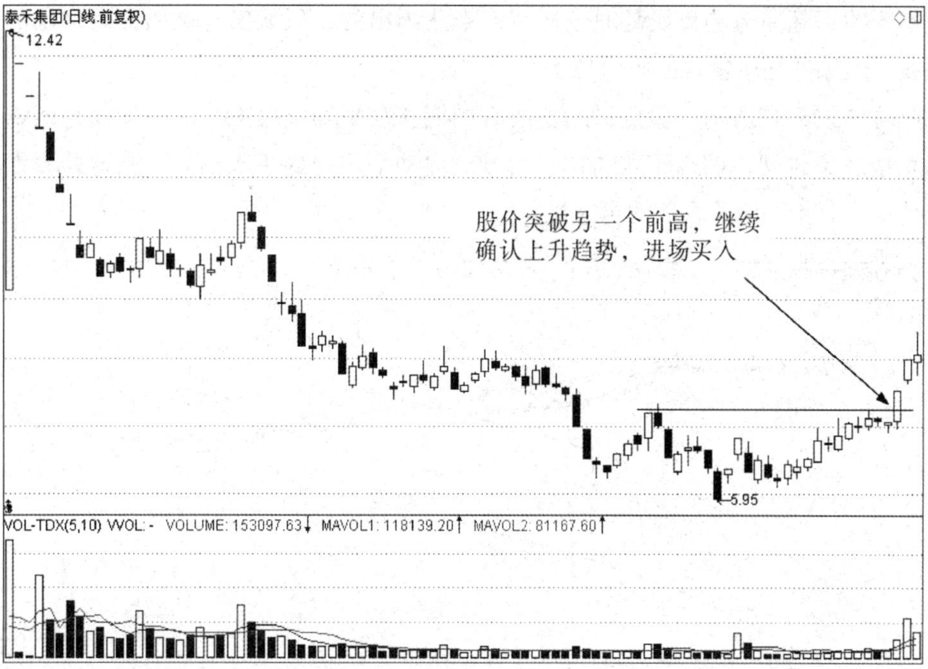

图6-15

如图6-16所示，在突破之前，股价不显山不露水，小成交量加小阳线突破这个平行通道趋势线，说明主力在控制股价，不希望有太多的交易者关注。小成交量加小阳线，也表明上升阻力不大。

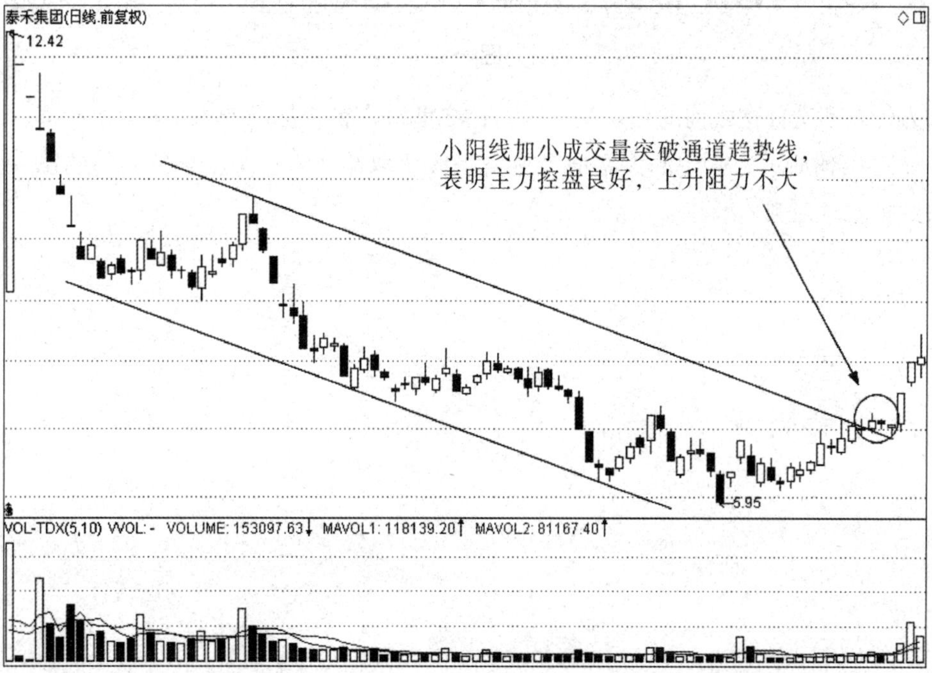

图6-16

本图的下降通道趋势线是通过通道逆推法画出的，虽然没有被验证为真正的下降趋势线，但依然是很重要的压力位。

此时如图6-17所示，股价已站上所有周期移动平均线之上。60日均线葛南维买入点，均线多头排列，都是买入和持仓信号。移动平均线的买入信号，验证并增强了以上其他技术分析方法买入点的可靠性。

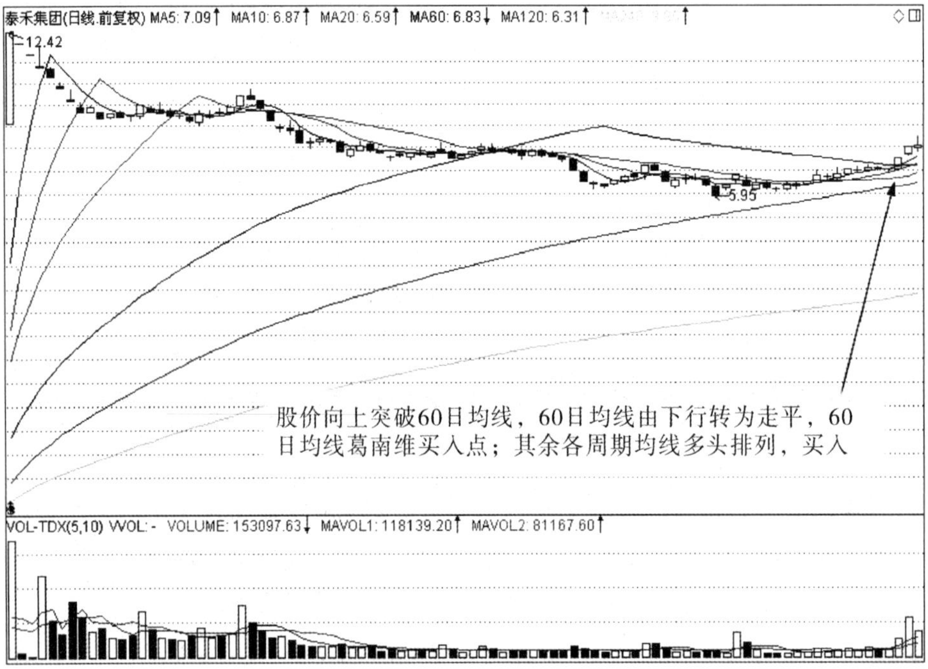

图6-17

为什么不选择这之前的点位呢？因为这之前没有符合标准的入场点。

如图6-18所示，图中的大幅向上跳空是股票取消暂停上市，恢复交易的第一日不设涨跌幅限制所致。

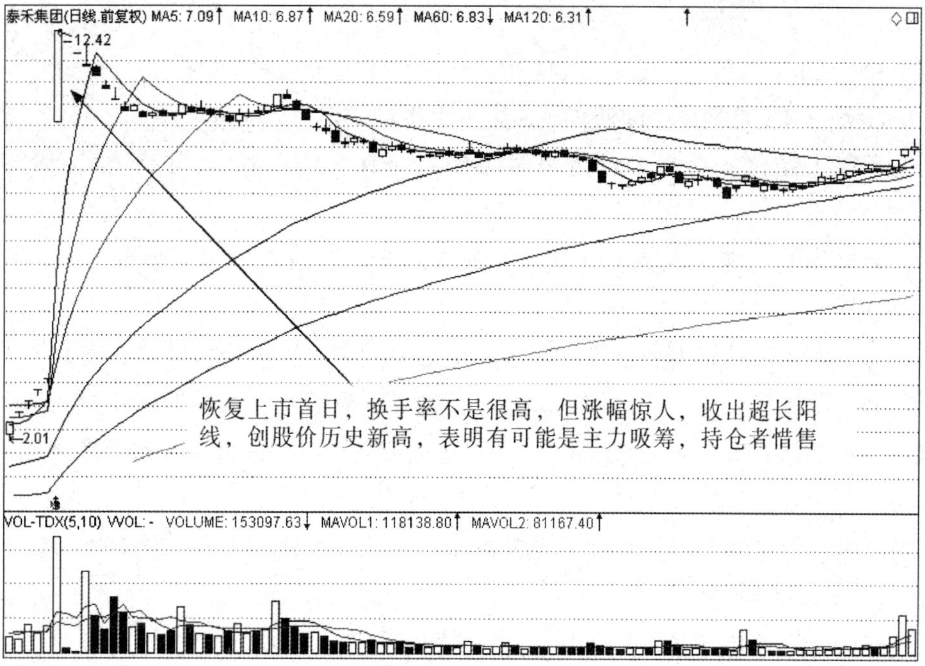

图6-18

该股暂停上市三年多（2007年4月17日至2010年9月30日），恢复交易首日换手率45.10%，涨幅372.11%，创出历史新高。

由于暂停上市过久，首日恢复上市换手率和涨幅都大大超越平常交易日，造成了股票历史上的交易对以后走势的影响力大为减弱。对于之后的走势，在一定程度上可以采用新股上市的方法来进行分析，而将此日之前的走势对之后的影响忽略不计。

该股恢复上市首日换手45%，涨幅372.11%，收出超大阳线，创出历史新高，说明以下几个问题。

（1）有主力介入。

首日近一半的股票易手，股价不跌，反而收出大阳线，创出历史新高，只能是有大主力进场。

因为关了两年多，有很多公众交易者早已忍耐不住想要抛出股票以套现。更何况首日上市涨幅就高达372.11%，犹如天上掉下来的馅饼，很多交易者可能还来不及仔细考虑，就被巨大的涨幅冲昏了头脑，抛出了手中的筹码。

反过来，如果是主力抛售，公众交易者在接货，股价一定是逐级盘落，不可能收出大阳线，更不可能创出历史新高，解放所有持仓者。

（2）惜售。

换手率虽高，但不是非常高。表明有很多交易者包括很大一部分公众交易者不愿意卖出股票。所以主力仅仅吸纳了很少一部分股票，就把股价推高了很多，收出超长大阳线。

（3）主力控筹不足。

单日换手率不是很高，即使很高，主力也很难一日完成吸货。

有了以上结论，交易者就可以对后市趋向有一个大概的判断，从而做到胸有成竹。

后市具体如何呢？究竟是涨是跌？那就需要按照对多方主力最有利的方式来考虑。

继续拉升，很显然不利于降低成本，增加盈利。因为股价拉升得越高，成本就越高，获利盘的抛压就越大。观察图6–18，一眼就可以看出，各周期均线尤其是中长期均线，都被K线远远抛在下面，等于宣布市场内所有均线周期持仓交易者都在盈利，且盈利可观。

横盘呢？抛压自然不会增加，但是维系股价不跌，需要主力不停对倒，将会额外增加佣金和印花税成本。

只有下跌最有利于多方主力操盘获利。原因如下：（1）放任甚至打压股价令其下跌，不仅不会增加维持股价的交易成本（指佣金和印花税），反而会降低继续吸货的成本价格；（2）套住恢复上市首日高位入场的资金，从而锁定一部分筹码，利于控制股价；（3）股价长时间低迷，使得那些等待股价上升，以便卖一个更好价钱的交易者失去耐心，抛出股票，从而减少获利盘；（4）修复均线，并慢慢等待各周期均线逐渐粘合，市场持仓成本趋于一致，获利盘和解套盘的压力就会越来越轻。

结论：由于恢复上市，股价突然拔高，主力和公众交易者的真实意图尚未能在K线上完全体现。股价离移动平均线太远，说明市场持仓成本距离股价太远，盈利巨大，上升的阻力格外沉重。要拉近股价和移动平均线的距离，尤其是拉近和长期均线的距离，需要时间和空间。方式要么是下跌接近，要么是横盘接近，只有通过上涨来实现的可能性最小。所以，恢复上市首日以及随后几日，不会有入场点出现，只能观望，不可轻举妄动。

随后股价下跌。走势如图6–19所示，一连七个跌停，才稍稍止住。此处唯一可用的技术分析方法，大概是大阳线的开盘价，这是重要的支撑位。因为无法获取更多更准确的判断信息，为安全起见，慎重介入。

在大阳线开盘价附近，股价短暂横向整理之后，盘出短期下降趋势线，同时收出穿头破脚的见底K线形态，交易者可以买入。但这仅仅只能作为短线抢反弹的介入点，忽略它可能对趋势交易更有好处。

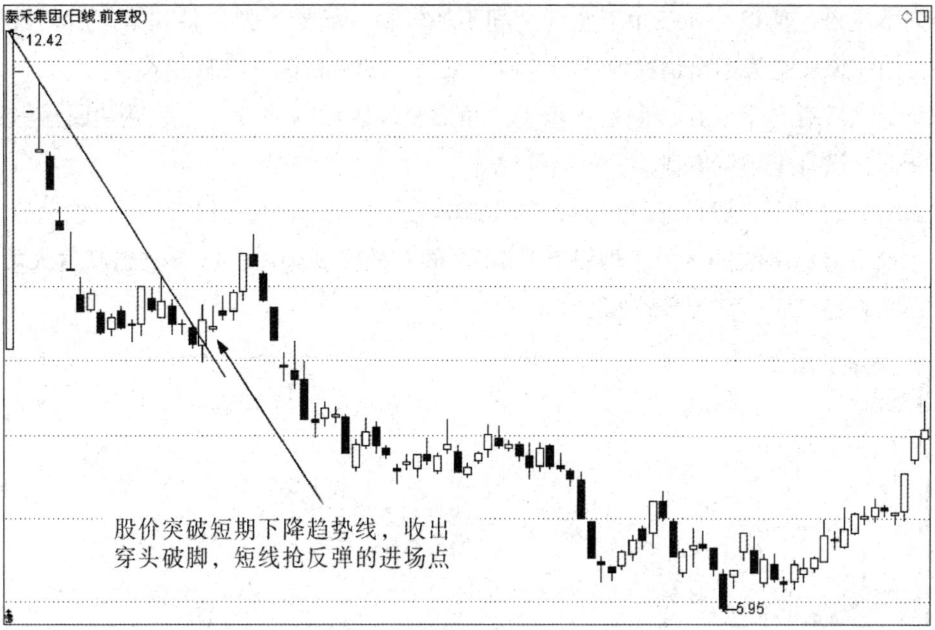

图6-19

如图6-20所示，股价弹升后回落，走出扩散三角形（喇叭形）的技术图形。扩散三角形大多后市看跌，不宜介入。

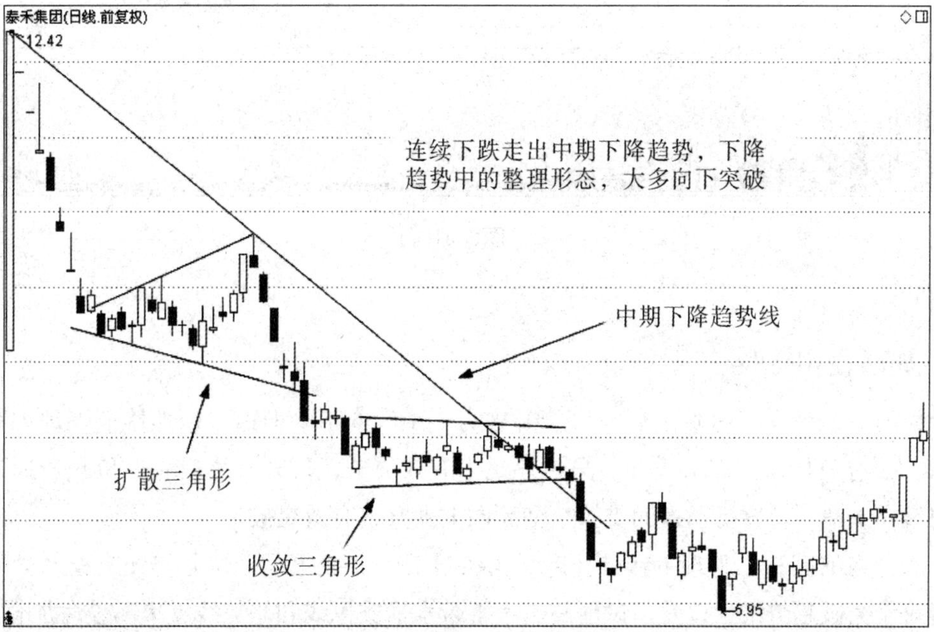

图6-20

其后股价再下台阶，进行整理，走出收敛（对称）三角形形态。收敛三角形是整理形态，整理结束后上升下降的概率各占50%，取决于突破方向。但在下降趋势中，大多向下突破。所以，在三角形整理期间不能轻易入场抢反弹。整理结束后，需要看突破方向。该股走势不出预料地选择了向下突破，创出新低，没有介入点。

新低之后有一个反弹，但是止步于三角形整理区域的下方，之后继续回落。回落又创新低，没有进场点出现。

如图6-21所示，股价继续回落，创出新低后，向上反弹，并以跳空、放量的方式突破中期下降趋势线的压力，但没有达到3%的有效突破幅度。次日收出倾盆大雨K线形态，跌破趋势线，宣告突破失败。

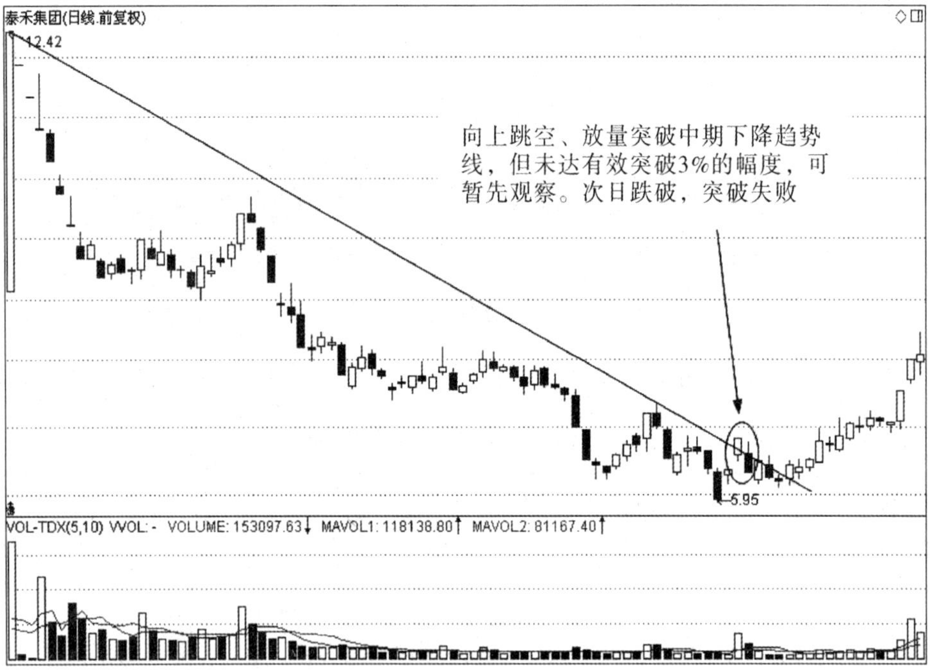

图6-21

三、加减仓和持股

如图6-22所示，进场之后，股价升破另一个大的下降通道，依然静悄悄地如鬼子进村，没有放量，没有大阳线。虽然还是未有效突破，但升破之后，股价顺着通道的趋势线向下滑，一直受通道的支撑。随后向上弹升，有效突破。

股价在前高和小整理平台处止跌，再拾升势，此处也是回试趋势线支撑之处。交易者可于突破趋势线，以及回试前高、小平台水平支撑线和趋势线支撑不破时加仓。

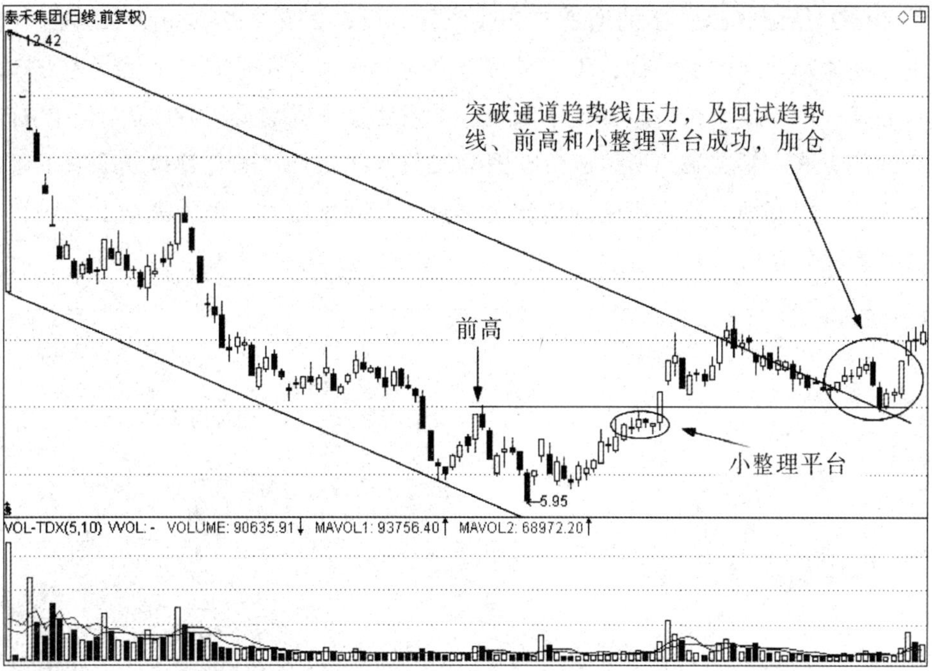

图6-22

图6-23是与上图（图6-22）同一时间段的日线图，上图的买入点恰好也是60日均线葛南维买入点，进一步强化了买入信心，加仓。

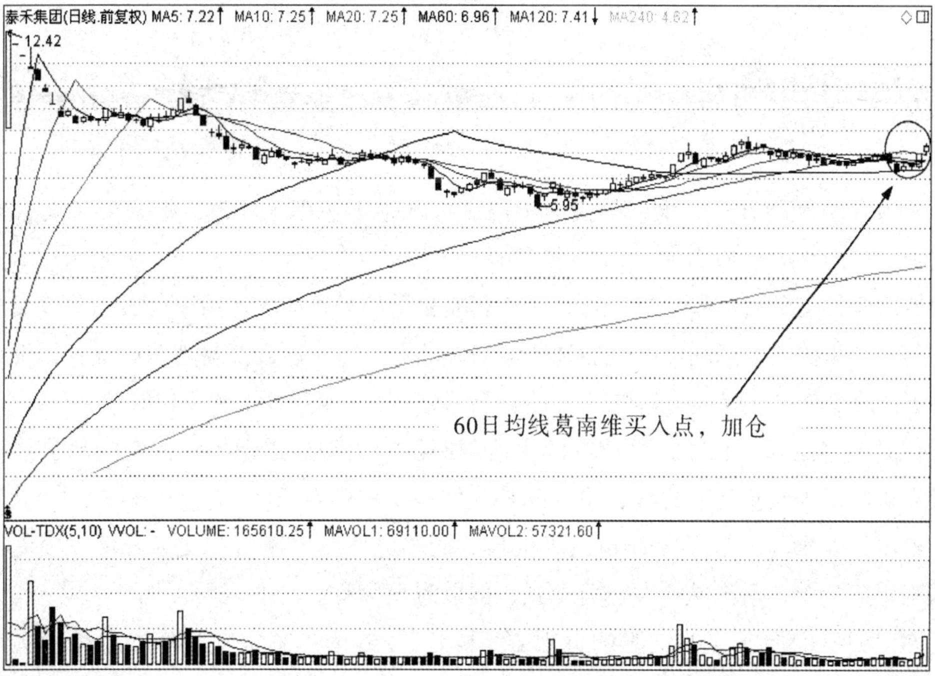

图6-23

如图6-24所示，这个图的通道趋势线位置和图6-22的趋势线相差无多。因为此处是两个通道趋势线的交汇处，无论是突破之前的压力，还是突破之后变为支撑，力度都比较强。但由于股价一直都是小阳线、中阳线加小成交量的方式运行，没有以放量大阳线的方式一举突破，所以股价在图6-22趋势线之处，顺着趋势线采取了略向下调整的方式，慢慢地、不声不响地消化套牢盘和获利盘压力。每天都是小阴线和小阳线，成交量逐渐萎缩。

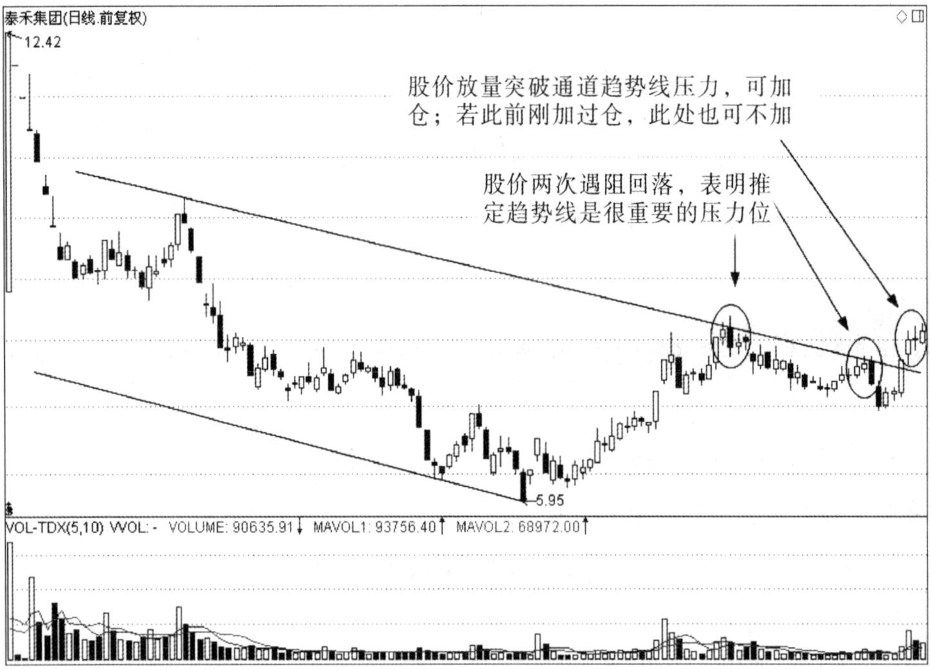

图6-24

主力采用这种方式，也许是实力不济，也许是不想引人注意。但只要用心，对主力的资金动向总能窥探出个一二。

然后股价突破通道趋势线，阳线实体和成交量都有所放大。由于突破趋势线发出此买入信号，紧挨着上两图（图6-22和图6-23）的买入点，所以交易者不必加仓，继续持股即可。况且突破下降通道趋势线，大多是止跌信号，而非真正的买入信号。

在股价突破通道趋势线之前，两次遇阻回落，表明通道逆推法推定的趋势线，即便没有被验证为真正的趋势线，也的确是非常重要的压力线。

如图6-25所示，股价遇通道逆推法推定的趋势线压力回落，交易者可以预先在趋势线附近挂卖单，适当减仓，也可不减，但以减仓为宜。

遇阻回落时收出穿头破脚的见顶K线形态，K线形态基本上是短期趋势的买卖信号，所以同样地，此处交易者可减仓，可不减。

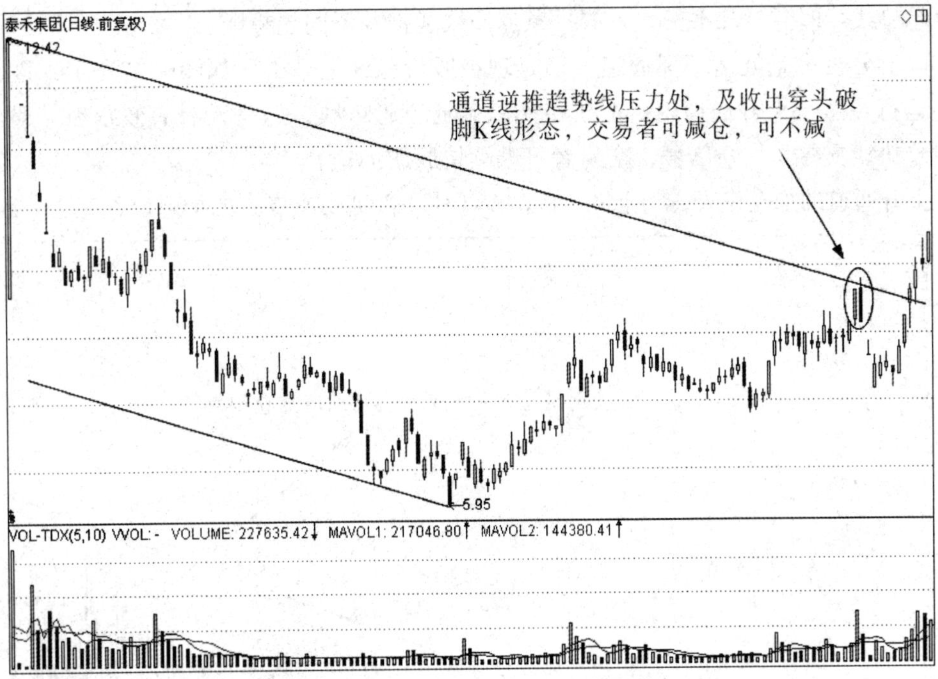

图6-25

股价回落，遇趋势线1获得支撑止跌，这也是前期两个密集成交区的支撑之处。如图6-26所示，继续持股或加仓。

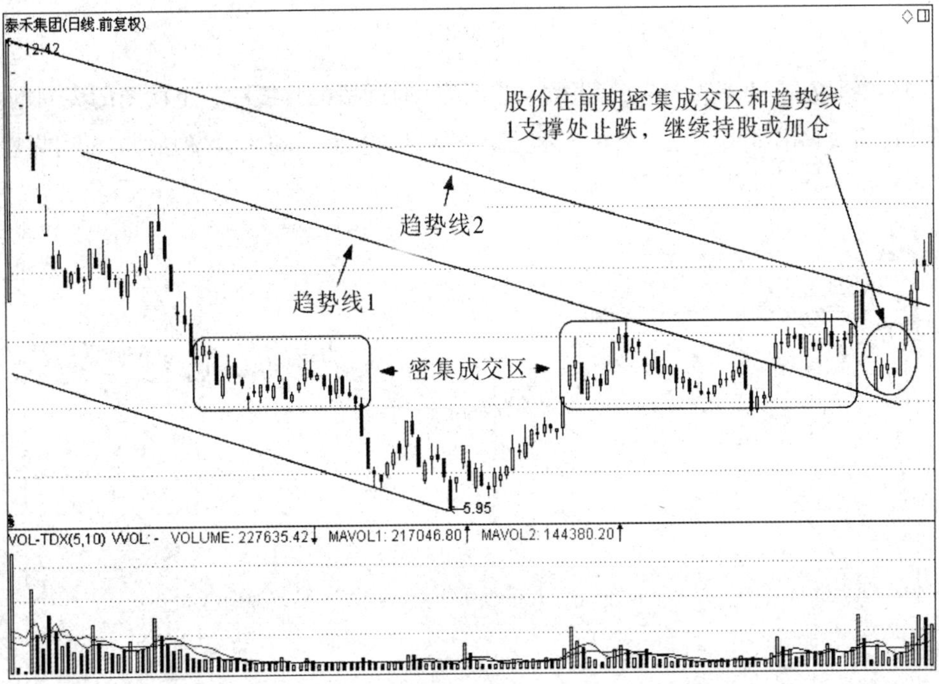

图6-26

趋势线1和趋势线2平行，是同一条返回线逆推的不同趋势线。

以上分析都是处于下降通道，但是现在股价已经上升了。如图6–27所示，该股目前还运行在这个上升通道内。股价虽然跌破通道趋势线，但是没有有效跌破。遇上升通道趋势线支撑是加仓信号，交易者可继续持股或加仓。

上升通道的加仓位置，与上图（图6–26）中下降通道支撑点的加仓位置完全一致。

图6–27

图6–28是与上两图（图6–26和图6–27）同一时间段的日线图，上两图的买入点也恰好是60日均线葛南维买入点。几种技术分析方法结论一致，将大大增强信号的可靠性。

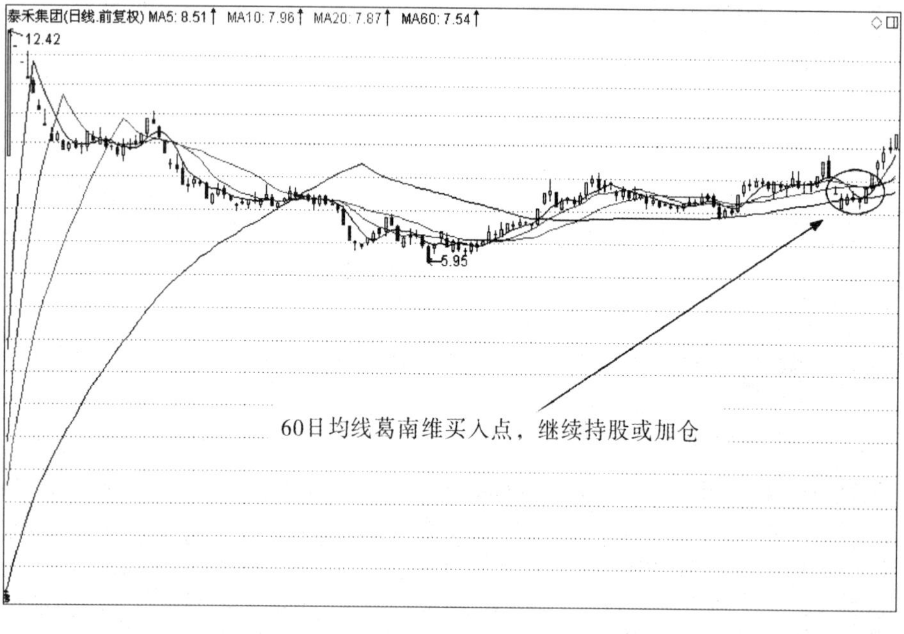

图6–28

如图6-29所示，接着股价继续上涨，反复突破、跌破上升通道返回线。

按照上升通道的技术含义，突破上升通道返回线买入，跌破卖出。如果严格遵循这一规则，交易者将不可避免地多次高买低卖，受尽折磨。

图6-29

当然，如果只有一个通道，只能按照这个通道的技术含义进出，那么受尽折磨也是理所应当的过程。但本例却并非如此。

股价还运行在如图6-30所示的上升通道中。股价上涨，多次向上刺穿通道返回线，均未有效突破。交易者应在股价遇返回线压力时减仓，而不是上图中的买入或加仓。

通道有一个比较有趣的现象，就是会穿头破脚。什么意思呢？简单地说，就是如果股价曾经刺穿过通道的趋势线，那么回落或上涨时也会经常刺穿返回线。反之亦然。本图中的股价就收出通道的“穿头破脚”。

图6-30

即便是这个通道，如图6-31所示，也未有效突破，交易者可于股价遇上升通道返回线压力减仓。

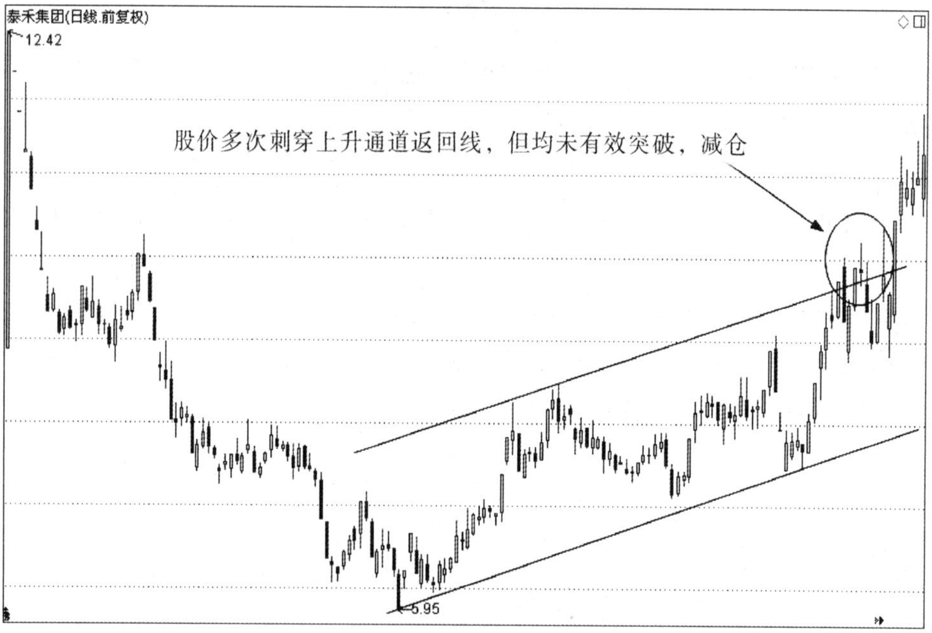

图6-31

如图6-32所示，股价在前高压力处震荡回落，交易者可减仓。然后在另一个前高处止跌，适当补仓。当然，因为价差不大，支撑有限，也可以不补仓。

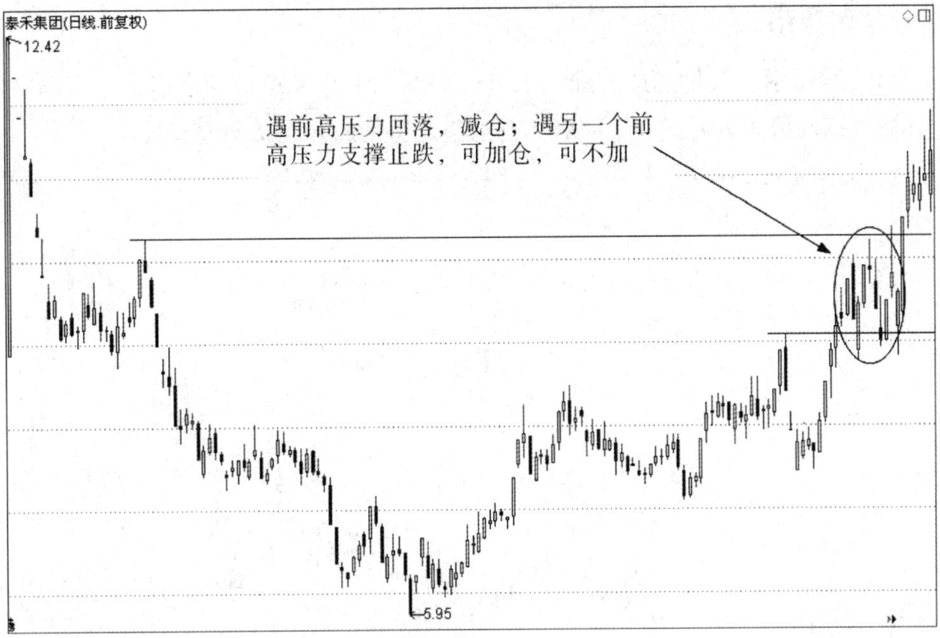

图6-32

如图6-33所示，股价结束震荡，继续上涨，一根大阳线接连向上突破两个上升通道返回线，表明股价上涨加速，加仓。

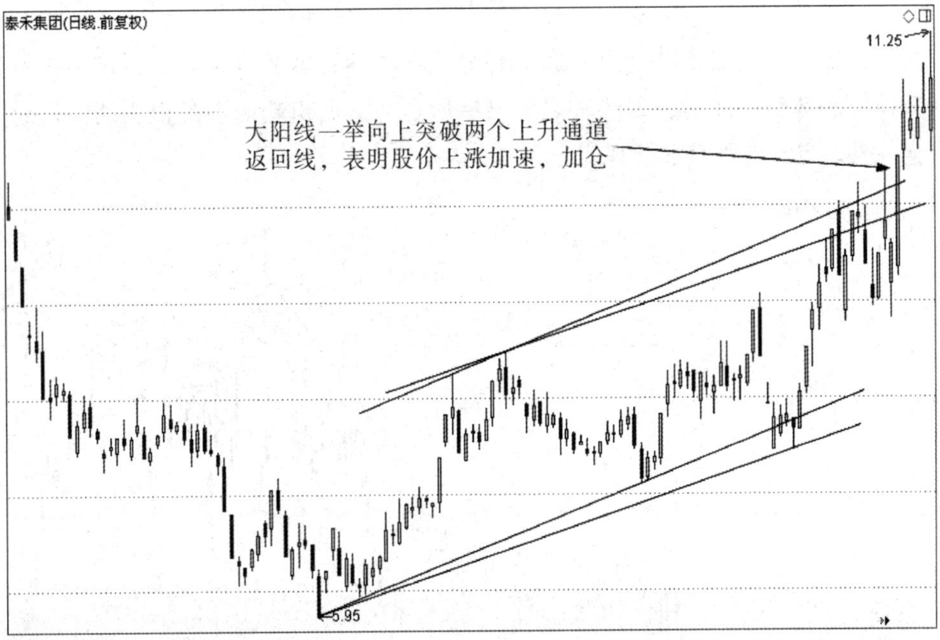

图6-33

四、清仓和持币

如图6-34所示，股价加速上涨，上升趋势线和上升通道都随之修正。交易者可在遇上升通道返回线压力时减仓，跌破上升通道趋势线时减仓或清仓。

图6-34

如图6-35所示，股价跌破上升通道趋势线不久即止跌回升，但上行过程中一直受到上升通道趋势线的压力，走势较之前已有所走弱，后市趋向不是很明朗。持仓者继续持仓观察，空仓的则宜继续观望。

图6-35

如图6-36所示，股价结束弹升，向下跌破下降旗形下边线，后市看跌，减仓或清仓。

图6-36

如图6-37所示，股价继续下跌，跳空向下跌破上升趋势线和上升支撑线，看跌作用较为强烈，减仓或清仓。

图6-37

跌破上升趋势线时，股价已经走出后高低于前高，后低低于前低的走势，表明趋势逆转，交易者应清仓。

如图6–38所示，此后股价虽然一浪涨，一浪跌，但波峰和波谷都是一浪更比一浪低，整体上一直运行在下降趋势当中，交易者不宜介入，空仓等待。

图6-38

该股真可谓通道集萃，但在这里只讲解了进出场的大致标准和判断。仓位管理如何与进出场标准结合，以及如何跟随股价升跌概率增减的具体方法，将在本系列丛书交易系统相关内容中详解。